Barocker Lust-Spiegel

BAROCKER LUST-SPIEGEL

Studien zur Literatur des Barock
Festschrift für Blake Lee Spahr

Herausgegeben von

MARTIN BIRCHER — JÖRG-ULRICH FECHNER — GERD HILLEN

AMSTERDAM 1984

CHLOE

BEIHEFTE ZUM DAPHNIS

Herausgegeben von
Martin Bircher - Leonard Forster - Ferdinand van Ingen
Harold Jantz - Eberhard Mannack - Alberto Martino
Hans-Gert Roloff - Blake Lee Spahr - Gerhard Spellerberg
Marian Szyrocki - Jean Marie Valentin

BAND 3

CIP-GEGEVENS KONINKLIJKE BIBLIOTHEEK, DEN HAAG

Barocker

Barocker Lust-Spiegel (BLS) : Studien zur Literatur des
Barock : Festschrift für Blake Lee Spahr / hrsg. von
Martin Bircher, Jörg-Ulrich Fechner, Gerd Hillen. —
Amsterdam : Rodopi. — (Chloe ; Bd. 3)
Met bibliogr.
ISBN 90-6203-816-6
SISO 825.3 UDC 82(091)"15/16"
Trefw.: barok ; literatuurgeschiedenis.
©Editions Rodopi B.V., Amsterdam 1984
Printed in The Netherlands

INHALT

VORWORT

Am 11. Juli 1984 vollendet Blake Lee Spahr sein sechzigstes Lebensjahr. Um ihn zu ehren, haben Freunde aus der neuen und alten Welt ihm Arbeiten gewidmet, die in diesem Band zu einem *Barocken Lust-Spiegel* vereinigt sind. Die hier versammelten *Studien zur Literatur des Barock* wie auch der Obertitel des Bandes sind durch innigen Letterbezug mit dem Geehrten verbunden.

Dies ist nicht der Ort, den Lebenslauf und akademischen Werdegang von Blake Lee Spahr nachzuzeichnen. Seine Arbeiten haben Neuland in der barocken Literatur erschlossen und sind allgemein bekannt und anerkannt. Der heutige Forschungsstand zum Pegnesischen Blumenorden und zu den Autoren Anton Ulrich von Braunschweig und Lüneburg, Sigmund von Birken und Hans Jakob Christoffel von Grimmelshausen verdankt Spahrs Arbeiten wichtige Beiträge und Anregungen.

Hier soll nur auf einen unerwarteten barocken Umstand hingewiesen werden. Der Geburtstag trägt tiefere astrologische Bedeutung, denn vor dreihundert Jahren fand eben an diesem Julitag eine Sonnenfinsternis statt. Darüber berichtet ein italienisches Schriftchen, das den Titel führt: *Osservationi sopra la prossima eclisse del Sole. Da celebrarsi dopo mezzogiorno delli 11 Luglio del corrente anno 1684 [...] Discorso astrologico dell' Accademico Incognito.* Venetia, Valvasense 1684, in 8°, mit einer Kupfertafel. Alle Versuche, den Verfasser zu identifizieren, das Werk einzusehen oder auf dem antiquarischen Markt zu beschaffen, schlugen leider fehl. Offenbar weigerten sich die Sterne. Bleiben wir also besser in deutschen Landen, und begnügen wir uns mit den in der Herzog August Bibliothek jederzeit einsehbaren Ermahnungen des Veit Ludwig von Seckendorff in seiner Festschrift zum 62. Geburtstag des Oberhaupts der Fruchtbringenden Gesellschaft, Herzog Wilhelm IV. von Sachsen-Weimar: *Kurtzer und deutlicher Beweiß/ Daß weder die Verkündigung zukünfftiger Dinge/ aus der*

6

Bewegung des Gestirns/ ins gemein/ Noch insonderheit Die Anmerckung gewisser Jahre menschlichen Lebens/ welche vor andern gefährlich seyn sollen/ und bey den Gelehrten Climacterici genennet werden/ Beständigen Grund habe/ sondern solche Vnterscheidung an sich selbst nichtig und vergeblich sey .... In unterthänigster Wolmeynung zugeschrieben Von Einem Mitglied ermeldter Gesellschaft. Gedruckt im Jahr 1660.

Dies schreiben auch wir dem heute Geehrten zu seinem weiteren Lebensgang.

Alle barocke Kultur lebt von der Hoffnung auf einen tiefen Sinnbezug, der sich in entschlüsselbaren Verweisungen verbirgt. Deshalb nehmen schon der Ober- wie Untertitel dieser Festschrift die Initialen des Geehrten auf. Eingedenk der weiteren Tradition anagrammatischer Mächtigkeit haben wir über Möglichkeiten einer barocken Lettern-Setzung seines vollen Namens nachgedacht. Allerdings enthüllt sich — wie auch in barocken Zeiten — die Deutung solchen Letternwechsels nicht immer leicht, es sei denn für den Jubilar selbst.

BLAKE LEE SPAHR

ergibt im Austausch der Buchstaben u.a. die folgenden Kombinationen:

EELS BLEAK HARP! oder BREAK SALE! HELP! oder ESEL PAH! KALBER oder HERBS LEAP LAKE oder KEEP BALLS HEAR oder L.L.B. SHAK'PEARE oder REAL SLEEP H.A.B.(K).

Bei der Redaktion des *Barocken Lust-Spiegel* haben Jill Kohl und Andreas Herz (beide Wolfenbüttel) mitgeholfen.

Wolfenbüttel, Bochum und Berkeley im Mai 1984

Benemerito Libensque Scribunt

Martin Bircher   Jörg-Ulrich Fechner   Gerd Hillen

Richard Brinkmann

GÜNTHER-COLLAGE*

Trostaria
Dem wohledlen, großachtbaren und wohlgelehrten
Herrn Doctor Philosophiae
BLAKE LEE SPAHR (BLS)
als sein Freund zum 11. Julii A. 1984 ein wohl-erwünsch-
tes gelehrtes Opusculum über Günthern nicht vollenden
konnte, doch nicht verzagte und endlich Aushilfe beim
Poeten selbst suchte und fand.

Quid sum miser tunc dicturus?
Quem patronum rogaturus?

*

"Vertraut- und werter Freund, ach, laß dir was erzählen,"
    Dein Jubelbuch, hélas, es tut mich wacker quälen:
"Erzürnt euch, ihr Geister der höllischen Klüfte,
Eröffnet den Abgrund und schwefelt die Lüfte".
"Die Not verschlägt mich weit von hier;
Dein großmutvolles Angedenken
Soll meinem Fleiße Ruhmbegier
Und meinem Glücke Kräfte schenken.
Ich hab es freilich grob versehn,

* Günthers Texte (in Anführungszeichen) sind ganz gelegentlich dem Kontext
entfremdet, nur an wenigen Stellen im Wortlaut winzig und — nach Art
der Fachleute ausgedrückt: "behutsam" verändert und dem Zweck angepaßt.
Zitatnachweise: Auf Anfrage! Güntherologen, mit denen man hier rechnen
kann, wissen ohnehin wo alles steht.

Und dir ist ziemlich weh geschehn,
Ach glaube, daß ich's selber fühle;
Doch weil ich jetzt nicht anders kann,
So warte nur und denke dran:
Der Himmel hat die Hand im Spiele":
 Schweiß und Tränen war'n mein Brot.
 Ach ich litt sehr große Not.
 Wollte über Günthern schreiben,
 Doch ich mußt es lassen bleiben.
 Wo ich immer spann und dachte,
 Wo des Forschers Glück mir lachte
 Grinst' mir bald der leere Wahn.
 War doch alles schon getan
 Von den emsigen Genossen,
 Die den Hasen längst geschossen,
 Den ich hatte springen sehn.
 Also mußt ich leer ausgehn
 Und vor Blake mit nichts dastehn.
 Schauder faßt' mich und Verdruß,
 Dräute doch das harte "Muß".
"Unterdessen muß ich leiden,
Was mir Glück und Zeit bescheiden;
Dieser Schmerzen und Verdruß
Hat den ganzen Trost: Ich muß."
 Besser spräch' ich wohl von "Dürfen".
 Doch auch dies heißt Wermut schlürfen,
 Wenn die Weide schon gemäht,
 Wo noch kaum ist ausgesät —:
 Dacht ich jedenfalls unschuldig.
 Doch die Zeit ist nicht geduldig,
 Und wo ich einst angefangen
 Günthers Verse zu studieren,
 Forschung auch zu innovieren,
 Ist sie — leider — fortgegangen
 Und jungfräuliches Gelände
 Scheint in dem Bereich zuende:
 Das begriff der Dilettant
 Im barocken Dichterland.
 Ingemisco, tamquam reus:

Culpa rubet vultus meus —
Kontrafaktisch sei gewagt
So zu sprechen, so geklagt.
Ach, da stand ich nun, ich Tor,
Ach, so klug als wie zuvor.

*

"Wo ist denn nun mein Ehrgeiz hin?
Wo sind die flüchtigen Gedanken,
Womit ich oftmals aus den Schranken
Gemeines Glücks geflogen bin?"

*

Doch an diesem trüben Tage, anders als bei Dante,
Von der Lieb' getrieben leggemmo avante,
Lasen weiter Günther, Günther las ich weiter,
Und allmählich, mählich wurd ich wieder heiter.
Denn besser als mein eigenes Gemächte,
Als meines Hirnes Schweiß vollbrächte,
Fand ich bei ihm die festlichen Adressen,
Das aptum, dem Geburtstag angemessen,
Dem großen Forscher halbwegs zu genügen,
Barockem Lustes-Spiegel zum Vergnügen.

*

So, unversehens, wurde das Objekt der Sache
Zum sympathetischen Subjekt der Sprache,
Mit der ich auszudrücken suchte
Die Schreibehemmung, die verruchte.
Wie tröstlich, daß auch Günthers Reime
Sind keineswegs ohn alle Spur von Leime
Von Assonanz um jeden Preis,
Dies nicht nur meisterlichster Weis.
Wie tröstlich, daß auch er nicht ohne Zähren
Die Verse, wie gewünscht, dem Festochs kann gewähren:
"Was kostet's nicht vor Schweiß, vor Unruh, vor Geduld,

Bevor uns die Natur den Einfluß ihrer Huld
In Geist und Feder senkt! Was hat man nicht zu lecken,
Wenn unsre Klarien nur Mißgeburten hecken!
Man lauret, sitzt und sinnt, verändert, schreibt, durchstreicht,
Schmeißt Silb und Reim herum, versetzt, verwirft, vergleicht,
Eh Wörter und Begriff so wahr als zierlich passen
Und in des Lesers Ohr ein gründlich Etwas lassen.
Doch wenn es unser Fleiß auch noch so schön gemeint,
Und nachmals vor der Welt mit Sorg und Furcht erscheint,
So wird er oft so kahl und obenhin gelesen,
Als wär es ein Gebet von Habermann gewesen.
Kein Blick erreicht den Geist, der in Gedanken lebt,
Kein Mund entdeckt die Kraft, womit das Beiwort strebt,
Und niemand kennt noch schätzt die Ordnung im Verbinden,
Da hundert gegenteils noch tausend Splitter finden."
    Und so betracht't ich denn die Früchte meines Fleißes.
    Wie's damit steht — der kluge Günther weiß es:
"Schau nur die Zeilen an, die ungeratnen Kinder.
Nicht eins gehorcht mir recht. Und schlag und zwing ich sie,
Muß man in Sorgen sein, daß ich nur Krüppel zieh.
Das aber stünde schön, wenn ich so töricht hieße
Und Krumm- und Lahme dir ein Ständchen bringen ließe.
Ja, nun errat ich erst der Muse Schwürigkeit.
Sie stickte, seh ich wohl, dir gern ein Ehrenkleid,
Sie tät und stickt' es dir mit ungezwungen Händen
Und würd auch Schlaf und Ruh auf solchen Fleiß verschwenden.
Nur schröckt sie dieses ab, daß Heuchelei und Schein
Der heutigen Kritik gemeine Gäste sein
Und daß, o Schimpf vor uns, so viel gelehrte Lügen
Von Köpfen ohne Witz nach Famens Tempel fliegen.
Hier mißt man kein Verdienst, man lobt, man rühmt, man singt,
Weil es Beförderung, Geiz und Mode mit sich bringt,
Und Phöbus, den so viel mit Zetteln überrennen,
Braucht ein Vergrößrungsglas, die Würdigsten zu kennen."
    So exculpiert mich denn mein Dichter
    Vor Meister B L S, dem strengen Richter:
    Und, aufgerichtet, wag ich voll Entzücken,
    Mit Günthers Federn weiter mich zu schmücken:
"Erwarte nicht, mein Freund, vor so viel Wert und Huld

Ein lang und nett Geschwätz. Ich bin in deiner Schuld,
Doch lieb ich dich dabei. Dies sind die reinsten Zinsen;
Der schöne Wörterkram bezahlt kein Maß voll Linsen,
Zu schweigen Trost und Rat und allzeit gleiche Treu.
Mein Zustand ist, du weißt's, das Leben; nichts dabei
Als Wünsche voll Geduld, ist ja so leicht zu tragen
Als Thraso, wenn er schwatzt, und alter Leute Klagen."
  Wie brauchbar ist die folgende Passage,
    So nützlich fast wie eine Apanage:
"Mein Fleiß ist froh, nur dich noch zu erhöhn, viel auszustehn.
Viel auszustehn und gleichwohl frei zu sein,
Vermag kein Geist, . . ."
    Ein Bißchen dem Zusammenhang entrissen,
    Jedoch das wirst Du, Kenner, sehr wohl wissen.
    Mag sein, Du antwortest bescheiden
    Und willst die Reverenz nicht leiden:
"Monsieur, Sie sparen die Karessen
Mitsamt der freien Schmeichelei,
Ein Mensch, der den Verstand vergessen,
Meint, daß ich schon ein Engel sei."
    Drauf müßt ich devotissime erwidern,
    Mit Versen wieder aus des Günthers Liedern:
"Ich, Herr, dein tiefster Untertan,
Will, bleib ich auch im Staube sitzen,
Noch mehr auf deiner Ehrenbahn
Als vor dem Elendsofen schwitzen.
Verstoß mich an den kalten Bär,
Ich geh, und gern, und find ein Meer,
Dein Lob in ewig Eis zu schreiben".
"Und würde, könnt ich gleich dein Bild in Marmor graben,
Dir doch das wenigste dadurch vergolten haben."
    So dicht' ich fort, die Mühsal hat mich wieder:
"Und geh oft um ein A drei Stunden auf und nieder
Auch schifft ich oftermal auf Dielen über Meer
Und holt ein Gleichnüswort aus Mississippi her".
    Und plaget mich das Verseschmieden allzu sehr
    Und ist der Kopf von allem Denken leer:
"Komm, liebe Poesie, das Schwitzen bringt zur Ruh.
Drum trabt mein Pegasus den schönen Linden zu,

Worinnen mir zur Lust forthin nichts weiter fehlet,
Als daß mich Günther-Forschung drückt und Spahrens Absein
quälet."

    Nun greif ich aber in die vollen Saiten,
    Um B L S den Glückwunsch zu bereiten.
    Und wo mein eigener Gesang ist allzu schlicht
    Find ich erneut Sukkurs im Güntherschen Gedicht:
"Der Segen breite sich auf dich und euer Haus
So wie ein Feigenbaum in Jakobs Erbteil aus
Und lasse dich so viel vergnügter Jahre zählen,
Als Stunden mir noch jetzt zu Nestors Alter fehlen."
    (Die Summe freilich ist nicht ohne Grenze.
    Denn nicht mehr bin ich in des Lebens Lenze!)
"Der Segen folge deinen Schritten,
Das Glück sei dir mehr Wirt als Gast,
Bis du den Himmel was zu bitten
Auf Erden nicht mehr nötig hast."
    Wenn ich dann bald in Eurer Nähe bin
    Wird uns nach Feiern stehn der Sinn.
    So leih ich abermals aus Günthers Hort
    Das einzig hierzu angemessne Wort:
"Das Haupt bekränzt, das Glas gefüllt!
So leb ich, weil es Lebens gilt,
Und pflege mich bei Ros- und Myrten.
Fort, Forscher, wirf die Forschung hin
Und komm, mich eiligst zu bewirten!
Wer weiß, wie lang ich hier noch bin?

Komm, bring ein niedliches Coffee,
Komm, geuß der Sorgen Panazee,
Den güldnen Nektar in Kristallen!
Seht, wie die Perlen stehn!
Mir kann kein beßrer Schmuck gefallen.
Als die aus dieser Muschel gehn.

. . .

Werft Blumen, bringt Cachou und Wein
Und schenkt das Glas gestrichen ein

Und führt mich halb berauscht zu Bette!"
   Zur Nachtspeis nehm ich 'ne Galette.
   Adieu sag ich dem Meister Spahr,
   Der sechzig wurde — das ist wahr.
"Mein Bruder, lebe wohl, und bleib mir stets gewogen,
Bis mich die Brüderschaft des Todes dir entzogen."
   Mag sein, daß die Rhetorik übertreibet.
   Genug ist gleichwohl was dann bleibet,
   Wenn sich die Nüchternheit von der Emphase scheidet.

*

So gab ein Dichter mir zu sagen, was ich leide,
   Zu sprechen auch genug vom Grund zur Freude.
"Die Freud ist ein Affekt, der, wenn er heftig treibet,
Mehr in Gedanken sagt als mit der Feder schreibet.
Bald soll es besser gehn, wenn Notdurft, Ruh und Lust
Des Geistes Freiheit schützt. Jetzt ätz ich meiner Brust
Den teuren Namen ein, und muß auch der verwesen,
So soll ihn doch die Welt auf meinem Lorbeer lesen."
   Soweit nicht Günther spricht: Verzeiht dem müden Gaul,
   Er war sowenig als ich selber faul.
   Laß hoffen uns getrost auf bessre Zeiten,
   Dann werd ich auch 's barocke Forschungsroß mal wieder
                                      reiten:
   Bis dato halt ich mich an Günthers meisterlichen Satzfluß
   Und zieh submissest mich zurück mit schönstem Kratzfuß.
"Sollt einmal Delius mich höher aufwärts ziehn,
So wird mein Pegasus sich aus den Tälern wagen
Und deinen Freundschaftsruhm bis an die Hügel tragen,
Wo der Akarnan blitzt und beide Hunde glühn."

— — — — — —

Herbert Penzl

DAS FRÜHNEUHOCHDEUTSCHE UND DIE PERIODISIE-
RUNG DER GESCHICHTE DER DEUTSCHEN SPRACHE

1. Drei oder vier Perioden?

Eine Geschichtsschreibung ohne Unterteilung in zeitliche Perioden scheint schon aus praktischen Gründen schwer vorstellbar. Das gilt auch für die Sprachgeschichte im allgemeinen und für die Geschichte der deutschen Sprache im besonderen. Deren Periodisierung ist aber keineswegs ein einfaches Problem. Das zeigt schon die Forschungsgeschichte (vgl. Wolf 1971), auch der Versuch einer Typologie der Periodisierungen (Moser 1951). Eine kritische Untersuchung einiger vorgeschlagener Grenzziehungen innerhalb der unbestrittenen Kontinuität der Entwicklung sollte auch dazu dienen, den sprachlichen Periodenbegriff und besonders den Begriff der sprachlichen Periodengrenze zu klären. Bei jeder Sprache müssen wir zwischen innerer und äußerer Sprachgeschichte unterscheiden. Mit innerer Sprachgeschichte meinen wir die Beschreibung der Veränderungen von Lauten, Lautsystem, Formen, Syntax, Wortschatz einer Sprache im Laufe der Jahrhunderte. Äußere Sprachgeschichte ist auch die Geschichte der Sprachträger, ihrer Schaffung und Aufgabe von Sprachräumen durch Abwanderung oder Umsiedlung, ihrer sozialen und kulturellen Schichtung und Gruppenbildung, ihrer Kontakte mit Fremdsprachen, ihrer Verwendung der Muttersprache mit Variation in Sprechakten und Sprachakten. Diese zeigt uns das überlieferte Korpus von Texten aller Art: Literaturtypen, Urkunden, Grammatiken, Übersetzungen, Inschriften usw. Mit Ausnahme der Gegenwart (vgl. *6.* unten) ist uns die innere und äußere Sprachgeschichte nur in ihrem geschriebenen Korpus, nur graphisch zugänglich. Eine vollständige Sprachgeschichte muß Inneres und Äußeres erfassen. Die einzige Methode zur Erfassung des inneren Sprachwandels ist die Analyse der verfügbaren Texte. Äußere Sprachgeschichte hängt auch mit der politischen und allgemeinen Geschichte der

Zeit, mit der Geschichte von Kultur, Literatur, Kunst zusammen; da gibt es reichliche Quellen, auch Artifakte. Die Forschung hat daher m.E. dazu geneigt, Außersprachliches in allzu großem Umfang zur Periodisierung des Sprachlichen heranzuziehen.

Auf Jacob Grimm geht die Dreiteilung in eine *althochdeutsche* (ahd.), *mittelhochdeutsche* (mhd.) und *neuhochdeutsche* (nhd.) Periode des Deutschen zurück. Man ließ das Nhd. dabei, wie in der Geschichtswissenschaft die Neuzeit, meist um 1500 mit der Reformation beginnen. Die Dreiteilung der deutschen Sprachgeschichte finden wir in den Werken von Hermann Paul, bei W. Wilmanns, ebenso bei V. Michels, der aber die nhd. Periode um 1350 beginnen läßt (vgl. Eggers 1969, S. 17f.).

Es war Wilhelm Scherer (1875[2]) der erste, der, wie es heißt, durch A. Kobersteins Grundriß der Literaturgeschichte angeregt, eine Übergangszeit, eine *frühneuhochdeutsche* (1350-1650) vor der eigentlichen nhd. Zeit annahm. Konrad Burdach, Virgil Moser, auch z.T. Otto Behaghel griffen in ihren Werken den Gedanken einer frühnhd. Periode auf. A. Schirokauer (1957) nannte sie ein "souveräne Epoche". Aber die Vierteilung ist nicht ausnahmslos von der Forschung angenommen worden H. Moser (1961) hat eigentlich eine Zweiteilung: die Altdeutsche Zeit (750-1500) und die Neudeutsche Zeit (ab 1500); eine frühnhd. Zeit findet sich nicht unter den mehrfachen Unterteilungen.

Die Charakterisierung einer Periode wird erleichtert, wenn wir über die Prinzipien der Grenzziehung im klaren sind und das Hilfsmittel einer Unterteilung berücksichtigen. Wir wollen also zuerst die Frage dieser Unterteilung (*2.* unten), dann de Grenzziehung für Ahd., Mhd. (*3.*) behandeln, dann erst die Periodengrenze des Frühnhd. gegenüber dem Mhd. (*4.*) und gegenüber dem Nhd. (*5.*) und am Ende kurz die Frage einer Periodengrenze um 1950 (*6.*).

2. Periodenunterteilung

Es ist ein beliebter Brauch der Forschung innerhalb der angenommenen Sprachperioden noch oft mehr oder weniger zwanglos Unterteilungen vorzunehmen, die man nicht immer sprachlich oder textinhaltlich definiert: z.B. wird in der Literatur oft Isidor als "frühahd." und Notker oder Otlohs Gebet als "spätahd." bezeichnet (Penzl 1971). Man könnte die Sprachgeschichte auch rein annalistisch unterteilen, etwa die deutsche Sprache in jedem Jahrhundert vom 8. bis zum 20. behandeln. Das ergäbe freilich zur Forschungsabschnitte, keine historisch relevanten Perioden. Bei einem spärlichen Textkorpus wie dem ahd. wäre eine Unterteilung nach einem runden Jahrhundert ganz vertretbar, wie etwa Früh-ahd. vor und um 800, Spätahd. ab 900.

Für das Frühnhd. unterscheidet V. Moser (1926) drei Abschnitte, nämlich das ältere Frühnhd. ("äfrnhd.") zwischen ungefähr 1370 und 1520, dann die eigentliche Übergangszeit (1520-1620), endlich das ausgehende Frühnhd. (1620-1650). Die erste Unterperiode sei vertreten durch die Hss. des 14., 15. Jahrhunderts und die ältere Druckersprache, die zweite dauere vom Beginn der Reformation bis auf "die Sprachgesellschaften und die Schlesier", die letzte sei die Zeit der "älteren Schlesier und der Grammatiken des Schlesiers Gueintz und des Hannoveraners Schottel". Seine Abschnitte aufgrund des Textkorpus sind also von recht ungleicher Länge: 150, 100, 30 Jahre. Der letzte mit Schottelius als Periodengrenze leuchtet am wenigsten ein; es soll davon noch die Rede sein (5. unten).

3. Die Periodengrenzen des Althochdeutschen

Die wenigen Handbücher, die unter dem Einfluß der gegenwärtigen deutschen Universitätsdidaktik Ahd. und Mhd. als "Altdeutsch" zusammen behandeln, trennen beide sehr genau. Auch H. Moser (1961) trennt Frühdeutsch und "Hochmittelalterliches Deutsch". Bei Ahd. und Mhd. besteht im Prinzip nie ein Zweifel, daß wir die beiden als zwei aufeinanderfolgende Sprachstufen oder Sprachstadien des Hochdeutschen beschreiben müssen, wenn auch im Ahd. das Textkorpus in verschiedenen abweichenden Dialekten geschrieben ist und das Mhd. wegen der häufigsten literarischen Textsorten, nämlich Epos und Lyrik, meist nur in der "normalisierten" Form der Textausgaben und Handbücher beschrieben wird. Die Grenzziehung zwischen Ahd. und Mhd. sollte einfach sein, da sie eigentlich nur auf *einem* Phonemwandel beruht, und zwar dem graphisch deutlichen Zusammenfall aller schwachakzentuierten Vokale in Schwa (Penzl 1971, S. 141ff.). Dieser Wandel wirkt sich auch entscheinend auf die Morphologie aus: ahd. *geba* "Gabe" (Nom.), *geba* (Gen.), *gebu* (Dat.) ergibt alles mhd. *gebe*; ahd. *tage* (Dat.), *tagu* (Instrumental), *taga* (Nom., Akk. Plural) ergibt mhd. *tage* usw. Aber wir haben Phasen dieses Wandels und dialektische Unterschiede in seiner Verbreitung. So erklärt es sich, wenn gewisse Denkmäler wie *Ezzos Lied, Merigarto,* Willirams *Hohes Lied,* die W. Braune, E. von Steinmeyer u.a. als spätahd. ansahen und in ahd. Lesebücher und Textsammlungen aufnahmen, nicht in R. Schützeichels *Ahd. Wörterbuch* erfaßt sind, weil für diesen das Ahd. mit Notkers Tod (1022) aufhört. Der Niederschlag eines "Geistes von Cluny" (Wolf 1971, S. 85f.) als Grenze statt eines innersprachlichen Merkmals hat selbst bei Literaturhistorikern wenig Anklang gefunden.

Wann beginnt überhaupt das Ahd. und damit die Geschichte des Hochdeutschen? Die textlose Periode einer Sprache gilt als vorgeschichtlich, als prähistorisch. Namenslisten, Glossen und Glossensammlungen können noch wie regelrechte vollständige Texte behandelt werden, aber nicht die Zitatformen von Namen in anderssprachigen Texten. Für das Ahd. gilt aber, daß nur Texte oder Formen, deren Schreibung die "hochdeutsche Lautverschiebung", d.h. die vorhistorische Verschiebung der germ. Fortisverschlußlaute *p *t *k ausdrückt, als ahd. gelten. W. Mitzka u.a. haben deswegen aber auch das Langobardische des *Edictus Rothari* (643 n. Chr) mit seinem *grapworf, sculdhais* in die Geschichte des Hochdeutschen einbezogen. Jedenfalls zeigt die Lanzenspitze von Wurmlingen (6. Jhd.?) in der Inschrift *Idorih* eindeutig "verschobenes" *k. Die Spange von Freilaubersheim (550?) zeigt die Form *wraet* 'ritzte', wird also wegen der *t*-Rune als vorahd. angesehen. Könnte aber das Runenzeichen schon einen neuen Lautwert haben? Jedenfalls gilt im Falle des Ahd. das erste Beweismaterial für einen rekonstruierten vorahd. Lautwandel, die hochdeutsche Konsonantenverschiebung, als Periodengrenze, ja als Ursprungsgrenze der Sprache.

4. Der Anfang des Früneuhochdeutschen

Es darf nicht überrraschen, daß für eine Periode, die nicht einmal von allen Forschen angenommen wird (siehe *1.* oben), recht verschiedene Grenzdaten gegeben werden. Die erwähnte Annahme von Abschnitten im Frühnhd. (*2.* oben) zeigte die Mannigfaltigkeit des Textkorpus. Das Problem der Grenzziehung selbst bei verhältnismäßig einfacher und eindeutiger Motivierung wie im Falle Ahd./Mhd. (*3.* oben) verspricht keine einfache Lösung für das Frühnhd.

Als Anfang der frühnhd. Periode begegnet uns in der Literatur besonders häufig das Jahr 1350. Waterman (1966) betont die Willkürlichkeit dieses Datums: auch 1400 oder 1450 würde passen. Aber 1350 ist mit Kaiser Karl IV der Beginn der Regierung der Luxemburger in Prag, was nur manchmal in diesem Zusammenhang erwähnt wird. Das Frühnhd. als Teil der äußeren Sprachgeschichte bezeichnet die Periode des sich allmählichen Durchsetzens eines bestimmten, verbindlichen Sprachtypus für Literatur und schriftliche Kommunikation, für den wir Ausdrücke wie Standardsprache, Einheitssprache, Hochsprache, Nationalsprache, Schriftsprache finden. Die Forschung hatte zuerst nach der Ansicht von Konrad Burdach u.a. die deutsche Hochsprache sich vielfach direkt aus dem Sprachtypus der Prager kaiserlichen Kanzlei, in dem sich mitteldeutsche und oberdeutsche Züge vereinigen, entwickeln sehen. Später galt, nach der Ansicht von Theodor Frings, die ostmitteldeutsche Siedlungslandschaft, aus der die obersächsische Kanzlei der Wettiner, Opitz und die Schlesier und auch Luther (vgl. Penzl 1984) stammen, als die Wiege der deutschen Schriftsprache. Gegenwärtig nimmt man für die Schriftsprache mit ihrer Verbindung von Mitteldeutschem und Oberdeutschem eine "Polygenese" an. Deutschland hatte ja nicht im Frühnhd. wie London für das Englische, Paris für das Französische ein einheitliches Zentrum von Verwaltung, Wirtschaft oder Kultur, dessen Dialekt zu Norm und Muster hätte werden können. Keinesfalls war es Prag im zweisprachigen, größtenteils fremdsprachigen Böhmen, auch nicht später Wien oder Innsbruck, Meißen, Speyer oder gar Druckzentren wie Augsburg, Wittenberg, Köln, Basel usw.

Bei der Dreiteilung der deutschen Sprachgeschichte gilt erst die Zeit nach 1500 (Moser 1961) als Anfang der nhd. Periode (vgl. 1. oben), wobei diese Grenzziehung die Rolle Luthers hervorhebt. Luthers Sprache in Bibel und Sendschreiben war einflußreich und wichtig, besonders für das niederdeutsche Dialektgebiet, aber sie war noch typisch frühnhd., d.h. landschaftlich bestimmt, im wesentlichen mit dem Wittenberger Schriftdialekt identisch. In der Reformation wird Luthers Deutsch auch zu einer Kirchensprache und Schulsprache, aber seine eigenen gelehrten Tischgespräche in der Zeit des Humanismus sind noch mehr lateinisch als deutsch. P. von Polenz (1978) sieht in 1450 nach der Erfindung des Buchdrucks die Grenze zum Nhd., aber dieses neue Medium führt erst

spät im 16. Jhd. zur größeren Verwendung des Deutschen gegenüber dem Lateinischen.

Für etwa 1350 als Beginn des Frühnhd. spricht aber nicht nur
die äußere Sprachgeschichte wie die konsequente Verwendung des
Deutschen als kaiserliche Kanzleisprache, sondern auch wichtige
Ereignisse der inneren Sprachgeschichte. Das haben wir die soge-
nannte frühnhd. Diphthongierung von mhd. *î û iu* (mhd. *win* zu
Wein, mhd. *hus* zu *Haus*, mhd. *hiuser* zu *Häuser*), so daß in der
Hochsprache die Vokale in *Wein, Haus, Häuser* mit denen von
mhd. *stein* 'Stein', mhd. *ouch* 'auch', *niuw* 'neu' zusammenfielen.
Man vergleiche dazu Eggers' (1969, S. 48ff.) Bemerkungen zu einer
Urkunde Karls IV. Die frühnhd. Monophthongierung von mhd. *ie
uo üe* in mhd. *lieb, guot, güete* zu *lieb, gut, Güte*, die aus dem
Mitteldeutschen stammt, verbreitet sich auch im Oberdeutschen
(Penzl 1975, S. 115). In "offenen" Silben, besonders vor Lenis-
konsonanten, tritt eine Dehnung der mhd. Kurzvokale ein, z.B. in
sagen, leben, vogel, jugent usw. Ein weiterer spätmhd. und frühnhd.
Vorgang ist der Zusammenfall der Zischlaute, die mhd. <s> bzw.
<z> geschrieben wurden, nach der Entwicklung des Schibilanten
<sch> aus ahd. *sk* (Penzl 1975, S. 107f.): mhd. *es* 'dessen, es'
(Genetiv), *ez* 'es', *esche* 'Esche'.

Es ist interessant, die Periodisierung des Deutschen mit der des
Englischen zu vergleichen. Der Normanneneinfall von 1066 führte
im Mittelenglischen zu lexikalischer, orthographischer und wohl
morphologischer Veränderung gegenüber dem Altenglischen, ja
sogar zu jahrhundertelanger Konkurrenz der englischen mit einer
französischen Schriftsprache. Die 1100-Grenze zwischen Altenglisch
und Mittelenglisch hat noch niemand bezweifelt. Ein "Frühneuenglisch" von 1500 bis 1700, z.B. bei Görlach (1978), scheint
nach dem Muster des Frühnhd. angesetzt, denn im allgemeinen ist
die Vierteilung in der englischen Sprachgeschichte nicht üblich und
"frühneuenglisch", z.B. bei Karl Luick (1940, S. 550), ist nur eine
Unterteilung des Neuenglischen (*Modern English*). (vgl. oben 2.).
Die große englische Vokalverschiebung (*Great English Vowel Shift*)
ab 1400 mag graphisch nicht gleich erkennbar sein, da im allgemeinen sich nur die Lautwerte, nicht die Schriftzeichen ändern,
bietet aber eine einschneidende innersprachliche Grenze, die das
Neuenglische vom Mittelenglischen scheidet. Erst eine spätere
Phase der Verschiebung zur Grenzziehung zu nehmen ist innersprachlich nicht leicht zu begründen.

5. Das Ende der frühneuhochdeutschen Periode

Von der 1500-Grenze gegenüber dem Nhd. war schon oben die Rede; dadurch wird eine eigene frühnhd. Periode eigentlich beseitigt. Alle deutschen Inkunabeln, der *Ackermann* von Johannes von Tepl, Sebastian Brants *Narrenschiff*, alles wäre dann noch "mhd.", was diesem Ausdruck die traditionelle Bedeutung entzöge. Die Mehrzahl der Forscher setzen als Ende der frühnhd. Periode das Jahr 1650 an. Das wäre ungefähr das Ende des 30jährigen Krieges (1648), aber die Auswirkung auf die Geschichte der deutschen Sprache bleibt unklar und wird auch nie angegeben. Die festgelegte politische Selbständigkeit der Niederlande bedeutet auch eine endgültige sprachliche Trennung der niederländischen von der deutschen Sprachgeschichte, aber diese Entwicklung begann ja schon in mhd. Zeit. Kellers Ansicht (Keller 1978, S. 146), daß für die ahd. Periode das Altsächsische und also auch das Altniederfränkische als Dialekte des Deutschen anzusehen seien, wird im allgemeinen nicht von der Forschung geteilt und hat innersprachliche Gegenargumente; jedenfalls ist das wechselnde Verhältnis Hochdeutsch/Niederdeutsch/Niederländisch nie zur Periodisierung des Deutschen verwendet worden.

Eggers (1969, S. 61) gibt einen interessanten Grund für seine Grenzziehung von 1650: das Erscheinen der *Teutschen Sprachkunst* von Justus Georgius Schottelius (Einbeccensis) im Jahre 1641 (1651[2]), der eine Schlüsselstellung einnehme und ein "vollständiges, sprachregelndes System der deutschen Schriftsprache" entwerfe. Wir können von den Schriften der nur didaktisch interessierten deutschen Lese- und Schreibmeister wie z.B. Valentin Ickelsamer (1500?-1540) absehen (Penzl 1983). Aber die ersten vollständigen Grammatiken des Deutschen waren auch schon im 16. Jahrhundert erschienen, allerdings auf lateinisch geschrieben und für Ausländer bestimmt: von Laurentius Albertus (1573), Albert Ölinger (1573), Johannes Clajus (1578). Sie beschreiben frühnhd. Schriftdialekte. Das gleiche gilt für den Niederdeutschen Schottelius (1612-1676), der oft mit vielen lateinischen Exkursen seine Grammatiken durchaus auf frühnhd. in einem ostmitteldeutschen Schriftdialekt, etwa den von Wittenberg schreibt, was nach J.Ch. Gottsched zum "allerschlechtesten Deutsch" (Gottsched [1978], S. 63) gehört. Schottelius selber glaubt allerdings, nicht einen *Dialectus*, sondern die *Hochteutsche Sprache* zu beschreiben (Eggers 1969, S. 199ff.).

Schirokauer (1957) setzt 1620 als das Datum des Einsetzens der eigentlichen nhd. Periode. 1624 erschien das *Buch von der deutschen Poeterey* des Schlesiers Martin Opitz (1597-1639). Dessen Sprache ist aber durchaus frühnhd., ein schlesischer Schriftdialekt, und sein Einfluß beschränkt sich auf die Poetik. Opitz kämpfte erfolgreich für eine akzentuierende, nicht etwa bloß silbenzählende Metrik in der Verszeile und für die Übereinstimmung vom natürlichen deutschen Wortakzent und dem Akzent im Vers. Die frühnhd. Sprachgesellschaften, z.B. die berühmte "Fruchtbringende Gesellschaft", unterstützten Opitz in seiner Reform. Die frühnhd. Poetiken wendeten sich wie die Grammatiken und Sprachgesellschaften im allgemeinen gegen Grobdialektisches in Sprache und Poesie, duldeten aber meistens landschaftliche Reime je nach dem Dialekt des Dichters, so daß noch in der Gegenwart Reime wie *schön/geh'n* oder *viel/fühl'* nicht als abweichend oder zu unrein bewertet werden.

Spätere Grenzsetzungen wie 1700 oder 1720 fehlen keineswegs für das Ende des Frühnhd. Wenn man das Aufgehen der *Schriftdialekte* in eine *Schriftsprache* mit dem Ende der frühnhd. Periode und dem Beginn des eigentlichen Nhd. gleichsetzt, kann man die Grenze nicht vor den ersten Jahrzehnten des 18. Jhds., also etwa der Zeit des jungen Gottsched ziehen. Es gibt nun zweifellos, besonders auf oberdeutschem Gebiet noch Texte, die noch später in einem Schriftdialekt geschrieben sind, z.B. die Schrift des Badener Benediktiners Augustinus Dornblüth (1755), der die Sprache des Reichskammergerichts zu Speyer als mustergültig ansah. Die meisten Texte des 18. Jhds. zeigen noch einige landschaftliche oder frühnhd. Züge. Das gilt sogar noch für J.Ch. Gottsched. Wenn wir die einzelnen Auflagen seiner *Deutschen Sprachkunst* vergleichen, so zeigt sich nicht einmal eine gradlinige Entwicklung zu nhd. Einheitsformen. So ersetzt er (Penzl 1980, S. 17) *macht, setzten, pfleget* der Auflagen von 1748[1], 1749[2], 1752[3] ab 1757[4] durch *machet, setzeten*, aber *pflegt* (als starkes Verb). Noch 1762[5] schreibt er (S. 380) *fleuchst, fleußt, kömmst, treufst* usw. und ändert erst im 2. Druck von 1762 *sprung* zu *sprung oder sprang* (Penzl 1980, S. 107 zu Gottsched [1978], S. 396). Aber das Nichtlandschaftliche, Einheitliche überwiegt schon vor der Mitte des 18. Jhd. gegenüber den dialektischen Abweichungen in den Texten. Wir möchten also nicht etwa erst die Kodifizierung von Grammatik und Wortschatz des Deutschen durch J.Ch. Adelung (1723-1806) als Grenzdatum nehmen, sondern sehen in den ersten Jahrzehnten, nicht am Ende des 18. Jhds. den Beginn des Neuhochdeutschen und das Ende des Frühnhd.

6. *Die Perioden des Deutschen und 1950*

Die Periodisierung in der Sprachgeschichte hat sich wie alle Aspekte einer Historiographie als stark durch die Einstellung der Forscher bedingt erwiesen. Eine runde Jahreszahl als Grenze ist natürlich nie ganz "wörtlich" zu nehmen. Die Periodisierung wirkt aber überhaupt nicht subjektiv, wenn weitgehende innersprachliche Änderungen beschrieben werden können, z.B. am Ende der ahd. Periode. Das Frühnhd. kann zwar vom Mhd. auch innersprachlich als Periode abgegrenzt werden, aber schwer so vom eigentlichen Nhd. Die äußere Sprachgeschichte zeigt uns die Konkurrenz der landschaftlichen Schriftdialekte; deutlich landschaftliche Züge in jedem Text der Zeit erweisen ihn als frühnhd. Im allgemeinen läßt sich sagen, daß gegenüber innersprachlichen Veränderungen damit nicht direkt verbundene Änderungen des Korpus nach Typ (Textsorte), Häufigkeit, Inhalt, Medium (Hss./ Buchdruck) in ihrer Bedeutung zurücktreten müssen. Auch das Erscheinen eines wichtigen Korpusteils oder Textes wie z.B. von Luther, Opitz, Schottelius kann eher ein Periodenmerkmal als ein kausaler Periodenfaktor sein. Wichtige Ereignisse der politischen oder allgemeinen Geschichte wie das Ende des 30jährigen Krieges oder für das Englische die Entdeckung Amerikas können bei ihrem Eintreten ohne Bedeutung für die Sprachgeschichte sein oder aber, wie für das Englische der Normannensieg von 1066, sie ganz entscheidend beeinflussen. Aber nur rein Sprachliches sollte die Grundlage der sprachlichen Periodisierung sein.

Keller (1978, S. 485) bemerkt zum deutschen Sprachraum nach dem 2. Weltkrieg: "the territory of the German language ... has suffered a contraction which surpasses anything that has happened to other major European languages". Es sieht ab 1950 (S. 470) in der Geschichte der deutschen Sprache eine Grenze, in der spätere Generationen "den Beginn einer neuen Sprachperiode sehen mögen". Mit dieser vorsichtigen Formulierung kann man nur einverstanden sein. Noch ist eine Rückentwicklung zu einem Zustand, der der frühnhd. Sprachperiode gleichsieht, nicht eingetreten. Es besteht kein Anzeichen für eine wirkliche sprachliche Abspaltung der Sprache der DDR zu einem eigenen Schriftdialekt. Wort-schatzschwund und Wortschatzersatz durch die englische Fremd-wortflut in der Gegenwart läßt sich noch nicht mit dem Einfluß von Französisch und Latein in der frühnhd. Zeit vergleichen, so daß sich auch nicht mehr eine Parallele zur Sprachpflege der frühnhd. Sprachgesellschaften, etwa in der "Gesellschaft für deut-sche Sprache", entwickeln konnte. Noch ist eine radikale Recht-schreibungsreform durch offizielle Sprachregelung, die zu land-schaftlichen Orthographieunterschieden wie in der frühnhd. Zeit führen könnte, erst im Diskussionsstadium. Freilich hat die Schweiz schon die nhd. ß-Schreibung geändert.

Die Einigung der deutschen Musteraussprache um die Jahr-hundertwende ist nie als Periodengrenze bewertet worden. In der Gegenwart scheint diese Einheitlichkeit gefährdet zu sein, nicht wegen Annahme einer bloß "gemäßigten Hochlautung" außerhalb der deutschen Bühne, sondern durch das wahrscheinlich soziolo-gisch bedingte Phänomen eines allgemeinen Hochsprachenabbaus durch stetig ansteigenden Einfluß der landschaftlichen, besonders der oberdeutschen Dialekte. Auch in mittleren Gesellschaftsschich-ten wird nun auch außerhalb der Schweiz der Dialekt zur *Umgangs-sprache* oder diese weitgehend "dialektisiert". Literaturkritiker behaupten mit Recht, daß in der Gegenwart wie in der frühnhd. Zeit (mit Ausnahme Luthers) sprachlich mustergültige einfluß-reiche Literaturwerke fehlen, in der Sprachbehandlung mittel-mäßige Begabungen wie etwa ein Heinrich Böll oder ein Günter Grass den Ton angeben, Tageszeitungen und Zeitschriften (z.B. *Der Spiegel*) keine oder negative Stilstandards aufweisen.

Noch berichteten 1983 die Münchener Zeitungen es als Kurio-sum, daß bairische Dialektsprecher dem erzbischöflichen Ordi-nariat in München eine bairische Dialektfassung des Vaterunsers zur Annahme für den Gottesdienst vorlegten. Das erinnert direkt an die ahd. Zeit! — Aber eine Wiederbelebung des Niederdeut-schen als Schriftsprache im Norden und eine Abspaltung des Schwyzerdütschen als Schriftdialekt im Süden erscheint manchen Beobachtern keineswegs als phantastische atonale Zukunftsmusik. Nach Zeitungsmeldungen wurde im Staate Luxemburg, wo über 95% der Bewohner deutschsprachig sind, die letzte "Thronrede" auf letzeburgisch, also dem mittelfränkischen Dialekt der Land-schaft, gehalten. Es ist eigentlich paradox, daß in dieser Zeit der

Massenmedien fortschreitende sprachliche Divergenz statt stärkerer Einheitlichkeit und Konvergenz für das Deutsche nach 1950 charakteristisch ist. Noch sehen wir aber nach 1950 keine neue Sprachperiode im Deutschen.

Bibliographie

Eggers, Hans. 1969. *Deutsche Sprachgeschichte III. Das Frühneuhochdeutsche.*

Görlach, Manfred. 1978. *Einführung in das Frühneuenglische.*

Gottsched, J.Chr. [1978]. *Vollständigere und Neuerläuterte Deutsche Sprachkunst.* 1762[5]. *Ausgewählte Werke.* 8. Bd. Bearbeitet von Herbert Penzl. Berlin-New York, de Gruyter.

Keller, R.E. 1978. *The German Language.*

Luick, Karl. 1940. *Historische Grammatik der englischen Sprache.* Hg. von Friedrich Wild und Herbert Koziol. 1. Band, II. Abteilung.

Moser, Hugo. 1951. "Probleme der Periodisierung des Deutschen". *German.-Roman. Monatsschrift* N.F. 1, S. 296-308.

Moser, Hugo. 1961. *Annalen der deutschen Sprache von den Anfängen bis zur Gegenwart.*

Moser, Virgil. 1926. "Grundfragen der frühneuhochdeutschen Forschung". *Germ.-Roman Monatsschrift* 14, S. 25ff.

Penzl, Herbert. 1971. *Lautsystem und Lautwandel in den althochdeutschen Dialekten.*

Penzl, Herbert. 1975. *Vom Urgermanischen zum Neuhochdeutschen. eine historische Phonologie.* (Grundlagen der Germanistik 16).

Penzl, Herbert. 1980. *J.Ch. Gottsched. Deutsche Sprachkunst. Varianten und Kommentar. Ausgewählte Werke.* Achter Band. Dritter Teil. Berlin-New York, de Gruyter.

Penzl, Herbert. 1983. "Valentin Ickelsamer und die Aussprache des Deutschen im 16. Jahrhundert". *Virtus et Fortuna. Festschrift für Hans-Gert Roloff*, hg. von J.P. Strelka und Jörg Jungmayr. S. 220-236.

Penzl, Herbert. 1984. *Frühneuhochdeutsch.* Bern. (Langs Germanistische Lehrbuchsammlung).

Polenz, Peter von. 1970. *Geschichte der deutschen Sprache.*

Scherer, Wilhelm. 1875[2]. *Zur Geschichte der deutschen Sprache.*

Schirokauer, Arno. 1957. Frühneuhochdeutsch. In: *Deutsche Philologie im Aufriß* 1966[2], Sp. 855-930.

Waterman, John T. 1966. *A history of the German Language.*

Wolf, Herbert. 1971. "Zur Periodisierung der deutschen Sprachgeschichte". *German.-Roman. M.* 21, S. 78ff.

C. Stephen Jaeger

BEAUTY OF MANNERS AND DISCIPLINE (*SCHOENE SITE, ZUHT*):
AN IMPERIAL TRADITION OF COURTLINESS IN THE
GERMAN ROMANCE

The ideas that have longest given shape to our conception of the past are the ones that should be looked at most critically. The architecture of ideas, unlike that of buildings, does not require careful engineering to stand. Often cultural predispositions, prejudices, or simply the authority of the man or men who constructed them, suffice to hold great edifices of thought in place. One of the most fruitful tasks of American *Germanistik* is to serve as a kind of inspector of buildings and of the rooms in them, to survey foundations, add support where it is lacking or bring down constructions that stand without them. The scrupulous architect and inspector to whom this Festschrift is dedicated teaches, by example and precept, a healthy respect for firm foundations. If some of the positive critical spirit that characterizes his work and thought has made its way into the present study, then an open word of thanks to him as a teacher will be unnecessary.

A prominent historian said recently that the sources of medieval history ought to be reevaluated every forty years or so; new methods, new materials, new perspectives allow a new generation to see them in a wholly different light from the preceding one. This is certainly true of the traditional conception of medieval courtliness and its history. Peter Ganz has shown recently that the long tradition of scholarship on medieval German literature has not produced a satisfactory definition of one of the central concepts in courtly romance and lyric: *hövescheit*.[1] The same is true of the

1. "Der Begriff des 'Höfischen' bei den Germanisten", *Wolfram-Studien IV*, ed. W. Schröder, (Berlin, 1977), 16-32. The earlier study by

history of this concept. The great work of Bezzola is still a mine of information on medieval courts and court life.[2] But he had his eye fixed firmly on literary productivity of the courts. The most important sources for the social and ethical values of medieval German courts are the *Vitae* of bishops who came to their office via service in the royal/imperial courts.[3] These works open to view an entirely new perspective on court life and courtliness as a social and historical reality in medieval Germany. The present study draws on these sources to illuminate the history of two important MHG concepts of courtesy, *zuht* and *schoene site*, their development from Latin, their social context.

1.) Schoene site – elegantia morum

Gottfried von Strassburg's exposition of the *lere, moraliteit*, runs as follows:[4]

under aller dirre lere
gab er ir eine unmüezekeit,
die heizen wir moraliteit.
diu kunst diu leret schoene site:
da solten alle vrouwen mite
in ir jugent unmüezic wesen.
moraliteit das süeze lesen
deist saelic unde reine.
ir lere hat gemeine
mit der werlde und mit gote.
si leret uns in ir gebote
got unde der werlde gevallen:
sist edelen herzen allen
zeiner ammen gegeben,

Werner Schrader, *Studien über das Wort höfisch in der mittelhochdeutschen Dichtung,* (Würzburg, 1935), is only useful as a collection of material. See also the forthcoming article by Hubert Heinen "The Concepts *hof, hövesch* and the Like in Hartmann's *Iwein*".

2. Reto Bezzola, *Les Origines et la formation de la littérature courtoise en occident (500-1200),* (Paris, 1958-63), 3 parts in 5 vols.

3. See my article "The Courtier Bishop in *Vitae* from the tenth to the twelfth Century", *Speculum*, 58 (1983), 291-325.

4. References are to Gottfried von Strassburg, *Tristan und Isold*, ed. Friedrich Ranke, 11th ed., (Dublin/Zurich, 1967), here lines 8002ff.

daz si ir lipnar unde ir leben
suochen in ir lere;
wan sin hant guot noch ere,
ezn lere si moraliteit.

Certainly the concept *moraliteit* could be the key to entering and
penetrating the ideas of the passage; it has been recognized as
such,[5] even though there is no satisfactory study of the intellectual
history of the concept *moraliteit, moralitas.* But I want to call
attention here to the line, "diu kunst diu leret schoene site". If
Gottfried-research has so much as nodded towards the term
"schoene site", the reference has escaped me. Perhaps it has been
read not as a concept but as a descriptive term; beauty of manners
or beautiful manners is simply an individual and original circum-
scription of the results of instruction in *moraliteit*, as if we were to
say of a courtly person, "his manners are certainly beautiful". But
no, it is a fixed concept, one whose content and history are as
approachable as that of *moraliteit*, perhaps more so. Gottfried uses
the formulation fairly regularly. The Norwegian sailors who
kidnap young Tristan are amazed at his abilities in language, in
chess, in music, at his impressive appearance, his beauty, his
clothes and flowing speech, and the sum of their admiration:

nun geduhte si nie jungelinc
so saelecliche sin getan
noch also schoene site han. (2240ff.)

They consider this a marketable quality, and resolve to profit from
it (2300ff.). Likewise when Tristan, stranded in Cornwall, meets
two pilgrims, they are astonished by his courtly qualities, summed
up by the same term:

"a herre got der guote,
wer oder wannen ist diz kint,
des site so rehte schoene sint"? (2752ff.)

The quality is prominent also during his debut at the court of
Cornwall. there is a portrait of the young prodigy as he is
introduced to King Mark, a scene thickly laced with the forms of
high courtly fashion, and the portrait ends:

5. See the comments of Ganz in Gottfried von Strassburg, *Tristan*, ed.
Bechstein, rev. Peter Ganz, (Deutsche Klassiker des Mittelalters, N.F.,
Vol. IV; Wiesbaden, 1978), I, p. 352 (note to line 8008).

an gebaerde unde an schoenen siten
was ime so rehte wol geschehen,
daz man in gerne mohte sehen. (3348ff.)

It is worth noting that the term keeps close company in each of the above passages with *hövesch, hövescheit, hovebaere*. And it should be evident from the scant description just given, that *schoene site* is the epitome of courtly bearing. It includes fine dress, gentle, courteous, eloquent speech, graceful gestures, suaveness and affability in greeting, skill in court games and pastimes. It strikes those who observe it with awe and amazement, endears its bearer to king and court, and makes him desirable as a courtier.

The term seems to have entered German literature via Gottfried's *Tristan*, though both Veldeke and Hartmann use the term *schoene zühte*. After Gottfried it is commonplace in ethical works and romance. Thomasin von Zirclaere is fond of linking the two, *zuht und schoene site*. Oddly enough, there is no direct verbal counterpart either in Provencal or in Old French. Neither in the standard lexica, nor in the rich scholarship on the Romance vocabulary of courtesy is a term corresponding to *schoene site* to be found.[6] There is no form *beles manieres* or *meurs elegantes*. We find *bones mors* and *bonnes meurs*,[7] and these are clearly loan translations of the Latin *boni mores*. There is also *de meurs bien*

---

6. See Hans Krings, *Die Geschichte des Wortschatzes der Höflichkeit im Französischen*, (Bonn, 1961); Glynn Burgess, *Contribution a l'étude du vocabulaire précourtois*, (Publications romanes et françaises, vol. 110; Geneva, 1970); Glynnis Cropp, *Le Vocabulaire courtois des troubadours de l'époque classique*, (Publications romanes et françaises, vol. 135; Geneva, 1975). Burgess devotes a chapter to the entire Old French vocabulary of beauty in the area of courtly fashion and ideal, op. cit., pp. 115-133. But there is no phrase that corresponds directly to the MHG *schoene site*. This is not to say that the concept comprehended by this term did not exist in France. The term *cointe* seems to carry a comparable meaning. Cf. Burgess, p. 114 (with ref. to Frances Norwood): "...*cointe* évoquait cette beauté recherchée qui résultait de l'éducation...". The point is, while the courtly aesthetic of manners was international, the Latin terms expressing it were adapted in MHG but not in Provencal and Old French.

7. Alfred Tobler & Erhard Lommatzsch, *Altfranzösisches Wörterbuch*, (Wiesbaden, 1925 ff.), VI, p. 289, line 52.

ordinez (Tobler-Lommatzsch, VI, 291, 29), clearly modeled on Latin *mores bene compositi*. But these are part of the general European ethical vocabulary; they lack specific connection to the court and to *courtoisie*. They suggest merely behavior which is good, while *schoene site* are beautiful. The shift from the ethical to the esthetic cannot be explained by the notion that Gottfried took the concept from the Old French. This does not necessarily mean that Gottfried did not learn the concept from the forms of social life practiced at French courts. He may have invented the term to give expressions to ideals of the French chivalric class. On the other hand if there is a model closer to home in which a term for "beautiful manners" conveys a courtly ideal of behavior, then we would have to exclude the possibility of French influence. And there is.

Schoene site is undoubtedly based on the Latin *elegantia morum*, a common term in court literature with many variants: *venustas,*[8] *suavitas, gratia, speciositas, pulchritudo* or *amoenitas morum*. The history of the term will make Gottfried's dependence on the Latin evident.

At its most general the identifying of the ethical with the esthetic, of the Good with the Beautiful, is a constant of aristocratic societies.[9] As a philosophical position it owes its formulation in the west to early Stoicism.[10] But the verbal ancestors of Gottfried's phrase are to be found among Roman writers of the empire. Seneca, in his letter-tract, *Ad Marciam de consolatione*, traces various stages of Marcia's grief: at first she actively imposed it on herself, now (at the time of writing) she is passively permitting it to continue. But soon, he urges her, she must put an end to it by an act of the will: "Quanto magis hoc morum tuorum elegantiae convenit, finem luctus potius facere quam expectare" (8, 3).

---

8. Peter von Moos refers to the frequent use of *venustas morum* by Hildebert: *Hildebert von Lavardin, 1056-1133: Humanitas an der Schwelle des höfischen Zeitalters*, (Pariser historische Studien, vol. III; Stuttgart, 1965), p. 94.

9. Werner Jaeger, *Paideia: The Ideals of Greek Culture*, 2nd ed., trans. G. Highet, (New York, 1965), vol. I, p. 12f.

10. Robert Philippson, "Das Sittlichschöne bei Panaitios", *Philologus*, 85, N.F. XXXIX (1930), 357-413.

Quintilian praises Seneca's writing, in which there is "multa...
morum gratia legenda" (*De inst. orat.*, X, i, 129). Tacitus praises
Pomponius in the *Annals* for his *morum elegantia,* "dum adversam
fortunam aequus tolerat" (V, 8). Evidently the phrase belongs to
the vocabulary of Stoicism, though its infrequent occurrence and
the fact that it never occurs in Cicero indicate that it was not a
central concept. The meaning in classical Latin is clear from the
above texts: *elegantia morum* is a calm and graceful mastering of
adversity, restraint of passion. It had not entirely lost this meaning
in the Middle Ages. Thomasin is using the German equivalent
when he writes, "swer in zorn hat schoene site,/ dem volget guotiu
zuht mite".[11] Here also the mastering of powerful and "negative"
emotions constitutes "beautiful manners", but to my knowledge
the Latin terms do not occur in the Middle Ages in the sense of
Stoic restraint. Here the context of beautiful manners is different.
It is an ideal of decorous, courtly behavior, and its social context is
the ruler's court, specifically the imperial/royal courts of Germany. We will first look at the social context, then turn to the
courtly sense of the term.

Repeatedly *elegantia morum* and its variants occur in the context
of the entry of a gifted cleric into service in the royal chapel.[12] This
quality constitutes the epitome of *idoneitas,* suitability, for royal
service. Meinwerk of Paderborn, chaplain under Otto III and
Henry II, later Bishop of Paderborn, was judged worthy of service
to the king because of the elegance of his manners: "Meinwercus
autem, regia stirpe genitus, regio obsequio morum elegantia
idoneus adiudicatur evocatusque ad palatium regius capellanus
efficitur".[13] We could hardly ask for a more lucid illustration of
the connection between this quality and court service, Elegance,
beauty, or grace of manners regularly appear as qualites
which attract the admiration and wonderment of lords secular and

---

11. *Der Wälsche Gast des Thomasin von Zirclaria,* ed. Heinrich Rückert,
(Deutsche Nationalliteratur, vol. XXX: Quedlinburg & Leipzig, 1852),
lines 679f.

12. Argued with more examples in my "Courtier Bishop", *supra,* note
3.

13. *Das Leben des Bischofs Meinwerk von Paderborn,* ed. F. Tenckhoff,
(MHG, Script. rer. germ. in us. schol.; Hannover, 1921), p. 7 (ch. 5).

ecclesiastical and which qualify the cleric who possesses them for court service.[14] The elegant-mannered *vir expetibilis* is sought after and courted by lords hoping to win him for their service.[15] *Elegantia morum* can also commend its possessor for advancement to a bishopric. The author of the *Vita* of Altmann of Passau describes the cleric Hartmann, later Abbot of Göttweig, as

> ...summo religionis studio deditus, prudentia tam saeculari quam spirituali eximie praeditus, copiosa disertus eloquentia, morum exuberans elegantia. Unde principibus totius regni erat acceptissimus, et ipsi regi Heinrico V familiarissimus, qui et eum in archiepiscopatu Iuvavensi sublimare disposuit...[16]

His abundant elegance of manners placed him high in the favor of all princes of the land, and disposed Henry V to elevate him to the Archbishopric of Salzburg. Again, the text reveals the social context of this quality with dazzling clarity. It shows us *elegantia morum* as a key ethical and social concept functioning within a particular historical setting: the "imperial church system" of the Ottonian/Salian kings. The church structure is integrated into the imperial administrative system; the king/emperor establishes a buffer zone against the traditional opposition of the feudal nobility by filling vacant bishoprics wherever possible with his court chaplains, men loyal to him, trained for imperial service at court under the guidance of the king.[17] It is in the context of service at

14. Cf. Marbod of Rennes' *Vita Licinii* (ca. 1095), Licinius received into the service of King Clotarius "propter egregiae formae dignitatem ac morum elegantiam quae in adolescente eminebant" (PL 171, 1496A).

15. The bishop of Utrecht competes with a count palatine for the services of Bernward of Hildesheim, who is attractive to them because of his "grace of manners": "fitque inter episcopum et comitem de tantae indolis iuvene religiosa concertatio, ut uterque pro morum gratia illum sibi adoptare intenderet". *Vita S. Bernwardi Ep. Hildesheimensis*, ch. 2, *Lebensbeschreibungen einiger Bischöfe des 10.-12. Jahrhunderts*, trans. Hatto Kallfelz, (Darmstadt, 1973), p. 278.

16. *Vita Altmanni*, ch. 40, MHG, SS 12, p. 241.

17. The circumstances are well known. See the survey by Oskar Köhler, "Die Ottonische Reichskirche: Ein Forschungsbericht". In: *Adel und Kirche: Gerd Tellenbach zum 65. Geburtstag*, ed. J. Fleckenstein, (Freiburg, 1968), 141-204, esp. pp. 173ff.

the imperial courts of Germany that the phrase first occurs.[18] But
by the twelfth century we will find its variants in the context of
court service throughout Europe. An especially instructive instance is in the *Gesta Danorum* of the learned Danish cleric, Saxo
Grammaticus, a contemporary of Gottfried. Saxo speaks the
language of the European courts, and his work is an important
source for the Latin vocabulary of courtesy. In a passage written
probably in the last decade of the twelfth century, he describes the
early tribulations of Iarmericus (the Ostrogoth Ermanaric, in
Saxo's version son of the Danish king Sywardus). A hostage with
the king of the Slavs, he is released from prison to become a farm
laborer. Here he distinguishes himself for administrative ability
and becomes master of the king's slaves. From here he is taken
into the close circle of the king's retainers:

> Ubi cum se *iuxta aulicorum ritum* egregia morum amoenitate gessisset,
> brevi in amicorum numerum translatus primum familiaritatis locum
> obtinuit ac veluti quibusdam meritorum gradibus fretus ab infima
> sorte ad spectatum honoris fastigium concessit... Grata omnibus
> Iarmerici indoles erat...[19]

By the end of the twelfth century, "charm of manners", *amoenitas
morum*, clearly a variant of *elegantia* and *venustas morum*, forms a
regular part of the *ritus aulicorum*, the "ways of courtiers". It
accounts for a gifted courtier's swift rise to intimacy and famili-
arity with the king. The resonance with the *schoene site* displayed
by Tristan on his rise to favor at the court of King Mark is clearly
audible.

We can learn a great deal from Latin sources about the content of
this concept. Each of the three *Vitae* of Otto of Bamberg (died
1139) describes him as elegant either in manners or appearance.
The anonymous biographer, a monk of Prüfening writing around
1140/46, says that as a young man in Poland, Otto had amazed all
the prelates of the land by the "elegance of his manners".[20] Ebo of

18. Anselm of Liège, writing ca. 1056, describes Notker of Liège,
chaplain of Otto I, as "admodum omni morum elegantia insignitus".
Gesta ep. Leodiensium, ch. 25, MHG, SS 7, p. 203.
19. *Saxonis Gesta Danorum*, VIII, x, 1, ed. J. Olrik and H. Raeder,
(Copenhagen, 1931), I, pp. 230-31.
20. *S. Ottonis ep. Babenbergensis vita Prieflingensis*, ed. J. Wikarjak &

Michelsberg (ca. 1151/59) writes that Otto was placed in charge of the monastery of Niedermünster when the abbess observed "the elegance of his person and his *mores*".[21] But a passage that interests us particularly occurs in Herbord of Michelsberg's *Dialogue on the Life of Otto of Bamberg* (1159). The narrator, who relates Otto's conversion of Pomerania, tells of his fastidious and considerate preparations for baptising the heathens. Otto separates the men from the women and has an elaborate system of curtains hung around the baptismal fonts so as to preserve decorum when the pagans step naked into them. In the winter the water is warmed, and spices and scented oils are added. The participants in the dialogue interrupt here to exclaim about the refinement and decorousness of these arrangements ("disciplinata et honesta baptizandi forma").[22] The narrator replies that this was only one of the many indications of his manners and virtues ("morum atque virtutum insignia"). He showed in his every act a particular fastidiousness (*munditia*) and an "elegant and urbane breeding" ("elegans et urbana disciplina"). He would tolerate nothing indecorous or unseemly, either in eating or drinking, in speech, gesture or dress, but rather "in each act of the outer man he showed the harmony that reigned within him".[23] This remarkable text places

K. Liman, (Monumenta Poloniae historica, ser. nov., VII/1; Warsaw, 1966), p. 7 (I, 3): "...his artibus cunctorum sibi sapientium concivit affectum... ut ipsi illius terre pontifices...morum elegantiam mirarentur".

21. *Ebonis vita S. Ottonis ep. Babenbergensis*, ed. Wikarjak & Liman, (MPH, ser. nov., VII/2; Warsaw, 1961), p. 12 (I, 3): "Que cernens persone et morum eius elegantiam,...rerum suarum tociusque domus dispensatorem constituit".

22. *Herbordi dialogus de vita S. Ottonis ep. Babenbergensis*, ed. Wikarjak & Liman, (MPH, ser. nov., VII/3; Warsaw, 1974), p. 90 (II, 16).

23. "Nec mirum te ista mirari. Etenim, qui ea vidimus, mirabamur et ipsi tam hec quam alia complura morum eius atque virtutum insignia. Ipse namque in omni accione sua...quandam a Spiritu sancto...cuiusdam singularis mundicie atque, ut ita dixerim, elegantis et urbane discipline prerogativam habebat, ita ut nichil unquam indecens aut ineptum inhonestumve quid in cibo aut potu, sermone, gestu vel habitu admitteret. Sed in omni officio exterioris hominis, quenam esset composicio interioris, ostendebat, bonitate, disciplina et prudencie cautela conspicuus" (loc. cit.).

us in the midst of a highly articulated Latin vocabulary of
courtesy. The arrangements show Otto's refined and scrupulous
sense of propriety, his well-bred considerateness. The elegant and
urbane breeding is the outer sign of inner virtue; the decorousness
of the outer man (his *mores*) reflects an inner harmony (*virtutes*).
We can also see that Otto's sense of modesty and decorum is not
confined to the Christian context of conversion and baptism, but
rather the passage suggests that the proper context of this sensibili-
ty is the entirely worldly one of table manners, speech, gesture and
dress ("in cibo aut potu, sermone, gestu vel habitu"), the "acts of
the outer man". But these were the very things that were included
in the ideal *schoene site* in *Tristan: rede, gebaerde, kleit*.

Nonetheless *elegantia morum* is a virtue, or set of virtues that are
entirely acceptable to orthodox Christian sentiments; it in no way
implies the vain frivolities of worldly ways. The aristocratic cleric
Ulrich of Zell (died 1093), who abandoned the service of Henry III
and Agnes of Poitou to take up the monastic life, is praised by his
biographer for shunning the levity of the court and setting a
pattern of moral behavior for the king and queen. But it was his
"suavitas delectabilium morum" that won him the love of the king
and the position of private chaplain to the queen (MHG, SS 12, p.
254). Hartmann of Göttweig, we recall, was praised as both
"summo religionis studio deditus" and "morum exuberans elegantia", beloved of the king and princes of the land because of
these qualities. In short there is no contradiction between the love
and service of God and the *elegantia morum* which makes a man
sought after at court. But this is what Gottfried had told us of the
moraliteit which teaches *schoené site*:

ir lere hat gemeine
mit der werlde und mit gote.
si leret uns in ir gebote
got unde der werlde gevallen. (8010ff.)

"Beautiful behavior" had been a legitimate formula and ethical
guideline for Christians living in the world since St. Ambrose
formulated a Christian ethic of state service in his adaptation of
Cicero, *De officiis ministrorum*. He defined *pulchritudo vivendi* as
"rendering to each sex and to each person the things appropriate
to him", and called this "the highest rule of conduct, the lustre

appropriate to each action...".[24] In the Middle Ages *elegantia* and *venustas morum* become central components in a "natural ethic" which crystallized in the milieu of the educated clergy at the ruler's court. This ethic is more closely related to ethical ideas of antiquity than to Pauline-Augustinian Christianity, but is nonetheless legitimate and thoroughly acceptable in medieval Christianity. The imperial church had created a need for skilled administrators at court; the cathedral schools educated them, not only in letters but also in the ways appropriate to the court, in *mores*, and here was the institutional basis for the propagation of an ethic of state service.

"Beauty of manners" as a held ideal of medieval courtiers is in its origins a clerical ideal. I mean by that, an ideal of the worldly clergy employed at episcopal or secular courts. This class of men should not be confused with monks or even for the most part devout Christians. Rainald von Dassel and Thomas Becket as royal chancellor are two of its highest and most typical representatives. Occasionally it happened that these men proved themselves pious Christians loyal to the church once they had taken over the office of bishop, as did Becket. But piety and orthodoxy had much less influence in the guidance of their lives at court than did ideals like beauty of manners, affability, moderation, urbanity, sophistication (*facetia*), gentleness and magnanimity. It was among this class that ideals of courtliness first were cultivated, and from which they spread outwards to other classes of aristocratic society. It was the German royal/imperial courts that first provided the social matrix in which an ideal of elegant behaviour could flourish.[25]

But these social and ethical ideals did spread outward from the greater courts to the lesser, from the court clergy to local dioceses, from clerical courtiers to the laity. This diffusion of ideals from the royal courts represents the most powerful civilizing force in Europe since ancient Rome. From the end of the eleventh century on, the knighthood begins to adapt courtliness. The ruler and his clerical advisors enjoined on the growing throngs of knights the

24. *De off. min.*, I, xix, 84; PL 16, 49A.
25. See the discussion, *infra*, of the "courtliness" imported into Hildesheim in the mid-eleventh century by the courtier bishop Azelinus.

kind of ideals of restraint practiced by the higher members of the court. This education of the knighthood was in part a necessity for a growing population of warriors,[26] but it had to do as well with the susceptibility of the European nobles to ideals. The same susceptibility showed itself in their willingness to go on Crusades. Gottfried von Strassburg gave a very clear picture of this willing acceptance of courtly ideals in his portrait of young Rivalin, his youthful violence and volatility, his subsequent training in court manners at the court of King Mark.

But the best non-literary (or half-literary) text that represent this "Verhöflichung der Krieger" (Elias' term) is in Saxo's *Gesta Danorum*. The passage depicts the education of knights at the court of Canute the Great, and is important for us because it places this entire civilizing process under the aegis of "beauty of manners". It is a "half-literary" text because Saxo's source was an historical document, the *Lex castrensis sive curiae*, a Latin redaction of the Law imposed by Canute on members of his court.[27] But Saxo has turned this piece of military law into the courtly education of a boorish warrior class, and this had broad resonance in the courts of Europe.

After a series of victories in war, there is a period of peace, and the result is an influx of warriors into Canute's court, many of whom are "more weighty of muscle than grave of manner" (*Gesta Dan.*, X, xviii, 1). They had distinguished themselves on the field, but had no sense of the "honorable conduct of life", and they brought violence and squabbling into the court itself. They were governed "by a jumble of chaotic impulses": some were hotheaded, others envious, others wrathful and vengeful. Their ways are so unbridled that they threaten to disturb not only domestic peace, but the conduct of state affairs as well. Now the king calls on his wise counselor, Opo of Seeland, to impose military disci-

---

26. See the analysis of forces which produce a "Verhöflichung der Krieger" in Norbert Elias, *Über den Prozess der Zivilisation: Soziogenetische und psychogenetische Untersuchungen*, 2nd ed., (Suhrkamp TB Wissenschaft, vol. CLIX; Frankfurt, 1979), vol. II, pp. 351-368.

27. For a discussion of the texts, see Thomas Riis, *Les institutions politiques centrales du Danemark, 1100-1332*, (Odense University Studies in History and Social Sciences, vol. 46; Odense, 1977). pp. 31-47.

pline and teach the maturity appropriate to knights through a "most exacting program of education" ("exactissimis institutis"). His program is summed up in the sentence, "In order to ally courteous affability with boldness, he imbued the most courageous knights with the most lovely manner of conduct" ("...ut audaciae comitatem adiceret, fortissimo militi speciosissimum moris habitum ingeneravit..."). The details of this education, basically a system of rewards and punishments, do not interest us, but Saxo tells us that they aim generally at enforcing the "duties of social life" ("societatis officia"). If we are to take this passage as a paradigm for *speciositas morum* then this concept would seem to consist in the imposition of government on impulses earlier unbridled and contentious; "beauty of conduct" is subjection of the "chaotic impulses" to the "duties of social life", respect, considerateness, sensitivity to the rights of others. I believe that it also gives us a marvelously clear look into the origins of the civilizing process in the Middle Ages. It is obviously a rather primitive stage, and the "beauty of conduct" learned by Canute's knights is far indeed from that mastery of manners practiced by Tristan. But we have touched two boundaries of the word-field "beauty of manners": at the one end it is harmonious self-government based on principles of respect for the social order and the rights of other men[28]; at the other the conduct of life becomes a work of art aimed at charming and winning the affection of the beholder.

2) zuht – disciplina

The MHG word *zuht*, like *schoene site*, conveys one of the central social and ethical ideals of medieval German court society. It appears as such first in the *Rolandslied*, and it is common — even more — ubiquitous, in MHG courtly romance and lyric. *Zuht* is the result of fine courtly breeding and education in proper behavior. It suggests self-restraint and moderation. The singular

28. See Gerald of Wales (Giraldus Cambrensis), *De principis instructione liber*, ed. George Warner, (Rolls Series, Vol. XXI/8; London, 1891), p. 9 (I, i): "Cum autem morum venustas cuilibet ad se regendum apprime in vita sit utilis et accommoda, nulli tamen adeo ut illi qui multitudinem regit est necessaria".

and plural forms are more or less interchangeable, and the word is open to the aestheticising we observed also in *site, mores: schoene zühte* occurs, as I mentioned earlier, in both Veldeke and Hartmann. *Zuht* also has in common with *schoene site* that there is no direct verbal equivalent either in the Provencal or the Old French vocabulary of courtesy. Chrétien uses the adjective *bien apris* to describe a courtly hero, and the formulation has much in common with MHG *zuht*, though the range of meanings is narrower in Old French. Also the phrase is rare in Chrétien, whereas *zuht* occurs over 100 times in Hartmann's narrative works, and about 160 times in *Parzival*. *Bien apris* was not a central conception of *courtoisie* in France; *zuht* certainly was in Germany. We can put aside the idea that it might be a loan translation from Old French.

Like *schoene site, zuht* is undoubtedly a loan translation from Latin, in this case *disciplina*. In the sense of social sophistication and fine breeding the word has no tradition in classical Latin. Here its main fields of reference were school learning and military order. In the Middle Ages it functioned in both of these areas. Another major context was monastic rule and the ordered religious life in general, more specifically, chastisement, flagellation. But from the mid-eleventh century onward *disciplina* comes to take on the meaning of courtly restraint. Again the originating context is the imperial courts, and this also *disciplina-zuht* has in common with *elegantia morum-schoene site*. The first occurrences are in the *Ruodlieb*, a work with clear ties to the court of Henry III.[29] At the end of a scene which is a mirror of court ceremonial — table manners, etiquette of greeting and leave taking — the legates of the *rex major* to the conquered *rex minor* are provided with a guide to lead them out of the kingdom. He is praised for his good services:

"Disciplinate noster ductor vel honeste
Servivit nobis in simplicitateque cordis
Huius dum regni confinia vidimus ampli".[30]

The stress is on the guide's lack of guile. He guides them in good faith, and the suggestion of restraint refers to the implied stifling of

29. See Karl Hauck, "Heinrich III. und der Ruodlieb", *PBB*, 70 (1948), 372-419.
30. *The Ruodlieb: Linguistic Introduction, Latin Text and Glossary*, ed. Gordon B. Ford, Jr., (Leiden, 1966), IV, 170-172.

any impulse to misguide and rob men at his mercy. In general, scenes depicting the court of the two kings in *Ruodlieb* stress the restraint and affection which govern human interactions: the atmosphere is free of anger, resentment, deceit, boorish self-assertion; there is gaiety and amiability among members of the court, low and high. The restraint and good will implied in *disciplinate* are entirely at home in this atmosphere.

But admittedly in the *Ruodlieb* the connection of the word to court etiquette is a fairly loose one. By the first half of the twelfth century, *disciplina* has become a virtue at home in the courts. The author of the *Vita* of Paulina of Zell (written 1135-50) praises bishop Wernher of Merseburg (died 1093) for his "courtly disciplines" in a revealing context. There is a convening of the royal court (of Henry IV) at Goslar. In attendance are "princes of the realm", among whom Wernher so distinguished himself for his "curiales disciplinae" and brilliance of mind that "among courtiers and men preeminent for worldly glory he appeared glorious indeed, banishing all trace of rustic simplicity".[31] The passage is useful for juxtaposing courtliness with rusticity, as well as for placing *disciplina, disciplinae* precisely in the context of the king's court. It is worthwhile observing that "curiales disciplinae" would translate into MHG as *hövesche zühte*, a phrase too comon in romance and lyric to require the citing of examples. Also, we see that in the Latin as in MHG the singular and plural forms are interchangeable.

We should now recall the passage in Herbord's *Dialogue on the Life of Otto of Bamberg* in which Otto's baptismal arrangements were praised. *Disciplina* is the overarching virtue. There is reference to the "disciplinata et honesta baptizandi forma" (p. 90). Otto's refinement and humane delicacy derive from a gift of "elegans et urbana disciplina". He is praised as "conspicuous for goodness, fine breeding and far-sighted wisdom" ("bonitate,

---

31. "...inter quos et aderat ipse Werenherus curialibus disciplinis et splendida quadam claritudine mentem adeo informans, ut inter aulicos et viros mundana gloria prefulgidos nichil rusticanae simplicitatis admitteret omnibusque gloriosus appareret" (MGH, SS 30, p. 920). The *Vita* of this same bishop praises his sister-in-law, a prominent figure at the court of Henry IV, for her *morum disciplina* (MHG, SS 12, p. 245).

disciplina et prudencie cautela" — loc. cit.). The phrase "elegans et urbana disciplina" is of particular interest. Again, we can render it in MHG and find ourselves dealing with prominent courtly ideals: "schoene und hövesche zuht". It also allows us to separate the virtues of Otto from those traditionally linked to the Christian proselytizer and saint: "elegans et urbanus" were qualities that St. Augustine had rejected as the vanities of his youth.[32] But the phrase is perfectly commonplace in Cicero, and this shows us in whose company Otto's biographers placed him: they see Otto, who in his younger days was an important and highly favored courtier under Henry IV, as the heir — in his personal qualities — more of the Roman statesman than of the Christian bishop and saint.

Disciplina had a glorious future in the vernacular. By the late twelfth century it becomes a key ethical concept in the MHG vocabulary of courtliness. Much later, Middle English takes over the Latin word and makes it into a central concept of courtesy. The fifteenth century tract on the education of boys, *Stans puer ad mensam*, urges, "My dere child, first thiself enable / With all thin herte to vertuous disciplyne...".[33] And Edmund Spenser still writes in the prefatory letter to his *Faerie Queen* that the intent of the work is "to fashion a gentleman or noble person in virtuous and gentle discipline".

******

The traditional notions of the origin and spread of the phenomenon known in Provencal as *cortezia*, in Old French as *cortoisie*, in MHG as *hövescheit*, have it that it began in Provence, spread to northern France and from there was imported to Germany. But this idea is oriented altogether to the history of courtly vernacular literature. Courtliness, as a phenomenon separable from "courtly love", was a reality of social life in medieval Europe from at least the mid-eleventh century on, and as such its history should be viewed quite apart from that of courtly literature. This identification of courtly literature with courtliness has obscured the

32. *Confessiones*, III, i, i: "elegans et urbanus esse gestiebam abundanti vanitate".
33. *The Babees book, The Bokes of Nurture etc.*, ed. Frederick Furnivall, (Early English Text Society, old series, vol. 32; London, 1868), p. 26.

existence of an imperial tradition of court manners which was completely independent from customs of the French chivalric class, indeed probably contributed significantly to courtly ethical ideals in France. This brief excursion into the history of the words *schoene site – zuht* opens a window onto the imperial tradition. It shows us the existence of a Latin vocabulary of courtesy, of which *elegantia morum* and *disciplina* are only two examples. Other important ideals within this tradition were gaiety (*hilaritas*), affability (*affabilitas*), wit or sophistication (*facetia*), gentleness (*mansuetudo*), moderation (*moderamen*), and finally the words which gave expression cellectively to these ideals: *urbanitas* and *curialitas*. It is completely in accord with this notion of an imperial tradition that the earliest known occurrence of the Middle Latin word *curialitas* in the sense of courtly sophistication is in a chronicle of the church at Hildesheim, in which the writer laments the influence of the courtier bishop Azelinus on the manners of the local clergy. Azelinus (in office 1044-1054), formerly a chaplain of Henry III and placed in the see by the king, is accused of replacing the pious simplicity and rusticity of the diocese with *ambiciosa curialitas*, "which — being more gentle and effeminate in dress, more elegant and refined in manner of living, more scrupulous in every aspect of culture, seeking to inspire love rather than fear — led to the softening of monastic rigor".[34] The passage deserves a detailed commentary, but for the present purpose it must suffice to observe that this earliest occurrence of *curialitas* in the sense of courtly refinement is fully in the context of the spread of court manners outward from the imperial court, borne by a courtier appointed by the king to a bishopric. His influence results in the education of a rustic clergy to refined social life. The text was written in 1080, referring to events in the mid-eleventh century. The first use of *corteiz, cortezia* in Provencal is in the poems of William IX of Aquitaine, not before 1100. The first use of Old French *cortois* is in the *Song of Roland*, notoriously hard to date, probably 1125-50, but certainly not earlier than 1086.

The few studies of the MHG vocabulary of courtesy procede from the unshakeable assumption of a complete dependence of the

---

34. *Fundatio ecclesiae Hildesheimensis*, MGH. SS 30:2, p. 945.

MHG chivalric terminology on the Old French.[35] Hence we are well informed on the provenance of the terms for stirrups, tents, lances and other chivalric bric-a-brac. But the roots of the MHG courtly ethical vocabulary remain largely in the dark in spite of the rich discussion on the "chivalric system of virtues". There is quite simply a blind spot in our perception of the history of courtesy, one created not least of all by a whole complex of presuppositions, not to say prejudices, concerning the cultural relations of France and Germany. But the existence of an imperial tradition of court manners explains the fact that MHG authors could adapt the ethical language of courtly romance and lyric in part from an *indigenous Latin vocabulary* of courtesy. That this was a tradition of the German royal courts explains why French poets did not necessarily rely on it in forging their own vocabulary of courtesy.

To end, I would like to suggest a model of the beginnings and spread of medieval courtesy that can come to terms with our findings. A "courtly ethic" developed at the imperial courts. In its earliest form it was an ethic of state service based on classical models. It was propagated at the cathedral schools throughout Germany and France, and spread from the eleventh century on through the ranks of *curiales*. Its mastery became a qualification for court service. These values, still largely in the province of the educated aristocratic clergy, spread to other levels of society through various channels. One was the influence of courtier bishops on local dioceses (e.g. Azelinus at Hildesheim). Another was that of rulers who wished to keep peace among crowds of knights at court, and hence called upon their clerical advisors to impose "courtly behavior" on the knightly class (Canute the Great and Opo of Seeland). This development occurred first in Provence and France, and it was all the more successful for combining ideals of courtesy with the cult of courtly love which sprang up at the same time. Here the knighthood willingly accepted and sought

35. Cf. Felic Piquet, *De vocabulis quae in duodecimo saeculo et in tertii decimi principio a Gallis Germani assumpserint*, (Paris, 1898); Hugo Palander, "Der französische Einfluss auf die deutsche Sprache im 12. Jahrhundert", *Mémoires de la Société Neophilologique de Helsinki*, 3 (1902), 75-204, and 8 (1929), 1-310; Emil Öhmann, *Die MHD Lehnprägung nach altfranzösischem Vorbild*, (Helsinki, 1951).

instruction in courtliness, and a rich vernacular literature developed, in part as an instrument of this education. At this point
"courtly" values are transformed into "chivalric" ideals; they pass
from the province of the court clergy to that of the chivalric class.
The German lay nobility — whom we must distinguish sharply
from the kings and the educated aristocracy — lagged well behind
their French counterparts. But when they saw the French nobles
behaving themselves like modest, elegant, urbane gentlemen,
particularly when they encountered the ideal of the courtly knight
of romance, then they wanted nothing more than to be like them,
suave in speech and manner, well-groomed, courtly in lovemaking. But in taking up courtliness the German lay nobles were
adopting patterns of behavior which had been in their own back
yard — or rather front yard — for generations, practiced at the
royal court by the king and his courtiers. As long as courtiers and
bishops — after all, the traditional allies of the emperor and
political rivals of the feudal nobility — behaved in softer, more
civilized ways, these patterns of conduct were merely *pfafflich*. But
if the French lay aristocracy began to behave in the same way, that
was a different matter. Now the German nobility required en-
lightenment, instruction, guidance in courtly ways, and they found
it in the form of clerical tutors and the courtly romance. In this
way the romance was imported from France and with it a whole
chivalric vocabulary. But the teachers of courtesy in Germany could
also draw on the pre-formed ethical vocabulary of the imperial
tradition. Hence *disciplina* became *zuht; elegantia morum* became
schoene site. And so the imperial tradition made its way in
significant trickles into German romance and lyric, while the main
flood of chivalric and courtly vocabulary entered via France.

Frederic C. Tubach

SERIAL ENUMERATIONS IN THE SELF-PORTRAYALS OF OSWALD VON WOLKENSTEIN

I would like to draw attention to a well-known but little understood feature that characterizes the art of self portrayal in the songs of Oswald von Wolkenstein. I am referring to serial enumerations:

> Gen Preussen, Littwan, Tartarei, Turkei uber mer, gen Frankreich, Lampart, Ispanien mit zwaien kunges her traib mich die minn auf meines aigen geldes wer; Ruprecht, Sigmund, baid mit des adlers streiffen. franzoisch, mörisch, katlonisch und kastilian, teutsch, latein, windisch, lampertisch, reuschisch und roman, die zehen sprach hab ich gebraucht, wenn mir zerran; auch kund ich fidlen, trummen, paugken, pfeiffen. (Kl. 18, *Es fügt sich*)[1]

We have here a list of places visited, of languages spoken, and of artistic skills supposedly mastered by Oswald. In his poetry, such lists can be expanded and contracted at will. Any specific element in the series is replaceable by any other element without changing the self-reference as a whole in any significant way.

Scholarly comments on this particular feature of self-reference are generally restricted to mere descriptions: "Einen grossen Raum nehmen dabei Kataloge, Reihungen, und Aufzählungen ein, die die Bedeutungsschwere von ausgesagten Inhalten erhöhen und formal verknappen".[2] Within the context of cultural history this feature is seen as a sign of disintegration: "Formale Zerissenheit ... steht einer Kritik an der natürlichen ordo gegenüber".[3] Whatever the specific point of view, serial enumeration has been treated

---

1. Die Lieder von Oswald von Wolkenstein, ed. K.K. Klein (Tübingen. Niemeyer, 1962), p. 77.
2. Eberhard Ockel, *Die künstlerische Gestaltung des Umgangs mit Herrscherpersönlichkeiten in der Lyrik Oswalds von Wolkenstein*, Göppinger Arbeiten zur Germanistik (Göppingen: Kümmerle, 1977).
3. Ockel, p. 79.

almost exclusively within the context of stylistics even since Leo
Spitzer described Rabelais' style as "chaotic enumeration" in
1945.[4] Subsequently Gustav René Hocke[5] integrated this stylistic
feature as part of his typology of the asiatic as opposed to the attic
style of composition. The historically trained rhetorician might be
content to explain serial enumeration as a variant to *adjectio*, the
device of elaborating with many details one poetic or syntactic
frame of reference.[6]

I believe that a purely stylistic explanation overlooks the
significant role played by serial enumerations in the self-portrayals
of Oswald von Wolkenstein. First of all, serial enumerations
represent the main compositional feature in the songs that may be
described as "travel-confessional" songs,[7] that is, songs in which a
summary look at his life and a detailed travel account are
combined. These songs belong to the most important ones composed and sung by the one-eyed poet:[8]

1. Kl. 18: *Es fügt sich* provides the listener with a broad sweep of
Oswald's life, from the time he was ten years old ("Von zehen jaren
alt", p. 48, 1. 1) to the age of 38 ("Ich han gelebt wol vierzig jar
leicht minner zwai", p. 52, 1. 97).

2. Kl. 17: *Var, heng und lass* paints the dangers of seafaring by
mixing traditional crusaders' devotional motifs ("In Suria stet
mein gedanck,/ zu fronem grab", p. 46, 11. 10-11) with vivid
autobiographical details ("Zu manger zeit kompt dir mit neid /

4. Leo Spitzer, *Linguistica y Historia Literaria* (Madrid, 1968), pp. 200;
247ff. Cf. the illuminating article by Frederick Amory, "Rabelais 'Hurri-
cane Word-Formations' and 'Chaotic Enumerations'. Lexis and Syntax", *Etudes Rabelaisiennes*, vol. XVII (Geneva: Librairie Droz, 1983).
For a different perspective cf. Gerd Hillen, "Allegorie und Satire.
Anmerkungen zu Grimmelshausens *Simplizissimus*", p. 278 below.

5. Gustav René Hocke, *Manierismus in der Literatur* (Hamburg,
1959).

6. Cf. Heinrich Lausberg, *Handbuch der literarischen Rhetorik* (München: Max Huber, 1960), *adiectio*, passim.

7. For the relationship between fictional and autobiographical materi-
al in Oswald's poetic travel accounts see: E.J. Morrall, "Oswald von
Wolkenstein and Mandeville's 'Travels' ", *Medieval German Studies*, ed.
Frederick Norman (London, 1965).

8. Cf. also Bruno Stäblein, "Oswald von Wolkenstein, Schöpfer des
Individualliedes", *DVj* 46 (1972), pp. 113ff.

scherock mit grossem widerstreit", p. 47, 11. 39-40).

3. Kl. 23: *Wie vil ich sing und tichte* pits the story of his life with its fictional and real dangers against his constant companion, death: "wenn ich bedenck den tod,/ der mich nicht wil begeben,/ wie ferr ich von im ker", p. 80, 11. 4-6).

4. Kl. 26: *Durch abenteuer perg und tal* is built on his encounters while traveling through Germany. The elaborate list of personages appear both as allegorical stations of life (and travel) and as representations of actual people he may have encountered. The enumeration of people ranges, without social differentiation, from a simple old Swabian ("Ain alter Swab, gehaissen Planck", p. 96, 1. 61) to the "phalzgraf von dem Rein" (p. 97, 1. 83).

5. Kl. 41: *Von Wolkenstein*, a song in which he once more describes himself as travel-bound ("In freim gelait so ward ich aber wegehafft", p. 134, 1. 17) only to conclude the sweep through Germany and his own experience with a *revocatio*: "e ich zu land kom in meins weibes schosse" (p. 136, 1. 64).[9]

6. Kl. 44: *Durch Barbarei, Arabia*: here he evokes thirty countries throughout the world known to him through his own experiences or travel accounts. They range from "Persia" to "Schottenland" and from "Preussen" to "Portugal". He plays off this wide sweep through the lands against the domestic and local squabbles that embroil him: "und was ich freuden ie gesach / das bühs ich als under ainem dach". (p. 145, 11. 33-34).

The serialization in these songs is not just evident in the enumerative technique used to describe places visited, persons encountered and troubles suffered and overcome, but also in the overall compositional patterns and structuring principle of the songs in their entirety. In almost every case, the serialization is related to a *revocatio*. In one case it is death as the counter to the fullness of life and travel (Kl. 23). In another case, it is his yearning for home (Kl. 41), and in still another case domestic troubles serve as the counterpoint of enumerations of his experiences on the road (Kl. 44). The *revocatio* in his "travel confessional", however, does

9. Oswald von Wolkenstein has of course written traditional *Minne* poems. In such songs he mixes standard devotional *Minne*-topoi ("Kein schöner weib / nie mensch gesach mit ougen zwar ...") with his own serial enumeration of travels ("In Frankereich, Inspanien, Arrigun, Castilie, Engelant, ..." Cf. Kl. 12: *In Frankereich*, p. 36, 1. 1ff).

not provide a balance. The overwhelming presence of enumerative details prevents it. It is nevertheless an important feature because in each case the *revocatio* points to a significant element in his life: home, death, longing. One of the most important songs of Oswald (not a travel-confessional song) gives us a clue to the significance of the *revocatio*, even if it only plays a secondary role. In *Des grossen herren wunder* (Kl. 22), one of the most elaborate songs composed by Oswald (it comprises 160 lines), he presents an encyclopedic survey of the astrological signs and how they relate to human characteristics, both physical and psychological. He sets out to show "wie sich der mensch formieret / in der planeten purt" (p. 73,1.5 — p. 74,1.6). Every detail and correspondence is presented in a way that keeps the listener focused on the enumerative process itself. Towards the end of the song, a *revocatio* appears as just one more element in the enumeration, in spite of its obvious significance: "Doch hat der mensch ain adel / von got" (p. 79, 1. 154-155) because human life is shaped by the "creutz" (p. 79, 1. 160) rather than the signs of the zodiac.

It is my thesis that serial enumerations in self portrayals are indicative of a fundamental shift from a paradigmatic structuring of the self universally held until the later Middle Ages (Walther von der Vogelweide is an excellent example in medieval German literature) to a syntagmatic structuring of self that is beginning to emerge in the later Middle Ages.

In the Middle Ages portrayals of the self were structured in a paradigmatic way. The function of memory is one striking proof of it. Most incidents of a personal life or recorded memory items are directed towards a model, for instance as religious *imitatio*, that is, the religiously significant acts and events of a saint's life become the structuring principle and sometimes even the content of a individual's perception and experience of his own life. Scholars have a great deal of difficulty when they try to explain sudden changes in character (changes of consciousness, to put it in more contemporary terms) when dealing with self-portrayals both in religious and secular literature. The modern reader tends to ferret out of the text a slowly evolving, gradually emerging personality trait, usually along the lines of an organic metaphor of growth in the sense of Goethe's "Geprägte Form, die lebend sich ent- wickelt". In other words, modern readers want to superimpose their own syntagmatic pattern of explaining self in order to make it intelligible within the context of our culture. We have difficulties with paradigmatic self-portrayals because of the importance we place on the linkage that must exist for us on the linear plane between what comes before and what comes afterwards in a system of logical and psychological progression. Even our notions of time and identity and conseqently our forms of poetic self-expression are intricately connected with this. By the eighteenth century, certainly from Goethe's confessional poetry on, each poetic self-reference is locked firmly into place, linked to what went before it and what came after it in the total linguistic context. The beginning, middle, and end are part of a continuity of the message very much in the way the modern self sees his/her own continuity as a medium for self-understanding and self-articulation. Even a negation, disjuncture or poetic leap only makes sense because of an assumed cohesion that has been broken. In the Middle Ages no difficulties existed in accepting sudden character transformations because of the prevalent paradigmatic view of the self. Such transformations were not understood to be sudden at all (as opposed to organically evolving patterns), but merely as a ex-change of one paradigmatic context for another. For instance, Saul becomes Paul, the paradigm of the sinner (Saul) is exchanged for the paradigm of the saint (Paul). (It would be interesting to study metamorphoses in this connection and the light they might throw on totally different ideas of identity.) It is only from the modern point of view that such conversion stories are seen as unmotivated because they do not pass the test of our own conception of the self, with its emphasis on linear linkage.[10]

What is found in religious literature also holds true for secular literature. 'Minnesang' for instance, posits a poetic self along clearly defined paradigms that do not emphasize the cohesion inherent in linear understanding. This is the reason why the strophe sequences in many songs are quite flexible. They are not message units connected on a linear plane to form an interrelated confessional statement in the modern sense. They have cohesion, however. They are related to a central idea, belief, attitude or

10. For further elaboration, cf. Frederic C. Tubach, "Feudal Ritual and Personal Interplay: Observations on the Variety of Expressive Modes in *Minnesang*", to appear in: *From Symbol to Mimesis: The Generation of Walther von der Vogelweide*, UCLA Center for Medieval and Renaissance Studies.

performing stance expressed in the overall poetic message. This is particularly obvious in the case of Reinmar der Alte, whose rigorous adherence to the supreme paradigm of courtly 'Minne' allows him free range in exchanging, deleting or adding items of praise as long as they all point to the central idea. The syntagmatic representation of the self and the world makes its appearance in the later Middle Ages, and the serial composition of Oswald's travel-confession songs are one example of this shift from paradigmatic to syntagmatic modes of self-articulation and self-perception. Linear structuring appears not only in the perceptions and portrayals of the self but also in the ordering and organization of knowledge in general. Hierarchically organized encyclopedias of the Middle Ages according to religious paradigms in the tradition of Isidor's *Etymologies* were being replaced at this time by the serial presentation of knowledge organized on the basis of the alphabet.

Let us return to the song with which we started: *Gen Preussen, Littwan, Tartarei, Turkei.* ... Each element in this song, as in the other travel-confessional songs, is important in itself: the lands visited, the languages spoken, the people met, the dangers avoided and the skills learned, and it does not matter whether any of these enumerated elements refers to a biographical event or a fictional topic. Details are profuse and overwhelm these songs. The elements are not hierarchized, various elements of reality are serialized and presented on one plane: beliefs, experiences, hearsay, poetic conceits, political insights, ribald jokes. This style of composition reflects also the various and contradictory social roles for Oswald von Wolkenstein as they have been documented.[11] At

11. Particularly since 1977, Oswald has become the object of considerable scholarly and belletristic attention. In 1977 two major works appeared: Dieter Kühn, *Ich Wolkenstein. Eine Biographie* (Frankfurt: Deutscher Bücherbund, 1978), and Anton Schwob, *Oswald von Wolkenstein. Eine Biographie* (Bolzano: Schriftenreihe des südtiroler Kulturinstituts, 1977). For a brief but thorough survey of the research on Oswald: Walter Röll, *Oswald von Wolkenstein* (Darmstadt: Wissenschaftliche Buchgesellschaft, 1981). Cf. also: *Gesammelte Vorträge der 600-Jahrfeier Oswalds von Wolkenstein. Seis am Schlern 1977. Dem Edeln unserm sunderlieben getrewn Hern Oswaltten von Wolkchenstain*, eds. Hans Dieter Mück und Ulrich Müller, Göppingen Arbeiten zur Germanistik (Göppingen: Kümmerle, 1978).

one time he was an important emissary in the retinue of royalty on a diplomatic mission to Perpignan in France, and at another time he portrays himself as a reveler in the taverns of France, cavorting with high and low. He has a representative role to play at the Council of Constance, while at the same time he finds it important to write a poetic diatribe about the city of Überlingen, across Lake Constance, and its "faisste swein, gemescht von kleib". (Kl. 45, p. 149, 1. 63) He is both central to the social and political scene and completely marginal to it.[12]

The question arises as to what gives these songs their cohesion, because there is no doubt that a cohesion exists: the serial enumeration is sustained by the biographial base and its linear continuity.

It is the affirmation of one paradigm, namely that of the individual human personality, Oswald von Wolkenstein, that has significance. The self is perceived as a sufficient cause to explain itself even if the world is in complete turmoil and confusion. Just as each individual part and role of Oswald's life takes on a special hue, so does the personality vis-à-vis its social environment. Yet each part is replaceable by any other part. This goes for the elements in the songs, the incidents in his life and the roles he plays in society. The chain of events as it relates to his person, his world and his poetry, allows for substitution and replacement, since none of the individual elements is rooted in a reality beyond them. In sum, this serial enumeration presents a contradiction in Oswald von Wolkenstein. Recorded evidence of his life and parts of his poetic utterances are replaceable in the name of a paradigm. In this sense, Oswald is a representative of medieval self-referential poetry. In as much as he introduces serial enumeration as the most dominant feature of self-portrayal, he is moving towards the structuring of self on a linear syntagmatic plane. In this sense he points towards post-medieval developments. Serial enumeration and an alphabetized structure of knowledge share one thing: they are both rigid and random at the same time. It is this negative side of individualism that was present at its historical inception in the late Middle Ages. Our own positive ideology of social freedom and private self determination have obscured this problematical facet of individualism.

12. Ockel, *Passim*.

German literary historians, when dealing with late medieval cultural changes, have made much of *Der Ackermann aus Böhmen* as a work in transition, because it illustrates the emergence of humanism and thus of modern individualism in a affirmative sense. Oswald von Wolkenstein, on the other hand, is a transitional figure of a different kind. He represents a new constellation between society, language, and human awareness that throws light on the constituent elements of modern individualism for a more critical and differentiated perspective.

The song of Oswald with which we started continues as follows in a modern German translation:

> Ich bin gefahren
> um manches Land
> auf manchem Schiff.
> Ich wurde gerettet
> aus manchem Sturm
> aus mancher See.
> Im Schwarzen Meer griff ich nach einem Fass
> als mir zerbrach
> die Brigantine.
> Ein Händler war ich,
> doch gings noch einmal gut.
> Wir kamen durch zum Strand,
> ich und ein Russe.
> Die Ladung sank zu Grund.
> Ich schwamm an Land.[13]

Our own historical situation provides us with a special sensitivity towards a poet who was one of the first in German-speaking lands to articulate a notion of self that interprets both itself and the world through the medium of its own unique and most perishable kind of continuity.

13. Wieland Schmied, *Oswald von Wolkenstein. Der mit dem einen Auge,* (Graz: Stiasny Bücherei, 1960). p. 49.

Johan P. Snapper

THE SEVENTEENTH CENTURY DUTCH FARCE: SOCIAL REFRACTIONS OF A GILDED AGE

Few countries in modern civilization had a greater claim to a 'golden age' than the Dutch republic in the seventeenth century. After eight years of war, decades of civil and religious internal strife, the Netherlands emerged within a relatively short time as the mightiest sea power in Europe. Commercially, the Dutch republic attained an equally astounding pre-eminence. The establishment of the East Indies Company in 1602 with its conquest in the Moluccas, Malaya, India, Formosa, and Ceylon; as well as the West Indies Company in 1612 with its early claim on the New World represented the largest trading companies in the world. In banking Amsterdam soon replaced Venice as the financial capital of Europe. The Exchange Bank, established to meet the traders' needs to settle their accounts; the Loan Bank, which supplied merchants with needed capital; and the Bourse, the international stock exchange for East and West Indies traders, Levant and Baltic dealers, stockbrokers, and speculators — they all reflected the cosmic economic might of a small, battered, and divided country.

In the area of science the Netherlands claimed a similar superiority. The Golden Age saw the emergence of giants like Hugo Grotius, the founder of modern international law; Christaan Huygens, astronomer and physicist, and founder of the wave theory of light; Anthonie van Leeuwenhoek, natural historian, microscopist, and entomologist, as well as the first scientist to identify bacteria and describe red blood cells; and Hermannus Boerhaave, physician and chemist, whose anatomical experiments introduced the clinical teaching of medicine. In other areas the Dutch scientists also excelled. Cartographers and hydrographers, botanists and zoologists, inventors of navigational and laboratory instruments took their place among the scientific masters of their time.

It is, of course, in the area of art that the Golden Age of the Netherlands merits its characterization without dispute. Names such as Peter Paul Rubens, Anthony van Dyck, Cornelis de Vos, and Jacob Jordaens in Flanders; and their northern counterparts Rembrandt and Steen from Leyden; Ostade, Hals and Brouwer from Haarlem, De Hoogh and Vermeer from Delft; and Cuyp from Dordrecht represented a variety of excellence in painting, such as the lowlands have not produced since. Painters cropped up everywhere. Even before the Revolt, there were as many painters as butchers and bakers in Antwerp alone,[1] a situation which the Dutch republic inherited.

One of the features which sets the Dutch painters apart from their contemporaries elsewhere is the detail and clarity with which ordinary life is depicted. The naturalistic approach in De Hoogh and Vermeer's domestic scenes and the social realism of Brouwer, Maes, and Steen are a marked departure from traditional paintings. As Brueghel and others had done before them, these painters continued to open their canvasses to all of life. Scenes such as open air markets, carnevals, jails, leper and pestilence colonies, inns, churches, the guilds, the military, the night watch, families at work and play, people courting and fighting, the rights of passage, and many more became suitable subjects for art, thereby providing an invaluable source of our knowledge of life in the seventeenth century. Because of this realistic and descriptive art,[2] it becomes clear that much of the glorious era was perhaps more gilded than golden.

Although Dutch literature in the seventeenth century did not attain the global pre-eminence of Dutch art, as Huizinga also recognizes,[3] it nevertheless reached a level of eminence which brought it to par with other literatures. New genres and forms were introduced. The Dutch language appeared in classical verse for the first time. Historical, biblical, and themes from antiquity characterized the new literature. Poets and dramatists like Hooft, Huygens,

1. Charles Wilson, *The Dutch Republic and the Civilisation of the Seventeenth Century* (New York, 1968), p. 123.

2. Svetlana Alpers, *The Art of Describing: Dutch Art in the Seventeenth Century* (Chicago, 1983). Alpers argues persuasively for the *descriptive* rather than the *prescriptive* nature of seventeenth-century Dutch art.

3. Johan Huizinga, *Nederland's Beschaving in de Zeventiende Eeuw* (Haarlem, 1941), p. 115 et passim.

and Vondel became synonymous with literary greatness, even if the latter, an immigrant to Holland, had none of the political clout of the first two. The world of letters was so important to the city government of Amsterdam, for instance, that its principal Chambers of Rhetoric (Rederijkerkamers) included the city's most influential officials and citizens among their members.

As in art so also in literature it was the naturalistic approach to life which provided the most explicit insight into society. In literature this task fell to the comedy and the farces. One of the first classical comedies in Dutch literature is perhaps also the best. In Bredero's *Spaanschen Brabander Jerolimo* (1617), a realistic portrayal of the language and practices of the lower classes in Amsterdam, the writer presents street-wise boys, local prostitutes, flax spinners, emigrees, beggars, an art dealer, a corrupt sheriff, a strutting notary, and a *besteedster*, whose "employment agency" for maids frequently doubled as a house of carnal pleasures — all this with the fine brush of the painter, as indeed Bredero was by training.

The plot evolves around a recent arrival in Amsterdam by the Fleming-of-Spanish-descent, Jerolimo. Pretending to be an affluent nobleman, the pompous but penniless immigrant hires a local servant, fills his house with expensive art works and furniture — all on credit — and treats his new neighbors with condescension as his affectacious southern dialect garbled with foreign phrases sharply contrasts with the language of Amsterdam. The reader soon learns that Jerolimo was forced to leave Antwerp because of a number of social irregularities, including bankruptcy. Toward the end of the play Jerolimo's world is closing in on him. Neighbors, creditors, and the local police approach his house, only to discover that this deceptive exotic bird has flown the coop.

Aside from the obvious ridicule of the Flemings and Brabanters who had for so long touted their cultural superiority, Bredero concentrates more sharply on the society which was being cheated by this flamboyant fake. But ultimately the play focuses less on its protagonist than on the antagonists. It is the victims, not the perpetrator, whom Bredero scrutinizes. His motto "Al sietmen de luy men kensse niet",[4] applies as much to the duped citizens as to

4. On the title page of G.A. Bredero's *Spaanschen Brabander Jerolimo* (*Wercken*, 1920) appears the inscription: "op het Woort Al Sietmen de luy men kensse niet".

the opportunistic stranger. The play unmasks them all, as the author states in his preface to the reader: "...ick stel u hier naacktelijk en schilderachtig voor oogen de misbruyken van onse tijdt en de Kerck, en straat-mare mishandelinghen van de gemeene man...".[5] Indeed the picture of the Republic is bleak. Bankruptcy, an inevitable consequence of a mercenary society, is rampant, and is bemoaned by the group of characters referred to as "patriots". The abuses of the state, church, an business are also recited by these venerable men. And yet it soon becomes apparent that these same men are hardly paragons of virtue themselves; one, an incurable ladies man who is constantly inebriated; another reportedly batters women and is proccupied with violent sex; while a third profits from the very bankruptcies which he deplores. Everyone abhors the foreigners among them, who leech off society. But when the tables are turned, as appeared to be the case with the Brabanter, society knows no ethics, Bredero seems to say in this work. This includes prostitutes, the *besteedster*, her maids, the art dealer, the boys in the street, yes, even the sheriff. The *Spaanschen Brabander*'s parody of the southerner is in the final analysis but a humorous vehicle in the social indictment of Bredero's own society.

Bredero's comedy crowns the long tradition of the popular Dutch farce, which, often in a simple or even crude form, preoccupied itself with humorous situations. Their purpose was to get a good laugh from the audience. Much of the material is anecdotal, resembling the tales of Boccaccio's *Decamerone* or the bluntly realistic fabliaux of the *Cent nouvelles nouvelles*.

The Dutch word for "farce" is *klucht*, and comes from *kluft*, from the verb *klieven*, i.e., "to cleave". According to Worp[6] a *klucht* is really a *sotte klucht*; i.e. the foolish part of a performance. The word *sotternie* occurs less often, whereas *esbattement* is not an uncommon designation for the *klucht*. It is generally believed[7] that the Dutch farce originated from the medieval shrovetide games, in which masquerading youths would give impromptu performance

5. In Bredero's introduction to the *Spaanschen Brabander* "Tot den Goetwillighen Leser", (11. 24-28).
6. J.A. Worp, *Geschiedenis van het Drama en van het Tooneel in Nederland* (Groningen, 1904), Vol. I, p. 95.
7. Ibid.

in verse. Since the comical aspects of these coarse jokes were of primary importance, scenes from daily life were imitated more and more, gradually evolving into the *klucht* as we know it. In these pieces the noble personages and ideals of the courtly drama are replaced with simple peasants, unfaithful women, adultery, brawls, and rough language. Dishonor, rather than honor, seemed to be the dominant motif in the farce.

The anecdotal nature of the medieval farce, along with its stock characters and predictable plots do not afford much insight into the society of the middle ages, though it does give some idea as to the mores and morals of the people at the time. Consider the plots of the six oldest farces to have been preserved.[8] In each one of them the strongest character is the domineering or evil woman, while the village priest comes off second worst. In *Lippijn* a husband is given chores by his wife who, pretending to go to mass, meets her lover instead. Even though the suspecting husband catches her in the act, he is persuaded by his godmother that he must have been bewitched by elves. He asks his wife forgiveness, whereupon the nasty woman spanks the poor soul. *De Buskenblaser* introduces the favorite character of the quack to a story of double jeopardy. An old farmer, whose wife has an affair with a monk, meets a quack, who offers to make him more attractive to his wife by having him blow into a tin can. Convinced of his metamorphasis, he returns home happily, but with a black face, and is severely scolded by his wife. In the fragment *Drie Daghe Here* the familiar character of the henpecked husband persuades his wife to let him be boss for three days by giving her a beautiful new petticoat. In *Rubben* the motif of the cheating wife is presented in an *a fortiori* equation. A young husband is puzzled that his wife has given birth only three months after their wedding, but is convinced by his mother-in-law that this is mathematically correct. His father-in-law affirms this, by recalling that the very same thing had happened to him years ago. The motif of women versus other women is somewhat less familiar; yet in *Die Hexe* two women batter a newcomer to the village, suspecting that she is a

8. Found in the library of Karel van Hulthem, whose so-called Hulthem Manuscript contains also the 'abele spelen', considered the oldest secular plays in European literature and dating back to the middle of the fourteenth century.

witch and responsible for their cows not giving milk. In the last of these six farces the figure of the maid, so prevalent in the farces of the seventeenth century, is introduced. *Truwanten* depicts the unusual combination of a dismissed maid and a seedy priest traversing the countryside extorting money from unsuspecting people.

The two other extant medieval farces from a somewhat later date are *Eene Ghenouchelicke clute van Nu Noch* and *Een Cluyte van Playerwater of Van den Man Diet Water Haelde*. Both of these portray abused husbands trying to get even with their wives. In the first he tries to confuse her whenever she is beating him by saying the words "nu noch". When he continues repeating these words the wife fears he might be possessed by the devil and she calls the priest. Nothing seems to help, so she begs his forgiveness for her behavior. But as soon as he stops, she promptly resumes her maltreatment of him. Finally, in the only preserved farce in which the man has the last word, a woman who is having an affair with a priest feigns sickness and sends her husband out to collect some "fool's water" somewhere in "Tonvreen in oest land", which, she assures him, will cure her. The husband meets up with a merchant who tells him not to be so gullible. The man returns home, catches priest and wife together, and dowses them both with "fool's water".

Whereas in the fourteenth and fifteenth centuries the farces were performed by wandering "troepen vanden spele of vander conste", the sixteenth century had established literary guilds that were gradually recognized and chartered by local governments. These Chambers of Rhetoric were instrumental in adding distinct regional coloring to the repertoire, making the works more and more Dutch in character. Furthermore, since a greater number of these authors were identified by name and place, the development of the farce as a literary mirror of society gradually took place. New characters complemented or replaced traditional roles, contemporary problems were being introduced, while the didactic element became more explicit.

One of the most prolific writers of farces was Cornelis Everaert (1480-1556) of Bruges, the *factor* or official poet of his local Chamber. Of the fifty sixteenth-century farces that have been preserved, seven are by his hand. The subtle changes in the treatment of all too familiar themes is refreshing in his work.[9] A case in point are his domestic scenes. In the *Esbatement van 'tWesen* (1512) he relates the interaction between a husband and his pregnant wife. He has decided not to sleep in the same bed with her under the circumstances, but he is persuaded to change his mind by the priest whom his wife has beckoned. Similarly, in the *Esbatement vander Vigelie* (1526) Everaert portrays a cunning woman's attempt to celebrate a religious holiday with her husband at home and in bed. Hilarious is his pseudo-morality farce *Esbatement van Stout en Onbescaemt* (1527) in which the figure of the sexton is introduced. A married woman and the sexton meet in a barn for feasting and lovemaking shortly after two street musicians have entered. At a critical moment Stout and Onbescaemt begin their music, causing the lovers to flee. The musicians not only heartily devour the deserted food and drink, but on the next day they demand payment for their serenade.

The most humorous of Everaert's farces is the *Esbatement vanden Visscher* (n.d.). A fisherman and his wife are at sea when they are overcome by a dangerous thunderstorm. In the face of inevitable destruction the two decide to confess their marital transgressions. The woman reveals that two of their three children were fathered by her servant and her priest, respectively. When it is the husband's turn to unburden his soul the storm abates and he has a sudden change of heart. The way the wife saves her skin must represent one of the most blatant examples of sophistry in the history of the farce. She convinces him that "servant" and "parish priest" are metaphors for him:

> Daer ghy ghedaen hebt al tlabueren
> Van roeyen van stieren, ende dier ghelycke,
> Ende waer ic met hu ghae in eeneghen wycke
> Altoos ghaet ghy vooren, ende ic comme achtere.
> By desen dienst, zonder scande of lachtere
> Syt ghy myn cnaepe, mids welcken dan
> Hu dit kynt behoort, wel lieven man.

And speaking about the third son, she continues:

9. G.P.M. Knuvelder, however, considers Everaert as being "nog geheel een man van de oude stempel (... 7 hij vertegenwoordigt in deze periode nog volop de oude tijd". *Handboek tot de Geschiedenis der Nederlandse Letterkunde* ('s-Hertogenbosch, 1970), Vol. I, p. 484.

Sichtent dat ic by hu hebbe gheslaepen
En was ic te biechte voor costers noch paepen
Dan tjeghens myn prochghyepape ende hu.
Dus hebt ghy gheweist, ter tyt van nu
Myn capelaen. Aldus by desen
So moet dit ooc hu kyndt wesen.[10]

Of the remaining sixteenth century farces only the anti-Catholic productions represent a new theme. The best of these is probably Louris Jansz's *Een Cluyt van Onse Lieven Heers Minnevaer* (1583), which is clearly a Protestant version of the anonymous Catholic *Klucht van Ons Lieven Heeren Minnevaer*, which must have been written several decades earlier. Although the critical portrayal of the Pope leaves little doubt as to the author's sympathies, the latter's sentiments concerning the destructive effects of the Reformation are equally clear.

A man ceremoniously called "onse lieven Heers minnevaer" and his wife are unable to continue to provide for their many foster children. They therefore approach Goed Onderwijs, who is dressed like a doctor. He directs them to God. At the church they encounter the sexton, who tells them that the Lord is so upset by the schism in the church that he has left the church temporarily:

Jae, goede vrienden, Onse lieve Heer is nu uyt
Om een saeck seer ruyt, wel om beclagen.
(...) Die Geusen hebben hem van hier gaen jagen,
God sal se noch plagen, sijt das gewis!
Door dit gesplis derft Hy zu Sijn huis.

He heartily recommends that they go see the Pope in Rome, God's representative, who would certainly reimburse them for the money they spent on "the Lord's foster children". When they arrive in Rome and meet the Pope, the latter informs them that he only deals with spiritual needs. When it comes to money, the church is always on the receiving end:

En daer en is geen ghelt in dit quartier,
Oick es tegens ons manier al u begeeren:
Wy sijn wel ontfangers, maer niet om uyt te keeren;
Al die met ons accordeeren, sijn oick van dien aert.

The writer's satirical treatment of the church is even sharper in the

10. In Worp, op. cit. Vol. II, p. 148.

final words of the Pope, as he sends the petitioners awat empty-handed:

> (...) Scickt u te vreen, soo ghy best muecht;
> Nae die tijt u veucht, dat rade ick u voor best,
> Daer gelt t'ontvangen es tegens ons jest;
> Hier niet tegens hest, off ghy sout u versuymen;
> Want wy breecken niet garen die roomsche constumen.[11]

The end of the sixteenth century marked the passing of an era for the South. The Revolt of the Netherlands caused the Spaniards to close many of the Chambers of Rhetoric in the southern provinces. And after the conquest of Antwerp many artists, scholars, and merchants left to take up a new life in the North. Amsterdam replaced Antwerp as the center of commerce and art. For the lowlands the Golden Age belonged to the North.

It seems strange that Bredero's celebrated farces tell us so little about the social conditions or customs in the seventeenth century. Where his comedies provide a veritable commentary on life in the city of Amsterdam, the farces are silent. Bredero's pieces continue the anecdotal tradition of the fifteenth and sixteenth centuries. The *Klucht vande Koe* (1612) deals with a farmer selling his own cow for the thief who had stolen it from him. The *Klucht van Symen sonder Soeticheyt* (n.d.) stages a witty dialog between a stingy young man proposing to a brash young woman. In the *Klucht vanden Molenaer* (1613) a miller tries to seduce a city woman (*ste-vrouw*) who has been locked out of the city gate and is spending the night at his home. His scheme for the night also includes his servant. But the city woman informs the miller's wife of the plans and the two decide to alter the scenario. The result is that the menage-à-trois that night now consists of the miller, his servant, and the miller's wife, with the latter enjoying her new role. The *Klucht vanden Hooghduytschen Quacksalver* (n.d.)[12] is an adaptation of a well-

---

11. In J. van Vloten, *Het nederlandsche Kluchtspel van de 14e tot de 18e Eeuw* (Haarlem, 1877), Vol. I, p. 167.

12. There is some disagreement whether this farce was written by Bredero. It was included in his *Wercken* in 1620, which is why Jo Daan includes it in her Bredero edition, *G.A. Bredero's Kluchten* (Culemborg, 1971), p. 27. Worp categorically dismisses the possibility of Bredero's authorship (op. cit., p. 439), while Knuvelder does not even mention the farce.

known story of a pharmacist who accidentally switches two prescriptions. The laxative intended for a sick man is taken by an old bridegroom, while the aphrodisiac, descriptively labeled "neukwater", causes havoc in the sickbed.

Most of the farces dealing with courtship and sex provide little insight into the social practices of the Dutch in the seventeenth century. If Haye Thomas is right that the Dutch were masters in courtship, with a technique, courage, and perseverance bordering on the unbelievable,[13] the literature — in contrast to art — seldom reflects these qualities. One might have expected farces to deal for instance with such popular customs as "queesten", which allowed a lover to make nocturnal visits to the beloved's bedroom, provided he would lie on top of the blankets and leave before dawn. If the wooer were caught violating the rules, he would be subject to punishments ranging from public flogging to dismemberment. To my knowledge this topic is not treated in the farces; nor is the annual tradition of the well-known courtship markets (*vrijersmarkten*), in which young woman were auctioned off to bidding suitors eager for a date. In folk literature the prevailing treatment of the battle of the sexes had changed very little since the middle ages. The conventional farce flourished more than ever before. Typical were the farces of W.D. Hooft and Jan Soet with their characters Jan Saly and Drooghe Goosen, respectively. *Jan Saly* (1622) portrays an old bachelor whom a matchmaker has married off to a pregnant girl. When she gives birth a month later, the simple-minded Saly is so proud of his prowess that he buys his wife not one, but twelve bassinets — just in case. In Soet's *Drooghe Goosen* (1636) the unsuspecting titular hero marries his friend's pregnant lover. When the child is born on their wedding night, it turns out that the baby looks just like Goosen.

One motif which represents a new feature in the seventeenth century farce is the introduction of "justice" as a literary motif. This concept is often coupled with the character of a peace officer or a notary, who may resolve or complicate the issue, but whose presence can change the outcome of a given conflict considerably. A case in point is the anonymous *Klucht vande Gewillige Hoorendrager* (1626). When a shoemaker's wife gives birth three months

13. Haye Thomas, *Het dagelijks leven in de 17de eeuw* (Amsterdam, 1981), p. 33.

65

after their wedding and reveals the identity of the true father, the latter is forced to pay restitution to the duped husband. In this case the resolution was the work of the notary whom the shoemaker had consulted.

Indeed the insertion of the notary and more ofen the lawyer are indicative of changes taking place in society. Officially, the legal profession was highly regarded in the Netherlands. Many lawyers served as magistrates in the Seven Provinces, and enjoyed numerous privileges. The standards were high. A lawyer was not allowed to take cases which were unreasonable or unfounded, he had to make himself available to all who needed his services, and he was not permitted to charge excessive fees. Yet, while the ordinary citizen continued to venerate the notary, the lawyer gradually fell into disrepute. Questions concerning his qualifications or honesty abounded. Popular art and literature often ridiculed the lawyer. In some farces the humor is quite harmless, as in J. Klaerbout's *Klucht van 'tKalf* (1662) and J. Bara's *Ick Ken Je Niet* (1664). In the latter Pekelharingh has bought a calf, doesn't want to pay, therefore answers all questions with the words "ick ken je niet", including his lawyer's demand for money. Klaerbout adds the element of poetic justice to his otherwise similar farce. A farmer sells a calf twice, once to a butcher, then to a cook. When he is being sued, his lawyer advises him to pretend to be insane and answer all questions with the words "hey, kalfje", even those of the judge. The farmer complies and wins the case. And when the lawyer asks him for payment, he answers him with the same reply: "hey, kalfje". A distinctly more negative portrayal of the lawyer is Jan Jansz. Starter's *Vermaecklijcke Sotte-Clucht van een Advocaet ende een Boer* (1618), which was written in Low Frisian. In this farce a farmer with a just cause retains an advocate to represent him in court. The farmer loses the case however because the lawyer is not only ignorant of the law, but also cheats his client. In P. Bernagie's *Het Studente-Leven* (1684) much of the legal profession is dismissed as a dishonorable vocation. In a conversation about what to study at the unversity, one friend suggests that the other takes up law, to which the other replies:

(...) Daar ben ik te Conscientieus toe / veele van dat volk winnen de kost, met valscheid, en bedrog / Zynder niet, die pro, en Contra adviseeren? ik zou ze je noch / Wel konnen noemen. (11. 125-128)

Later the young man suggests possibly the reason why the once respected profession is represented by so many disreputables. There simply are too many of them: 'Daar zyn ook zo veel Advokaaten, datmen der de kakhuizen me zou bedekken'. (1. 133)[14]

The public respect for the enforcers of the law was even lower. The reputation of the police, i.e., the 'Schouten' and the 'Baljuwen', deteriorated proportionately as social disorder increased. After the Armistice whole bands of idle former militia roamed the land, creating civil disorder, ranging from plundering to murder. Ironically the urban and rural police bolstered their forces with hundreds of the unemployed soldiers. Adding to the problem in the cities were the staggering increases in foreign population. Street crimes flourished, not only in the ghettos of Amsterdam, but also in The Hague. Gangs of youths, including those from well-to-do families, joined in criminal onslaughts on society. Burglaries, thefts, and rape were the rule, not the exception. The result was that the Schouten, who had little accountability to begin with, became both judge and jury. Indictment and execution of sentences were often dispatched simultaneously. Prisons for men (e.g. the Rasphuis) and for women (e.g. the Spinhuis) were erected with maximum speed, while public floggings, brandings, maimings, and torturings became weekly spectacles. In the twenty-five years from 1695-1720 over two hundred public executions had taken place in Amsterdam alone. The 'Baljuwen' in the country districts — like the 'Schouten' in the cities — had the power to circumvent the courts and carry out the punishments of their suspects. The system of justice often reflected the arbitrary caprices of bailiffs and sheriffs. Frequently they became participants in the very crimes they were to combat. And when citizens asked the law for assistance, they were expected to pay for this service, especially in domestic disputes or in sex-related crimes. Adultery was a lucrative source of income for 'Schouten' and 'Baljuwen' alike; entrapment of innocent people or catching the guilty red-handed poured gold into the insatiable private coffers of the law.[15]

In a number of farces the law is depicted as simply doing its

14. In: P.H. van Moerkerken, *Het Nederlandsch Kluchtspel in de 17de Eeuw* (Sneek, n.d.) Vol. II, p. 550.
15. Haye Thomas, Op. cit., p. 116.

duties. M. Walters' *De Bedrooge Gierigaart* (1654), for instance, has a 'Schout' nearly throw a husband in jail because the wife believes (falsely) that he has taken off with a young lady. Quite a different situation is depicted in J.A. Baron's *Lichthart, en Aers-Gat Sonder Sorgh* (1653), in which the officer arrests both wife and daughter for squandering the possessions of their husband and father. But in the majority of works the officer of the law is treated negatively. Representative of this kind of portrayal is H. van der Muyr's *Klucht vande Ketel-Boeter* (1644), a slapstick farce about infidelity and trickery, in which a sheriff is bribed not to prosecute. In the more ambitious anonymous work *Domine Iohannis, Anders Geseyd de Simpele Doctoor, met Zijne Tvvee Dienst-Maegden, Leda en Lorencia* (1643) a lecherous physician who pursues prositutes as well as his maids is being deceived by the latter. In a serious legal transgression one of the maids disguises herself as the doctor, treats patients, writes prescriptions, and is responsible for the deaths of two patients. She escapes a trial for murder by bribing the court official.

The seventeenth century farce sheds light on a number of other social conventions and stations, focusing on divergent topics as the *besteedster* and her maids, whose eyes for rich nubile widowers often blinded them to the tasks at hand; prostitutes whose excessive verbal communications with friends and clients alike reduced their income potential; famous crime figures who preyed upon the local merchants; the university professors and their temptations; the ambiguous role of the stranger in the country; and the profiteering manipulators of the stock market. With but few exceptions all of these figures in the farces are depicted as greedy participants in the gain-propelled Netherlands of the sixteen hundreds.

An almost definitive example of the economic abuses on the parts of brokers, their manipulation of the free market, and the effect of this on the Bourse is provided by the anonymous *Klucht van de Koeckvreyer* (1659). The work is unusual in several respects. Unlike most other farces, it is written in prose and is aimed directly against a group of power brokers who threaten the very survival of free enterprise in the Netherlands. The criticism is levied by a minor merchant, whose own world-and-life view is subjects to some ridicule. Preparing to attend a dinner party with some influential brokers, a merchant and his wife are discussing their finances. The husband tells her about his profits from a business transaction, while she expresses reservations about the risks he is taking with their little money. He counters her concern by saying that business is always a gamble, but no matter what may happen, he is always able to strike a bargain:

> Wijf, ghy verstaet het u niet; wy namen gelt op interest en op wissel. Daer moet in dese tijt soo grof en soo veel gewaeght worden, sal men winnen, en het moet altemets eens staen om koninck of keutel te zijn; luckt het wel, soo is men in korten tijt rijck; slaecht het qualijck, so moet men 't op een andre manier weer soecken. En wil 't dan oock niet lucken, so accordeert men licht, en een accoort geeft noch al winst. Sijt maer gerust, ick sal wel voorts sorch dragen, dat wy geen gebreck hebbe, al komst ons wat over; die wacht is mijn bevolen, en u de huys-houdingh.[16]

When the topic of a fellow merchant comes up, the husband becomes somber. The neighbor, as he is being referred to, is victimized by powerful brokers who circumvent the Bourse in private meetings, demanding exorbitant prices and fees, forcing smaller merchants to cooperate or go into bankruptcy. The husband is bitter:

> De verbruyde, ick had schier gesegt fieltige, makelaers hebben een duyvelse manier opgebracht: se houden, elck op zijn seizoen, twee maenden lang, alle avonden comparitiën, daer sy alleman versoecken en nodigen, wacker opschaffen, en 't gaerne betalen. Onder het glaesje hebben se haer volck, waermede sy brouwen, gemaeckte partyen, tot datse tot haer wit sijn gekomen en eenige in 't net hebben; daerna ontknoopen sy haer gemaeckte partyen, en deelen de maeckelaers met de meesters in de winst boven haer courtage; ja, gecken dan noch met die, die sy bedrogen en de beurs gelicht hebben; onder dese is onse buerman mede. En noch zijnder arger als hy ingewickelt; waerom eenige, na den roep gaet, sullen moetn haer met het wintplaccaet behelpen of na Vianen reyzen.[17]

The consequences of this commercial conspiracy are grave, according to the merchant. He predicts the demise of the Bourse, the corruption of all commerce, and ultimately serious injury to the state as a whole:

> [wife] Man, wat seggen de gemeene koopluy op de Beurs daervan?

16. J. van Vloten, Op. cit., Vol II, (1880), p. 244.
17. Ibid., p. 245.

[Husband] Dat het een kancker in de negotie en een ruïne van de Beurs sal sijn, soo het niet gestuyt wort....

(...)

Maer wil men toelaten, dat de maeckelaers daer bystreecken of verlystreecken ombrengen, gelijckse in dese vergaderingen doen, soo ist ondoenelijck voor de grootste koopluyden selfs, yets te doen als met schade ende to bederf van den handel en tot naedeel van den staet.[18]

The merchant's indictment of the brokers is simultaneously a repudiation of the wealthy immigrants in the Netherlands, in this case the Walloons; for the merchant and his wife are on their way to Sunday dinner with some Walloons. Along with the Flemings, the Walloons were the largest and the wealthiest group of foreigners in Holland. Amsterdam had nearly as many foreign as native inhabitants, and a significant number of them were depositors at the Bank of Amsterdam and traders at the Bourse. But there were others. Many immigrants from Germany, France, England, Scotland, the Scandinavian countries, Armenia, Turkey, and Portugal had made the Netherlands their home. Freedom of thought and conscience drew scholars such as Descartes, Spinoza, and John Locke, as well as thousands of Sephardic Jews from around the world. The Dutch universities, too, attracted many foreigners. Some three thousand foreign students studied at the University of Groningen in the seventeenth century, while in 1700 more than one-third of the students at Leyden were said to be British.[19]

Against this historical backdrop one should see the resentment vis-à-vis immigrants and the prejudice toward foreigners in general as expressed in the farces. The wife of the merchant in the *Klucht van de Koeckvreyer* wants to stay home because she does not like Walloons. But her husband replies that at least the women speak good Dutch, implying that the men don't. Later he denounces the Walloons as greedy gluttons without social graces:

...de Wael is een kluchtige grieck; hy sou wel gaen aensitten, en laten de gasten in 't koude gebraen byten. Daer sullen oock eenige fyne en scheynheilige onder lopen, die willen somtijdts wel vroegh scheyden; doch eer niet voor dat se haer competentie hebben; want se meugen 't, soo wel als ick en mijns gelijcken, op de beste smulpapen en veegers; en

18. Ibid., p. 246.
19. Charles Wilson, Op. cit., p. 26.

daerom soecken se altijt vroegh aen den back en vroegh by den claren te zijn.[20]

The seventeenth century farces abound in derogatory references to strangers of all kinds, in marked contrast to the farces of the sixteenth century and the middle ages, where this is not the case. The Germans and the Flemings seem favorite targets. in Isaak Vos's *Klucht van Loome Lammert* (1642) the mother of "slow Lammert" is portrayed unfavorably and referred to as the old rag-woman (*vodde-wijf*) from Germany. Later this farce was called the epithetically demeaning *Klucht van de Moffin*. Vos's *Klucht van de Moff* (1644) repeats the condescending sobriquet. In this story a recent German immigrant named Joachim Bueleke, falls in love with the daughter of a shoemaker for whom he is working. She requites his love by directing him not to her own, but to her father's bed. When he is dicovered by the latter, he gets a merciless beating, mucht to the delight of the daughter. And in Thomas Asselijn's *De Stiefmoer* (1684) a German maid manages to marry a wealthy widower. After the wedding she begins to mistreat both husband and stepdaughter.

The best example of a negative portrayal of the Flemings is of course *De Spaanschen Brabander*, the comedy in which all foreigners are depicted adversely. In the farces the negative treatment of the Fleming also occurs in a Flemish setting. Although there is undoubtedly a direct relationship between the immigrant problem and the resentful attitude toward the foreigners, the farces don't explicitly indicate this. Constantijn Huygens' comedy *Trijntje Cornelis* (1657) was the inspiration for several farces dealing with the fate of a young Dutch woman in Antwerp. In Huygens' work the wife of a skipper whose ship is in the port of Antwerp is abducted by Flemish riffraff, who make her drunk, rob her of clothes and jewelry, and throw her on a manure heap. Like Bredero, Huygens also masterfully contrasts the dialects of Amsterdam and Antwerp. A. Bormeester's *Nieuwsgierig Aegje* (1662) is an adaptation of Huygens' work. In this farce the two Flemish scoundrels have been replaced by one, whose name is Picaron. Picaron pretends to be a distant relative of Aegje's, who brings her to a house of ill-repute, where she is made drunk. She is then

20. J. van Vloten, Op. cit., Vol. II, pp. 243-4.

robbed and placed in a basket on the street, where she is ridiculed by a group of local boys. A.V. Bogaert wrote another version of the story, *Nieuwsgierig Aegje van Enkhuizen* (1679). Here Aegje is following her husband and his mate down the streets of Antwerp. Unbeknown to her the two are on their way to a brothel. She meets up with a pimp named Picaron, who, assuming she is looking for work, confronts her with one indignity after another.

Another area in which the folk comedy suggests that the Golden Age of the Netherlands did not always glitter is that of higher education. The masses were ambivalent about their universities, which, like so much else in Dutch society, were institutions for the elite, be they native or foreign. Whereas professors were held in the highest esteem, students were often regarded with distrust and cynicism. This low estimation evidenced itself in many different ways in the farces of the time. In I. de Groot's *De Bedroge Speck-Dieven* (1653), in which a merchant's wife feigns selling sexual favors to potential paramours, one of her victims is a foolish secretary, whose irrationality and frivolity is directly attributed to his studies, as the pregnant phrase "een sot gestudeerde Secretaris" bears out. The popular notion that too much studying could cause the brain to snap and lead to insanity is confirmed by the mother of a university student in Bernagie's *Studente-Leven*, mentioned above:[21]

> Als hy hem maar niet mal studeert, ik bender al heel in verlegen, / Daar zynder genoeg, die 'er een krankzinnigheid van hebben gekregen. (11. 91-92)

In other farces students are presented perpetrating practical jokes; more often than not in pranks that turn out to have serious consequences. Again, the association of studies with lack of judgement is obvious. J. Kemp's *Bedrogen Smith* (1661) is a good example. In this piece a student has promised in writing to marry a girl he has been wooing. When the wedding is about to take place, the student changes his mind, however. He is being held legally responsible for breaking the marriage contract intil it is discovered that he had outwitted the bride, her family, and the law by scribbling the words *vi coactus* over his signature.

Het Studente-Leven represent a pervasive indictment of university life in the Netherlands of the seventeenth century. Karel, a

21. See above, p. 151.

wealthy student at the university of Franeker, one of five Dutch universities at that time,[22] returns home in Amsterdam to relax his overworked mind. It becomes clear, however, that his university activities are only extra-curricular, a situation of which the young man boasts, as the following conversation with Heintje, his father's servant, divulges:

> HEINTJE. Wat doeje den heelen dag? KAREL. Banketeeren, / Eeten, Drinken Fatoetiën, Piketten, Tiktakken, Verkeeren; / En alzulke exercitiën, die de Studenten gewoon zyn te doen. / HEINTJE. Maar, dat doeje niet altyd? immers, dat kan ik niet vermoen. / KAREL. Neen toch niet. HEINTJE. Wat doeje dan meer? KAREL. Vechten, kratsen, of slaapen. / Daar hebje de heele studie. HEINTJE. Je bent fyne knaapen.
> (11. 55-60)

But Karel's life style is threatened to be revealed by Bouwe, his landlord in Franeker, who has come to Amsterdam to present the father with letters of complaint (one in Latin, another in French) from his professors. The landlord has not received any rent in months. Heintje dresses up as Karel's father as Bouwe recites the abuses of student life, which include cheating, stealing, disturbing the peace, assaulting women, and extorting money from his father:

> HEINTJE. Myn vrind, ik begeer, Dat jy de waarheid zegt. Studeert myn zoon naerstig? BOUWE. Ja, al te naerstig. HEINTJE. Dat is my lief. BOUWE. Maar datje me wel verstaat, 'tis niet in de boeken. / HEINTJE. Waar in dan? BOUWE. Inde Kaatsbaanen, Hoerhuizen, Trokken. Troeven, sies sinken in den hoeken. / HEINTJE. So, kan hy dat? BOUWE. Ja wonderlyk. Glazen uitsmyten, Kloppers afdraijen, en Schellen steelen kan hy ook. / Ze zetten het Vaatje op de Tafel, en scheyden niet voor dat het uit is, dan loopenze 's nachts langs de straaten, hy ranst de Vrouluy aan, zetze af en doetze voor hem vlugten, als voor een spook. / Zo Studentje te speelen, de lui af te zetten, en te krassen in zyn dagelyks werk, 't is niet om te beschryven, / Wat een baldaadigheid, dat die moetwillige Messieurtjes op de Academien bedryven. / Ik kan geen huis met hem houden, daar by, heeft hy me noch niet een duit aan geld/Gegeven. Hoe wel ik weet, dat gy het hem al toe hebt geteld. / De Professors, betaalen zy ook niet. De Boekverkoopers rekeningen zyn vol valsche praktyken. / De Ouders hier

22. Besides the University of Franeker, there were universities in Groningen, Harderwijk, Leiden, and Utrecht, plus the Athenaeum Illustre in Amsterdam. The Southern Netherlands counted universities in Leuven and in Douai, the latter primarily for French speaking students.

t'Amsterdam, meenen dat die dingen zyn gelykze gelyken, / En 't isser
ver dan daan. Ze maaken met de Boekverkopers een Accoord, / Die
gevender een deel Contant geld; ik heb het zelf gezien en gehoord: / En
men zet dan Boeken op de rekening, die nooit voor'er zyn gebonden, /
En zo werd de reekening na de Vader gezonden. (11. 166-179)

This particular farce sheds some light on the reason why students
were not taking their studies seriously. There were too many
university trained professionals in the Netherlands: too many
lawyers, too many physicians, even too many unemployed candi-
dates with academic doctoral degrees. As a result students dropped
out of the universities in increasing numbers, which in turn
affected the welfare of the faculty which was paid directly from
student fees, as we have seen in the landlord's testimony above.[23]
Consequently even the venerated university teaching profession
became tainted by greed. Degrees could be bought, according to
the boastful Karel:

Wat zietmen 'er alle dagen? En alsmen al gepromoveert most werden,
't zyn groote gekken / Die veel daarom studeeren; want alsmen een
Professor op zommige Academien de handen maar smeert, / Je werdt,
en noch wel *summa cum laude* gepromoveert. (11. 133-35).

This study of the seventeenth century farce has attempted to focus
on Dutch society of the time, its practices, its problems, its abuses.
In so doing a unique quality has emerged, which sets the Dutch
farce apart from its European counterparts, especially that of
Germany. It is the absence or disregard of class distinctions to
attain its comic affect. The German 'Fastnachtsspiel', for instance,
pits one social level against another to gain the desired humorous
impact, generally at the expense of the lower classes. In the
medieval farce the interaction between the court and the peasants
was a common subject, whereas the sixteenth century German
farce usually placed the coincidence of social inequities within the
structure of the bourgeoisie. Sharply delinated contrasts between
urban and rural types became a variation on the older theme. The
butt of the joke was usually the farmer, not the artisan. In
seventeenth century German comedy and farce the social disparity
between town and country prevailed.[24] This comic formula em-

23. See above, p. 159.
24. Cf. Gerhard Kaiser, "Absurda Comica oder Herr Peter Squentz",
Die Dramen Andreas Gryphius (Stuttgart, 1968), pp. 210-11.

ployed social opposites as contrasting types, rather than as a comment on social issues.[25]

The Dutch farce ignores the social hierarchies. In the medieval and sixteenth century farce the stock characters are generally presented as social equals portrayed as outsmarting or deceiving one another. Favorites were the caricatures of the cunning wife, the lecherous priest, the slow-witted husband, and the fraudulent quack. With the notable exception of the anti-Catholic or Reformation farces in the sixteenth centuy, little societal insight can be gained from these works.

While it is obvious that the social refractions cast through a farcical lens do not necessarily produce an accurate picture of life, the seventeenth century Dutch farce presents a surprisingly reliable societal image. Even the comic distortions which one has learned to expect from this popular genre shun misrepresentation in favor of exaggeration. That's where the farce gets its biggest laugh. In many cases, however, comic overstatement magnifies the social predicament which is being presented, thereby exposing particular abuses related to particular professions. This scrutiny traverses all levels of the capitalistic society in the Golden Age, including the versatile *besteedster* and her maids, the unethical and abundant lawyers in a litigious society, the criminal enforcers of the law, the ambiguous immigrant to the big cities, lusting physicians, dishonest stockbrokers, idle students and an occasional hungry professor. If all this has a contemporary ring to it, it is probably because Bredero's maxim applies to all ages: "Al sietmen de luy, men kensse niet".

25. Cf. Eckehard Catholy, *Das Fastnachtsspiel des Spätmittelalters, Gestalt und Funktion* (Tübingen, 1961), p. 258ff.

Leonard Forster

MARTIN OPITZ UND DAS ALBUM VON MICHAEL WIDER

Bei Gelegenheit eines Besuches in die Handschriftenabteilung der Ungarischen Nationalbibliothek Széchényi zu Budapest im April 1983 machte mich András Vizkelety dankenswerterweise auf einen Eintrag von der Hand Martin Opitzens im Album eines gewissen Michael Wider aufmerksam, Signatur MS.oct.lat.145.

Der Student der Rechte Michael Wider Elbingensis Borussus — so nennt er sich auf dem Titelblatt seines Albums, ein Eintrag auf Bl.106 ist ihm als 'Patricio Elbingensi' gewidmet — legte sein Album im Jahre 1613 an. Unter den ersten, die sich dort eintrugen, befand sich Caspar Kirchner, der Vetter Opitzens, der im Monat September 1613, leider ohne Ortsangabe (aber vermutlich in Breslau), zwei lateinische Distichen schrieb. Im April 1617 'in Bellaquimontio meo' trug sich Tobias Scultetus von Schwanensee und Bregoschitz ein; am 2.April Martin Opitz offenbar ebendort; am VI Nonarum MaI Caspar Dornavius in Beuthen; am 10.März Johannes von Landskron. Daß sich die Eintragungen dieser vier für die Jugend und das frühe Schaffen des Opitz so wichtigen Männer im gleichen Album mit einem Eintrag von Opitz selber befinden, ist ein seltener Glücksfall. Im April 1617 war Opitz auf dem Schloß des Tobias Scultetus als Erzieher seines Sohnes tätig;[1] Wider scheint die Eintragungen Opitzens und Scultetus' bei derselben Gelegenheit erhalten zu haben. Die Verbundenheit Opitzens mit seinem Vetter Kirchner kommt sehr hübsch in dem Umstand zum Ausdruck, daß er sich gegenüber der schon vier Jahre älteren Aufzeichnung Kirchners einträgt; das muß mit Absicht geschehen

---

1. Die Geburtstagsschrift von Hieronymus Caspar Scultetus, Balthasar Exner, Michael Schmid und Martin Opitz zum 21. August 1617 bei J.-U. Fecher, *Martin Opitz Jugendschriften vor 1619*, Stuttgart 1970 (= Sammlung Metzler M 88), S. 41.

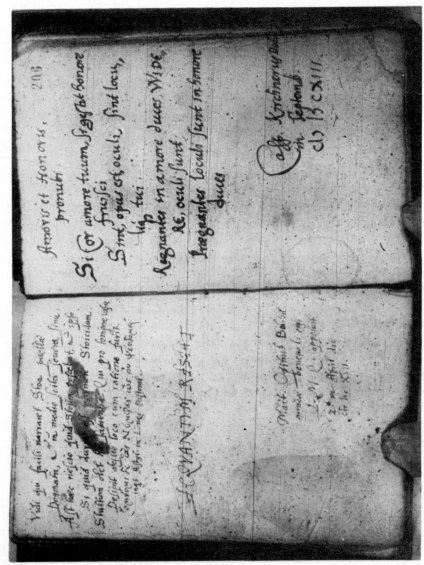

sein, denn unbeschriebene Blätter gibt es – heute noch – im Album genug.

Darüber hinaus gewährt das Album über das Schönaichianum zu Beuthen[2] zu Opitzens Zeit wertvollen Aufschluß und unterstreicht die Bedeutung der polnischen Komponente im Milieu des jungen Dichters. Michael Wider scheint sich vom Mai 1616 bis zum Herbst 1617 dort aufgehalten zu haben, freilich mit Abstechern nach Leipzig und Dresden, bis er im zweiten Halbjahr 1617 in der Jenaer Matrikel erscheint. Opitzens *Aristarchus* erschien, wie Entner wahrscheinlich gemacht hat, Mitte September; es ist schwer auszumachen, ob Wider das Werk noch in Beuthen erlebte. Überhaupt ist es nicht immer leicht, seinen Lebensweg nach den Eintragungen zu verfolgen. 1613 war er in Breslau; 1615 in Warschau; 1615 bis August 1616 abwechselnd in Frankfurt a.d. Oder (wo er 1616 in der Matrikel erscheint) und Thorn; 1616-17 in Beuthen; 1617-20 in Jena, mit Abstechern nach Wittenberg 1618 und Weimar 1619. Am 7.September 1620 erscheint er in der Altdorfer Matrikel, am 26.September desselben Jahres in der Tübinger, beide Male zusammen mit einem Stephanus Bojanowski eques Polonus, der jedoch nicht im Album auftritt[3]. In Tübingen ist er bis zum Juni 1621 bezeugt, der späteste Eintrag im Album, mit der kalligraphisch schönen aber schwer lesbaren Unterschrift eines Paulo Steugl (?) ist im Juli 1621 aus Amsterdam datiert, wo er unserem Blickfeld entschwindet. Ich habe ihn sonst nirgends

2. Literatur bei J.-U. Fechner, Der Lehr- und Lektüreplan des Schönaichianums in Beuthen als bildungsgeschichtliche Voraussetzung der Literatur, in: Albrecht Schöne, *Stadt-Schule-Universität-Buchwesen und die deutsche Literatur im 17. Jahrhundert*, München 1976, S. 326, die mir wie ihm unzugänglich blieb. Für seine wichtige Untersuchung: Zum Kontext von Martin Opitz' Aristarchus, in: *Germanica Wratislaviensia* XLVII (1982) S. 3-58 konnte Heinz Entner das Exemplar von Ch.D. Klopsch, *Geschichte des berühmten schönaichschen Gymnasiums zu Beuthen a.d. Oder aus den Urkunden des Fürstlich-Carolatschen Archivs und den besten darüber vorhandenen Schriften gesammelt*, Groß-Glogau 1818 der Universitätsbibliothek Breslau benutzen.

3. Zu Bojanowski: *Polski Słownik Biograficzny*, Krakau 1934 ff, Bd. II, S. 239. Felix Bidembach, der Bl. 67r mit seinem Eintrag Neopurgi ad Danubium 11. Nov. 1601 völlig aus der Reihe tanzt, hat offenbar einen gewöhnlichen, wenn auch schwer erklärbaren Schreibfehler begangen. Neuburg a.d. Donau liegt zwischen Altdorf und Tübingen; Wider dürfte 1620 dort gewesen sein.

bezeugt gefunden; Geburtsjahr und Sterbejahr sind gleicherweise unbekannt[4].

András Vizkelety hat mir freundlicherweise auch noch seine eigenen Aufzeichnungen über das Album zur Verfügung gestellt, die ich in der Zusammenstellung der hier nachfolgenden Listen dankbar verwertet habe. Zweck dieses Beitrages ist nur, das für die Opitzforschung wichtige aus dem Album herauszuholen. Ich habe mich also hauptsächlich auf die Einträge aus den Jahren 1616-17, die aus Beuthen datiert sind, beschränkt, aber auch noch solche aus dem Jahre 1617 berücksichtigt, die nicht ausdrücklich eine andere Ortsangabe aufweisen. Diese werden unten abgedruckt und kommentiert. Es folgen dann eine Inhaltsangabe des ganzen Albums nach der Reihenfolge der Einträge, sowie eine alphabetische Liste der Personen. Da ich nach dem von der Bibliothek Széchényi zur Verfügung gestellten Schwarzweißmikrofilm gearbeitet habe, wurde auf die Beschreibung der Wappen und der Aquarelle verzichtet.

Aus diesen, wie aus den Listen, wird es deutlich, daß das Album eine eingehendere Behandlung verdient, als hier geboten werden kann. Aber auch für die relativ schmale Auswahl, die hier getroffen wurde, konnten nicht alle Personen, Sprüche und Zitate einwandfrei nachgewiesen werden. Die verfügbare Zeit ließ die langwierige Kleinarbeit nicht zu, die eine angemessene Kommentierung von Albumblättern verlangt. Außerdem bestätigte sich noch einmal der aus jahrelanger Erfahrung gewonnene Eindruck, daß der lückenlose Zitatennachweis ein hoffnungsloses Unterfangen ist. Man zitierte eben nach dem Gedächtnis; man kannte die Sprüche aus zweiter oder dritter Hand und häufig genug aus recht trüben Quellen; man vertat sich in den Autoren oder in den Werken, aus denen man zu zitieren meinte; man paraphrasierte Sprüche, an die man sich nur vage erinnerte; es kam auch vor, daß man eindrucksvolle Zitate ganz einfach erfand. Es kam schließlich auf den Eindruck, auf den Schein, an, nicht auf die Exaktheit, auf das Sein; wie Dr Samuel Johnson bemerkte, 'in lapidary inscriptions a man is not upon oath'. In diesem Album bietet der Eintrag des Lucas Pitiscus Bl.297v ein anschauliches Beispiel. Sein angeblich aus Sophokles stammendes griechisches Zitat steht nicht bei

---

4. In der Leidener Matrikel ist er nicht nachweisbar.

Sophokles; es kann schon deshalb nicht von Sophokles stammen, weil es Prosa ist; außerdem enthält es ein sonst nicht belegtes Wort. Der Schluß drängt sich auf: das Zitat ist frei erfunden. Die beiden Stellen, die er nach Cicero zitiert, stehen in dieser Form nicht bei Cicero, sondern bieten Paraphrasen bekannter ciceronianischer Gedanken[6]. Ähnlich die Nazianzen-Stelle bei Adalbert Dabron de Markowice Bl.151r; sie ist in dieser Form bei Gregorius Nazianzenus nicht nachweisbar, bietet aber eine Umschreibung von Gedanken, die mehrfach bei diesem Kirchenvater zu finden sind. Und so weiter. Es ist vielleicht nicht unwichtig, diese Beobachtung unmißverständlich festzuhalten, damit in der späteren Stammbuchforschung nicht noch mehr Liebesmühe an solchen Fragen verloren wird.

Aus dem für uns wichtigen Jahr 1617 stammt der erste Eintrag im Album, nach allgemeinem Usus von einer hochgestellten Persönlichkeit, einem Mitglied der erlauchten Familie Radziwiłł, einem Fürsten des Heiligen Römischen Reiches, auf Bl.12r. Es folgen polnische Magnaten: zwei Brüder aus dem adligen Geschlecht Bal[6]; Andreas Rey[7]; ein 'comes de leszno; und ein Mitglied des westpreußischen Adelsgeschlechtes Czema[8] (von Zehmen), das besonders mit der Marienburg verbunden war. Interessant, daß auch Tobias Scultetus hier mitten in dieser Prominenz auftritt. Die Grenze wird von Bl.64r markiert; dort tritt zum ersten Mal eine akademische Persönlichkeit auf, der Rektor der Universität Jena. Die Beuthener bilden gewissermaßen eine besondere Gruppe,

5. Bl. 169r bringt Johannes Bukowiecki ein im Wortlaut richtiges Zitat aus Cicero, vertut sich aber im Titel der Rede; es ist wohl anzunehmen, daß er nicht auf die Quelle zurückging, sondern aus zweiter Hand zitiert. Daß der Nachweis von Zitaten auch bei Autoren von unbestreitbarem Rang schwieriger ist, als man gemeinhin meint, zeigen im Falle des Jan Amos Comenius Mirjam Bohatcová und Marie Kyralová: Die Voraussetzungen für die Erkenntnis des Werkes J.A. Komenskys in: *Acta Comeniana* XXIX (1983) bes. S. 127ff, die auch das Zitieren aus dem Gedächtnis oder aus zweiter oder dritter Hand erwähnen.
6. *Polski Słownik Biograficzny* Bd. I, S. 228ff.
7. Simon Konarski, *Armorial de la noblesse polonaise titrée*, Paris 1958, S. 296; Hipolit Stupnicki, *Herbarz polski*, Lwów 1855, Reprint London 1963, Bd. III, S. 14.
8. W. Dworzaczek, *Genealogia*, Warschau 1959, Tafel 121.

mitten unter ihnen der Adlige Sebastian von Schönaich, dessen Bruder der Gründer des Schönaichianums war. Um ihn herum treten nicht nur die akademischen Gestalten der Professoren am Gymnasium auf, sondern auffallend viele Vertreter des protestantischen polnischen Adels, die ihre Wappen von einem Berufsmaler ins Album einsetzen lassen — 'pingi curavit' heißt es wiederholt. Das Glück hat uns den Namen des Malers bewahrt; er hieß Friedrich Wendell und trug sich, ganz anspruchslos, ohne Aquarell oder Zeichnung, auf Bl.215r ein. Die Stelle gegen Schluß des Albums entsprcht seinem relativ bescheidenen Stand, doch spricht der Umstand, daß er überhaupt auftritt, für eine liberale Gesinnung des uns kaum bekannten Albumbesitzers. Er wird wohl die sämtlichen Wappen und allegorischen Zeichnungen, die die Ortsangabe Beuthen aufweisen, verfertigt haben; sie stammen auch offensichtlich von der gleichen Hand.

Es folgen die Eintragungen aus Beuthen. In den Anmerkungen kommen folgende Abkürzungen zur Anwendung:

ADB : *Allgemeine Deutsche Biographie*

Entner : Heinz Entner, Zum Kontext von Martin Opitz' Aristarchus, in: *Germanica Wratislaviensia* XIVII (1982) S. 3-58.

Fechner, Barock-Symposion : J.-U. Fechner, Der Lehr- und Lektüreplan des Schönaichianums in Beuthen als bildungsgeschichtliche Voraussetzung der Literatur, in: Albrecht Schöne, *Stadt-Schule-Universität-Buchwesen und die deutsche Literatur im 17. Jahrhundert*, München 1976, S. 325-334.

Fechner, Jugendschriften: J.-U. Fechner, *Martin Opitz Jugendschriften vor 1619*, Faksimileausgabe, Stuttgart 1970 (=Sammlung Metzler M 88).

GHA : Walther von Hueck, *Genealogisches Handbuch des Adels*, Limburg/Lahn 1951ff.

Konarski : Szymon Konarski, *Szlachta kalwińska w Polsce*, Warschau 1936.

MOGW. I. : Martin Opitz *Gesammelte Werke* Bd. I., hg. George Schulz-Behrend, Stuttgart 1968 (=*Bibliothek des Literarischen Vereins in Stuttgart* 295).

Niesiecki : X. Kaspar Niesiecki, *Korona Polska*, Lwów 1738-43, 4 Bde.

PSB. : *Polski Słownik Biograficzny*, Krakau 1936 ff.

Reifferscheid : Alexander Reiffenscheid, *Quellen zur Geschichte des geistigen Lebens in Deutschland während des siebzehnten Jahrhunderts* I., Heilbronn 1889.

Stupnicki   : Hipolit Stupnicki, *Herbarz polski*, Lwów 1855-62, 3 Bde.
              Reprint London 1963.
Thieme-Becker : U. Thieme u. F. Becker, *Allgemeines Lexikon der bildenden
              Künstler*, Leipzig 1907 ff.

Abschließend möchte ich allen sehr herzlich danken, die mir bei
der Abfassung dieser Arbeit behilflich gewesen sind: an erster
Stelle András Vizkelety und seinen Kollegen in Budapest; sodann
den Kollegen aus anderen Fachgebieten, die mir mit Rat und Tat
geholfen haben: Mirjam Bohatcová, L.R. Lewitter, H.A. Mason,
W. Horbury, Henry Chadwick, R.V. Kerr; und schließlich für viel-
fache Anregung und Ermunterung Martin Bircher.

Inhalt des Stammbuches nach Reihenfolge der Einträge

1r Titelblatt M. Widers 1613/ **2r** Spruch und Symbolen Michael Widers/ **12r**
[Miroschius] Radziuill 1617 mppr/ **16v** (unleserlich) mmpr 1617/ **18r** Raphael comes de Leszno 1616/ **32r** Petrus Bal de Hoczew 1616/ **33r** Samuel
Bal de Hoczew/ **57r** Tobias de Schwanensee et Bregoschitz cogn. Scultetus,
Bellaquimontio April 1617/ **61r** Fabianus Czema Pall. Mariaeburg J. Cap. Sp./
62v Andreas Rey de Naglowice Varsoviae Cal. Apr. 1615/ **64r** Petrus Theodoricus Rector Academiae Jenensis Juli 1620/ **66r** Sebastianus Holvius Erfurt
11 Mai 1619/ **66v** Henningus Renneman Papaeburgus Saxo-Bruns. Rector
Acad. Erfurtensis xiii Cal. Junii 1619/ **67r** Felix Bidembach, Neopurgi ad Danubium 11 Nov. 1601 (!)/ **68r** Matthias Hoë ab Hoënegg Dresden 24 Juli
1617/ **68v** Daniel Hanichen, Dresden 24 Juli 1617/ **69r** Frid. Balduinus,
Jena 8. Aug. 1618/ **72r** Lucas Osiander, Academiae Tubingensis Cancellarius
11 Juni 1621/ **74r** Christophorus Pelargus, Frankfurt/Oder 28 Aug. 1616/
79r Heinricus Hofman, Mathematum in Salanâ patriâ professor, Cal. Sept.
1619/ **81r** Joh. Gerhard, Jena 16. Dec. 1618/ **82r** Theodorus Than, Tübingen
18. Oct. 1620/ **85r** Ortolphus Toman, Jena 16. Dec. 1618/ **86r** W. Arumaeus
December 1618/ **89r** Valentinus Riemer, Jena 26. Aug. 1620/ **104r** Eusebius
Schenck, Jena 2. Sept. 1619/ **104v** Caspar Hofman Med. D., Altdorf 16. Sept.
1620/ **106r** Christophorus Scholtz Regiomontanus, Thorn 8. Oct. 1614/
107r Balthasarus a Rotstein, Thorn 6. Juni 1614/ **108r** [Thomas] Sagittarius,
rector scholarum Vratisl., Jena 27. Juli 1619/ **112r** M. Jeremias Tschonder
Vratislaviensis, 29. Juli 1615/ **110r** Petrus Kirstenius Scholarum Vratisla-
viensium Rector 20. Juli 1613/ **114r** Petrus Domitrovicius, Thorn 1614/
119r Salomon Neugebauer Thorn Juni 1614/ **120r** Christophorus Jacobus
1616/ **123r** Johannes Ludovicus Mögling, Tübingen 13. Juni 1621/ **125r**
Michael Maestlin, Tübingen 16. Juni 1621/ **126r** Caspar Dornavius, Beuthen
VI Nonarum MaI 1617/ **127r** Johann Adam Schwarz, Physicus ordinarius

Vimaria 19. Mai 1619/ **128r** Wolfgang Creytz, Leipzig 7. Sept. 1617/ **129r** J. Melideus, Beuthen III. Non. Maij 1617/ **132r** Georgius Vechnerus, Beuthen 1617/ **133v** Adamus Liebigius, Beuthen 15. Mai 1617/ **134r** Balthasar Exner, Beuthen Pentecostes 1617/ **137r** Jacobus Keilinus August., Tübingen 13. Juni 1621/ **141r** Lateinische Verse über den Salamander, undatiert/ **142r** Casparus Schuman, Jena 14. Febr. 1619/ **143v** Aquarell/ **144r** Nicolaus Neisser, Leipzig Juni 1617/ **147r** Caspar Adolph von der Thann eq. Fr./ **148r** Sebastianus a Schünaich, Beuthen 15. Mai 1617. Wappen/ **149r** Christophorus a Wedell Eques Marchiacus 10. Apr. 1617. Wappen/ **150v** Zeichnung mit Wappen/ **151r** Adalbertus de Markowice cognom. Dabron, Beuthen 16. Feb. 1617/ **151v, 152r** Zeichnungen/ **153r** Adam Freitagh, Thorn 5. Nov. 1615/ **154r** Wladislaus Goraisky de Goray, Beuthen 26. Mar. 1617/ **155r** Daniel Mikolaiewski VDM, Thorn 19. Mai 1616/ **156r** Joannes Gulldenstern Swecus Baro, 16 Calend. April. 1614/ **157r** Raphael de Przismo Przyemski, Beuthen 29. Mar. 1617. Wappen./ **158r** Wladislaus de Kalinoua Zaremba, Beuthen 29. Mar. 1617. Wappen/ **159r** Benjamin Ursinus, Bethaniâ propediem discessurus, 18. Kal. Quint. 1616/ **159r** Wladislaus Goraisky de Goraj/ **160r** Zeichnung/ **161r** Johannes Mollor, Erfurt 1619/ **162r** Georgius Lardingius Elbingensis Thorunio valedicturus 24. Jun. 1614. Wappen/ **163r** Nicolaus Neisser Borussus, Thorn Cal. Jul. 1615/ **164r** Michael Sifertus Thor. Boruss. Cal. Jul. 1615/ **165r** Daniel Baumgart Thorunena, Leipzig 12. Mai 1617. Wappen/ **166r** Erasmus Schmitz, Jena 8. Aug. 1618/ **166v** Sigismundus Guldenstern 7. Mar. 1614. Wappen/ **167v** Fridericus Rochß, Altdorf/ **168r** Rutger zur Horst Livonus Argentinam iturus, Tübingen 1620/ **168v** Zeichnung/ **169r** Johannes de Chycina Bukowiecki 14 Jun. 1617. Wappen/ **170v** Fridericus Winnenpfennig Regiomontanus, Cal. Jan. 1614/ **171r** Wappen/ **172r** Johannes a Landskron, 10 Mar. 1617/ **173r** Wenceslaus Briccius Grünbergâ-Sil., Thorn 20 Mai 1616/ **174r** Michael Kemmerlingius Dantisc. Boruss., Thorn 1614/ **175r** Bonifacius de Bronikowo Bronikowski, Beuthen 11 Mai 1616. Wappen/ **176r** Wladislaus de Sokołowo Sokołowsky, Beuthen 1617. Wappen/ **177r** Georgius Hartlibius Elbinga-Borussus, Leipzig 1 Oct. 1617/ **177v** Thilo von Seebach, Jena 28. Aug. 1620/ **178r** Godofredus â Seebach, Jena 28. Aug. 1620/ **178v** Adam Heinrich von Lunigenbergk Eq. Misnic., Jena 28. Aug. 1620/ **179r** Gneomar Reinhold Krockaw nobilis Pomeranus, Thorn 30 Sept. 1613. Wappen/ **180r** Jonas Gleiner, scholae Vinariensis Ex conrector emeritus 28. Aug. 1620/ **181r** Stephanus Ludovicus Fesenbecius Thuring., Jena 8. Juli 1620/ **182r** Paulus Pauli [Cleophas] MD, sympatriota, Leipzig Mai 1617/ **183r** Salomon Scultetus, Leipzig 5. id. Oct. 1617/ **183v** David Gerike R. Boruss., Jena 26 August 1620/ **184r** Daniel Beckherus, Leipzig 1617/ **185r** Nicolaus Polus Gedanus, Thorn 30. Oct. 1614. Wappen/ **185v** Johan Nicolaus Moegling, Tübingen 12. Juni 1621/ **186r** M. Andreas Musonius SS Theologiae studiosus 15. April 1617/ **186v** Hieronymous Fehrman Reg. Boruss. 23 Dec. 1613/

83

187r Zeichnung/ **187v** Gottfridus Schultz, Altdorf 17. Sept. 1620/ **188r** Joannes Fridericus Nesenus Leoninus Silesius, Jena 20. Juli 1619/ **188v** Magnus Weigelius Lig. Sil., Jena 22 Juni 1620/ **189r** Casparus Geranus Svidnicio-Silesius, Leipzig 1617/ **189ar** Marcus Hassaeus Berleb., in illustri Salana 17. Feb. 1619/ **190r** Andreas Antebas, Jena 1620/ **190v** Tobias Geißler, Breslau 9. Oct. 1613/ **191r** Zeichnung/ **191v-192r** Jacobus Laszlatius Bartphensis Ungarus, Thorn 14. Cal. Mart. 1614. Allegorische Zeichnung/ **192v** M. Georgius Leisterus, Jena 5. Mai 1619/ **193r** M. Joan. Jüdelius, Erfurt 19. Mai 1619/ **193v** Casparus Neefe Elbing., Pharmacopeae artis studiosus, Thorn 17. Feb. 1615/ **194r** David Mylius, Breslau xv. Cal. Sextiles 1613/ **195r** Sigismund Meieweis, Breslau 7. Aug. 1613. Wappen/ **196r** Joh. Jac. Neefe Elbing. Boruss., Thorn/ **197r** Wolfgang Heider, Jena 24. Aug. 1619/ **198r** Philippus Pusch, Thorn 1613. Wappen/ **198v** Petrus Philipß Halberstadius, Jena VI. Cal. Jul. 1620/ **199r** Michael Helwingk Elbing., Thorn ix. Kal. Martij 1615. Wappen/ **199v** Janus Caspar Guolffius Salaeb. Varisc., Jena 26. Juni 1620/ **200r** Georgius Snassius Nordlingensis Rhetus, Juli 1617/ **200v** M. Andreas Ludovicus Schopper Onold. Fr., pridie Cal. Maij 1621/ **201r** Petrus Abt Lubec., Altdorf Sept. 1620/ **201v** Wilhelm Valcke, Breslau 10. Sept. Zeichnung/ **202v** Joh. Walther Faber U.I.D. Tübingen 3. Maij 1621/ **203r** Bernhardus Furmannus à Gorgenhausen I.V.D., Breslau 14. Sept. 1613/ **204r** M. Caspar Ebel Giessâ Hessus, Jena 30. Aug. 1619/ **204v** Christophorus Heinischius Grudentinus Borusses, Thorn 3. Juli s.n. 1614/ **205r** Zeichnung/ **205v** Mart. Opitius Bol. Sil., 2. April 1617/ **206r** Casp. Kirchnerus Bol., Sept. 1613/ **206v** Casparus Liebigius Boleslav. Sil., Beuthen 2. April 1617. Chronogramm/ **207r** Joachimus Graecius Gloga-Silesius, Frankfurt/Oder 28. Aug. 1616/ **207v** Lucas [Pitiscus] Frankfurt/Oder 6. Sept. 1616/ **208r** Samuel Heinichius, Dresden 24. Juli 1617/ **208v** Casparus Wendenlandt Bleichrod. Saxon./ **209r** Michael Plaier, Jena 27. Jan. 1620/ **209v** Paulus Boblin Pomeranus, Jena 2. Oct. 1619/ **210r** Johann Weidnerus, Mariaeburg. Bor., 7. Juli 1615. Zeichnung/ **211r** Joachimus Helmboldus Mulh. Tynigeta, Leipzig/ **211v** Johannes Capelln Lubec., Jena 2. Juli 1620/ **212r** Franciscus Kortenfleisch Boruss., Thorn 2. Juli 1614/ **213r** Joannes Serpilius Leybicien. Pannonius, 10. April 1617/ **214r** Wenceslaus Gallus a Raystein Boh. 15. Mai 1617/ **215r** Friedrich Wendell Maler in Beuten, 14. Mai 1617/ **216r** Joh. Henricus Heuer Sul.-Henneberg. Fr., Jena. Juli 1620/ **216v** Laurentius Furstennauer, Jena 27. Mar. 1620/ **217r** Abraham Reinhardus, Jena 8. April 1620/ **217v** Sebastianus Müller Vinareinsis, Jena 12. Juni 1620/ **218r** Ludovicus Manner Ambergâ-Palat., Altdorf Sept. 1620/ **218v** Fridericus Linthmann Rostochiensis, Tübingen 6. Feb. 1621/ **219r** Paulus Haneman, Jena 25. Juni 1620. Wappen/ **220r** Valentinus Thorwirt Hombergensis Hassus, Jena 25. Juni 1620/ **221r** Paulo Steugl, Amsterdam 28 Juli 1621/ **222r** Hebräischer Text/ **223v** Deutsche Verse/ **224v** Joannes Wuch Not. Publ., Jena 15. Cal. Novem. 1619/ **225r** Zeichnung/.

Einträge in alphabetischer Reihenfolge nach Vizkelety

Abt 210; Antebas 190; Arumaeus 86; Bal, Petrus 32; Bal, Samuel 33; Balduin 69; Baumgart 165; Beckher 184; Bidembach 67; Boblin 209; Briccius 173; Bronikowsky 175; Bukowiecki 169; Cappelln 211; Cleophas (?) 182; Creytz 128; Czema 61; Dabron de Markowicę 151; Domitrovicius 114; Dornavius 126; Exner 134; Faber 202; Fehrmann 186; Fesenbecius 181; Freitagh 153; Furmannus a Gorgenhausen 203; Furstennauerus 216; Gallus a Raystein 214; Geißler 190; Geranus 189; Gerhard 81; Gerike 183; Gleiner 180; Goraisky de Goray 154, 159; Graecius 207; Güldenstern, J. 207; Güldenstern S. 166; Guolffius 199; Haneman 219; Hanichen 68; Hartlibius 177; Hassaeu 189a; Heider 197; Heinichus 208; Heinischius 204; Helmboldius 211; Helwingk 199; Heuer 216; Hofman, Casparus 104; Hofman, Heinricus 79; Holvius 66; Hoë ab Hoënegg 68; Iudelius 193; Jacobus 120; Keilinus 137; Kemmerlingius 174; Kirchnerus 206; Kirstenius 110; Kortenfleisch 212; Krockaw 179; Landskron 172; Lardingus 162; Laszlatius 192; Leisterus 192; Leszno, comes 18; Liebigius Casparus 206; Liebigius Adamus 133; Linthmann 218; Lunigenbergk 178; Maestlin 125; Manner 218; Meieweis 195; Meildeus 129; Mikolaiewsky 155; Moegling, Johannes Ludovicus 123; Moegling, Johannes Nicolaus 185; Mollor 161; Müller 217; Musonius 186; Mylius 194; Neefe, Casparus 193; Neefe, Johannes Jacobus 196; Neisser 144, 163; Nesenus 188; Neugebauer 119; Opitz 205; Osiander 72; Pelargus 74; Pitiscus 207; Philippß 198; Plaier 209; Polus 185; Pusch 198; Pryemski 157; Radziuill 12; Reinhardus 217; Rennemann 66; Rey de Naglowice 62; Riemer 89; Rochß 167; Rotstein 107; Rutger zu Horst 168; Sagittarius 108; Schenck 104; Schmitz 166; Scholtz 106; Schopper 200; Schönaich 148; Schultz 187; Schuman 142; Schwarz 127; Scultetus, Salomon 183; Scultetus Tobias 57; Seebach, Godofredus 178; Seebach, Thilo 177; Serpilius 123; Snassius 200; Sokołowsky de Sokołowo 176; Steugl 221; Theodoricus 64; Thorwirt 220; Than 82; Tschonder 112; Toman 85; Ursinus 159; Valcke 201; Vechnerus 132; v. Wedell 149; Weidnerus 210; Weigelius 188; Wendell 215; Wendenlandt 208; Winnenpfennig 170; Wuch 224; Zaremba 158.

Aquarelle und Zeichnungen: 143v; 150v-152; 160; 168v; 187; 191; 201; 205; 210; 225.
Wappen: 148; 149; 150v; 154; 157; 158; 162; 165; 166v; 169; 171; 172; 175; 176; 179; 185; 195; 196; 198; 199; 219. (nach Vizkelety).

1r) Michael Wider/ Elbingensis Boruß./ Anno Salutis/ 1613/

Quam Divina mihi fortunam fata dedere
Seu citò seu seriò venerit illa venit.

2r)   Praesentes quoniam non semper habemus amicos
           Signia juvat charae posse videre manus
      Si vacat ergo tuum mihi nomen amabile scribas
           Si quid et ulterius scribere forte juvat.
      Id quicunque voles quidem praestabo vicissim
           Sint ut amicitiae mutua signa meae

Symb.
Vivit post funera virtus

12r)   16 * 17

                  Omne solum forti patria

                  [Ill] moschius Radziuill
                  D.G. Dux Birzarum Dubinki Slaciae
                  et Kopylice, Sac. Rom. Imp. Princips

Der Vorname ist schwer deutbar; die Lebensdaten stimmen am besten zu Krzysztof Radziwiłł 1585-1640; siehe die Stammtafel Radziwiłł bei Dworzaczek, *Genealogia*. Die Herren zu Birze und Dubinki gehörten dem kalvinistischen Zweig der Familie an.
Zitat: Ovid, *Fasti* I. 493

57r)   Arrogantia, Scopulus Virtutum
          VNDE ET QVÒ?
          Scribebam
        Tobias de Schwanensehe et
        Bregoschitz, cogn. SCVLTETUS:
        Hereditar. in Hirsfelda.
    Il. Augustiss. Imperat. Consiliar. et
    Commiss. Fiscique per Silesiam
    et Lusat. Infer. Patronus, Co-
    mes Sacri Palatii et Jurisconsultus

    In Bellaquimontio meo
        M.D.CXVII. M.Aprilis

MOGW.I: Fechner *Jugendschriften* S. 12*

Das Motto 'Unde et quò' schrieb Scultetus auch 1600 ins Album von Dietrich

Bevernest s. Leonard Forster, *Das Album amicorum von Dietrich Bevernest*, Verhandelingen der Koninklijke Nederlandse Akademie van Wetenschappen, Afd. Letterkunde, Nieuwe Reeks, 115, Amsterdam 1982, S. 51.

129r) Lieto nido, esca dolce, aura cortese
Bramano i Cigni, e non si va in Parnaso
Con le cure mordaci, e chi pur garre
Sempre col suo destino, e col disagio
Vien roco, e perde il canto e la favella
Guarini

Dn POSSESSORI
Juveni Commen-
datis[o]
L.M.Q.P.
Memoriae gratiâ
J. Melidaeus in ill[i] Schön-
aichiano Orator. &
Poës. Prof. publ.

Bethaniae Elysior.
III. Non. Maj. A. Ep. Chr.
M DC XVII

MOGW. I. 115; Entner S. 32f.

Giambattista Guarini, *Il Pastor Fido*, V. 1.

126r) Πᾶν τὸ πολὺ τῆ φυσει πολέμιον
Il soverchio rompe il coperchio

Quid faceres, si fortè asinus te
calce feriret?

Hanc
benevol. recordation.

symbolum
Bethaniae Siles. ad Viadrum
LMQ
adponebam
VI. Nonar. MaI
an. M D CXVII
Caspar Dornavius D.
ἀρετῆ καὶ χάριτη

Entner S. 6ff.

132r)   ‏וגלהד ‎ ‏עשה ‎ ‏מ ‎ ‏ליֹ ‎:

Cujus aures clausae sunt
VERITATI
hujus SALUS despe-
randa est.

Adscribo
Benevolae ἀναμνήσεως
Causa
Juveni Cultis-mo
Dno Michaeli Widero
Borusso
Georgius Vechnerus Fr. Sil.
SS. Theologiae in Illustri
Schoenaichiano Profess.
A.° 1617

MOGW. I. S. 46, 81

Hebräisches Zitat: Ps. 60, 14

133v)   IN MONTE JEHOVAE PROVI-
DEBITUR
SPES NON CONFUN-
DET

M. Adamus Liebigius
in Illustri Gymnasio
Bethaniensi Logices
Professor, et Paedago-
gii Rector, scripsi
XV Maji Anni à na-
to Mundi Servatore
M D C XVII

MOGW. I. S. 81; Entner S. 6ff.

134r)
OMNES FERIT, FERENDA QVI FERT OMNIA:
NIHIL MORATUR, QVEM MORANTUR OMNIA:
SCIT MULTA, QVI NESCIRE SE SCIT OMNIA:
PARUM CAPIT, QVICUNQUE CAPTAT OMNIA:

88

NIL; OMNE; PAUCA; MULTA: SOMNIA OMNIA:
NISI OMNIBUS DEUS DET UNUS OMNIA.

Di Questo mi contento & meglio spero.

Ornatiss⁰ Dno. Possessori, seduloque suo Auditori, in
illustri Gymnasio Schoenaichiano, scrib. ipsis ferijs
Pentecostes Anno M D CXVII, febri correptus

    Balth. Exnerus de Hirschberga, Histo-
    riar. Professor & Consilij Gymnastici
    Adsessor.

MOGW. I. S. 117

148r)   H.G.F.L.V.F.S.
    Sola Amicitia Stabilis

      Arte et Marte

      [Wappen]

      Haec moris et amoris ergo
      doctissimo Viro Juveni
      D. Michaeli Wiedero amico
      meo percharo scribebam Beth.
      13. Maji Anni 1617

      Sebastianus â Schönaich
      Eq. Silesius

Bruder Georgs von Schönaich, der das Schönaichianum gründete. Sein
Stammbuch im Germanischen Nationalmuseum Nürnberg; siehe Fechner
Barock-Symposion S. 337.

          1617
149r)   Dum Spiro Spero. mea spes est vnica Christus
      Christus Vnser Weißheitt

      S.M.I.M.D.

      [Wappen]

      Haec pauca non tám moris quám
      amoris ergo ornatissimo & omni
      literatum laude florentissimo vi-
      ro, juueni Michaeli Videro in perpe-

tuam memoriam adiecit pingique
curauit Bethaniae ad Viadr.
10. aprill. Christophorus â Wedell
Eques Marchianus

Zur Familie s. *GHA Gräfliche Häuser* X 1981 S. 483ff und *Adelige Häuser* XVII 1983 S. 515ff.

150v) [Aquarellzeichnung von einem bärtigen jungen Mann, der ein Mädchen umfängt. Daneben Wappen mit Motto:]

Arte Marte
ἐκ πονου κλεος

[Neben der Zeichnung Verse:]

Est qui delectat nos tantum est quique delectat
Tactus, et hic juvenes afficit, ille senes

151r) Ovidius
Scilicet ut flavum spectatur in ignibus
aurum
Tempore sic duro est inspicienda fides.

Nazianzenus
Amicitiis non est utendum ut floribus
tam diu gratis quam diu recentibus, sed
amicitiae immortales esse debent, inimi-
citiae vero mortales.

Przyiaciel wierny skarb nieprzepłacony
Sczesliwy kto dzis takim obdarzony

Viro juveni
quâ literas quâ mores cultiss.
Michaeli Widero Elb. Borusso
in benevolentiae singularis signum
L.M.Q.R.
Adalbertus de Markowiec cognom.
Dabron mppr.
Ao. Dni. 1617 die 16 February
Ovid: *Tristia* 1.5.26
Dabron: fehlt PSB

151v-152r)
[Vier Zeichnungen von der selben Hand wie auf 150v. Zusammen bilden sie

die Reihe der fünf Sinne. Zu jeder Zeichnung ein lateinisches Distichon wie
auf 150v]

154r) Aduersus virtutem, hoc possunt
calamitates, quod aduersus so-
lem nebulae.   Ge.

[Wappen]

Egregia eruditione et optimis
moribus expraedito Viro virenti
Michaeli Videro El. Borusso pingi curauit in signum indi[uisibilis]
amicitiae Vladislaus Goraisky
de Goray eques Polonus
Anno Dni 1617 die 26 Mar.
Bethaniae ad Viadrum

Siehe auch 159v und 160r.

Fehlt PSB. Disputation unter Dornavius, Beuthen Dezember 1618, Entner
S. 14 & 28. Die Familie war reformiert; siehe Stupnicki S. 184, Konarski S.
89.

157r) Sola virtus nobilitat

Ante omnia Jesus

[Wappen]

Hoc qualecunque amoris
ergò et perpetuae sui re-
cordationis Eruditio-
ne haud vulgari prae-
dito Juveni Viro D.
  Michaeli Widero
reliquit Raphael de Przismo
Przyemski Beth. Ao. 1617
Jan. 22.

Przyjemski: großpolnische Magnatenfamilie, Herren in Rawicz. Stammbaum
bei W. Dworzaczek, *Genealogia*, Tafel 145, wo dieses Familienmitglied jedoch
nicht verzeichnet ist.

91

158r)   Amicorum uulnera non
                   uulnera sed oscula

                   [Wappen]

                   Beniuolae recordationis ergò, hocque
                   quod est suorum insignium, pingi
                   curauit ornatissimo nec non doctis-
                   simo viro virenti Domino Michaeli
                   Videro Elbing: Borusso Wladislaus
                   de Kalinoua Zaremba, eques polo-
                   nus Bethaniae ad Oderam 29
                   Martij Anno
                                Do
                                mi
                         1   ni   6
                              17

Zur schlesischen Adelsfamilie Zaremba siehe Stupnicki III. 217 und Niesiecki
IV. 680ff.

159r)   'Οψέ Θεοῦ γ'ἀλέουσι μύλον, ἀλέουοι δέ λεπτά
          Est mola tarda quidem, molit ast subtile JEHOVAE

          Ob Gottes mühlen schon langsam gehn
          Doch mahlen sie außbündig schön
          Nespěssně Božj mleyni gdau
          Wssak mauku wzdy melau peknau

                   Spe Studio Silentio
                   amic.mem.ergò
                        adscribebam
          Benjamin Ursinus, Serenissimi Ele-
          ctoris Brandenburgici in Gymna-
          sio Vallis Joachmicae Mathe-
          maticus, Bethaniae propediem
          discessurus XIIX. Kal.Quint. MDCXVI

                        Pas a pas

ADB. Freund Berneggers, Reifferscheid S. 330; J. Hejnic und J. Martínek,
Enchiridion renatae poesis in Bohemia et Moravia cultae, Prag 1982, Bd. 5.,
S. 421-2. Den čechischen Spruch kannte er wohl von seiner Zeit als Hofmei-
ster in Prag her. Der griechische Spruch nach Sextus Empiricus *Adv. Gramm.*
I. 13.287.

159v)   Alcinoi nunquam sperem felicior
                        hortas
            Si mihi priuatis haec cresceret
                            arbor in hortis
                X   X
            Felices iuuenes quibus haec est
                            arbor in hortis

            Idem qui supra Vladislaus Goraisky
            de Goraj Michaeli Videro pingi cu-
            rauit [Ienae] discessuro

Siehe 154r. Gegenüber eine Aquarellzeichnung: vier modisch gekleidete
Jünglinge stehen um einen Baum und werfen mit Knüppeln darauf. Am Baum
hängen wie Früchte fünf weibliche Gestalten.

168v)   [Aquarellzeichnung: Gruppe um einen Spieltisch. En face, Bl.
            169r:]

                        Cicero pro Planco [!]
            Vetus est lex illa iustae veraeque ami-
            citiae, ut idem amici semper uelint
            Neque est ullum certius amicitiae
            uinculum, quàm consensus et societas
            consiliorum et uolontatum

                Fide sed cui vide

                [Wappen]

            Virtute summa et modestia praesta[nti
            Viro virenti D. Michaeli Videro amico
            suo mellitissimo, hoc quod est suorum
            Insignium in perpetuae amicitiae tes-
            seram, pingi curavit Johannes de
            Chycina Bukowieckj, 14. Janu: An.
            1617 Eques Polonus

Fehlt PSB. Zur Familie siehe Konarski S. 34. Das Zitat steht bei Cicero *Pro
Plancio* 2.5.

172r)   Glück lieb v. glaß
            Wie bald bricht daß

Jesus Animarum Levamen

[Wappen]

Haec tam literis quam mo-
ribus cultissimo Michaeli
Widero, amico & fratri
charissimo apponebam 10
Martij Anni 1617

Joannes â Landskron
Eques Silesius

MOGW. I.; Fechner *Jugendschriften* S. 10* f.

175r) Solem ê mundo tollere vi-
dentur qui amicitiam
ê vita tollunt

[Wappen]

Haec paucula scripsit pingique curavit
Bonifacius De Bronikowo Bronikowski Eqe.
Pol. Domino Michaeli Viedero amico suo jn perpetuam
sui memoriam

Bëthaniae 11 Maij A. 1616

Fehlt PSB. Zur Familie Konarski S. 28

176r) Sola amicitia stabilis

[Wappen]

Haec paucula iucundae recordationis
ergo scribebat pingique curabat Wla-
dislaus de Sokołowo Sokołowskij
Eques Polonus, Domino Michaeli
Widero Bethaniâ discedenti
Amico suo iucundo plurimumque dilecto
Bethaniae ad Oderam Anno 1617

Fehlt PSB. Zur Familie Niesiecki IV. 167ff.

186r)   O quam rara venit virtus pietasque
                                fidesque
In terris quid iam nil nisi dolus
                                adest
Haec tria si vero simul jungantur
                                amico
Haud fieri melius utiliusque potest

Amicea recordationis ergo
Dn Michaeli Wiedero Borusso
apposuit
15 April. Aoo. 1617

M. Andreas Musonius P.
SS. Theologiae studiosus

200r)   1 6 1 7   mense Julio
                   Honos alit artes

Paucula haecce sui in
memoriam Ornatissimo
necnon docto Viro Juveni
dno Michaeli Widero J V
S apponebat Georgius Sna-
ssius Nordlingensis Rhetus ab
Illustri et Generoso dno Johanni
Joachimo L L Baro a Zinzendorff v. Botten-
dorf Witebergi stud. [

J V S : juris utriusque studiosus

Zu Zinzendorf siehe E.G. Graf von Pettenegg, *Ludwig und Karl von Zinzendorf, ihre Selbstbiographien*, Wien 1879, Tafel VII.
Weder Zinzendorf noch Snassius sind in der Wittenberger Matrikel verzeichnet.

205v)   Vidi qui facili narraret Stoa puellae
               Dogmata, et in medio scita severa sinu:
Ast haec nescio quid Stoum poscebat, et ipso
               Si quid durius est marmore Stoicidum.
Stultum olet haec Sapientia. Qui pro tempore vafre
               Desipit atque loco cum ratione furit.
             ὄμνυμι δε τὰς Νυμφας ιὸς οὐ ψεύδομαι
             Inquit Astyl. in Longi Pastoral.

ET QVANTVM RESTAT

Mart. Opitius Bol. Sil.
amicae beneuol. ergo
L.M.Q. apposuit
2. m. April die
M dc XVII

MOGW. I. S. 82., nach dem jetzt verschollenen Stammbuch des Valentin Rottschütz. Varianten: 2 in tenero 3 sperabat, ut ipsis 4 Si quid Stoicis durius esse potest

Das Zitat aus Longus, *Daphnis et Chloe* IV.22.4, wohl nach der Ausgabe *Longi Sophistae pastoralium de Daphnide et Chloe libri quatuor Gothofredus Iungermanus recensuit*, Hanoviae MDCV, S. 171.

206r)

Amoris et Honoris
pronubi
Si Cor amore tuum, si gestit honore
fruisci
Sint, opus est oculi, sint locu-
lique tui.
Regnantes in amore duces WIDE-
RE, oculi sunt;
Praegnantes loculi sunt in honore duces

Casp. Kirchnerus Bol.
m. Septemb.
M D C XIII

206v) Ergo WIDERE Tibi quia stat sententia terras
Linquere Slesiacas qualia vota litem?
Scilicet (ut brevibus complector singula) coeptis
Rideat optatâ sors bona fronte tuis

VIVE HODIE

Hanc ornatissᵒ Dn. WIDERO
amicitiae tesseram posuit a-
mica manus Casparis Lie-
bigI Bolislav. Sil. BETHA-

NIAE ad Oderam 2. m. Ap. die
A° quo
LabIa Mea LaVDabVnt te
IehoVa

MOGW. I. 42
Das Chronogramm ergibt 1617. Die Buchstaben mit Zahlenwert sind rot.

207r)

Praeclari olim Thales antiquissimum dicebat DEUM
Ingenitus enim: pulcherrimum mundum A DEO enim:
maximum locum. Capit enim omnia: fortissimum fatum. Su-
perat enim omnia: sapientissimum tempus. Invenit namque
omnia: mentem velocissimam. Nam per universa disc[ur-
rit. At vero mens discurrere haud potest, nisi habitu
dirigente discurrat. Ingeniosissimus igitur habitus Logica est.
Idem trium maxime rerum gratiâ gratiam fortunae habebat.
1. quod homo non belua: 2. quod vir non faemina. 3. quod Grae-
cus non barbarus natus esset. Optimè sanè Tria enim
haec sunt excellentia naturae bona: ratio: imperium: humani
tas: quorum ut priore brutis, et posteriore barbaris: ita medio
mulieribus praestamus

Praestantissimo Viro juveni D. Michaeli
Widero in Musarum castris militanti Bethaniae ad Viadrum,in perpetuam amicitiae et fraternitatis Francofurti ad Oderam contractae conservationem scribebat
Joachimus Graecius Glogâ-Silesius
Francofurti 28. Augusti anni 1616

Ein Joachimus Graecius Beutensis immatrikulierte sich 1612 in Frankfurt/
Oder.

207v)   Sophocles

οὐδε ἄφιλος, ὄνδε πολυφιλος, ἀλλα
σοφωφιλος

Cicero

Difficile est primum virtutem retro
verti eum, qui semper secundâ fortu-
nâ usus sit.

Idem

Omnes bene vivendi rationes in
virtute sunt colyocandae, propterae
quod sola virtus in suâ parte [
est; omnia praeter eam subiecta
justa fortunae dominationi

Haec in perpetuam sui
memoriam, & memo-
rem amicitiam olim

Betaniae initam, Or-
natissimo & [
Juveni Musarum a-
lumno ibidem [
assiduo Dno Michaeli
Wieder in almâ Via-
drina volens lubens
[abire] Lucas [Pitiscus

6. viibris ao. 1616

Ein Lucas Pitiscus Grünbergensis Silesius immatrikulierte sich 1616 in Frank-
furt/Oder.

213r)   IN SPE LAETOR

Michael Vieder Elbingensis Borussus

Per Anagrammatismum
INGENIO MUSIS ES CHARUS: ID
BELLÈ REBUS

Miles ut egregius charus per fortia facta
induperatori est, et praemia multa reportat
ingenio sic tu Musis es Charus, et ipso
Phoebo: namque probus id bellè rebus in arvis

Dum Charijs ultro luctari fortiter optas.
Perge ages ne cedas: sic charior undique canetis
Ac hospes Patriae Charissimus ipse futurus

In aeviternum memoriae
signum Ornatiss⁰ et Do-
ctiss⁰ Viro Dno Mich. Viedero amico meo intimo
et amiciss⁰ l.m.q. feci
et adposui Joannes Ser-
pilius Leybicien. Pan-
nonius Ao. 1617
10 April

Leybiciensis: aus Leibitz in der Zips, heute Lubica.

214r)   Nihil est amoris furore vehementius
                quam retinere perfectae et Philosophiae

                VIRTUTE GAUDET ANIMUS RECTUS

                Haec paucula in perpe-
                tuam sui memoriam
                ornatissimo atque doctissimo
                viro Juveni D. Michaeli
                Viedero amico meo charissimo
                l.m.q. adposui Wenceslaus
                Gallus à Raystein Boh:
                Ao. 1617 15 Mai

215r)   Schweigen Leyden Meyden
                Ist mein Orden. Boeses ist offt
                Besser worden

                Zue guetter gedechtnus
                vndt Besonderer freindtschafft
                schreib dieses seinem groß-
                günstigen vnd gutten
                Freindt Herrn Michael Widero

Friedrich Wendell
Maler in Beuten mppr
Den 14. May 1617

Fehlt bei Thieme-Becker

141r)

Te nutriunt Salamandra ignes
qui cetera perdunt
Alterius nobis vivere morte
datum est.

[Ohne Unterschrift, Ort oder Datum.]

223v)

laßt vns beten vnd wachen,
gott wirts alles wol machen,
es stehet in seinen händen
er wirt alles vnglück wenden
an gottes hülff nicht verzage,
gelück kan kommen alle tage

Wo ich binn, da bin ich nit
Wo ich nit binn da ist mein sinn

[Ohne Unterschrift, Ort oder Datum.]

Diese beiden Eintragungen wurden nur deshalb aufgenommen, weil die Möglichkeit besteht, daß sie von Wider selber stammen können.

Harold Jantz

A RECOVERED WORK BY JOHANN KLAJ

As we roam about in the age of the Baroque, it is well to remember that we are still in the process of discovering it. This age of discovery and rediscovery was just getting under way once more when young Curt von Faber du Faur opened the drawer of an old Nürnberg desk and found in it an accumulation of leaflets and broadsides issued for various occasions by the Pastoral and Floral Order of the Pegnitz, that most lighthearted of literary societies. Typically, no one for the previous two hundred fifty years had done more than glance at the contents of that drawer, let alone restore it to the light of day.

When in my own young years I listened to Curt's tales of bibliophilic adventure, I could not help reflecting sadly that those days were gone and that my own tiny Baroque gathering stood no chance of ever reaching the dimensions of his imposing collection. Time proved me wrong, and when the next generation of Baroque aficionados came along, they had the same sad sense of a time and opportunity now definitely past when they looked at my thousands of volumes. I know they are as wrong as I once was, for it continues to be possible to find new pieces, sometimes in the strangest places, within the past few years something even as important as an unknown work by Johann Klaj. Recipe? Endless curiosity, plus some knowledge of the field and what it might still be expected to yield.

Example: Francis Daniel Pastorius, the first German Baroque poet of Pennsylvania, who arrived in Philadelphia three hundred years ago on August 20, 1683. Early in our own century, in 1908, one of the great founders of German-American studies, Marion Dexter Learned, published his magisterial work on the life and writings of Pastorius and did it so well that very little of material importance has since been added. When the Pastorius family through their representative, Samuel Foster Damon (grand-son of Washington Pastorius), requested me to take over the publication of the poetic and biographical parts of the great folio manuscript known as the *Beehive*, I reviewed what had been done in order to learn what still needed doing. For one, had there been any oversights? One approach to finding out would be this: to consider the time, place, and circumstances of Pastorius' life and to estimate on this basis just where logically one might expect to find further material about him that Learned and the others had overlooked. After I made my estimates, I did go to two of the likeliest places and in each place I did find new material, some of real importance. Luck played its part, of course, since the vicissitudes of the intervening centuries could have cancelled out all logical conclusions, however correct they may once have been. Logic plus luck also combined to open up a new view on another of the earliest Pennsylvania German poets, Johannes Kelpius, and to show why something of the Pegnitz literary tradition also went over into his poetry. But for a third, somewhat later, and even more remarkable poet, Conrad Beissel, the American and the German connections, from the 1630s to the 1940s, are wildly bizarre, totally unpredictable, and in defiance of all sensible logic. They lead from Thomas Tillam in New England to Thomas Mann in California, in a series of transatlantic figure eights, from a beautiful poem of 1636 that went unread for over three hundred years and now can be found in many an anthology, on through Beissel's *Gesammtkunstwerk* of mid-eighteenth century, and thence by a *salto mortale* to twentieth-century Faustian man. — But this is another story, to be told elsewhere, with fond memories of the Mount Wachusett farm where the search once started on a beatiful spring day.

Even Goethe's Baroque affinities still remain to be explored, as I was able to show recently at a Goethe symposium in one brief section of "Discovering Goethe," soon to be published. Here is the first time that Goethe has been closely associated with Giambatista Marino, that most Baroque of early Baroque poets. And it becomes quite clear that Goethe wanted someone in the future to see the connection, the symbolic extension, the generous tribute from one poet to another, as soon as people stopped merely execrating Marino and actually started reading him again.

I too held back until the Marino revival was well under way during the past decade or so, even though my discovery came earlier. New discoveries are always pain-inducing steps on the toes of the smugly complacent, and their reaction to them is often one of hysterical indignation that tries to substitute noise for knowledge in the service of the status quo.

However, there is no danger of any howling through the night in reaction to a new Johann Klaj discovery. The people engaged in Klaj research during the past two decades and more are an unusually able and open-minded group who realize full well the extended meaning of the Goethean "Ist fortzusetzen." And when one of my students some years ago made a new Klaj discovery, the person who has done most for this author in recent decades gave it a warm welcome.

Then there is Johann Klaj himself, a singularly peaceful and lovable person, with one sad, persistent weakness, who quietly managed to be quite as extravagant as Marino himself, while escaping any resultant storm of opprobrium. Even the generation of Goedeke managed to retain a quiet composure in his presence and not turn purple with outrage, content with merely chiding his playful verbal excesses. A peaceful man who spread peace around himself and on through the centuries, Klaj was indeed the proper person to write the splendid lyric salutations to peace at the end of the Thirty Years War when the provisions of the peace of Münster and Osnabrück received final detailed procedural adjustments during the prolonged sessions at Nurnberg in 1649 and 1650. The newly recovered work by Klaj is one of the first, if not the first of the so-called *Friedensdichtungen* issued by the poet. Unlike the other preserved work of 1649, the *Schwedisches Fried- und Freudenmahl* (apart from the broadsides) it was not incorporated in all essentials into the *Irene* of the following year.[1] Instead, the first and best part of it, a high-soaring lyric poem, continued in suspended animation inside the one remaining copy of a pamphlet, untrimmed and unbound, that came out of hiding a few years ago.

1. Facsimile edition in *Friedensdichtungen und kleinere poetische Schriften*, edited with afterword by Conrad Wiedemann, Tübingen, 1968, as volume 10 of *Deutsche Neudrucke. Reihe: Barock*, ed. Erich Trunz.

I was quite unprepared for what I saw when I first picked up the pamphlet and glanced into it. The poem was so obviously in the style of Klaj that there was hardly any room for doubt as to its authorship. Nevertheless, the title page attributed the work to the pseudonymous Victorinus Friedenhold, and nowhere else apparently is Klaj associated with any such pseudonym. Furthermore, Klaj early did have a number of admirers and followers, even though none of the well known ones ever attained his degree of virtuosity, some instead attaining the obscurity of a J. St. Decker. However, I had much earlier come upon the completely unknown verses of an Austrian cavalry captain, Hans Georg Arnold, submitted 1665 to Emperor Leopold I, verses uneven to be sure, but containing such lines as these:

> Flügelschnell fliegen die Pfeile vom Bogen
> Wolken/ Dampff/ Schatten/ Wind/ Aschen vnd Staub
> All's hat die Eitelkeit in sich gesogen:
> So eilt das Leben dem Tode zum Raub;
> Ja wohl nebst diesem noch langsamer eilen/
> Weberspuhl/ Wolken/ Wind/ Wasser/ vnd Pfeilen.

On the title page Arnold informs us that he was "Sonst in der Streitenden Gesellschaft Roland genand." Does this mean that a group of Austrian army officers had founded a literary society in the following of the pastoral Nürnbergers, in all but tranquility?

The Klaj pamphlet was not offered for sale until sometime later, several years after the catalogue of my Baroque collection had appeared.[2] After I had purchased it, I was involved in so many matters of urgency, including the removal from Baltimore to Durham, that I had to put it aside for the time being. I would probably even now not have examined it more closely if it had not been for its appropriateness on this occasion of honoring the scholar who through the years has contributed so much to our

2. *German Baroque Literature: A descriptive Catalogue of the Collection of Harold Jantz*, 2 vols., Research Publications, New Haven, 1974. The further acquisitions through 1976, including the new Klaj, are also in the collection now at Duke University. On the Arnold and the Decker mentioned above, see Nos. 403 and 2854.

new understanding of the remarkable society of poets who flourished at Nürnberg from the 1640s onward. His own discoveries
have shown now little reason we have for ceasing to look further
into this remarkable age. New discoveries can, of course, be of the
most diverse kinds. For such a well known lyric poet as Kaspar
Stieler, for instance, there was long no recognition of the formal,
compositional elements that place several of the poems in his
Geharnschte Venus, 1660, among the most brilliant and subtle of
the century. Such a closer artistic analysis should not have had to
wait until 1973.[3] And how much longer will we have to wait till
we have in published form a truly adequate aesthetic analysis of
Klaj's lyric genius, one that looks beyond the all-too-obvious and
striking to the more subtle that continues to arouse admiration
into our times? At this point, however, a discovery of a more
basic and material kind will engage our attention.

First of all the title, in its Baroque fullness: *Springendes
Fried- vnd Freudenlied/ Denen Lobwürdigsten/ Tapffern vnd
Weltberühmten Kriegs- vnd Sieges-Helden Zu Vnsterblichen Ehren-
ruhm vnd Lobgedächtnuß auffgesetzet vnd Bey dem In Nürnberg
auff dem Rahthauß-Saal den 25 Septemb. 1649. einmüthig ange-
stellten hochver-[sic] vertreulichen Fried- vnd Freudenmahl zu
frölicher Auffmunterung überreichet Durch Victorinum Friedenhold. DIß Iahr haben VVIr Von neVen/ aVff Den frIeDen Vns
zV freVen/ Lobet: Lobet GOTT/ Vnsern Zebaoth.* The chrono-
gram after the author's pseudonym yields the date of publication
as 1649, and the title shows that the little work was ready for
distribution to the guests assembled for the festive banquet on
September 25. It is a quarto. The four leaves of signature A contain the following: title page and blank verso, five pages of the

3. Harold Jantz, "Helicon's Harmonious Springs. Kaspar Stieler and
Poetic Form," in *Deutsche Barocklyrik: Gedichtinterpretationen von Spee
bis Haller*, ed. Martin Bircher and Alois Haas, Bern and München, Francke,
1973, pp. 135-152. There are two meritorious editions of the poems, the
Kösel facsimile of 1969 and the Reclam edition of 1970. Quite properly
they concentrate on the task in hand: a reliable text and the essential accompanying data, leaving the literary analysis of the graceful poetic structures
to the future. Why poems of this quality should continue to receive so little
critical attention remains a mystery.

poem, and a last blank page. Signature B is occupied, except for
the last blank page, by the description of the allegorical, emble-
matic triumphal arch and the triple mountain of concord displayed
for the occasion in the banquet hall. In the following year this
description was reprinted and incorporated as pages 64 to 69,
line 3, of part one of Klaj's *I R. E N E / das ist/ Vollständige
Außbildung Deß zu Nürnberg geschlossenen Friedens 1650.*[4]

The reprinting of this section in the *Irene* affords a singular
opportunity for testing the quality and reliabilty of the final
edition of the *Friedensdichtungen*, the only text now generally
available. Alas, the results are not a little disconcerting. If the rest
of the *Irene* is as carelessly edited, a critical edition is definitely
called for, since the work and its facsimile reprint perpetuate quite
a bit of undetected nonsense in the German text as well as various
grammatical errors in the Latin text — none of them taken over
from the text of the *Springendes Fried- vnd Freudenlied.* This
little work, by contrast, was edited with considerable care, and
I found only two places where the *Irene* can be said to present
an improved text. Most of the several dozen other changes are
tiny and of no consequence. Here, however, are lapses in the
Irene that do make a difference:

Page 65, line 2: *Virium* should be *Vitium*, to make any sense.

Lower on the page, under Jupiter, line 4, *Tonitrua* is indeed

---

4. The *Irene*, seemingly, exists in only one edition, the only variant
hitherto noted being in the four dedicatory pages of part two, the *Geburtstag deß Friedens*, some copies being addressed to the Emperor, others to the
Swedish General Oxenstierna. However, when I compared the copy of the
original in my collection with the copy used for the facsimile, I found that
there were other differences, the most conspicuous one coming as early as
the verso of the first title page, in the dedicatory address to Carl Gustav,
where the first two lines are differently arranged and omit the word "Hochgebornen." On the very next page the catchword is the correct *Vul-* instead
of the incorrect *der* of the facsimile text. A rapid specimen check revealed
a few further discrepancies, all but one of them pointing to the likelihood
that my copy was an earlier issue. Typically for Baroque printing, changes
were made (or occurred) in the "form" while the actual printing was in progress, thus making it desirable to compare a number of copies in the course
of preparing a critical edition.

readily associated with Jupiter, but in the context of lines 4 and 5 the original *Trutina* is the one that makes sense.

Page 67, line 5 from bottom: *innumeros* is bad grammar here for the correct original *innumeris* (ablative for *than*).

Page 68, line 19, *Diese grosse Friedenseul* is the nonsensical corruption of *Dieses grosse Friedens Heil*. Two lines earlier the surrealistic *Simsons Kinbacken mit einer Springqvelle*, as though a fountain sprang forth from his own jawbone, would remain a Baroque absurdity if the original text did not show us that thirteen words were omitted between the jawbone and the fountain. With these sense is restored.

On the plus side for the *Irene* is the paragraph numbered 42, not yet present in the earlier print. Even more important is the fourteen-line middle-axis inscription in Roman capitals that occurs at the head of page 64, with the two lines at the bottom of page 63 that introduce it. This formal middle-axis inscription serves as a kind of title heading for what follows, and it is indeed a necessary title, but, strangely enough, it does not occur at the head of signature B of the 1649 text. Nevertheless, the print is complete, with all four leaves of signature A followed by all four leaves of signature B. What could have happened here? Quite clearly something that is of significance also for the comprehensive text of the *Irene*. The most probable hypothesis would be that the missing title head was the inscriptional part of an engraving that was supposed to be included between signature A and signature B of the *Springendes Fried- vnd Freudenlied*. The engraving would thus also be intended to illustrate the described triumphal arch and triple mountain of concord. However, no such illustration, with inscription or without, is preserved in the *Irene*, even though this spectacle clearly calls for such an illustration. Why is it lacking?

From other instances of what happened repeatedly in that century and the next, given the notorious dilatoriness of engravers, we know that the printed part of a work was often ready on time when the accompanying illustrations were not, and the publisher had to promise on a printed insert that the engravings would be "nachgeliefert." Here it was the even more vexatious case of a banquet on a fixed date at which the little publication was to be distributed. The poet was punctual, the artist was not; and what happened during the subsequent months before the *Irene* was published becomes clear when we see that the inscription in Roman capitals was included in the printed text instead of in a never-completed engraving.

Or was it truly never completed? In a case such as this, one will generally do well, before making up one's mind, to consult one of the most useful and least known of Baroque reference works, *W. Drugulin's Historischer Bilderatlas. Verzeichniss einer Sammlung von Einzelblättern zur Cultur- und Staatenge-schichte... Zweiter Theil. Chronik in Flugblättern,* issued at Leipzig in 1867. The English title page includes such further details as *Catalogue... of Pictorial Broadsides, Allegorical and Satyrical Prints, Books of Pageants, etc. serving to elucidate the Public and Private History of all Countries during the Last Four Centuries.* There is also a French title page. It was not intended as a reference work but simply as the catalogue of the huge stock of engravings and broadsides of the Drugulin firm. Copies of the volume are especially desirable when they include the many addenda and corrigenda on larger and smaller printed slips inserted at the proper places. Altogether it developed into a guide that Baroque scholars can disregard only at their own peril – as several have. It is an imperfect work; but how soon others now in progress will truly supplant it, remains to be seen. At present, for a quick, ready check, it remains most useful. On various occasions in the past, once in connection with Klaj, it provided me with information otherwise lacking and prevented some wrong inferences from reaching print. Will it tell us some-thing about Klaj's *Friedensdichtungen* and particularly this *Springendes Fried- vnd Freudenlied?* The answer, at first glance, seems to be a mere no. But then there is a startling, more than compensatory reward for our small effort. Lo and behold, quite possibly there was not simply one but also a second overlooked early peace publication by Klaj, a broadside.

To my knowledge, no subsequent study or bibliography on Klaj is aware of it. One reason is that the author again hides under a pseudonym, Johannes Ceropoeus. However, this is one that points with probability to Klaj if one can be as flexible and playful (not to say poetically licentious) in one's etymologies and archaeonomastics, as was his century. Now Klaj in its Indo-

European origins is a very sticky word complex from which such varied substances as *Kleie, clay,* and *glue* could be (and were) extruded, as Kluge, Webster, et al. make abundantly manifest. The last element in the pseudonym is clearly derived from Greek Ποιέω, make, mold, form. If Klaj conceived of himself as a molder of clay, then the first half would also be Greek, as we still have it in *ceramics.* If he was less puristically inclined and allowed the *Cero* to be associated with the Latin goddess Ceres and the cerals over which she presides, then he could connect his own *Kleie* to the sticky process of the dough that is baked into bread. The Greek for baker, bread maker, is ἀρτοποιὸς, so why not half Latinize it into Ceropoeus? Potter or baker, be that as it may, this further *Friedensdichtung,* once a copy has been refound (if ever), will quite likely in its poem exhibit the unmistakable verbal texture of this seductively charming poet. Until a copy appears, the Drugulin entry (under 1649) will have to suffice: *"Glückwünschung An — Nürnberg Als in derselben die Friedens-handlungen glücklich fortgesetzet worden — Von Johanne Ceropoeo.* Abfahrt der Gesandten vom Rathhaus. Ueber der Stadt ein Regenbogen. Mit Versen. gr. fol. (2303) RC 1²/₃." A modest price indeed. The engraving as described appears, without verbal accompaniment, folded as a double quarto sheet, opposite page 17 of the second part of the *Irene,* the *Geburtstag Deß Friedens.* On the large folio that Drugulin describes the engraving was probably (and typically) spread across the upper part of the leaf, with the remainder occupied by Klaj's verses, either some also taken over into the final publication or else, as in our case, lost to present knowledge.

Now for the poem itself that unaccountably was omitted from Klaj's final two-part publication of 1650. At first glance the composition appears relatively straightforward: there are twelve stanzas, of which the first two introduce the glad tidings that peace is replacing war, and the next four offer a continuing development of the contrasts between peace and war in ever varied figures, images, and dichotomies. In the next four the poet gives thanks and praise successively to God, to the monarchs who have now agreed, to their ambassadors who have successfully brought about the agreement, and to the heroic warriors who now lay down their arms. The last two stanzas bring the whole to a fitting

conclusion, the eleventh promising the lasting memory of these
deeds through the writings of the poets and scholars, the twelfth
calling upon the guests at the celebration to rejoice at this happy
conclusion. — In brief, a symmetrical composition: two, four; four,
two, with the turn exactly at the middle. At this first new view
there is no need to examine the more intricate compositional
elements within the stanzas and between the stanzas, nor the
imagery, except perhaps to note the recurrence of astrological
motifs, some obvious, some less so. Those familiar with Klaj's
verse will notice that he is here in full command of his verbal
virtuosities that can at times set the reader's head a — spinning
or, better, elicit a nod of admiration. But now the reader had
best embark on his own voyage of discovery and allow the poem
to speak to him directly:

1

DEr Friede mit Teutschland sich heute vermählet!
    Ihr Gäste/ nembt frölich das Hochzeitmahl ein/
    lasst Waffen heut Waffen der Fröligkeit seyn.
Den Freudentag/ vnter die fröhsten gezehlet/
        kriegt Osten   Oesterreich
        zu kosten   Schweden
        Nord/ Süden   Franckreich.
      bestätigt er Frieden
Auff kriegrisches Toben von oben erwehlet.
    Cron Schweden die Fehden mit Freuden beschliesst: *
    Vom Löwen man Hönig vnd süsses heut isst:*   Sihe das Rätzel
                                   Simsons/ im
                                   Buch der Richter
                                   am 14.

2

Löw/ Adler vnd Lilien/ Ost/ Norden vnd Süden
    Die richten die alte Verträuligkeit auff/
    Der Oelbaum sie ladet in Schatten zu Hauff;
die Sinnen sind wider verbrüdert vom Frieden.
        Die Feinde
        sind Freunde
        ein Orden
      vnd einig geworden/

Auff einerley Amboß sie Frieden jetzt schmiden/
    bestimmen einstimmig das Einigkeits-Horn/
    verblasen den rasenden grimmigen Zorn.

3

Weltwitterendes Wetter/ Krieg-neblende Düffte/
    Mordgleissendes Eisen/ Brandschmauchende Noht/
    Feldtönender Donner/ Stückblitzender Tod/
Blitzspeiende Keile/ Keilrollende Lüffte
        nun weichet
        entschleichet
        das Kriegen
      soll endlich erliegen.
Es hallen vnd schallem vom Frieden die Klüffte.
    Die Mutter deß Wolstands Gesandtin der Stern
    vnd Tochter deß Himmels ist nimmer so fern.

4.

Nun zeitigt die Zeitung/ der Zeiten Verlangen
    man höret/ bezehret/ und ehret die Post/
    die Teutschland viel söhnen vnd thränen gekost:
Es blincken vnd wincken die rößlichten Wangen
        der schönen   *
        Irenen/ *   der Friede
        ihr lachen
      macht Freuden-erwachen/
die wütenden Waffen sind schlaffen gegangen.
    Bluttrieffende Degen wir legen euch ab/
    verrostet in Scheiden/ bescheiden zum Grab:

5.

Jetzt teuffet/ erseuffet die übrige Sorgen
    in Blut der Reben/ belebet den Geist.
    Vor Leute/ die Beute der Wälder erschmeist!
Koch/ laß sie zu Speisen an Spiessen erworgen/
        Gefieder
        vns wider

5. Poem, stanza 4, line 3: The line can make sense as it stands, but more likely the *söhnen* is a misprint for *stöhnen*.

Pistolen
vnd Büchsen einholen
zu sieden zu braten von heute biß morgen/
beladen mit Braten die Tafel sich beugt/
die lauter Welt-löbliche Helden vns zeigt.

6.

Stein/ Pulver/ Bley/ Eisen auff Türcken mag regnen
wem lustet/ der kriege/ laß fliegen die Fahn/
heut fängt man in Frieden den Gläserkrieg an/
lässt Kannen für Fahnen einander begegnen/
Trompeten
Heerflöten
vnd Zincken
auffblasen zum trincken:
Auff ewigen Frieden/ Gott wird es gesegnen:
die laute Carthaune knallt wacker mit ein/
die Salve besalvet den Edelen Wein:

7.

So dencket zu dancken dem gnädigen Himmel/
der Wetter zur Sonne/ Nacht machte zu Tag/
zu Jauchzen das achzen/ zu Labung die Plag/
zu Friedensvergnügen das Kriegesgetümmel
Erkennet
entbrennet
jhr kertzen
der Andacht im Hertzen/
Streut Weyrauch/ lasst rauchen ein Opffer-gewimmel/
die Threnen/ mit denen jhr Freuden gesucht/
lasst schiessen vnd fliessen zur Danckbarkeit Frucht.

8.

So dencket zu dancken den gütigen Cronen/
die vnsere Zeiten mit Freuden begabt/
jhr löbliches lieben mit loben gelabt/
am Thiercraiß vnd Häusern der Lüffte sol wohnen/
Wir wollen
vnd sollen
den Göttern
ein Loblied auffblättern/

Sie singend beklingen/ mit Thonen belohnen:
    Ihr Leben vnd Zepter beseeeliget werd!
    der Him̄el sie langsam mißgönnet der Erd!

9.

So dencket zu dancken den klüglichen Sinnen/
    Die Friedens Verträge zu wege gebracht/
    nach Frieden mit sorgsam̄e Wachen getracht/
befördert/ erörtert deß Eintrachts beginnen:
        jhr glüen
         bemühen
         auff Erden
      gerühmet soll werden/
vnsterblich vnd erblichen Nachruhm gewinnen:
    Es sollen Kindskinder vnd Kinder es hörn/
    ihr Aschen in Gräbern vnd Grüfften verehrn.

10.

Euch aber ihr Helden vnd tapffere Ritter/
    Euch windet vnd bindet die Fama den Lohn/
    die Blätter die ewig begrünete Cron/
die niemals berühret ein Donnergewitter;
        Ob sterben
        verderben
        begräbet
      die Leiber/ jhr lebet/
so lange den Acker berauffen die Schnidter/
    so lang der Orion im Himmelzelt steht/
    vnd über dem Haubte den Sebel vmbtreht.

11.

Zwar euere Fäuste ermüdet vom Siegen
    die Degen hinlegen/ gesalbet mit Blut
    Pistolen einhülfftern/ entladen von Glut:
Nicht sollen auch also die Namen erliegen.
        Die Wehrten
        Gelehrten
        schon streiten
      Euch Lob zu bereiten;
Die Feder in Euere Thaten wird fliegen.
    Poeten erwidern mit Liedern den Muth/
    der niemals zu tapferen Proben geruth:

12.

Nun/ werhteste Gäste/ bevestet die Treue/
    last Flammen zusammen gewechselte Gunst
      Macht brennen die Hertzen mit hertzlicher Brunst/
daß heute das lieben den Frieden verneue/
        jhr Sternen
        von fernen
        geschicke
      sind liebliche Blicke
daß diese Verknüpffung vnlößlichen seye.
    Gott segne das Freudenmahl/ klopffet die Hände!
    Krieg/ Kummer vnd Elend hat alles ein

E N D E

Jean-Marie Valentin

BIRKEN ET BOCCACE:
LA COMEDIE DE *SYLVIA*

I

Dans la courte et incomplète autobiographie qu'il nous a léguée, Birken indique parmi ses œuvres, sous les numéros 25 et 26, deux pièces de théâtre *Androfilo* et *Cymon* représentées à Nuremberg en 1655[1]. Publiées à Wolfenbüttel l'année suivante[2], elles furent

1. Texte Nuremberg, Germ. Nationalmuseum (ms.). Voir B.L. Spahr, *The Archives of the Pegnesischer Blumenorden. A Survey and Reference Guide,* Berkeley and Los Angeles, 1960, p. 90 (=University of California Publications in Modern Philology 57).
2. G. Dünnhaupt, *Bibliographisches Handbuch der Barockliteratur. Hundert Personalbibliographien deutscher Autoren des siebzehnten Jahrhunderts,* Stuttgart, I, p. 337 (=Hiersemanns Bibliographische Handbücher 2). Voir aussi le bon bilan de K. Garber, *Sigmund von Birken: Städtischer Ordenspräsident und höfischer Dichter. Historisch-soziologischer Umriß seiner Gestalt, Analyse seines Nachlasses und Prolegomenon zur Edition seines Werkes,* in: M. Bircher und F. van Ingen, *Sprachgesellschaften, Sozietäten, Dichtergruppen,* Hamburg, 1978, p. 223-254 (=Wolfenbütteler Arbeiten zur Barockforschung 7). Du même auteur: *Private literarische Gebrauchsformen im 17. Jahrhundert: Autobiographika und Korrespondenz Sigmund von Birkens,* in: H.H. Krummacher, *Briefe deutscher Autoren. Probleme ihrer Erfassung und Erschliessung,* Hamburg, 1978 (=Wolfenbütteler Arbeiten zur Barockforschung 6), p. 107-138. R. Mai, *Bibliographie zum Werk Sigmund von Birkens,* in: *Jahrbuch der Deutschen Schillergesellschaft,* 13, 1969, p. 577-640. Ce théâtre n'a pratiquement pas été étudié. Cf. cependant, outre K. Graber *(supra),* les brèves notices de A. Schmidt, *Sigmund von Birken genannt Betuleius 1626-1681,* in: Th. Bischoff und A. Schmidt, *Festschrift zur 250jährigen Jubelfeier des Pegnesischen Blumenordens,* Nürnberg, 1894, p. 476-532 et de Ch. Jobst, *Sigmund von Birkens 'Amalfis',* in: *Unser Egerland,* 18, 1914, H. 2/3, p. 17-20 et H. 4, p. 42-44.

également jouées en mai 1656 à Lüneburg[3]. Dans la version imprimée toutefois, le titre de la seconde composition est *Sylvia* (ou *Silvia*), le personnage féminin principal se substituant à son partenaire masculin dans le rôle de héros éponyme.

Contrairement au projet qu'il avait caressé un moment, Birken ne fit jamais paraître une édition complète de sa production dramatique. *Psyche*, qu'il avait songé adjoindre à *Androfilo*[4], vit le jour en 1679 seulement[5] et le *Bivium Herculis Tugend und Laster-Leben* demeura à l'état de manuscrit[6]. Quant à la *Teutonie* de 1652, appelée aussi *Geschicht-Schrift vom Teutschen Frieden,* il semble que Birken ait hésité sur la place à lui accorder. Spectacle historique par son sujet, ce qui explique que l'auteur ait désiré l'insérer dans le *Teutscher Olivenberg* dont la réalisation rencontra d'insurmontables difficultés, elle aurait pu dans l'esprit de Birken figurer dans la *Teutsche Schaubühne*, condamnée également à ne pas dépasser le stade de l'intention[7].

Dans l'état actuel de la recherche sur ce secteur de l'activité littéraire de Birken, il ne peut être question de procéder à une

3. Voir d'après l'exemplaire de la Niedersächsische Landesbibliothek Hannover, C. 1841, non signalé par Dünnhaupt (note 2), l'édition suivante: *Kurtze Denck=Schrifft derer Schau=Spielübungen Welche eine geraume Zeit hero bey der Studirenden Jugend in Lüneburg umb erheblicher Uhrsachen willen untergestellet und unterlassen/ Nun aber auß belieben/ vergönstigung/ und einhelligem Schluß Eines WollEdl. und Hochweisen Raths der Stadt Lüneburg wieder angerichtet/ und von der Raths=Schulen zu S. Johan. Allhie zum ersten mal öffentlich gehalten worden Jm Jahr Christi 1656. am 7. und folgenden Tagen des MayMonats.*

4. *Ubergab-Schrifft* de *Sylvia* (n.p.): "Mein *Psyche/* ein Schauspiel/ gleiches Jnhalts mit dem *Androfilo/* begehrte jhm einen Gefärten abzugeben: Aber sie bedünckte mich zuviel unaufgeputz/ vor einen so trefflichen Printzen. Demnach hiesse ich sie zu haus bleiben/ bis ich Zeit gewünne/ sie zu schmücken/ daß sie sich auch dörffe sehen lassen".

5. *Teutsche Rede-bind und Dicht-Kunst.* ..., Nürnberg, 1697, p. 389-516.

6. Spahr, *Archives.* ... (note 1), p. 78. Le document contient aussi le ms. de *Sylvia* dont le *Bivium* constituait un intermède.

7. Pour la première hypothèse, voir K. Garber, *Sigmund von Birken.* ... (note 1), p. 243 et Ch. Jobst, *Sigmunds von Birkens 'Teutscher Olivenberg',* Diss. Wien, 1913 (dact.). Pour la seconde, *Ubergab-Schrifft* (n.p.): "Die *Teutonie* und des *Herkules Scheideweg/* zwey andere meine Schauspiele/ versprach ich jhm zu Gefärten".

enquête globale. Une investigation, limitée à une seule œuvre, peut en revanche n'être point dépourvue d'intérêt.

Conçue comme *Nachspiel* — concept purement technique appliqué au déroulement de la représentation, non point notion présentant un rapport quelconque avec l'esthétique des genres —, *Sylvia* emprunte son sujet à Boccace. Birken, soucieux de s'en tenir à sa distinction entre *Geschichtspiele, Geschichtgedichte* et *Spielgedichte*, n'a pas apporté de précision sur la nouvelle retenue par lui[8] . Mais la mention du nom de Cymon dans la *Vita* permet d'identifier la source, la première nouvelle de la cinquième journée du *Décaméron*: "Cimone amando divien savio, ed Efigenia sua donna rapisce in mare; è messo in Rodi in prigione, onde Lisimaco il trae, e da capo con lui rapisce Efigenia e Cassandra nelle lor nozze, fuggendosi con esse in Creti; e quindi, divenute lor mogli, con esse a casa loro son richiamati"[9] .

Ce récit présente la particularité de comprendre deux parties sensiblement différentes. La première se déroule dans un territoire englobant la ville et la campagne voisine. Cimone, rompant avec le monde familial et ses valeurs, décide de vivre auprès des paysans dont il adopte incontinent les mœurs au grand désespoir de ses proches. Tombé amoureux de la belle Efigenia qu'il a surprise endormie, il revient parmi les siens, s'adonne à l'étude et change de comportement pour mériter celle qui est à l'origine de sa mutation. Le second volet, visiblement inspiré du roman hellénistique et, tout particulièrement des *Ethiopiques* d'Héliodore, relate les nombreuses épreuves qu'affronte Cimone pour conquérir sa bien-aimée, promise entre-temps au Rhodien Pasimondas. Après de longues errances, des batailles en mer et plusieurs retournements de situation, il finit par épouser Efigenia.

De cette trame romanesque compliquée, le dramaturge ne retient que le développement initial et la conclusion heureuse. Sans doute faut-il mettre à contribution des raisons techniques pour rendre compte de cette option. Même à Strasbourg, dont la scène

8. *Ibid*.: "Das Nachspiel/ wie ich damals/ einem Hochwolgebornen und WolAdelichen Frauenzimmer/ als Zuseherinnen/ zu Ehren mit angehänget/ also hat es auch dißmahl nicht davon bleiben wollen/ Die Geschicht ist Joh. Boccatiens Erzehlung/ welcher deren Wahrheit zu verfechten hat".

9. Edition utilisée: *Decameron di Giovanni Boccaccio* a cura di Natalino Sapegno, Torino, 1956 (=Classici Italiani, volume decimoterzo), II, p. 8-21.

académique disposait pourtant de moyens bien supérieurs à ceux auxquels Birken pouvait prétendre à Nuremberg, la *Chariclia* (1614) de Caspar Brülow, avec sa tentative de dramatisation fondée sur le recours à des espaces textuels et scéniques distincts, n'avait pas donné de résultats bien convaincants. Seule au XVIIe siècle, la salle de l'Université des Jésuites viennois[10] recélait la possibilité d'une utilisation maximale de lieux multiples et, surtout, ouverts.

Mais si Birken ne peut offrir comme mode de représentation des épisodes exotiques que le substitut médiocre d'un combat à l'épée (V,1), il parvient à resserrer l'action. S'il y a perte au plan spectaculaire, il y a en contrepartie une habile concentration des événements, plus conforme en tout cas à l'esthétique opitzienne dont Birken est un héritier direct[11]. Les personnages de Boccace sont, eux, repris dans *Sylvia* avec leurs caractéristiques générales. Aristippo, père de Cymon, est bien le riche marchand dont parle Boccace — "Edel / Reich / und gelehrt" (p. 11), "uno nobilissimo uomo. . . .di tutte le temporali cose richissimo" (p. 9). La vulgarité de son fils trouble son bonheur jusque-là complet — "das honig irdischer Glückseeligkeit mit Gallen und Aloe vermischet", "e se d'una cosa sola non lo avesse la fortuna fatto dolente, più che altro si potea contentare" (*ibid.*).

Afin de rendre vivant le cercle dans lequel évolue Cymon, Birken fait en outre intervenir la mère du jeune homme, conformément à une typisation connue depuis le XVIe siècle (histoire de la fille de Jephté, parabole du Fils Prodigue dans ses variantes néerlandaises et bas-allemande), les parents de Sylvia, le précepteur Filipono. Economie de moyens et recherche d'efficacité encore dans la suppression du rôle de Lysimaque, frère de Cimone, la transformation de Cassandra en sœur de Cymon et l'union de Cassandra et Pasimondas. Exception faite de ces simplifications, Birken suit plutôt fidèlement donc les évolutions du récit. De la première rencontre entre les futurs amants au mariage double qui clôt la comédie, en passant par la lente réintégration de Cymon et

10. J.-M. Valentin, *Le théâtre des Jésuites dans les pays de langue allemande. Salut des âmes et ordre des cités*, Bern/Frankfurt a.M./Las Vegas, 1978, II, p. 839 *sq*.

11. *Ubergab-Schrifft* (n.p.) à propos de l'*Antigone* et de l' "Abstumpfungstheorie" (". . . die Verwirrungen des Gemüts/dämpfen und unterdrücken").

la rivalité à l'issue longtemps indécise avec Pasimondas, rien de vraiment important n'est omis dès lors que les choix structurels mentionnés plus haut ont été opérés.

II

A plus d'un point de vue cependant, l'adaptation révèle des écarts sensibles avec l'original, écarts dont on peut poser qu'ils ont pour lieu géométrique Silvia/Sylvia. Dans la comédie de Birken, elle entre en effet en scène avant même que Cymon ne la surprenne dans son sommeil. Elle fournit alors une description détaillée de l'endroit où elle se trouve. Elle se meut, dit-elle, au sein de la nature, dans une prairie située non loin d'arbres, parmi les fleurs, les oiseaux, les parfums (II, 1). Ailleurs, nous apprenons qu'elle repose à l'ombre d'un bosquet, à côté d'une source. S'excusant auprès de Cymon de sa présence sur le domaine de la ferme, elle fait valoir "die Anmuthigkeit des Orts [die sie] darzu gereitzet [hat]" (II,3). De toute évidence, Birken se sert du *locus amoenus*, du paradis d'amour (− selon une étymologie erronée mais largement admise à l'époque, *amoenus* dériverait d'*amor*). Certes, Boccacce l'avait précédé en décrivant "un pratello d'altissimi alberi circuito, nell'un de' canti del quale era una bellissima fontana e fredda" (p. 10), renouant ainsi avec le roman français[12], la poésie virgilienne et le Théocrite de la première idylle, laquelle reposait déjà sur les trois piliers du *topos*: les arbres, l'eau, la couche, et inventoriait les agréments que chacun d'entre eux était censé procurer. Mais Birken développe maintenant ce que Boccace se borne à esquisser. Boccace n'emprunte pas la voie de la pastorale[13] qui paraît au contraire avoir tenté Birken lequel, en changeant le nom d'Efigenia en celui de Sylvia, se proposait probablement moins d'éviter une homonymie fâcheuse avec la prin-

12. E. Kern, *The Gardens in the Decameron's 'Cornice'*, in: *PMLA*, XLVI, 1951, p. 506-523.
13. En ce sens, il existe donc bien des exceptions à l'affirmation selon laquelle "amoene und pastorale Landschaft zu Synonymen geworden sind". Cf. K. Garber, *Der locus amoenus und der locus terribilis. Bild und Funktion der Natur in der Deutschen Schäfer- und Landlebendichtung des 17.Jahrhunderts*, Köln/Wien, 1974, p. 85.

cesse grecque que de renvoyer discrètement à l'*Aminta* du Tasse[14].
Toutefois, l'auteur allemand ne pousse pas plus avant et, en aucune façon, sa pièce ne passera pour réaliser une fusion des deux
auteurs italiens. Il est plus judicieux de voir dans les premières
scènes de l'acte II l'utilisation ponctuelle d'une veine dont Birken
était au demeurant familier. Dès la *Fortsetzung der Pegnitz-Schäfe-
rey* (1645), Birken exploite ce lieu commun dans la forme qu'il
connaissait chez Klaj et Harsdörffer. Il est vrai que dans *Sylvia* les
données de topologie locale, représentatives du traitement nurem-
bergeois du motif[15], font défaut. Mais les composantes du *locus*
sont repérables avec leurs synesthésies et leurs habituels effets
d'harmonie produits par les sonorités et les allitérations:

> Alle Sinnen haben diß Orts ihre Ergetzlichkeit. Daß Gesichte weidet sich
> an den buntgeblumten Mättlein dieser holdgrünenden Wiesen und Auen.
> Daß Gehör belustigt sich mit dem lieblichen Klang und Gesang der Lufft=
> Jnwohner und mit das [sic!] sueßlißplende klatzschen und platzschen
> dieses klaren Bächleins. Der Geruch wird von dem wohlriechenden Biesem
> und Balsam dieser Blumlein und Kräuter auf das allerlieblichste ange-
> hauchet. Der Geschmack findet allhier Erd= und Hindbeer, Brombröst-
> lein sampt allerley Baum und Strauch=früchte/ sich erfreulich zu ersätti-
> gen. Und was kan doch süsser seyn als das anrühren und anblasen der
> sanfftwehenden ZefyrLüfftlein (p. 27).

Les ressemblances avec la *Fortsetzung* et, à un degré moindre,
Guelfis (1669), sont frappantes![16]

Mais Birken continue dans *Sylvia* un courant dont il sait du
reste fort bien qu'il n'est pas susceptible de convenir à son sujet.
La pastorale en effet ne tarde pas à tourner court, Sylvia elle-
même mettant l'accent sur l'inadéquation de sa condition avec
ce qui n'est pour elle qu'un rêve ("Ich zürne über mein Verhäng-
niß/ daß es mich nicht ein schäfferin hat lassen gebohren werden",
p. 27), un rêve dont elle se console qu'il lui demeure interdit en
renonçant sans transition à la plainte élégiaque qui eût pourtant
pu l'aider à s'accorder, par le ton du moins, à l'atmosphère requise
par la "bergerie": ". . . weil ich so glückseelig nicht seyn soll/ so

14. Le nom de "Sylvia/Silvia" n'a aucun rapport avec la dédicataire (elle
se prénommait Apollonia) dont le fils interpréta le rôle de l'héroïne (cf.
Ubergab-Schrifft, n.p.).

15. Exposé très complet dans K. Garber (note 13), p. 121 et 123.

16. Voir les passages cités dans K. Garber (note 13), p. 121-122.

unterlasse ich doch nicht diese Glückseeligkeit unterweilen zu kos-
ten/ und auf das Feld heraus zu spatziren" (*ibid*.)

Cette sorte de poétique interne *in nuce* est prolongée et orientée
dans le sens du comique par les réactions des autres personnages.
C'est le valet Cotta qui daube sur les illusions de Sylvia et la ra-
mène aux évidences matérielles ("wann ihr die Schaff hütet/ wer
müste euch hüten?"). La rupture de style place de surcroît, et par
avance, le *locus* dans un éclairage qui le prive de sa radicale altérité
et de son aura édénique. Sylvia, bien que noble, n'est pas coupée
de la sphère "ordinaire" et le fait que ses domestiques ne s'endor-
ment point à ses côtés indique que sont maintenues les distances
sociales, étrangères au *locus*, royaume du seul amour.

Toute l'action de même que les situations confortent cette
analyse. Il faut signaler ici que Boccace avait lui-même opposé
aux histoires de la quatrième journée dont le sujet commun était
les aventures tragiques, celles de la cinquième journée désignées
du terme général de "felici novelle" (p. 8), notion qu'il convient
de mettre sur le même plan que celle de "lieto fine", réservée à
la comédie ou, *cum magno grano salis*, à la tragicomédie, deux
genres justement privilégiés par Birken dans la classification
théorique de la *Teutsche Rede- Bind- und Dicht-Kunst*. Observons
de plus que, à l'inverse de ce qui se passe dans l'*Aminta*, la "conversion" dont dérive la péripétie n'affecte pas une femme, mais un
homme. Birken monte en épingle cette singularité dont il ressent,
à une époque qui est postérieure au développement de la pastorale, ce qu'elle implique au regard de la forme. Dès la rencontre
de Sylvia et de Cymon, la belle citadine parle des qualités de Pasimondas, moins pour ôter tout espoir au rugueux prétendant du
moment que pour suggérer la perfection dont Cymon doit se rappro-
cher s'il veut un jour l'obtenir en mariage ("Herr Pasimondas ist
ein höflicher/ gelehrter und mit allen Adelichen Sitten und Tugenden wohlbegabter Jüngling. Ihr kommt ihm noch lange nicht bey;
ihr langt ihm das Wasser nicht", p. 39). Les remontrances et admo-
nestations de Filipono autorisent à considérer cette lecture comme
certaine. Lorqu'au dernier acte Cymon est préféré à Pasimondas, il
est clair que le but a été atteint.

Mais il y a plus décisif: pour qu'il y ait pastorale, il est de règle
que les personnages soient l'un et l'autre des bergers, beaux, élé-
gants, amoureux. Leur univers est celui de l'*otium*. Or, non seulement ces conditions ne sont qu'en partie remplies par Sylvia, mais

de plus Cymon est un paysan qui ne pense qu'à cultiver ses champs. Dans la pièce de Birken, on le voit s'emporter parce que Sylvia a foulé son herbe et menacer l'indésirable de la fourche dont il se sert habituellement pour épandre les engrais naturels que lui fournissent ses animaux! Non sans pertinence, la Tullia de l'œuvre allemande réplique à Tewes qui se prétend, à l'instar de son maître, atteint par les flèches de Cupidon: "Ja freylich seyd ihr alle beyde geschossen: aber mit Hasenschröten. Cupido schiesst die Bauern nicht mit Pfeilen: er ist bey ihnen ein Mußketirer und Rohrschütze" (p. 43). Ce ne sont donc pas uniquement "i costumi e l'usanze degli uomini grossi" (p. 9) qui rendent Cymon inapte à assumer la fonction du pâtre enamouré et dolent, mais bien plutôt la valeur suprême qu'il attribue au travail[17]. L'hétérogénéité des mondes de Cymon et Sylvia se double d'un fossé culturel dont les conséquences poétiques sautent aux yeux.

Il importe de dire, une fois de plus, que Boccace avait préparé la voie à Birken. Son Cimone, stupide ("quasi matto", "la voce grossa e deforme", p. 9), est, nous assure-t-on, plus proche d'une bête que d'un homme. Son surnom (il se nomme en réalité Galeso) est, par une étymologie grecque fantaisiste, donné pour synonyme de "Bestione". Cimone partage tout son temps avec "suoi lavoratori" (ibid.) et Boccace nous le décrit faisant le tour du propriétaire "con un suo bastone in collo" (ibid.) Toute l'éducation qu'il recevra ensuite laissera totalement de côté ce qui pourrait s'apparenter à une production effective de biens.

Mais Boccace ne sort jamais du code esthétique qu'il s'attache à promouvoir à travers le récit court. Le dialogue n'est pour lui qu'une composante subalterne du texte si on le compare au tissu narratif qui constitue la substance du recueil. En revanche, Birken s'aligne sur les contraintes propres au théâtre et sur les exigences du vraisemblable. Son Cymon s'exprime en rustre avant de le faire en cavalier. Boccace, lui, ne donne pas la parole au Cimone maladroit du début, au point qu'à la question d'Efigenia l'interrogeant sur les raisons de sa présence auprès d'elle, le jeune paysan ne répond rien. En d'autres termes, Birken fait passer dans la langue

---

17. Cf. aussi Sylvia, p. 39: "die Männer sollen arbeiten" (Cymon) et, peu avant, la critique de Pasimondas: "So soll Pasimondas/ der Kalmeuser/ besser als ich seyn/ der faule Berenheuter?".

de ses personnages la dualité des milieux et des arts de vivre dont l'opposition n'est résolue qu'au dénouement, tandis que Boccace fait rejaillir sur l'ensemble de sa nouvelle le climat qui entoure l'épiphanie de la Beauté. La langue a dans cette perspective pour mission de fournir l'équivalent esthétique constant de l'ascension du rustre. Art de se conduire et de dialoguer en société, habillage des sentiments, recherche du mot juste, maniement souple et efficace d'une parole élevée au rang d'absolu: ce sont bien cette harmonie et cet équilibre dont les membres de la société en réduction qu'est la "Cornice" fournissent dès le "proemio" l'éclatante illustration. L'homogénéité est le principe supérieur de la création boccacienne, l'élégance aimable du texte n'étant à aucun moment transgressée, pas même dans les épisodes les plus audacieux. Habilement d'ailleurs la description de Cimone ne met pas seulement en valeur la sottise fruste du personnage. Elle mentionne aussi le fait que Cimone surpasse "di grandezza e di bellezza di corpo tutti gli altri giovani" (p. 9). Pour être restreinte au domaine physique (mais il s'agit en l'occurrence d'une condition indispensable pour qui doit accéder au statut de "héros"), la "distinction" existe donc bien. Ce portrait intègre dès le départ Cimone dans l'univers de Boccace en même temps qu'il désigne clairement les déficiences qui lui interdisent de s'en réclamer. Mais en circonscrivant ainsi la disharmonie, Boccacce en limite l'effet sur la nouvelle. L'incomplétude appelle une restauration dans l'unité, effectivement consubstantielle à la conception de l'homme contenue dans les "cent nouvelles". On pourrait identiquement faire valoir que le déséquilibre produit par la dissociation de l'intérieur et de l'extérieur génère la dynamique du récit[18] qui, *via* l'ébranlement consécutif à la vision de la perfection physique, montre *in fine* une destinée réconciliée avec elle-même et la société.

La civilité (elle passe dans ce cas par le relais érasmien expressément cité dans l'introduction de l'édition de 1656) n'est évidemment pas perdue de vue par Birken, encore qu'il y ait quelque paradoxe à la poser en modèle tout en recourant à des registres

18. Point bien vu par G. Getto, *Vita di forme, forme di vita nel Decameron*, Torino, 1958, en particulier p. 154-155 et 209-210. Parler de "séquences...juxtaposées sans aucun joncteur" comme le fait T. Todorov, *Grammaire du Décaméron*, The Hague/Paris, 1969, p. 70, équivaut à un contresens majeur.

qui y contreviennent. Mais elle emprunte pour se communiquer le canal du discours explicatif dont use surabondamment le précepteur Filipono, et, surtout, la voie du contraste visualisé. Maintien, habillement, propos, apparence du corps même, sont autant d'éléments d'un tableau tranché: à l'emploi permanent du *bel parlare* répond la disparité érigée en principe structurant.

III

On n'est guère fondé à voir dans ce heurt le résultat, quasiment normal, d'un passage du narratif au dramatique, mais le reflet de la conception qu'a Birken de la comédie.

Au plan le plus général, la multiplication des tableaux privés est dans le droit fil d'un attachement persistant à la conception cicéronienne, relayée par Donat, de la "comoedia" comme "privatae vitae et civilis consuetudinis magistra" et "veritatis imago". Vie du couple, rapports entre parents et enfants, problèmes d'éducation, mariage, sont donc au centre d'un nombre non négligeable de scènes. Le réseau des situations et configurations ainsi tissé tend à contrebalancer largement les épisodes amoureux. L'introduction d'une seconde composante familiale (Sylvia et ses proches) renforce cette propension, le parallélisme structurel et relationnel apparaissant en outre comme un moyen de ratifier concrètement la validité de la définition antique à l'époque moderne.

La difficulté, maintes fois relevée par l'histoire littéraire, était de déterminer les lieux et les contextes de *vita privata* et de *vita civilis* que la comédie pouvait revendiquer comme siens. On le sait, la divergence entre plautinisme et térencianisme avait donné naissance à deux lignées de la *comoedia erudita*, reprises dans le théâtre de langue allemande. Birken, en dépit de ses positions morales et religieuses, se rattache nettement ici au premier de ces courants, car même la transformation de Cymon n'entraîne pas la rupture complète à laquelle on aurait pu s'attendre, le valet Tewes ne sortant de l'action que peu avant la fin du cinquième acte. Or, par son nom qui est en fait une déformation de Davus, Tewes est l'héritier du *parasitus* de la *palliata*. Cette filiation est d'autant plus significative que Tewes, support unique du prologue acquiert, au regard de la pièce prise dans sa totalité, une valeur "emblématique". Son entrée en scène marque et le choix de la comédie et le ralliement au comique populaire.

Il est passablement malaisé de fixer avec précision les formes théâtrales historiquement attestées que Birken pouvait connaître. La tradition romaine ne surprend pas chez un homme de culture. Mais il est sûr qu'elle ne fut pas la seule et qu'elle se marie dans *Sylvia* à des types et à des schémas alors répandus. Quelques traits très généraux indiquent qu'il y eut bien ici interpénétration des courants. Ainsi en va-t-il des bastonnades (p. 10/11, 46/47, 53/54) et, plus nettement, de la corrélation entre le maître et son valet. Le couple que forment Cymon et Tewes répond aux pratiques les plus stables de la comédie, de la *Nea* à la *Commedia all' improviso*. Identité et complicité — même brutalité, mêmes échecs, même folie, symétrie des destins (Tewes s'amourache de Gracula, servante de Sylvia): rien ne manque de ce qui lie l'un à l'autre le fils de famille et son fidèle domestique — mais aussi disputes, renversements de situation et intervention ironique de l'auteur soucieux d'éviter d'excessives parentés. Longtemps, Cymon paysan et Tewes sont inséparables. Dans des scènes qui font penser à Pantalon/Zani, Tewes conseille son maître sur la meilleure manière de gagner le coeur de sa belle (p.49/50). Cymon sollicite l'ingéniosité proverbiale du valet pour se tirer d'embarras ("....denck....auf Mittel / wie mir geholffen mög werden", p. 49). Tewes a le franc parler qui correspond à son rang et diagnostique sans ambage le "mal" dont souffre Cymon ("O ja / ein Doctor in langen Hosen:das schöne Rabenaas/ daß euch entlauffen ist", p.40). A d'autres moments, il se moque de la tenue de Cymon et ne recule pas devant l'affront qui consiste à lui remettre "ein Narren- ein FastnachtKleid": c'est la joyeuse et impertinente communauté des fols. La comédie, c'est aussi celle que donnent et se donnent Cymon et Tewes et dans laquelle le valet se montre indubitablement le plus fort. Il est remarquable qu'il partage dès le début le point de vue des parents et dénonce la sottise de celui auquel la norme sociale le soumet. Remarquons toutefois que Tewes n'est ni Covielle ni Figaro et demeure proche des masques: lorsqu'il est chargé de faire parvenir à Sylvia la demande en mariage de Cymon, il échoue dans la démarche parallèle qu'il entreprend auprès de Gracula.

On n'exclura pas l'hypothèse selon laquelle Birken aurait eu connaissance de la *Comedia von den Aminta und Silvia*, parue dans *Liebeskampff*, la seconde partie du corpus des textes des troupes ambulantes (1630). Il aurait pu s'en inspirer pour le nom de Silvia/Sylvia s'il ne l'a trouvé directement dans le Tasse. Le chant en l'honneur de Cupidon que fredonne sa Sylvia en s'accompagnant au luth (p. 30) pourrait avoir sa source dans les préludes chantés et le prologue (dit par Cupidon) de la pièce des comédiens professionnels. Enfin, Tewes n'est pas sans présenter des analogies avec Schrämgen dont les déclarations et les gestes obéissent aux mêmes lois et recherchent les mêmes effets: emploi fautif de termes latins, déformations des noms propres, et surtout extrême liberté de langage se rencontrent ici comme là.

En tout cas, et quand bien même ne s'agirait-il que de convergences fortuites, ce voisinage est instructif et la scène 3 de l'acte V où Gracula accueille Tewes, à qui elle a fixé un rendez-vous nocturne, en lui versant sur la tête un seau d'eau souillée, apporte un indice supplémentaire à l'interprétation de la pièce. Quelle que soit sa source, le comique de Sylvia est majoritairement fécal et sexuel, dans une mesure à vrai dire même beaucoup plus grande que celui de la *Comedia*. Les exemples abondent. Cymon promet à son père de quitter la demeure parentale et de ne plus la regarder "als mit dem Hintern" (p. 21). Cotta, serviteur pourtant relativement "urbain" de Sylvia, explique la comparaison qu'il a établie entre sa maîtresse et un mouton en déclarant: "Ich meine halt / ihr traget gar gelindt Wolle; ihr wäret gut scheren". Et il a beau prétendre qu'il entend par là les riches vêtements que porte Sylvia, Tullia, la suivante, ne se laisse prendre au piège (p. 28). L'équivoque est aussi le fort de Tewes et il ne se fait pas faute d'en user. Cymon, quant à lui, avant qu'il ne s'abandonne à une tirade mythologique nourrie d'Ovide (p. 67/68), tient des propos fort directs ("euertwegen wird man keinen Brunnen außschöpffen/die Brunsten zu löschen/die ihr machet", p. 41), et l'on est quelque peu surpris de le voir (mais il est vrai qu'il commence alors sa métamorphose) se scandaliser des déclarations très lestes que se permet Tewes à l'égard de Sylvia[19]. N'était-ce pas le même Cy-

19. P. 54-55.
"*Cymon*:...Ich wolt halt meinen Schatz in Arm nehmen/ und ihn ein paar Dutzet Schmatzer geben.
Tewes: Ey ja/ich meyne. sie macht sich schon fertig/ ihm die hintern Backen zubieten.
Cymon: Was sagst du?
Tewes: Ich sag/ sie wird mit schmertzen auf euch warten. . . ."

mon qui plaisantait lourdement sur le peu d'attrait qu'exerçaient sur lui Tullia et Gracula, usait du fumier en guise de sels pour faire reprendre ses esprits à Sylvia évanouie ou écoutait sans broncher les impertinences qu'inspirait à Tewes la robe de soie de Sylvia[20] ?

IV

"Matto" par maladresse et rudesse natives comme Cymon, chez qui l'emporte la scatologie, valet spirituel et ingénieux comme Tewes mais qui sait sa propre folie, en use pour railler les autres ("So ist es doch wahr/und bleibt wahr: Cymon ist ein Narr/ und wenn auch der gescheide Narristoteles sein Vater wäre", p. 15/16), et révèle son aptitude foncière à jouer en toute circonstance de l'ambiguïté: le bouffon occupe le devant de la scène. Mais d'un libre déploiement de ses caractéristiques fondamentales (*machinae* autant que phallus et *podex*) il n'est pas question. Toute l'oeuvre théorique de Birken répète à satiété la conviction que la littérature n'est légitime qu'en tant qu'elle satisfait à un *telos* extérieur à elle et endigue les composantes ludiques. Dans une lettre à Schottel, citée par Spahr, ne reproche-t-il pas à son protecteur Harsdörffer sa superficialité et ce goût des combinaisons gratuites qui le font passer à côté de l'essentiel?[21] Il se peut qu'en 1655 Birken n'ait pas manifesté une aussi forte hostilité au jeu dans le processus créateur et, partant, dans l'œuvre d'art. Toutefois, il est assuré qu'il était bien dans son esprit de le contenir. Filipono, le sage de la pièce et, à n'en point douter, le porte-parole de Birken, défend la présence de Tewes dans la comédie, mais demande en même temps que soient assignées des limites aux interventions du fol: "Er ist so was Kurtz-zweilig. Man muß Narren im Spiel haben. Doch sol er nicht zu grob Garn spinnen" (p. 18).

Le respect des convenances est donc ce qui guide Birken et lui interdit de soutenir un comique (ici: un bas-comique) indifférent aux critères moraux. En précisant dans sa poétique qu'il entend par "comédies" "TugendSpiele" et qu'il range dans cette catégorie

20. P. 39: "Es ist nicht lauter Seiden: es steckt Haar darunter. Nehmt ihr den Uberzug/ Cymon/ und lasst mir das Unterfutter".

21. Spahr, *Archives* (note 1), p. 14: "ein Spielender, der nur darüber hingefahren, in superficie geblieben u. dem centro nit genähert".

aussi bien *Sylvia* que le *Bivium*, une mouture dramatique du célèbre et déjà fort exploité apologue de Prodicos de Ceos transmis à la postérité par les *Mémorables* de Xénophon, Birken adhère clairement à la primauté de l'éthique. Il faut en conséquence que soient apportés des correctifs au divertissement pur et c'est bien à ce niveau que la distance avec la nouvelle est le plus perceptible.

Le récit de Boccace est novateur en ce sens qu'il laisse de côté la dimension métaphysique, ignore l'ascèse et reconnaît comme licites les élans du coeur et du corps. La fascination qu'exerce Efigenia sur Cimone envahit l'être dans sa totalité. La relation inaugurale de la quatrième journée (l'histoire du fils de Filippo Balducci) avait posé comme pleinement valide la poussée instinctuelle et condamné, par l'opposition paradigmatique avec l'érémitisme, toute éducation qui s'attache à la réprimer. Pour autant, il ne s'agissait pas d'un hymne à un sensualisme intégral. Eros accepté devait au contraire selon Boccace s'unir à la raison en un équilibre subtil, le "naturalisme" raffiné, tempéré et heureux de la société aristocratique florentine du Trecento[22]. La découverte de l'amour est de ce point de vue assimilable à une aube radieuse, à une naissance (l'éveil et le printemps)[23] qui doit s'enrichir d'autres valeurs pour porter les fruits dont elle est la promesse. Le fait que dans ses récits Boccace s'intéresse moins à l'accomplissement sexuel qu'à la manière dont les personnages finissent par y parvenir en s'identifiant à un modèle de vie exigeant, indique bien que son horizon n'est pas celui du débondage irréfréné des sens. A cet égard, Cimone définit à merveille la portée signifiante du *Décaméron*. L'intelligence s'y révèle être, de façon quasiment programmatique, partie constitutive du type humain supérieur. Le héros boccacien est le sage, "il savio", ainsi que le proclame le titre même de la nouvelle, mais il ne l'est (ou ne le devient) que s'il réussit à éviter les em-

22. G. Petronio, *Il Decamerone. Saggio critico*, Bari, 1935, p. 27-53. R. Hastings, *Nature and Reason in the Decameron*, Manchester, 1975, p. vii, 29, 32 etc... L. Russo, *Letture critiche del Decameron*, Bari, 1957, p. 14: "il senso in Boccaccio è sempre dominato dalla intelligenza, la quale è sempre una forma purificatrice". E. Auerbach, *Mimesis*, Bern, 1946, p. 208.

23. C'est en mai ("mese di maggio") que se produit l'événement déclencheur. On voit comment Boccace se soucie peu de respecter la tradition du *locus* associé plus souvent chez Théocrite à l'heure de Pan.

bûches rencontrées sur sa route, à subir victorieusement les épreuves de la réalité. L'Eros est aussi culture, assomption des vertus de courage et d'habileté, de connaissance et de maîtrise de soi, de distinction claire des fins et des moyens[24]. A l'inverse, le sot est autant l'être stupide, fermé à la sensiblité et aux arts, que celui qui lâche la bride à ses instincts. La poésie médiévale des cours d'amour tend ici la main aux valeurs humanistes de la Renaissance[24a].

Avec Birken, la pédagogie, symboliquement incarnée par un personnage différent du héros, est incomparablement plus décisive que l'évolution intérieure qu'en fait elle détermine plus qu'elle ne l'accompagne. L'enseignement de Filipono, pour être celui du préceptorat patricien, sent fort son institution scolaire. On songera moins à ce sujet à la présentation détaillée des *exercitia* qu'à la scène 4 de l'acte V. Cette dernière, combat d'éloquence construit sur le schéma du *genus judiciale*, n'est rien d'autre qu'une transposition théâtrale d'un chapitre de rhétorique! Boccace, pour sa part, laissait les deux rivaux s'affronter dans l'action afin qu'au dénouement la palme échoie au "più savio". L'insistance que met Birken à donner son avis, "l'index levé", obéit naturellement au désir de transformer l'aventure de Cymon en une leçon destiné aux spectateurs et aux acteurs.

Néanmoins, il n'est peut-être pas vraiment expédient de ne retenir en l'affaire que la thèse, juste mais quelque peu rebattue, du théâtre-chaire. Les relents de prône cachent en effet aussi, semble-t-il, des préoccupations plus générales que l'on pourrait dire, faute de mieux, "idéologiques" et où se lisent certaines angoisses et crispations spécifiques de la littérature allemande du temps. Ainsi, la critique de l'imitation de l'étranger, c'est-à-dire de la France, se superpose au changement de costume imposé à Cymon. Elle porte préjudice à la valeur symbolique de la *vestis mutatio* qui définit cependant le niveau d'interprétation le mieux adapté à l'évolution du héros alors à un tournant de son

24. G. Giacalone, *Boccaccio minore e maggiore*, Roma, 1959, p. 112: "la conquista spirituale del proprio pensiero e della propria ragione".

24a. V. Branca, *Boccaccio medievale*, Firenze, 1956 (ch. VI: *Motivi preumanistici*).

130

existence[25]. Les réticences de Cymon à revêtir la tenue des habitants de la ville se comprend, moins la diatribe contre "die neueste Manier" introduite par des Français dégradés en couards bouffons[26]. Les jeunes bourgeois et aristocrates allemands courent selon Birken le risque de perdre leur âme en singeant des voisins dont ils admirent le raffinement et il n'est pas certain que la solution conciliante avancée par Cornelia ("Man sol leben nach den neuen Sitten / und lieben die alten Tugenden", p. 59) représente pour l'auteur une voie moyenne rassurante.

Mais c'est surtout face à l'Eros que le besoin d'une attitude rigide de défense est le mieux perceptible. Le tableau que tracent les deux écrivains de la rencontre primordiale permet un rapprochement éclairant. Boccace, même s'il ne témoigne pas encore de l'admiration que voueront au nu les artistes renaissants, sait évoquer en un "blason" délicat les charmes de la féminité et rend ainsi compréhensible l'émoi de Cimone:

> una bellissima giovane con un vestimento in dosso tanto sottile,
> che quasi niente delle candide carni nascondea, ed era solamente
> della cintura in giù coperta d'una coltre bianchissima e sottile. . .
> . . .Cimone . . . cominciò a distinguer le parti di lei, lodando i
> capelli, li quali d'oro estimava, la fronte, il naso e la bocca, la
> gola e le braccia, e sommamente il petto, poco ancora rilevato (p. 10)

Le choc ravit Cimone au sens plein du mot au point qu'il voit en Efigenia "alcuna dea": sa vie entière est modifiée par cet événement dont la conséquence est l'humanisation: "io son per te divenuto uomo".

25. P. 56-63. Cornelia avait bien défini la portée de la scène: "Deine Gemüths=änderung hat mich und deinen Vater höchlich erfreuet. Fahr nur also fort/ wie du angefangen: du solst Rath und That bey uns finden. Hier bring ich dir neue Kleider. Ich hoffe aber/ du werdest mit den alten auch den Bauern außgezogen haben" (p. 56-57).
26. P. 59 (Cymon): "Frantzosen; Fratzhosen: sind sie Hasen/ sie mögens bleiben: ich mag keiner mit seyn". *Tewes*: "Ey lasst sie sitzen/ und hängt Schellen dran: so könd ihr damit Fastnacht lauffen....Das geräusch verräht den Hasen....". Voir déjà p. 39 la critique de Pasimondas par Cymon: "Warum soll er besser seyn? vielleicht wegen seiner Frantznarren Kleidung und Laverentzen". Notons au passage que Masen (dont Birken traduit l'*Androphilus*), a introduit dans son *Rusticus Imperans* une scène de même type dont Birken a pu s'inspirer. Cf. J.-M. Valentin (note 10), II, p. 825.

Dans le texte de Birken, il ne reste de la description du corps de Sylvia qu'une vague et neutre indication ("dort sich ich jemand unterm Baum liegen", p. 36) et des allusions éparses à une beauté jamais précisément définie. Il est vrai que Cymon est lui aussi pétrifié (" er regt sich nicht/ und sagt auch nichts", p. 36) et Tullia voit dans cette immobilité l'action d'un charme ("verzaubert", p. 37). Mais Tewes éprouve la même sensation que son maître et ses déclarations font dériver la scène vers le burlesque, voire une explication par le maléfice[27]. Et surtout, Cymon s'exprime dans le vocabulaire qui était le sien auparavant à cette réserve d'importance près que s'adjoint désormais à l'utilitarisme grossier le désir de possession brutale. Le refus de reconnaître à l'instinct une valeur autre que celle, négative, de la fonction animale est évident: Cymon ne ressent ni émotion, ni tendresse, ni volonté de dépassement. Ce n'est que beaucoup plus tard, dans le monologue de la scène 1 de l'acte IV, qu'il développera la thématique boccacienne: il parlera alors lui aussi de déesse ("Göttin", p. 67), de "beauté céleste", de "Vénus terrestre" (p 69). Mais — il ne se prive pas d'y insister —, il n'est plus le même: "Ich schäme mich fast/ wenn ich daran gedenck/ was Kerls ich ware" (p. 68). Son long discours est celui de l'homme nouveau que l'éducation reçue entre-temps a rendu apte à une compréhension aiguë de son état présent. Or, cette métamorphose s'adosse dans l'exposé récapitulatif à une configuration mythologique contradictoire à laquelle Boccace restait totalement étranger. La Beauté n'est plus célébrée pour elle-même, mais dans la mesure seulement où elle s'unit aux vertus défendues par la morale et la religion. Il faut donc aller au-delà des équivalences apparentes auxquelles on pourrait être tenté de s'arrêter sur la base des propos effectivement proches de Lisimaco et de Cymon ("le pugnenti sollicitudini d'amore, da insensato animale. . . . ti recarono ad essere uomo", p. 19; "die Ovidische Göttin/ die aus einem so töpelhaften Bauern einen so wohl qualificirten Cavalier gemacht", "diese Göttin/ von der ich rede/ pfleget die Thier in Menschen zu verwandeln", p. 69 et 67). Car, pour Boccace, l'amour est dans tous les cas une

27. P. 38. *Tewes*: "O ich bin aller verschammerirt (*ad spect.*) Der Gott Jupiter hat mir ein groß Loch/ wie eine Badewanne/ ins Leib geschossen. O Wasser/ Wasser her; ich brenne"; "eine Hex".

force humanisatrice tandis que Birken oppose à la passion noble l'amour vulgaire et luxurieux de Circé, "die Zauberin..../ welche die Menschen in unvernünfftige Thiere sol verselbstet haben" (p. 67). Ainsi se trouve proclamée, en une sorte de pré-épilogue, l'ambivalence d'Eros. Birken, certes, se garde de succomber à la tentation d'un antiféminisme outrancier dont Tewes seul se fait l'avocat avant d'en être plaisamment châtié (V, 3). Mais l'union du corps et de l'esprit passe pour lui par le respect de principes antécédents. Tel est le prix qu'exigent la méfiance envers la nature, la croyance à l'indispensable domestication des pulsions et l'affirmation (cf. les sarcasmes de Cotta au sujet de Cupido, p. 30) de la supériorité absolue du christianisme sur le legs antique.

V

"E ciascun lietamente con la sua visse lungamente contento nella sua terra": la dernière phrase du texte de Boccace, au-delà du monde merveilleux du conte auquel elle semble faire écho, insiste sur la simultanéité du bonheur individuel et du bonheur collectif dont la ville est l'unique lieu possible. La cité est le cadre naturel de la vie supérieure à laquelle accèdent les héros alors que la campagne est le siège d'une existence inférieure et dégradée[28]. Birken partage cette manière de voir: Cymon, on l'a dit, inaugure le processus de sa mutation en dépouillant les hardes du paysan. Mais les termes de "città" et "Stadt" ne sont point des références typologiques abstraites. Boccace, quand il écrit, a toujours à l'esprit Florence et, plus exactement, en cette année de peste, la Florence régénérée qu'il appelle de ses voeux et dont la "Cornice" donne la définition. La ville inclut un effort vers cette perfection à venir qu'instaure la dissociation liminaire du cadre historique réel momentané et de l'espace occupé par les narrateurs. Birken renonce à ce procédé de bilocalisation et cet abandon peut s'expliquer sans peine par l'adaptation d'une nouvelle isolée du récit-cadre dont Birken ne saisissait probablement pas la portée. Il reste que *Sylvia* sous-entend une adhésion sans faille à Nuremberg, la ville pour laquelle Birken a conçu son œuvre. Car dans la mesure

28. G. Getto (note 18), p. 26. Voir aussi le travail ancien, mais encore utilisable d' O. Merlini, *Saggio di ricerche nella satira contra il villano*, Torino, 1894.

où elle est émise par un Cymon en désaccord avec les siens, la critique, inspirée du *laus ruris*, qui fait de la ville l'école du mensonge, de la tromperie et de l'usure[29], est tout au plus un avertissement rituel que le protestant Birken adresse, par habitude prédicante, à son public. C'est en quelque sorte une restriction à valeur confirmative. Nuremberg est bien pour Birken la cité puissante qui assure à ses habitants la sécurité par une réglementation strictement appliquée[30], une capitale prospère (les étoffes), la plaque tournante du négoce. Mais si Birken glorifie le patriciat et les institutions civiles et religieuses qui sont liées à ce dernier, il met en garde discrètement contre le luxe excessif et une trop grande réceptivité aux influences extérieures. La forme de civilisation qu'il préconise est celle d'une bourgeoisie marchande mais ouverte aux lettres, commerçante mais fidèle à un style de vie économe et sobre[31]. Son "parti", si l'on peut risquer ce vocable, est celui de la tradition, luthérienne et "germanique", normative et hostile aux désordres engendrés par des changements autres que de détail, imperméable à l'idée d'un bonheur qui se réaliserait en dehors d'elle.

C'est pourquoi aussi Birken insiste si longuement sur la famille et l'organisation sociale hiérarchique dont elle est la base. Cymon n'est autorisé à regagner la ville qu'après avoir revêtu l'habit citadin conforme aux normes dominantes. Alors seulement, il peut retrouver auprès de son père la place qui doit être la sienne, se soumettre à l'autorité de celui qu'il avait littéralement trahi par sa fuite et sa violation corollaire des lois de fidélité à la lignée[32]. Sylvia elle-même n'imagine pas un instant pouvoir lier son sort à celui d'un homme sans la bénédiction paternelle[33]. Elle qui

29. P. 23. "Was solt ich in der Stadt machen? etwan verleumden/ lügen/ betrügen/ schinden und wuchern lernen?".

30. P. 46, l'allusion aux portes fermées chaque jour à heure fixe.

31. P. 26, l'invite d'Aristippo à Filipono: "Herr Filipono/ spatzirt mit uns hinein/ und seit diesen Mittag unser Gast/ und nehmt mit uns vor gut/ was die tägliche Küche vermag".

32. Voir p. 20 les reproches d'Aristippo à son fils: "O du Wechselbalk/.... der allen seiner Adelichen Voreltern Tugend=Ruhm außwischet" et le thème concomitant de l'exhérédation.

33. P. 42: "Einer ehrlichen Jungfrauen steht es nicht zu/ über Nacht ausser ihres Vaters Hauß zu schlaffen....Ich will hineingehen zu meinem

disait aimer Pasimondas, se déclare prête à s'unir à Cymon pour
peu que Simonides le lui ordonne. Même s'il faut faire place à
l'urgence qui la contraint (elle doit gagner du temps pour sauvegarder une virginité mise en péril par la hâte agressive de Cymon),
il est de fait que jamais par la suite elle ne reviendra sur ce principe: dans la "scène des chapeaux" (V, 2) encore, elle se garde
de rien trancher par elle-même et se joue de ses prétendants en
laissant à croire à chacun qu'il est l'élu de son coeur[34]. Le choix
du partenaire est décidé au terme d'une discussion entre les parents respectifs dans laquelle l'avis des mères et des enfants n'est
qu'une ratification *post factum* et *pro forma* de l'opinion des
pères éclairés par le "magister". La double union conforte de plus
l'alliance des familles au sein d'un milieu cohérent, destiné à per-
pétuer dans l'avenir les valeurs défendues par les générations
antérieures.

L'homogénéité et la continuité ainsi sauvegardées reposent sur
une identité de vue et une convergence des intérêts. Elles néces-
sitent de même le ralliement à la pratique religieuse. Si l'hymen ne
peut être noué sans l'assentiment paternel, il a besoin aussi de la
reconnaissance par l'Eglise: Sylvia souligne, dans une même
phrase, cette double exigence[35]. L'instant où les parents joignent
les mains des fiancés et appellent sur eux l'infusion de l'Esprit[36],
marque avec ostentation et vigueur l'acceptation d'une interprétation, non sacramentelle certes, mais à coup sûr profondément
religieuse ("die andern sprechen: Amen" p. 102), du mariage.
C'est bien ce dernier qui est la pierre angulaire de la société dont
Birken s'applique à former la jeunesse — non la femme, destinataire
privilégiée et lieu nodal du discours littéraire de Boccace[37].

Herrn Vater/ und ihn berichten/ wie daß ihr meiner zu Ehren begehret. Und
ihr könnet ein paar gute Freunde an ihn schicken. Wann es also ordentlich
zugehet/ und mein Herr Vater mich euch giebet/ so will ich gern die eure
seyn".

34. P. 85.
35. P. 42: "So könnet ihr mich auch anderst nicht in eure Kammer führen/
als durch die Kirche".
36. *Ar.* "Der Himmel wolle auch also eure Seelen vereigen (sic!); und seinen Segen über euch außgiessen".
37. G. Getto (note 18), p. 5. Pour Birken: p. 11 et 101. Sur la situation
reconnue d'infériorité intellectuelle, p. 94 (Jocasta): "Mein Herr hat zu be-
fehlen. Meinem Weiblichen armen Verstand nach/ dünckt mich...."

VI

Faut-il insister davantage sur le fossé qui sépare deux œuvres si dissemblables par leur public, leur sensibilité, leur rapport à l'art? Les distorsions sont presque trop visibles. Convient-il de parler de contre-sens de la part de Birken? Sans nul doute — mais à vrai dire pas tout à fait si l'on se donne la peine de reconstituer le cadre défini par les objectifs du dramaturge et l'attente des spectateurs. N'oublions pas non plus que *Sylvia* fait partie d'un complexe dramatique composé, en outre, d'*Androfilo* et du *Bivium*: Birken, par sa trilogie, tente de communiquer une vision complète du monde, immanent et transcendant. *Androfilo*, qui suit la version néo-latine de Masen, est une parabole de la Chute et de la Rédemption (amour de Dieu pour les hommes et des hommes pour Dieu). L'histoire d'Hercule à la croisée des chemins illustre au plan moral cette perspective (amour du Bien et pratique de la Vertu). *Sylvia* peut se lire comme l'insertion directe de cette doctrine dans un contexte humain et historique, proche et précis (amour des époux et amour des hommes entre eux). La théologie et l'éthique universelle sont les garants de la voie à suivre par tous et chacun dans la vie quotidienne, ce qui revient à situer la Providence au cœur de l'économie du salut, de l'histoire des cités et de l'existence individuelle. "Man muß dem Verhängniß seinen Willen lassen", dit Filipono (p. 16/17) à Cornelia pour la consoler d'avoir donné le jour à un fils si peu digne d'elle. Et suggérant comme possible une issue heureuse du drame, il ajoute: "Wer weiß/ wie es der Himmel noch zum besten schicket....Die Verständigen werden es vor eine widrige Schickung des Himmels erkennen. An die Unverständigen ist sich nicht zu kehren: sie schelten/ was sie nicht verstehen" (p. 24).[38] Cet enseignement contribue d'ailleurs à jeter une lumière supplémentaire sur l'exclusion de la seconde partie de la nouvelle de Boccacce dans laquelle, *a contrario*, la Fortune jouait un si grand rôle[39] sans être, comme dans la *Divine Comédie*,

---

38. Cf. aussi *Sylvia*, p. 78: "Wer weiß wie es der Himmel noch zu gutem Ende schicket".

39. Boccacce, p. 15, 16, 17 (elle est rendue responsable de tous les retournements, propices comme défavorables, de situation).

soumise à une opération correctrice qui l'eût relativisée.[40] Mais si la mise à l'épreuve du héros disparaît, la verticalité est réaffirmée et fournit une justification inattaquable à l'ordre de la société protestante telle qu'elle avait été établie à Nuremberg depuis la Réforme.

Il reste à fixer la place de *Sylvia* dans l'histoire de la diffussion de Boccace en Allemagne. Une certitude d'abord: malgré une forte dose de comique dru, dont on a vu au demeurant qu'il pouvait s'alimenter à d'autres courants[41], la parenté avec la *Schwankliteratur* est très faible, au mieux erratique[42]. En revanche, si l'on établit une comparaison avec Hans Sachs[43], on est conduit à émettre un jugement plus nuancé. Le genre de la comédie en cinq actes permet à Birken de conférer à son œuvre une ampleur dont les divers types littéraires pratiqués par Hans Sachs (jeu de carnaval, Meistergesang, comédie, tragédie) sont dépourvus. De même, la pluralité des tons et la théâtralisation extensive du sujet dépassent de beaucoup le niveau de l'emprunt ou du dialogue récité, à quoi il faudrait adjoindre l'absence, structurelle aussi (prologue et/ou "Beschluß"), d'une formulation abruptement sentencieuse. Il suffira pour s'en convaincre de relire l'*Historia: Der edel jung Cimon mit seiner lieben Ephigenia* de 1546 où Hans Sachs, taillant à grands coups dans la prose de Boccace, va droit au but sans rien motiver et formule une conclusion de type gnomique qui, écartant la glorification de l'Amour (Boccacce: "quanto

40. V. Cioffari, *The Conception of Fortune in the Decameron*, in: Italica, XVII, 1940, p. 129-137. R. Hastings (note 22), p. 92.

41. De plus, Birken n'admet pas la tradition des "Volksbücher", placés au degré le plus bas de l'échelle des styles (cf. II, 1, p. 31, contre *Eulenspiegel*)

42. Voir sur ce point D. Monostory, *Der 'Decamerone' und die deutsche Prosa des XVI. Jahrhunderts*, The Hague/Paris, 1971. R. Schwaderer, *Boccaccios deutsche Verwandlungen. Übersetzungsliteratur und Publikum im deutschen Frühhumanismus*, in: *Arcadia*, 10, 2, 1975, p. 113-128. W. Hirdt, *Boccacio in Deutschland*, in: H. Rüdiger/ W. Hirdt, *Studien über Petrarca, Boccacio und Ariost in der deutschen Literatur*, Heidelberg, 1976, p. 32-55 (= Beihefte zum Euphorion, 8). Remarques sur Wickram, Frey, Montanus, Lindener, Kirchhoff, Pauli. Excellent tableau récapitulatif dans Monostory, A. II, p. 117.

43. J. Isenring, *Der Einfluß des Decameron auf die Spruchgedichte des Hans Sachs*, Genève, 1962. W. Hirdt (note 42), p. 41-43.

sien sante, quanto poderose e di quanto ben piene le forze
d'Amore", p. 8), débouche sur une toute prosaïque prudence[44].
Le moralisme, l'éthique sociale, le confessionnalisme ainsi que,
pour une part, l'exemplarité (négative, puis positive) de Cymon,
sont pourtant des traits communs difficilement niables[45]. Ces
données, ainsi que l'incapacité à admettre un idéal d'harmonie
purement humain, autorisent, en dépit de la rupture voulue par
l'opitzianisme et les "Sociétés de langue", à soutenir la thèse d'une
persistance de schémas typiques de la littérature allemande des
époques considérées, permanence plus frappante encore pour qui
envisage les relations avec les littératures des autres nations euro-
péennes qu'on se donnait pour ambition d'égaler. Même s'il introduit d'importantes modifications, en premier lieu en enrichissant
la morphologie dramatique, Birken n'opère pas de bouleverse-
ments notables dans l'image qu'on se faisait du *capolavoro* de la
pré-renaissance italienne — ce qui ne veut pas dire que sa *Sylvia*
soit sans signification historique.

Sans remettre en cause totalement le point de vue avancé par
la critique[46], on peut en effet tenir désormais pour acquis que
Boccace n'a pas été oublié au Nord des Alpes entre les années
cinquante et soixante du XVIe siècle d'une part, Lessing, Herder,
Goethe, puis les romantiques d'autre part, qu'il a connu une fortune dont l'ampleur devra être précisée mais qu'on ne saurait,

44. "Darauß uns diese lehre bleibt,
das die lieb etwan witzig macht,
das man nach ehr und tugent tracht,
doch wagen viel unglückes darneben,
bis lieb mit lieb in lieb mag leben".
Cité d'après l'édition A. von Keller, Stuttgart, 1870, II, p. 209 (= BLV
in Stuttgart, Bd. 103).

45. La dédicace reprend le topos de l'ilote ivre des Spartiates. Birken
ajoute: "und jrren dieselben sehr weit/welche allein Kurzweil halber dergleichen Spiele anzustellen/oder anzuschauen gedencken. Gewiß ist es/ daß
der Unform eines Lasters/ oder die Wolanständigkeit einer Tugend/besser
durch die Thür der Augen/ als der Ohren ins Herz dringet".

46. W. Hirdt (note 42), p. 51: "Im gesamten 17. Jahrhundert, da auch die
heftig befehdete Gattung des Schwanks absinkt, und bis weit in die zweite
Hälfte des 18. Jahrhunderts hinein gibt es keine nennenswerte Boccaccio-
Rezeption".

malgré Gottsched,[47] réduire à la survie clandestine, aléatoire et malaisément évaluable, des publications licencieuses. Sur la foi de cette seule comédie, il n'est certes pas possible de prétendre trouver le chaînon manquant d'une hypothétique évolution menant de la Renaissance au préclassicisme et à l' "ère goethéenne". *Sylvia* est plus proche du siècle qui précède sa genèse qu'annonciatrice des temps nouveaux. Birken dramaturge — sa trilogie l'indique à suffisance — se situe en fait au carrefour des formes théâtrales majeures de l'Allemagne d'après la guerre de Trente Ans. Il fait converger le drame jésuite des années 1640-1650[48], le théâtre scolaire moralisateur et, avec nettement plus de réserves, les pratiques des *Wandertruppen*. *Sylvia* devrait trouver la place qu'elle mérite dans l'histoire de la comédie allemande baroque à côté des pièces de Gryphius. Elle prouve que le genre cherche sa voie, sans bien la trouver — ce qui n'est certes pas le cas de la tragédie dont les premières réussites silésiennes ont à l'époque vu le jour quelque dix ans plus tôt. Il est en tout cas significatif que Birken reste attaché à un mélange des styles appelé à durer. Cette juxtaposition, à cause du primat maintenu de l'éthique, n'était en mesure ni de sauvegarder dans sa plénitude (*a fortiori* de "littérariser") le comique populaire, ni de faire droit à l'alliance du rire et du ton élevé pour lequel Molière opte la même année avec l'*Etourdi* et l'année suivante avec les *Précieuses ridicules*. Il n'est pas interdit de voir dans cette dualité boiteuse la source aussi bien de l'exigence morale "puritaine" que de la protestation anti-"baroque" de l'Aufklärung naissante.

47. *Handlexikon oder Kurzgefaßtes Wörterbuch der schönen Wissenschaften und freyen Künste*, Leipzig, 1760, col. 245 (cite par Hirdt, comme note précédente).
48. J.-M. Valentin (note 10), II, p. 757-838.

Thomas Bürger

DER BRIEFWECHSEL DES NÜRNBERGER THEOLOGEN JOHANN MICHAEL DILHERR

In seinem Forschungsbericht über *Nürnbergs Stellung im litera-rischen Leben des 17. Jahrhunderts* weist Blake Lee Spahr mit Recht darauf hin, daß "in der in seinen literarischen Beziehungen vollkommen unerforschten Gestalt Johann Michael Dilherrs"[1] eine Schlüsselfigur für das kulturelle Leben dieser Stadt zu sehen ist. Schon kurz nach Dilherrs Tod erschien in einer *Kurtz ge-gründete(n) Cronica der weit- und weltberiemten Reichstatt Nürnberg*[2] eine ausführliche deutschsprachige Biographie, die in das *Nürnbergische Gelehrten-Lexicon* und in die *Lebensbeschrei-bungen aller Herren Geistlichen* weitgehend übernommen wurde.[3] Danach hatte der 1604 geborene Dilherr in Leipzig, Wittenberg, Altdorf und Jena studiert und lehrte seit 1631 Geschichte, Philo-logie und Theologie in Jena; 1642 wechselte er nach Nürnberg, übernahm als Professor für Philosophie und Theologie das Direk-torat des Egidiengymnasiums, wurde Bibliothekar und Inspektor aller Schulen, schließlich 1646 als Nachfolger Johann Sauberts erster Prediger an St. Sebald. Über den Theologen Dilherr sind wir durch die Arbeiten von Schröttel und van Dülmen gut unter-richtet[4]. Sie zeigen, wie er in den Streit verwickelt wurde, der

1. Blake Lee Spahr: Nürnbergs Stellung im literarischen Leben des 17. Jahrhunderts. In: Stadt-Schule-Universität-Buchwesen und die deutsche Lite-ratur im 17. Jahrhundert. Hrsg. von Albrecht Schöne. München 1976, S. 73-83, hier S. 78.
2. Stadtarchiv Nürnberg: Chronik Nr. 25. S. 1093-1105.
3. Georg Andreas Will: Nürnbergisches Gelehrten-Lexicon... Bd. 1. Alt-dorf 1755, S. 264-276; Suppl.Bd. 1 (1802) S. 220-226; Carl Christian Hirsch u. Andreas Würfel: Lebensbeschreibungen aller Herren Geistlichen, welche in der Reichs-Stadt Nürnberg ... gedienet ... Nürnberg 1756, S. 21-27.
4. Gerhard Schröttel: Johann Michael Dilherr und die vorpietistische

zwischen dem lutherisch-orthodoxen Theologen Saubert und dem späthumanistisch-melanchthonischen Ratskonsulenten Georg Richter um die Verpflichtung der Geistlichen zur Unterzeichnung der Normalbücher entbrannt war. Auf dem Höhepunkt dieses kirchenrechtlichen Konflikts verdächtigte Saubert den mit großen Hoffnungen erwarteten Neuankömmling als Spitzel des Rates, da sich dieser — wohl nicht zuletzt aufgrund der ihm angetragenen Ämterfülle — schließlich auf die liberalere Seite Richters schlug.

Von diesen Ereignissen bei der Berufung des Jenaer Gelehrten weiß die offizielle Geschichtsschreibung nichts. Sie berichtet vielmehr von seiner Ankunft am 24. Juni 1642 in Nürnberg und der ersten Predigt am 30. November, die zu einem kleinen musikalischen Volksfest geriet, weshalb "wunderliche Iudicia . . . von solchem Actu in der Gemeine"[5] zirkulierten. Schon bald darauf, am 31. Mai 1643, veranstaltete Dilherr zusammen mit dem Komponisten Sigmund Theophil Staden eine *Entwerffung des Anfangs, Fortgangs, Enderungen, Brauchs und Mißbrauchs der Edlen Music,* d.h. ein historisches Konzert, mit dem er sein ausgebildetes Musikverständnis einer großen Öffentlichkeit darlegte.[6] Der Stadtrat verehrte ihm bei dieser Gelegenheit einen kostbaren Pokal mit lateinischer Inschrift und allegorischem Bildprogramm.[7] Es liegt nahe, die in der Chronik bemerkenswert ausführlich dokumentierten musikalischen Inszenierungen angesichts der schwelenden Konflikte als Harmonisierungsversuche und darüber hinaus als Signale gegen eine theologisch-polemische Auseinandersetzung zu verstehen. Er nutzte die künstlerischen Ambitionen der heimischen Avantgarde und lud mit Ankündigungsgedichten zu Johann Klajs Redeoratorien ein, die dieser

Kirchenreform in Nürnberg. Nürnberg 1962; Richard van Dülmen: Orthodoxie und Kirchenreform. Der Nürnberger Prediger Johannes Saubert (1592-1646). In: Zeitschrift für Bayerische Landesgeschichte 33 (1970), S. 636-786.

5. Stadtarchiv Nürnberg: Chronik Nr. 47. Fol. 982v.

6. Ebda. fol. 985v-990r.; vgl. Willi Kahl: Das Nürnberger historische Konzert von 1643 und sein Geschichtsbild. In: Archiv für Musikwissenschaft 14 (1957), S. 281-303.

7. Abb. und Beschreibung im Ausstellungskatalog des Germanischen Nationalmuseums: Barock in Nürnberg 1600-1750. Nürnberg 1962, S. 143f.

begabte Theologiestudent in dem für Dilherrs Vorlesungen eigens fertiggestellten Auditorium publicum vortrug.[8] Diese für die Musik- und Literaturgeschichte bedeutsamen Initiativen wurden durch die Stellung Dilherrs befördert, wie er sie selbst in einem Brief an Plathner 1643 beschreibt: "Es ist wahr, ich führe Neuerungen ein, denn meine hiesige öffentliche Zuhörermenge ist etwas ganz Neues. Ich bin zum Prediger für die drei hohen Feste ernannt, welches ganz neu ist, zum Direktor des Gymnasiums und Schulinspektor, welches neu ist und noch andres Neue ist mir übertragen. Aber es ist mir dies alles auf Dekret des Raths übertragen mit einem nicht zu verachtenden Gehalt, der größer als der der Collegen ist... Der Magistrat ist mir über die Maßen günstig..."[9] Demnach waren die Voraussetzungen für Dilherrs Wirken in Nürnberg von Anfang an denkbar gut; und sie blieben es offenbar während seiner mehr als dreißig Amtsjahre, konnte man sich doch nur noch mit Hilfe einer Satire seines Einflusses erwehren: die *Ordinis Dilherriani leges*[10] schrieben verbindlich vor, immer und überall seinen Ruhm zu mehren.

Sicher ist das Ansehen Dilherrs auch ein Produkt seiner Selbstdarstellung gewesen. Von welchem bürgerlichen Zeitgenossen besitzen wir etwa noch vierzig verschiedene graphische Porträts? Welche Leichpredigt ist mit bald vierhundert Seiten so umfangreich wie die auf Dilherr, die heute in einen ebenso breiten wie hohen Quartanten zwischen die Abdankungen seiner Vorgänger und Nachfolger eingebunden ist?[11] Dilherr hinterließ eine wertvolle Münzsammlung und eine umfangreiche Bibliothek, die ihn als wohlhabendes Mitglied der Respublica literaria ausweisen.

8. Johann Klaj: Redeoratorien... Hrsg. von Conrad Wiedemann. Tübingen 1965; Johann Klaj: Friedensdichtungen... Hrsg. von Conrad Wiedemann. Tübingen 1968. Nachwort des Hrsg., bes. S. 6*ff.

9. Zitiert nach August Tholuck: Lebenszeugen der lutherischen Kirche aus allen Ständen... Berlin 1859, S. 365f.

10. Georg Ernst Waldau [Hrsg.]: Vermischte Beyträge zur Geschichte der Stadt Nürnberg. 2. Bd. Nürnberg 1787, S. 65-74.

11. Katalog der... Stolberg'schen Leichenpredigten-Sammlung. Bd. 1. Leipzig 1927, S. 421f. Nr. 7606-09; Expl. im Landeskirchlichen Archiv Nürnberg: Fen. II 497 4° (51-59).

Während die Münzsammlung von Christoph Arnold 1669[12] verzeichnet wurde, fehlt bis heute ein Katalog seiner Bücher. Dies ist um so bedauerlicher, als seine Bibliothek heute der 1615 begründeten Sammlung Fenitzer im Landeskirchlichen Archiv Nürnberg einverleibt und nur mit Hilfe eines systematischen Katalogs von 1830 zu rekonstruieren ist.[13] Nicht weniger wünschenswert erscheint ein Verzeichnis seiner Stammbucheintragungen; noch immer finden sich allenthalben verstreute Stammbuchblätter mit seinem Wahlspruch *In Foraminibus Petrae Quiesco*, schien es doch, wie schon Rist[14] belegt, den Studenten besonders erstrebenswert, "deß lobwürdigsten Herrn Dilherren eigne Hand in ihren Stambüchern" zu haben.

Für zuverlässige Aussagen über seine gelehrten und literarischen Beziehungen ist die Korrespondenz unentbehrlich. Im Falle Dilherrs hat Spahrs Ermunterung, nach weiteren Autographensammlungen zu suchen und damit eine solidere Quellengrundlage zu schaffen, zu einem ersten Ergebnis geführt. Ein großer Teil der bislang unbekannt gebliebenen Briefe an Dilherr wird heute als Depositum aus den Beständen der ehemaligen Preußischen Staatsbibliothek Berlin in der Jagiellonischen Bibliothek in Krakau aufbewahrt. Dieser Nachlaß ist bei weitem nicht so umfangreich wie derjenige Johann Sauberts in der Uffenbach-Wolfschen Sammlung in Hamburg, dafür aber durch ein eigenhändiges Verzeichnis Dilherrs gut dokumentiert. Anhand dieses – von Martin Bircher 1981 aufgefundenen – Inventars konnte das *Commercium epistolicum Dilherriani* im Mai 1983 in Krakau rekonstruiert werden.[15]

12. Beschreibung und Abb. des Dilherr-Kabinetts im Katalog des Germanischen Nationalmuseums: Münzen in Brauch und Aberglaube. Nürnberg 1982, S. 196ff.

13. Vgl. Matthias Simon: Die Fenitzerbibliothek in Nürnberg. In: Zeitschrift für Bayerische Kirchengeschichte 29 (1960), S. 167-185, bes. S. 174f.

14. Johann Rist: Die alleredelste Erfindung... In: J.R.: Sämtliche Werke. Bd. 6. Hrsg. von Eberhard Mannack. Berlin, New York 1976, S. 22. Vgl. auch den Katalog von Karlheinz Goldmann: Nürnberger und Altdorfer Stammbücher aus vier Jahrhunderten. Nürnberg 1981.

15. Den Direktoren Dr. Jan Pirozyński und Prof. Dr. Paul Raabe sei für diese Möglichkeit im Rahmen des Austausches zwischen der Jagiellonischen Bibliothek und der Herzog August Bibliothek herzlich gedankt.

Die Briefe gelangten auf noch ungeklärtem Wege in den Besitz des bibliophilen Privatgelehrten Karl Hartwig Gregor von Meusebach (1781-1847), dessen umfangreiche Bibliothek und Autographensammlung die Königliche Bibliothek in Berlin dann 1850 erwarb.[16] Hier wurde das Dilherr-Konvolut in die allgemeine Autographensammlung aufgelöst, die man 1941 auslagerte.[17]

Dilherrs Inventar der an ihn gerichteten Briefe nennt 69 Schreiber; von den ursprünglich ca. 113 Briefen konnten bislang 97 Briefe von 57 Schreibern ermittelt werden. Nach weiteren Recherchen in Archiven und Bibliotheken erfaßt das nachfolgende Briefverzeichnis ca. 340 Briefe von und an 110 Korrespondenten. Aus den Briefinhalten ist jedoch ersichtlich, daß damit nur ein Bruchteil der ursprünglichen Korrespondenz vorliegt und weitere Brieffunde zur Verdeutlichung der gelehrten Beziehungen möglich und unerläßlich sind.

Bemerkenswert scheint das Spektrum dieses überwiegend theologischen Briefwechsels. Dilherr korrespondiert mit den Straßburger orthodoxen Theologen Schmidt und Dannhauer ebenso wie mit dem Helmstedter Ireniker Calixt oder dem Jesuiten Bissel. Der größere Teil der Briefe spiegelt seine religionspolitischen Aufgaben und ist deshalb im Kontext der Nürnberger Ratsverlässe zu sehen.[18] So steht beispielsweise der Briefwechsel mit Calixt und dessen Nürnberger Amanuensis Reinhart im Zusammenhang mit dem Thorner Religionsgespräch, der Briefwechsel mit Kurfürst Karl Ludwig und Hottinger im Zusammenhang mit den kurpfälzischen konfessionellen Unionsbestrebungen.

Folgenreich war die Haltung des Nürnberger geistlichen Ministeriums unter ihrem Antistes Dilherr zu den *brandenburgischen* Unionsbestrebungen. Der Große Kurfürst, selbst reformierten Bekenntnisses, suchte durch ein Toleranzedikt 1662 eine Union zwischen Reformierten und Lutheranern durchzusetzen. Einer der Streitpunkte zwischen beiden Konfessionen war die ent-

---

16. Vgl. die Festschrift: Deutsche Staatsbibliothek 1661-1961. Bd. 1. Leipzig 1961, S. 335ff. und die bibliogr. Hinweise in Bd. 2, S. 78f.

17. Ebda. Bd. 1, S. 82.

18. Staatsarchiv Nürnberg: Rep. 60a.

schiedene Ablehnung des Exorzismus durch die Reformierten.[19] Die Berliner Geistlichen, unter ihnen der berühmte Paul Gerhardt von St. Nikolai, baten daraufhin die theologischen Fakultäten Helmstedt, Jena, Leipzig und Wittenberg sowie die geistlichen Ministerien in Nürnberg, Stuttgart und Hamburg um Gutachten. Von allen wehrten sich die Wittenberger am entschiedensten gegen die Annahme des Toleranzedikts und beharrten auf der Anerkennung der Konkordienformel, der abschließenden Bekenntnisschrift des Luthertums. Allein die Nürnberger empfahlen eine Annahme. Die kompromißbereite, zudem obrigkeitsfreundliche Haltung Dilherrs hat diese Stellungnahme beeinflußt; so stand am Anfang seiner Nürnberger Karriere der Streit mit Saubert, am Ende aber der Rücktritt Paul Gerhardts von seinem Kirchenamt.

Aus den vielfältigen Bemühungen Dilherrs um das Bildungswesen seiner Zeit seien hier nur zwei Begebenheiten hervorgehoben. Nach einem Gesuch des Pfalzgrafen Christian August förderte er 1651 in Sulzbach das "durch das eingeführte Babsthumb labe factirte Kirchen- und Schuelwesen mit Rath und Hülfe".[20] Die zweite Begebenheit ist Episode geblieben, von Leibniz erzählt: als Leiter des Unterrichtswesens hatte ihm Dilherr 1667 eine Professur in Altdorf angeboten, die er jedoch ausschlug, weil er — wie er in seiner Vita[21] berichtet — andere Ziele verfolgte. Die Personalunion des Theologen und Pädagogen wird aus zahlreichen Briefen deutlich, in denen ihm Studenten empfohlen werden, oder aus seinen Gutachten, in denen er Bittgesuche an den Nürnberger Rat meist wohlwollend beurteilt.[22] Sein persönliches Engagement als Pädagoge wird durch seine Stipendienstiftung gekrönt, über deren Umfang das nach

19. Friedrich Wilhelm Kantzenbach: Ein Nürnberger Beitrag zur Paul-Gerhardt-Forschung und zur Wirkungsgeschichte der Concordienformel. In: Zeitschrift für Bayerische Kirchengeschichte 46 (1977), S. 261-271.

20. Staatsarchiv Nürnberg: S I L 189a, Nr. 28.

21. Vita Leibnitii a se ipso breviter delineata. In: Onno Klopp [Hrsg.]: Die Werke von Leibniz. Bd. I.1. Hannover 1864, S. 39.

22. Staatsarchiv Nürnberg: Stadtrechnungsbelege Rep. 54a II. An dieser Stelle sei Dr. Leonie von Wilckens für die hilfsbereite Förderung eines Aufenthaltes in Nürnberg herzlich gedankt.

seinem Tode 1669 begonnene Rechnungsbuch[23] Aufschluß gibt.

Ein zu den ganz wenigen deutschsprachigen Briefen innerhalb der lateinischen Gelehrtenkorrespondenz zählendes Schreiben an Forstenheuser zeigt, daß dem Pädagogen auch Enttäuschungen nicht erspart blieben: der Brief ist eine einzige Klage über den Undank seines Günstlings Gentius und ein aufschlußreiches Dokument über die Persönlichkeit Dilherrs. Im Jahre 1641 war der junge Orientalist Georg Gentius nach Konstantinopel gereist; mit überschwenglichen Worten hatte Dilherr seine Absicht begrüßt, "Barbarie in media" das Wort Gottes zu verteidigen (an Fürer 1645). Bei seiner Rückkehr im November 1649 empfing er ihn mit einer emphatischen Lobeshymne ("Salve Optatissime! Salve ex Oriente redux...")[24] und unterstützte ihn nach seinem Vermögen. Aus dem Brief des Gentius an seinen "Fautor Cordatissime" von 1658 spricht denn auch eine herzliche Verbundenheit, deren Glaubwürdigkeit jedoch merklich schwindet, wenn man zuvor Dilherrs Brief an Forstenheuser von 1656 gelesen hat. Der vertrauenswürdige Adressat und entfernte Verwandte Georg Forstenheuser war der Agent Herzog Augusts d.J. von Braunschweig-Lüneburg, des gelehrten Büchersammlers und Verfassers einer *Evangelischen Kirchen-Harmonie*. Das Schreiben[25] ist so beredt, daß es hier vollständig mitgeteilt wird:

Dem Edlen und Vesten Herrn Georg Forstenhausern, Fürstlicher Durchleüchtigkeitt zu Braunschweig und Wolffenbüttel ... Wie auch anderer ... Fürsten und Stände des H[eiligen] Römischen Reichs hochverdientem Rath, Meinem hochgeehrten Hn Schwagern, und werthen Patron.

[Anmerkung Herzog Augusts:] Ingrati Gentii Encomia.

Edler und Vester, E.E. und V. sind, neben anwunschung eines, von dem güthigen Gott, reichlich gesegneten, und an leib und seel ersprißlichen neüen iahrs, meine gebeth zu Gott, und mügliche dienste iederzeit anvor, insonders hochgeehrter H[err] Schwager, und werther Patron. Daß, des weltberühmten Herrens, Herrens Augusts, Herzogens zu Braunschweig und

23. Landeskirchliches Archiv Nürnberg: Bestand der Pfarrei Nürnberg-St. Sebald Nr. 412.

24. Historia vitae, fatorum atque meritorum Georgii Gentii ... ex autographis collegit, digessit, editit M. Augustus Beyerus ... Dresden und Leipzig 1733, S. 39ff.

25. Den Hinweis auf diesen Brief verdanke ich Jill Kohl, Bristol.

Lüneburgk meines gnädigsten Fürstens und Herrens, F[ürst] liche Durchleüchtigkeit, meines wenigen Person so gnädige meldung gethan, erkenne ich mit unterthänigstem danck. Der große himmelische Fridenfürst erhalte dero F[ürst]liche Durchleüchtigkeitt, samt selbiges uraltem ewigpreißwürdigsten Ruhmhohem Hauß, bei langer ruhe und fried, und erfülle Sie mit vollem segen, von oben herab.

D[a]z H[err] Georgius Gentius izo erst ankommen, und Ihrer H. Durchleüchtigkeit so gar langsam meine demüthigste recommendation überreichet, kömmet mir seltsam vor. Hätte ich sie dazumahl nicht geschrieben: würde es nachmahls auf V[er]flißung etlicher monathen gewiß verblieben seyn. Denn ich Ihme nicht allein, da er noch zu Constantinopel gewesen, von hier aus, durch erbethene guthe Freünde, allerlei Vorschub gethan; sondern auch, nach dem Er anhero kommen, Ihn 4 Wochen bei mir gehabt, und, nach meinem armuth, viel auf Ihn gewendet, und Ihm etliche sachen verehret, die mir sehr lieb gewesen: über daß auch an Hn Grafens Magni Gabrielis de la Gardie Excellenz, so Sich dazumahl zu Leipzig aufhielten, an die Hn von Frisen zu Dreßden, und andere vornehme Herrn mehr, commendiret: weil Er mir, mit einer sonderlichen pomp, und mit seiner sonst ungewöhnlichen manier, solche Künste in der Arznei fürgeschwazt, die Er von Persianern erlernet, und mich selbige, den armen mitchristen zum behuf, auch zu lehren versprochen; d[a]z ich mich darüber höchlich erfreüet, und mich nichts dauren laßen, solche von Ihm zu erlangen. Aber Er scheibts von einem tag auf den anderen; und da Er leztlich wegreitet, ich Ihm auch, aus großem respect, und Verlangen nach der Persianischen Arzneikünst, den bügel am sattel hielte; und nochmals, ümb erfüllung des Versprechens, anregung thäte; sagte Er, ich sollts von Leipzig haben: von Leipzig verscheibt Er es auf Dreßden: von Dreßden schreibt Er mir fein deütlich; es sey Ihm nicht müglich. Da wahr ich bezahlt; und wahr so gescheid, in der Persianischen Arznei, als zuvor: dorfte es aber, üm Verhüthung des gelächters, niemand klagen. Nichts destoweniger hat Er, von Amsterdam aus verhofft, mich noch weiter, an seinem sail, wie seinen Slaven, herüm zuführen: ich habe es aber mit einem briev, aufeinmahl mit darstellung, wie Er vorher, mit mir ümgegangen, abgeschnitten. Ich bin mein lebenlang oft angesezet worden, weil ich nicht gern iemand w[a]z böses zutraue: aber nie mit solcher devotion und ehrerbiethung, wie von diesem Gentio: der Ihm auch, mit seiner steten nüchterkeit (denn Er tranck bei mir nichts, als waßer) eine sonderliche autoritet machte. Hat sich aber einsten (wie ich hernach erfahren) bei Hn. D. Volckamern in den besten meth ganz voll getruncken. Ich könnte eine ganzen Commentarium von den artibus Gentianis schreiben: muß aber die Zeit auf w[a]z beßers wenden.

Daß Ihrer H. Durchleüchtigkeitt Harmonia widerüm ehest herauskommen wird, erfreüet mich sehr: Denn es der allernüzlichsten bücher eins ist: stehet stets bei mir, in meinem cabinet, und ist mein bester Ausleger der Evangelien und Episteln.

Von des izigen Pabsts Alexandri pseudo-septimi buch de Copernicano terrae motu habe ich nie waß gehöret. Hätte Er dergleichen geschrieben: so hätte Er es privatim, und suppresso nomine, thun müssen: weil die sententia Copernici et Galilaei de Galilaeis, von der Ecclesia Romana, publice ist condemniret worden. So soll auch gemeldter Pabst kein Philosophus, sondern nur ein wenig ein Jurist seyn: von der Theologia aber weiß er mehr nicht, als ein tüglicher Meßhalter.

Bevehle hiemit E.E. und V. des Höchsten Schuz, mit dienstlicher bitte, Ihrer H. Durchleüchtigkeitt . . . meine Wenigkeit ferner gehorsamst zu commendiren.

Dab. e museo 8 Jan. 1656.

E.E. und V.

J M Dilherr mpp.

Der Bitte um Empfehlung kam Forstenheuser noch im gleichen Jahre nach, indem er in einem Brief an Herzog August üble Gerüchte über Dilherr zerstreute und sein "exemplarisch und eingezogen stilles leben" lobte.[26] Über die Verbindung Dilherrs zu Herzog August erfahren wir aus den Briefen wenig, gab es doch offenbar keinen vergleichbar regen Gedankenaustausch wie zwischen dem Herzog und den Theologen Johann Saubert und Johann Valentin Andreae oder dem Literaten Georg Philipp Harsdörffer. Immerhin schickte Dilherr die meisten seiner Bücher mit handschriftlichen Widmungen oder Gedichten und Begleitbriefen nach Wolfenbüttel, so daß die Herzog August Bibliothek heute im Besitz einer ebenso schönen wie umfangreichen Sammlung seiner Schriften ist. Die Söhne des Herzogs, Anton Ulrich und Ferdinand Albrecht, besuchten Dilherr in Nürnberg[27], der Sohn Anton

26. Lore Sporhan-Krempel: Nürnberg als Nachrichtenzentrum zwischen 1400 und 1700. Nürnberg 1968, S. 186. Über Forstenheuser als Vermittler zwischen Herzog August und Dilherr auch L.Sp.-K.: Georg Forstenheuser aus Nürnberg 1584-1659. Korrespondent, Bücherrat, Faktor und Agent. In: Börsenblatt für den Deutschen Buchhandel – Frankfurter Ausgabe – Nr. 23 vom 20. März 1970, S. 705-743, hier S. 736.

27. Sporhan-Krempel 1968, S. 111 und Brief an Herzog August vom 12.9.1663.

Ulrichs, Ludwig Rudolph, besaß einen Sammelband handschriftlicher Exzerpte aus seinen Schriften.[28] Dennoch bleibt die Intensität des Gedankenaustausches mit dem Wolfenbütteler Hof vorerst unbestimmt und so allgemein wie die Formulierung Anton Ulrichs 1663 in seinem Brief an Dilherr: "Multum sane est, quod Christiana Respubl[ica], et mea omnes, quibus pietas et sanctissima devotio cordi est, tibi debent."

Seit Sigmund von Birken in seinem *Himmel-Klingenden Schäferspiel*,[29] einem Teil der Leichpredigt auf Dilherr, diesen als "Kunstlehrer" und "treuen Schutzfreund" feierte, gilt der Nürnberger Theologe gemeinhin auch als geistlicher Vater des 1644 von Harsdörffer und Klaj gegründeten Pegnesischen Blumenordens. Diese Formulierung umschreibt die enge Zusammenarbeit Dilherrs mit Harsdörffer, Klaj und Birken, ist jedoch irreführend, weil sie die Institution des Blumenordens augenscheinlich überbewertet, deren Mitglied Dilherr nicht war. Auffällig ist, daß in der erwähnten Nürnberger Chronik des 17. Jahrhunderts, in der Dilherrs literarisch-musikalische Aktivitäten auf mehreren Seiten beschrieben werden, der Blumenorden nicht einmal erwähnt wird. Nur in einer der Stadtchroniken[30] ist ein zweizeiliger Hinweis, und dann mit dem falschen Gründungsdatum 1642, auf den Pegnesischen Blumenorden zu finden.

Dilherr wurde auch nicht Mitglied der Fruchtbringenden Gesellschaft, obwohl sich Harsdörffer bereits vor dessen endgültiger Etablierung in Nürnberg bei Ludwig von Anhalt dafür einsetzte: "Es befindt sich ietziger Zeit bey uns ein sonderlicher Liebhaber der Teutschen Sprache, Johann Michael Dilherr, der H. Schrifft Lehrer bey der Hohen Schul Jena. Seine untergebene hat er im Predigen dahin gehalten und angewehnet, daß derselben keiner ein Lateinisches worth oder sylben von sich hören läst; wie er

28. *Geistreiche Excerpta aus Verschiedener Theologorum Schrifften...* (1711). Herzog August Bibliothek: 27 Blankenburg; vgl. auch die mit roter Tinte geschriebene Postille Dilherrs *Dominica Adventus* 1653. HAB: Cod. Guelf. 50.9 Aug. 4°.

29. Vgl. Maria Fürstenwald: *Letztes Ehren-Gedächtniß und Himmel-klingendes Schaeferspiel.* Der literarische Freundschafts- und Totenkult im Spiegel des barocken Trauerschäferspiels. In: Daphnis 2 (1973), S. 32-53.

30. Stadtarchiv Nürnberg: Stadtchronik Nr. 48. Bd. 2. S. 660.

auch ihnen mit gutem Exemplen vorgehe, ist aus Beyschluß mit mehreren Zu ersehen. Solte nun den Hochlöbl. Geselschafteren belieben, diesen Mann, welcher bey den seinen, in unserer Muttersprach viel gefruchtet, und darin noch ferneren Behuf Zu leisten gewillet ist, auf Zunehmen, möchte Ihm vielleicht, wegen trefflicher Wissenschaft der Ebreischen Sprache (so unserem Teutschen fast in allen gleichet) Zum Gemählde ertheilet werden die Jerusalemblume. . . "[31] Die beigelegte Predigt fand auch den Beifall Ludwigs, nicht jedoch der Gedanke an eine Aufnahme: "Wegen einnehmung aber in die Fruchtbringende geselschaft, wird noch Zur Zeit etwas angestanden, weil dergleichen geistliche noch nicht darinnen befindlich. . . "[32]

Während für die Förderung der literarischen Gesellschaften durch Dilherr lediglich ideelle Anhaltspunkte auszumachen sind, ist die enge Zusammenarbeit mit Harsdörffer, Klaj und Birken nachweisbar. Mai und Wietfeldt sind dem regen Austausch von Widmungsgedichten und Vorreden, geistlichen Liedern und Emblemen gründlich nachgegangen.[33] Die Besonderheit der Verbindung des Theologen mit den Literaten erhellt aus einem bereits von Herdegen 1744 mitgeteilten und hier nach der Handschrift wiedergegebenen Briefauszug vom 3. März 1660, in dem der Theologe den Dichter Birken bittet:

Sis Harsdorferus mihi: non Te verba Dilherri
fallent; nec mentis candor inanis erit.
Ich habe zum Seeligen Hn Harsdörffer oft gesagt: Ich mache
nur die grobe Zimmerarbeit: Er aber mache hernach, als ein
künstlicher Schreiner, oder Bildhauer, die Zierath daran.

Hier wird einmal mehr deutlich, daß die Dichtung der Theologie zu dienen hat, der Theologe seinerseits aber gut daran tut, um der Wirksamkeit seiner Lehre willen sich des Dichters zu verge-

31. Gottlieb Krause: Der Fruchtbringenden Gesellschaft ältester Ertzschrein. Leipzig 1855, S. 313.
32. Ebda. S. 314f.
33. Richard Mai: Das geistliche Lied Sigmund von Birkens. Diss. München 1968; Willard James Wietfeldt: The Emblem Literature of Johann Michael Dilherr (1604-1669). Nürnberg 1975.

wissern. Der Adressat dieser wichtigen Erklärung war denn auch emsig bemüht, seinem ehemaligen Lehrer und Förderer stets zu Diensten zu sein; aus Birkens Tagebucheintragungen sehen wir, wie oft er "bey Dr. Dilherrn eingesprochen " hat.[34]

Zu diesem 'do ut des' zwischen dem Theologen und den Dichtern kommt das Bemühen um das Werk anderer, etwa des Pädagogen Jan Amos Comenius. Es ist bekannt, daß die ersten deutschen Bearbeitungen des *Orbis sensualium pictus* aus der Zusammenarbeit von Harsdörffer, Birken und Dilherr hervorgegangen sind.[35] Aus einem Brief des Comenius, in dem er Harsdörffer die Drucklegung seiner Werke in Nürnberg ans Herz legt, erfahren wir[36], daß er zumindest mittelbar Dilherr kannte; dieser wiederum besaß zwölf Schriften des berühmten Pädagogen, deren Einfluß auf seine Werke damit freilich noch nicht nachgewiesen ist. Der *Orbis sensualium pictus* insbesondere in der Übersetzung von 1658 ist jedoch von dem gleichen emblematischen Ding- und Weltverständnis[37] geprägt wie die Erbauungsliteratur, die Autoren wie Dilherr in Nürnberg oder dessen Briefpartner Ahasver Fritsch in Rudolstadt und Heinrich Müller in Rostock - einig in der Bewunderung des Werkes von Johann Arndt - unermüdlich schrieben. Einen Hinweis zum Verständnis dieser enormen Produktivität - Dilherr verfaßte neben zahlreichen Kasualschriften 47 lateinische und 76 deutsche Werke[38] - kann man dem Brief des Ahasver Fritsch an Dilherr entnehmen, in dem er die ungünstige Ausgangsposition für ihr Wirken in einem Satz zusammenfaßt: "Homines seculares nil nisi nova et magna admirantur: Ecclesiastici Viri partim cum Adversariis altercari, et suas opiniones mascule de-

34. Joachim Kröll [Bearb.]: Die Tagebücher des Sigmund von Birken. 2 Tle. Würzburg 1971/4.

35. Kurt Pilz [Bearb.]: Johann Amos Comenius: Die Ausgaben des *Orbis Sensualium Pictus*. Eine Bibliographie. Nürnberg 1967.

36. Brief aus Amsterdam vom 15./25. Jan. 1657. In: Joseph Reber: Johann Amos Comenius und seine Beziehungen zu den Sprachgesellschaften. Leipzig 1895, S. 50ff.

37. Vgl. Wolfgang Harms: Wörter, Sachen und emblematische 'res' im *Orbis sensualium pictus* des Comenius. In: Gedenkschrift für William Foerste. Hrsg. von Dietrich Hoffmann. Köln, Wien 1970, S. 531-542.

38. Vgl. die Bibliographie in Wietfeldt (wie Anm. 33), S. 292-327.

fendere satagunt." Erbauungsliteratur, so die vereinfachende Schlußfolgerung, ist die Alternative zur Curiositätensucht der Laien und zu den ewigen Streitereien einiger Theologen. Die Korrespondenz und das literarische Werk Dilherrs zeigen, daß er auf diesem alternativen Wege religiöse Erneuerung, studium et praxis pietatis, zu befördern suchte. Die breite Leser- und Zuhörerschaft aber sicherte sich der kreative Theologe im Zusammenwirken mit den fähigsten Dichtern seiner unmittelbaren Umgebung. Erst hundert Jahre später wurde der Nutzen der inzwischen unüberschaubaren Flut von Erbauungsliteratur so radikal in Frage gestellt, daß sich jetzt so mancher junge Theologe selbst und ausschließlich zum Dichter berufen fühlte.

Zum Briefverzeichnis

Der Verfasser dankt den Archivaren und Bibliothekaren der nachfolgend genannten Institutionen ebenso herzlich für ihre Hilfe wie den Mitarbeitern der Bibliotheken, in denen (wie etwa in Greifswald[39], Jena, Wien) wider Erwarten keine Briefe gefunden wurden:

BJK   Biblioteka Jagiellońska Kraków
BNP   Bibliothèque Nationale Paris
BRL   Bibliotheek der Rijksuniversiteit Leiden
BUW   Biblioteka Uniwersytecka Wrocław
FBG   Forschungsbibliothek Gotha
GNN   Archiv des Germanischen Nationalmuseums Nürnberg
HAB   Herzog August Bibliothek Wolfenbüttel
NSA   Niedersächsisches Staatsarchiv Wolfenbüttel
ÖBB   Öffentliche Bibliothek der Universität Basel

39. Dilherr-Autographen befanden sich in der 1716 in Berlin versteigerten Handschriftensammlung des Greifswalder Theologen Johann Friedrich Mayer; vgl. den Auktionskatalog von Jakob Heinrich von Balthasar: *Bibliotheca Mayeriana*. . ., Berlin: Chr. G. Nicolai 1715, S. 727. Mayers unkatalogisierter Briefwechsel (lt. ADB 21, S. 101 mehr als 1000 Briefe von und an ca. 250 Gelehrte) ist seit der Auslagerung nicht nach Greifswald zurückgekehrt.

RAS Riksarkivet Stockholm
SAN Stadtarchiv Nürnberg
SAW Staatsarchiv Würzburg (Gräfl.v. Schönborn'sches Archiv Wiesentheid)
SBA Staats- und Stadtbibliothek Augsburg
SBB Staatsbibliothek Bamberg
SLD Sächsische Landesbibliothek Dresden
STN Staatsarchiv Nürnberg
SUG Niedersächsische Staats- und Universitäts-Bibliothek Göttingen
SUH Staats- und Universitäts-Bibliothek Hamburg
UBE Universitätsbibliothek Nürnberg-Erlangen
UBG Universitätsbibliothek Gießen
UBH Universitäts- und Landesbibliothek Sachsen-Anhalt Halle
UBM Universitätsbibliothek München
ZBZ Zentralbibliothek Zürich

Mit Hilfe des von der Herzog August Bibliothek im Auftrage der Deutschen Forschungsgemeinschaft vorbereiteten *Repertoriums gedruckter Briefe deutscher Autoren des 17. Jahrhunderts* konnten in den folgenden – chronologisch aufgeführten – Quellen gedruckte Briefe oder Briefauszüge ermittelt werden:

Richter 1662 Georgii Richteri IC. eiusque familiarum, epistolae selectiores, . . . Nürnberg: M. Endter 1662.

Götze 1719 Msctorum quaternio quem prelo committit . . . Zacharias Goeze, . . . Osnabrück: Kisling 1719. [Ex. im Stadtarchiv Soest: 4 Nn 2.22 (43)]

Löscher 1733 Fortgesetzte Sammlung von Alten und Neuen Theologischen Sachen . . . [hrsg. von Valentin Ernst Löscher]. Auf das Jahr 1733. Leipzig: J.F. Brauns Erben.

Neuigkeiten 1737 Gelehrte aus alten Nachrichten gezogene Neuigkeiten. Womit allerhand nützliche und curieuse zur Theologie, . . . gehörige Sachen, aus bisher noch ungedruckten Urkunden communiciret werden. Nürnberg: J.A. Schmidt 1737.

Herdegen 1744 Historische Nachricht von deß löblichen Hirten- und Blumen-Ordens an der Pegnitz Anfang und Fortgang/ . . . verfasset von dem Mitglied dieser Gesellschafft Amarantes [d.i. Johann Herdegen]. Nürnberg: Chr. Riegel 1744.

Gedicke 1745   Epistolarum selectissimarum Leibnitii ... Decas. Ex autographis nunc primum eruta, prodromum maioris operis sistens, cura Frid. Gedickii.... Berlin: J.J. Schütz 1745.

Briefwechsel 1750   Gesammelter Briefwechsel der Gelehrten, die zum Wachsthum der Wissenschaften, ... in eine so genante[!] correspondirende Gesellschaft zusammengetreten. 2 Bde. Hamburg: D.A. Harmsen 1750-51.

Will 1756   Commercium epistolicum Norimbergense sive vivorum celeberrimorum Norimbergensium ad diversos et diversorum celeberrimorum ad Norimbergenses ... epistolae e mss. primum editae a Georgio Andrea Willio, ... Altdorf: L. Schupfel 1756-59. 3 Tle.

Beyträge 1764   Beyträge zu den gelehrten Wissenschaften vornehmlich der Theologie, Philologie und Historie ... [von Sebastian Jakob Jungendres]. Stück 1-2. Frankfurt und Leipzig: [Fritsch] 1764.

Fritsch 1767   Auszug aus einem noch ungedruckten theologischen Briefwechsel, aus dem vorigen Jahrhundert, an Ahasverus Fritsch. In: Hallische Sammlungen zur Beförderung theologischer Gelehrsamkeit. Hrsg. von Johann Salomo Semler. 1. Stück. Halle: Trampe 1767. S. 68-117.

Murr 1799   Chirographa personarum illustrium. I.: Catalogus chirographorum, quae congessit C.T. de Murr, Norimbergae. In: Christoph Gottlieb Murr [Hrsg.]: Neues Journal zur Litteratur und Kunstgeschichte 2 (1799), S. 286-299.

Arndt 1838   Arndt, Friedrich: Johann Arndt, weiland General-Superintendent des Fürstenthums Lüneburg. Ein biogr. Versuch. Berlin: Oehmigke in Comm. 1838.

Tholuck 1859   Tholuck, August: Michael Dilherr, Pfarrer in Nürnberg. In: A.Th.: Lebenszeugen der lutherischen Kirche aus allen Ständen vor und während der Zeit des dreißigjährigen Krieges. Berlin: Wiegandt u. Grieben 1859. S. 363-375.

Schwarzenberg 1892   Schwarzenberg, Adolf: Das Leben und Wirken Johann Michael Dilherrs. Ein Beitrag zur Geschichte der Pädagogik des XVII. Jahrhunderts. Dresden (Diss. d. Univ. Leipzig) 1892.

Hippe 1902 — Hippe, Max: Christoph Köler, ein schlesischer Dichter des siebzehnten Jahrhunderts. Sein Leben und eine Auswahl seiner deutschen Gedichte. Breslau: Morgenstern 1902.

Schreyer 1939 — Schreyer, Paul: M. Joh. Michael Dilherr, Pfarrer an St. Sebald in Nürnberg, über die Fürther Juden. In: Zeitschrift für Bayerische Kirchengeschichte 14 (1939), S. 33-36.

Kunstmann 1957 — Kunstmann, Heinrich: Die sichtbare Welt Comenii. In: Die Welt der Slaven. Vierteljahrsschrift für Slavistik 2 (1957), S. 378-393.

Mai 1968 — Mai, Richard: Das geistliche Lied Sigmund von Birkens. München (Diss.) 1968.

Dülmen 1970 — Dülmen, Richard van: Orthodoxie und Kirchenreform. Der Nürnberger Prediger Johannes Saubert (1592-1946). In: Zeitschrift für Bayerische Landesgeschichte 33 (1970), S. 636-786.

Die Kurzbiographien verweisen auf die einschlägigen biographischen Nachschlagewerke und die überaus nützlichen Verzeichnisse der Briefsammlungen Uffenbach-Wolf und Trew durch Krüger und Schmidt-Herrling:

ADB — Allgemeine deutsche Biographie. Neudr. der 1. Aufl. von 1875-1912. Berlin 1967-71. 56 Bde.

Adelung — Adelung, Johann Christoph: Fortsetzung und Ergänzungen zu ... Jöchers allgemeinem Gelehrten-Lexico .... Nachdr. der Ausg. Leipzig 1784-1897. Hildesheim 1960-61. 7 Bde.

Buenting — Buenting, Heinrich: Braunschweig-Lüneburgische Chronica ... ans Licht gestellet von Phillippo Julio Rehtmeier ... Braunschweig 1722. 3 Tle.

DBL — Dansk biografisk Leksikon. Kobenhavn 1933-44. 27 Bde.

Isenburg — Isenburg, Wilhelm Karl von: Stammtafeln zur Geschichte der europäischen Staaten. 2. verb. Aufl. hrsg. von Frank Freytag von Loringhoven. Marburg 1953-78. 5 Bde.

Jöcher — Jöcher, Christian Gottlieb: Allgemeines Gelehrten-Lexicon ... Leipzig 1750-51. 4 Tle.

Krüger — Supellex epistolica Uffenbachii et Wolfiorum. ... Hrsg.

	und bearb. von Nilüfer Krüger. Hamburg 1978. 2 Bde (Katalog der Handschriften der Staats- und Universitäts-Bibliothek Hamburg; 8).
Lp Stolberg	Katalog der fürstlich Stolberg-Stolberg'schen Leichenpredigten-Sammlung. Leipzig 1927-35. 4 Bde.
NDB	Neue deutsche Biographie. Berlin 1953ff. Bd. 1ff.
Neumeister	Neumeister, Erdmann: De poeticis Germanicis. Hrsg. von Franz Heiduk. Bern, München (1978).
NNBW	Nieuw Nederlandsch biografisch Woordenboek.... Nachdr. der Ausg. Leiden 1911-37. Amsterdam 1974. 10 Bde und Register.
Reifferscheid	Reifferscheid, Alexander: Briefe G.M. Lingelsheims, M. Berneggers und ihrer Freunde. Heilbronn 1889.
RGG	Die Religion in Geschichte und Gegenwart. 3. Aufl. Hrsg. von Kurt Galling. Tübingen 1957-65. 6 Bde und Register.
Rotermund	Rotermund, Heinrich Wilhelm: Das gelehrte Hannover oder Lexikon von Schriftstellern ... Bremen 1823. 2 Bde und Anhang.
SBL	Svenskt biografiskt Lexikon. Stockholm 1918ff. Bd. 1ff.
Schmidt-Herrling	Die Briefsammlung des Nürnberger Arztes Christoph Jacob Trew (1695-1769) in der Universitätsbibliothek Erlangen. Bearb. von El. Schmidt-Herrling. Erlangen 1940. (Katalog der Handschriften der Universitätsbibliothek Erlangen; 5).
Sommervogel	Bibliothèque de la Compagnie de Jésus.... nouvelle édition par Carlos Sommervogel. Neudr. der Ausgabe Brüssel 1890-1932. Louvain 1960. 12 Bde.
Thiess	Thiess, Johann Otto: Versuch einer Gelehrtengeschichte von Hamburg. Hamburg 1780. 2 Tle.
Will	Will, Georg Andreas: Nürnbergisches Gelehrten-Lexicon... Nürnberg, Altdorf 1755-58. 4 Bde.
Wurzbach	Wurzbach, Constant von: Biographisches Lexikon des Kaiserthums Oesterreich... Wien 1856-91. 60 Bde.
Zedler	Grosses vollständiges Universal-Lexicon aller Wissenschaften und Künste... Halle, Leipzig 1732-50. 64 Bde.

Verzeichnis der Briefe von und an (←) Johann Michael Dilherr

Die Briefe in der Jagiellonischen Bibliothek sind mit dem Stempel der Sammlung Meusebach signiert (M), jedoch nach Schreibern abgelegt; sie sind jetzt auch über den Mikrofilm 159 in der Handschriftenabteilung der Herzog August Bibliothek einzusehen.

Alagon, Carolus
"Comes de Aquilar, Eques militaris ordinis S. Jacobi Norimb."
←   BJK   : Verlust

Albertus, Johann
"Praetor. Vienna"
←   BJK   : Verlust

Andreae, Johann Valentin
17.8.1586 Herrenberg/Württ. − 27.6.1654 Stuttgart; 1641 Dr. theol.; 1650 Abt und Gen.Sup.Int. in Bebenhausen; 1654 Abt in Adelberg; 1646 Mitglied der Fruchtbringenden Gesellschaft. NDB 1, 277ff.; Neumeister S. 277ff.; Krüger S. 20ff.

27. Juni 1649 Nürnberg	HAB	: Cod Guelf. 10.5 Aug. 2°, 227
22. März 1650 Nürnberg	HAB	: ebda. 228
← 1650 o.O.	BJK	: M 85
17. April 1653 Nürnberg	HAB	: Cod. Guelf. 343 Nov., 28

Banér, Svante
1624-1674; schwedischer Reichsrat. SBL 2, 633.
←   BJK   : Verlust

Behaim von Schwarzbach, Georg Friedrich
5.3.1616 Nürnberg − 4.12.1681; gelehrter Nürnberger Patrizier; Kurator der Universität Altdorf. Will 1, 88f.
    11. Okt. 1664 Nürnberg   SBB   : Msc.misc. 70,23

Behaim von Schwarzbach, Lukas Friedrich
17.7.1587 Nürnberg − 22.6.1648 Nürnberg; gelehrter Nürnberger Patrizier; geheimer Rat und Kirchenpfleger. Will 1,87f.; Adelung 1,1599f.

8. Okt. 1644 Nürnberg	GNN	: Behaim Fasz. 159
15. Dez. 1645 o.O.	GNN	: ebda. 160
o.D. o.O.	GNN	: ebda.

Birken, Sigmund von
5.5.1626 Wildenstein/Eger − 12.6.1681 Nürnberg; stud.iur. et theol. in Jena 1643; Mitglied des Pegnesischen Blumenordens 1645 und der Fruchtbringenden Gesellschaft 1658; poeta laureatus. NDB 2,256f.; Neumeister S. 295ff.; Schmidt-Herrling S. 56.

21. Okt. 1657 Nürnberg	GNN : Archiv Pegnes. Blumenorden
29. Dez. 1658 Nürnberg	GNN : ebda.; Auszug in Kunstmann 1957, S. 387
27. Jan. 1659 o.O.	GNN : ebda.; Auszug in Kunstmann 1957, S. 389
25. Febr. 1659 Nürnberg	GNN : ebda.
16. Febr. 1660 Nürnberg	GNN : ebda.; Auszug in Mai 1968, S. 56f.
3. März 1660 Nürnberg	GNN : ebda.; Auszug in Herdegen 1744, S. 155f.
4. Mai 1660 Nürnberg	GNN : ebda.; Auszug in Mai 1968, S. 57
10. Mai 1660 o.O.	GNN : ebda.; Auszug ebda.
21. Juni 1660 o.O.	GNN : ebda.; Auszug ebda.
27. Dez. 1662 o.O.	GNN : ebda.

Birnstiel, Elias
Prof. am ev. Gymnasium in Erfurt; poeta laureatus. Schmidt-Herrling S. 56; Krüger S. 88.
← 15. Nov. 1648 Erfurt   BJK : M 77

Bissel, Johann S.J.
20.8.1601 Babenhausen − 9.3.1682 Amberg; Hofhistoriograph und Prediger in München, Dillingen und Amberg; neulat. Autor. Sommervogel 1,1513ff.; ADB 2,682.
← 21. Okt. 1665 st.n. Dillingen   BJK : M 32

Boccabella, Philibert S.J.
1616 Klagenfurt − 26.7.1670 Passau; Hofprediger Kaiser Ferdinands III. und Leopolds I. Sommervogel 1,1560f.
← 12./22. April o.J. Nürnberg   BJK : M 59

Boecler, Johann Heinrich
13.2.1611 Cronheim/Franken − 7.(12.)9.1672 Straßburg; Staatsrechtslehrer; kais. Rat; schwed. Historiograph; Prof. hist. et eloq. in Straßburg. ADB 2,792f.; NDB 2,372; Krüger S. 94ff.
← 14. Juni 1652 Nürnberg	BJK : M 101
11. Dez. 1652 Nürnberg	SUH : Sup.ep. 23,62
← 21. Jan. 1653 Straßburg	BJK : M 102
3. Mai 1654 Nürnberg	SUH : Sup.ep. 4° 4,62
2. Juni 1654 Nürnberg	SUH : Sup.ep. 4° 4,60
7. Aug. 1654 Nürnberg	SUH : Sup.ep. 4° 4,64
← 8. Sept. 1655 Straßburg	BJK : M 103

Boineburg, Johann Christian [Frhr.] von
12.4.1622 Eisenach − 8.12.1672 Mainz; Konversion (kath.) 1653; kais. und

158

kurfürstl. mainz. Oberhofmarschall; Demission 1664; Privatgelehrter. ADB
3,222ff.; NDB 2,424f.; Krüger S. 99f.

← 10. Febr. 1650 o.O.	BJK	: M 88
← 19. Juli 1660 Mainz	BJK	: M 86
← 31. Juli 1660 o.O.	BJK	: M 87
10. Aug. 1660 Nürnberg	SAW	: Akte Kurf. Johann Philipp 2914, 65-70
← 13. Sept. 1660 Frankfurt (erhalten)	BJK	: M 94
26. Okt. 1660 Nürnberg	SAW	: ebda. 51-54
5. März 1661 Nürnberg	SAW	: ebda. 102-103
4. Mai 1661 Nürnberg	SAW	: ebda. 104-105
3. Juli 1662 Nürnberg	SAW	: ebda. 106-107
26. Aug. 1662 Nürnberg	SAW	: ebda. 108-109
15. Nov. 1662 Nürnberg	SAW	: ebda. 110-111
18. Nov. 1662 Nürnberg	SAW	: ebda. 112-113
29. Okt. 1663 Nürnberg	SAW	: ebda. 114-115
← 12. April 1664 o.O	BJK	: M 92
26. Juli 1664 st.n. Nürnberg	SAW	: ebda. 116
← 29. Dez. 1665 Frankfurt	BJK	: M 89
← 2. März 1666 Frankfurt	BJK	: M 90
← 2. April 1666 Frankfurt	BJK	: M 91
← 22. April 1666 Frankfurt	BJK	: M 93
← 12. Mai 1667 Frankfurt o.D.(Fragment)	Beyträge 1764,1,74f. SAW	: ebda. 59-62

Braunschweig-Lüneburg, Anton Ulrich [Herzog] von
4.10.1633 Hitzacker – 27.3.1714 Salzdahlum; Statthalter 1667, Mitregent
1687, Alleinregent 1704; Konversion (kath.) 1709; Mitglied der Fruchtbringenden Gesellschaft 1659. NDB 1,315f.; Neumeister S. 284ff.

← 12. Okt. 1663 Wolfenbüttel	BJK	: M 25
← 20. Nov. 1666 Wolfenbüttel	BJK	: M 38

Braunschweig-Lüneburg, August d.J. [Herzog] von
10.4.1579 Dannenberg – 17.9.1666 Wolfenbüttel; Regierungsantritt 1635;
gelehrter Büchersammler; Mitglied der Fruchtbringenden Gesellschaft 1634.
ADB 1,660ff.; NDB 1,445f.; Krüger S. 118.

12. Sept. 1641 Jena	Götze 1719, A 2v-3r; Löscher 1733, S. 920f.
19. Febr. 1646 Nürnberg	HAB : BA Herzog August-Briefe Nr. 229
31. März 1650 Nürnberg	HAB : Cod. Guelf. 56 Extrav., 75
1. Aug. 1650 Nürnberg	Götze 1719, A 3r-4r; Löscher 1733, S.921ff.
8. März 1651 Nürnberg	NSA : 1 Alt 22 224, 190-191

29. Juni 1651 Nürnberg	NSA : 1 Alt 22 224, 192
20. Juli 1651 Nürnberg	HAB : Cod. Guelf. 56 Extrav., 76-77
29. Dez. 1655 Nürnberg	HAB : ebda., 78-79
5. Sept. 1657 Nürnberg	HAB : ebda., 80-81
15. Mai 1658 Nürnberg	HAB : Cod. Guelf. 55 Extrav., 324-325
24. Dez. 1659 Nürnberg	HAB : BA Herzog August-Briefe Nr. 230
20. Jan. 1660 Nürnberg	HAB : ebda. Nr. 231
2. März 1661 o.O.	HAB : ebda. Nr. 232
5. April 1661 Nürnberg	HAB : ebda. Nr. 233
11. Jan. 1662 Nürnberg	HAB : ebda. Nr. 234
8. März 1662 Nürnberg	HAB : ebda. Nr. 235
18. Aug. 1662 Nürnberg	HAB : ebda. Nr. 236
21. Dez. 1662 Nürnberg	HAB : ebda. Nr. 237
8. Aug. 1663 Nürnberg	HAB : ebda. Nr. 238
12. Sept. 1663 Nürnberg	HAB : ebda. Nr. 239
o.D. Fragment mit 3 Beilagen	HAB : ebda. Nr. 240
30. Jan. 1664 Nürnberg	HAB : ebda. Nr. 241
4. Aug. 1666 Nürnberg	HAB : Cod. Guelf. 376 Nov., 73-74

Braunschweig-Lüneburg, Ferdinand Albrecht I. [Herzog] von
22.5.1636 Braunschweig — 23.4.1687 Bevern; Apanagensitz in Bevern 1667;
Mitglied der Royal Society und 1673 der Fruchtbringenden Gesellschaft.
ADB 6,679ff.

23. Jan. 1664 Nürnberg	NSA : 95 Alt 2, 5
22. Okt. 1665 Nürnberg	NSA : 95 Alt 2, 1
o.D. o.O.	NSA : 95 Alt 2, 3

Braunschweig-Lüneburg, Rudolf August [Herzog] von
16.5.1627 Hitzacker — 26.1.1704 Hedwigsburg; Regierungsantritt 1666; Mitglied der Fruchtbringenden Gesellschaft 1660. Buenting 3, 1494ff.; ADB 29,
525ff.; Krüger S. 118.

← 9. Mai 1659 Wolfenbüttel	BJK : M 26

Buxtorf, Johann d.J.
13.8.1599 Basel — 17.8.1664 Basel; Prof. ling.hebr. et theol. in Basel. ADB
3,673ff.; NDB 3,84f.; Krüger S. 146.

1. Aug. 1641 Nürnberg	ÖBB : G I 61,273

Calixt, Georg
14.12.1586 Medelby/Schleswig — 19.3.1656 Helmstedt; Prof. theol. in Helmstedt; 1645 Brandenburg. Delegierter beim Thorner Religionsgespräch. NDB
3,96f.; RGG 1,1586f.; Krüger S. 148f.

31. Aug. 1645 Nürnberg	SUG : Cod. Ms. 2° Philos. 111,104
20. Juli 1651 Nürnberg	HAB : Cod. Guelf. 84.9 Extrav., 576-577

← 19. April 1652 Helmstedt   BJK : M 99
   1. Mai   1653 Nürnberg   SUG : Cod. Ms. 2° Philos. 111,105

Calov, Abraham
16.4.1612 Mohrungen/Ostpr. – 25.2.1686 Wittenberg; Prof. theol. in Königsberg; 1643 Gymnasialdirektor und Pastor in Danzig; 1650 Prof. theol. und Gen.Sup.Int. in Wittenberg. NDB 3,99; RGG 1,1587; Schmidt-Herrling S. 90; Krüger S. 149f.
← 27. Febr. 1653 Wittenberg   BJK : M 35

Caroli, Philipp
Geb. in Neuburg/Donau – Nov. 1639 Wien; Prof. hist. et phil. extraord. 1628 in Altdorf; Konversion (kath.) 1629. Will 1,186f.; Jöcher 1,1685.
←   BJK : Verlust

Carpzov, Johann Benedikt
22.6.1607 Rochlitz – 22.10.1657 Leipzig; Prof. theol. und Prediger an der Thomaskirche in Leipzig. ADB 4,20f.; Krüger S. 161.
← 11. Jan. 1650 Leipzig   BJK : M 80
← 14. Okt. 1652 o.O.   BJK : M 81
← 12. Jan. 1654 Leipzig   BJK : M 82
← 12. Jan. 1655 o.O.   BJK : M 83

Cingler, Caspar
"Freiwalda. Pomer. p.t. Ecctae Saxonicae invariatam Aug. Conf. agnoscentis, apud Caunenses, Pastor."
← 12. Jan. 1652 st.n. Kaunas/Litauen BJK : M 104

Coler, Christoph
1.12.1602 Bunzlau – 19.4.1658 Breslau; Prof., Konrektor und Bibliothekar in Breslau. Reifferscheid S. 1008f.; Neumeister S. 314; Krüger S. 184.
← 20. Juli   1648 Breslau   BJK -: M 78
← 30. Sept. 1649 Breslau   BJK : M 79
← 22. April 1651 Breslau (Kopie) BUW : Verlust; Hippe 1902, S. 229
← 9. Mai   1652 Breslau (Kopie) BUW : Verlust

Conring, Hermann
9.11.1606 Norden/Ostfriesland – 12.12.1681 Helmstedt; Prof. philos., polit. et med. in Helmstedt. ADB 4,446ff.; NDB 3,342f.; Krüger S. 188; M. Stolleis (Hrsg.), *Hermann Conring* . . . , Berlin 1983 (mit Briefverzeichnis S. 443ff.)
← 18. Sept. 1665 Wolfenbüttel   BJK : M 34
   7. April 1666 Nürnberg   HAB : Cod.Guelf. 54 Extrav., 117
← 17. Aug. 1666 Helmstedt   BJK : M 33

Dannhauer, Johann Konrad
24.3.1603 Köndringen/Breisgau − 7.11.1666 Straßburg; Prof. theol. und
Pastor am Münster in Straßburg. ADB 4,745f.; NDB 3,512; Krüger S. 207.

3. Aug. 1627 Altdorf	SUH	: Sup.ep. 84,220
7. Dez. 1633 Jena	SUH	: Sup.ep. 84,215
25. Aug. 1633 Jena	SUH	: Sup.ep. 84,216
27. Okt. 1642 Nürnberg	SUH	: Sup.ep. 84,217
29. Febr. 1644 Nürnberg	SUH	: Sup.ep. 84,218
26. Febr. 1645 Nürnberg	SUH	: Sup.ep. 84,219
12. Febr. 1662 Nürnberg	SUH	: Sup.ep. 84,221

De la Gardie, Magnus Gabriel
15.10.1622 Reval − 26.4.1686 Vänngarn; schwedischer Diplomat. SBL 10,
657ff.; A. Losman, *Carl Gustaf Wrangel och Europa* ... Stockholm 1980,
S. 88.

| 7. Sept. 1650 Nürnberg | RAS | : Vol. E 1386 |
| 28. Sept. 1650 Nürnberg | RAS | : Vol. E 1386 |

Dietrich, Johann Konrad
19.1.1612 Butzbach − 24.6.1667 Gießen; Prof. ling.graec. et hist. in Gießen.
Lp Stolberg 1,418; Krüger S. 219.
← 18. Dez. 1665 (Kopie Tentzel) UBW : Rhediger 2199

Dittel, Friedrich O.F.M.
Franziskaner; Vikar in Prag.
← 23. Dez. 1665 Prag   BJK   : M 30

Dreier, Christian
22.12.1610 Stettin − 12.8.1688 Königsberg; Dr. theol., 1648 Schloßprediger,
1652 Prof. theol. in Königsberg. ADB 5,392f.; Krüger S. 231.
← 29. Juni 1651 Königsberg   BJK   : M 105

Dünwaldt, Dominikus O.P.
Dominikaner in Würzburg
← 8. Dez. 1657 (1652?) Würzburg   BJK : M 54

Fabricius, Johann
31.3.1618 Nürnberg − 26.4.1676 Nürnberg; Diakon 1642, Prof. theol.
1644 in Altdorf; 1649 Pastor an der Marienkirche in Nürnberg. Will 1,380ff.;
Schmidt-Herrling S. 169.
24. Nov. 1666 o.O.   UBH : Yc 12,2°, 57-58

Forstenheuser, Georg
22.4.1584 in Nürnberg getauft − 21.11.1659 Nürnberg; Kaufmann; Rat und
Bücheragent Herzog Augusts d.J. von Braunschweig-Lüneburg. L. Sporhan-

Krempel, *Nürnberg als Nachrichtenzentrum zwischen 1400 und 1700*. Nürnberg 1968, S. 99ff.

    8. Jan. 1656 Nürnberg   HAB : Cod.Guelf. 376 Nov., 111-112

Frantzke, Georg
15./25.4.1594 Leobschütz/Oberschlesien − 15.1.1659 Gotha; Dr. iur. 1622; sächs. Geh. Rat und Kanzler Herzogs Ernst I. von Sachsen-Gotha 1641; Hofpfalzgraf 1646; Mitglied der Fruchtbringenden Gesellschaft 1645. Lp Stolberg 1,587f.; NDB 5,357; Krüger S. 292.
← 20. April 1652 Gotha   BJK : M 55
   15. Mai 1652 Nürnberg   BUW : Rhediger 822
← 8. Sept. 1654 Gotha   BJK : M 56
    5. Febr. 1656 Nürnberg   BUW : Rhediger 822
← 7. Mai 1656 Gotha   BJK : M 57
  29. Sept. 1656 Nürnberg   BUW : Rhediger 822
← 25. Jan. 1658 Gotha   BJK : M 58

Frischmuth, Johann
18.3.1619 Wertheim − 19.8.1687 Jena; Rektor 1647, Prof. poes. 1652 und Prof. ling.graec. et orient. in Jena. ADB 8,105; Krüger S. 299.
← 13. Dez. 1665 Jena   BJK : M 31

Fritsch, Ahasver
16.12.1629 Mügeln/Freyburg − 24.8.1701 Rudolstadt; Hof- und Justizrat 1661, kais. Pfalzgraf 1669, Kanzler 1681 in Rudolstadt. ADB 8,108f.; Neumeister S. 344; Krüger S. 299.
         1658 Nürnberg (Regest)   Fritsch 1767, S. 68
← 6. April 1666 Rudolstadt   BJK : M 23
       1666 Nürnberg (Regest)   Fritsch 1767, S. 68
       1667 Nürnberg (Regest)   Fritsch 1767, S. 68

Fürer, Christoph
Sohn des Christoph F. III. (1541-1610); Mitglied des Nürnberger Rates. Will 1,496.
   25. Juli 1644 o.O.   SAN : Gen.Pap. Dilherr 12-9,362/9
   20. Juni 1645 o.O.   SAN : ebda. 362/12

Gamans, Johann S.J.
8.7.1606 Ahrweiler − 25.11.1670 (1684) Würzburg; Mainz. Historiograph. Sommervogel 3,1148f.; ADB 8,357; Krüger S. 305.
← 20. Sept. 1661 Frankfurt   BJK : M 5

Gentius, Georg
1618 Dahme − Sept. 1684 Freiberg; Orientalist; kurfürstl. sächs. Rat. Zedler 10, 901; Krüger S. 313.
← 2. Nov. 1658   BJK : M 44

Gerhard, Johann Ernst d.Ä.
15.12.1621 Jena – 24.2.1668 Jena; Prof. hist. 1652, Dr. theol. 1653, Prof.
theol. 1655 in Jena. ADB 8,772; Krüger S. 316.

15. Nov. 1648	FBG : Cod.Goth.Chart. A 136
29. Sept. 1651	FBG : ebda.
28. Febr. 1652	FBG : ebda.
14. März 1652	FBG : ebda.
2. April 1652	FBG : ebda.
26. April 1652	FBG : ebda.
← 20. April 1666	BJK : M 12

Glass, Salomon
20.5.1593 Sondershausen – 27.7.1656 Gotha; Dr. theol. 1626, Prof. theol.
1638 in Jena; Gen.Sup.Int. 1640 in Gotha. ADB 9, 218f.; Krüger S. 322f.

← 8. Mai 1650 Gotha	BJK : M 95
← 1. Nov. 1653 Gotha	BJK : M 96
← 23. Mai 1654 Gotha	BJK : M 97

Golius, Jakob
1596 Den Haag – 28.9.1667 Leiden; Prof. ling.orient. 1624 et math. 1629
in Leiden. ADB 9,343; NNBW 10,287ff.; Krüger S. 332.

←	BJK : Verlust

Gronovius, Johann Friedrich
5.9.1611 Hamburg – 20.12.1671 Leiden; Prof. ling.graec. 1658 und Bibliothekar 1665 in Leiden. ADB 9,721ff.; NNBW 1,989ff.; Schmidt-Herrling
S. 230; Krüger S. 343; P. Dibon u.a.: *Inventaire de la correspondance de J.F.
Gronovius (1631-1671)*, La Haye 1974.

23. Aug. 1661 Nürnberg	UBM : 2° Cod. Msc. 612,148-149
← o.D.	UBM : 2° Cod. Msc. 644,209-210

Han(c)ke, Martin
15.3.1633 Borne/Breslau – 20.4.1709 Breslau; Rektor in Breslau; Literatur-
historiker und Bibliothekar in Wien. ADB 10,514f.; Neumeister S. 367;
Krüger S. 370.

12. Febr. 1660 Nürnberg (Kopie)	UBW : Verlust

Hesenthaler, Magnus
Okt. 1621 Hochdorf/Waiblingen – 2.4.1681 Stuttgart; Prof. hist. in Tübingen. ADB 12,271; Krüger S. 409.

← 21./31. Juli 1666 Wien	BJK : M 18

Hildebrand, Joachim
10.11.1623 Kloster Walkenried – 18.10.1691 Celle; Prof. theol. in Helm-

stedt; Sup.Int. in Celle und Lüneburg. Lp Stolberg 2, 313; Rotermund 3,356 ff.; Krüger S. 416.

← 8. Sept. 1653 Helmstedt   BJK : M 48

Hoch, Zacharias
6. Dez. 1640 o.O.   BJK : Mappe Dilherr
6. Juni 1641 Jena   BJK : ebda.

Hoe von Hoenegg, Matthias
24.2.1580 Wien − 4.3.1645 Dresden; Oberhofprediger und Kirchenrat in Dresden. ADB 12,541; Krüger 423ff.
13. Aug. 1640 Jena   UBG : Cod.Giess. 115,504

Hönn, Paul
14.8.1622 Nürnberg − 5.9.1689 Coburg; Advokat in Nürnberg 1648; Geh.Rat und Konsistorialpräsident in Coburg 1663. Will 2,154f.; Krüger S. 426.
← 1666   BJK : Verlust

Höpffner, Heinrich
29.11.1582 Leipzig − 10.6.1642 Leipzig; Prof. philos. 1612, Prof.theol. 1617 in Leipzig. ADB 13,107; Schmidt-Herrling S. 286; Krüger S. 426f.
11. Nov. 1641 Weimar   SUH : Sup.ep. 67,174

Hoornbeck, Johann
4.11.1617 Haarlem − 1.9.1666 Leiden; Prof. theol. und Prediger in Utrecht, 1654 in Leiden. ADB 13,101f.; NNBW 8,843f.
← 12. Febr. 1658 Leiden   Beyträge 1764,2, S. 158f.

Horneius, Konrad
25.11.1590 Braunschweig − 26.9.1649 Helmstedt; Prof. theol. in Helmstedt. Lp Stolberg 2,376; NDB 9,637f.; Krüger S. 437f.
← 1667   BJK : Verlust

Hortleder, Friedrich
2.3.1597 Amfurt − 5.6.1640 Jena; Weimar. Hofrat; Mitglied der Fruchtbringenden Gesellschaft 1639. ADB 13,165; Krüger S. 439.
o.D.   (Gedicht auf H.)   SUH : Sup.ep. 48,17

Hottinger, Johann Heinrich
10.3.1620 Zürich − 5.6.1667 Zürich; Prof. hist. eccles. 1642 in Zürich; Prof. theol. et ling.orient. 1655 in Heidelberg. NDB 9,656f.; Schmidt-Herrling S. 298f.; Krüger S. 440.
28. April 1659 Nürnberg   ZBZ : Ms.F. 73,70
24. Okt. 1658 Nürnberg   ZBZ : Ms.F. 73,71
20 Aug. 1660 o.O.   ZBZ : Ms.F. 79,453
25. Mai 1661 Nürnberg   ZBZ : Ms.F. 79,454
22. Juni 1661 Nürnberg   ZBZ : Ms.F. 79,455

20. Mai   1661 Nürnberg   ZBZ : Ms.F. 79,460
←   1661 Heidelberg (?) BJK : Verlust
12. Juni 1662 Nürnberg   ZBZ : Ms.F. 79,461

Hülsemann, Johann
26.11.1602 Esens/Ostfriesland − 11./12.6.1661 Leipzig; Prof. theol. in Wittenberg und Leipzig; Oberhofprediger in Dresden. ADB 13,322; NDB 9,734; Krüger S. 444f.
29. Nov. 1654 Nürnberg   Beyträge 1764,1, S. 60f.
← 1647-1655   (4 Briefe)   BJK : Verlust

Kielmann von Kielmannsegg, Johann Heinrich
1636-1686; dänischer Geheimer Rat. DBL 12,405; Krüger S. 484.
←   1655 (2 Briefe)   BJK : Verlust

Kirchmann, Johann
18.1.1575 Lübeck − 20.3.1643 Lübeck; Prof. poes. in Rostock; Bibliothekar und Rektor in Lübeck. ADB 16,14f.; Krüger S. 486.
30. Sept. 1636 Jena   HAB : Cod.Guelf. 12 Gud.lat. 2°,122

König, Georg
2.2.1590 Amberg/Pfalz − 10.9.1654 Altdorf; Pastor, Bibliothekar und Prof. theol. in Altdorf. Will 2,316ff.; ADB 16,507f.; Schmidt-Herrling S. 332f.; Krüger S. 497.
←   1647   BJK : Verlust

Kress, J. Christ.
Vermutlich: Jobst Christoph Kress von Kressenstein, 8.1.1597 − 7.6.1663 Nürnberg; Geh. Rat. Lp Stolberg 2,562f.
←   1647 Osnabrück (?) BJK : Verlust

Lange(n)
In Hamburg verstorbener Theologe.
19. Aug. 1668 Nürnberg   Schreyer 1939, S. 35-36

Lotichius, Johann Peter
8.3.1598 Nauheim − April 1669 Frankfurt/M.; Prof. med. in Rinteln, Marburg, Herborn; Arzt in Frankfurt 1645; kais. Rat und Historiograph. ADB 19,268; Schmidt-Herrling S. 376; Krüger S. 565ff.
← 24. März 1665 Frankfurt/M.   SUH : Sup.ep. 34,363

Ludwell, Wilhelm
20.11.1589 Elbing − 12.9.1663 Altdorf; Jurist in Nürnberg. Will 2,513ff.
7. Jan. 1657 (Erwähnung)   Murr 1799, S. 287

Major, Johann Tobias
2.2.1615 Jena − 25.4.1655 Jena; Dr. phil. 1634 in Jena; Prof. theol. 1645

in Wittenberg, 1655 in Jena. ADB 20,112; Krüger S. 629f.

← 13. Jan. (Juni?) 1647 Jena   BJK : M 70
← 21. Nov. 1649 Jena   BJK : M 69

Mannagetta, Johann Wilhelm
1.5.1588 Wilhelmsburg/Österr. − 31.5.1666 Wien; Prof. med. in Wien; kais. Leibarzt und Historiograph. Wurzbach 16,383; Schmidt-Herrling S. 384.

← 2. Dez. 1658 Wien   BJK : M 52
← 23. Dez. 1661 Wien   BJK : M 53

Marcellius, Heinrich S.J.
8.8.1593 s'Hertogenbosch − 25.4.1664 Bamberg; Prof. math. et philos. in Mainz; Prof. theol. in Reims und Bamberg. Sommervogel 5,517.; Krüger S. 638.

← 15. Aug. 1653 Bamberg   BJK : M 47

Mecklenburg-Güstrow, Gustav Adolf [Herzog] von
25.2.1633 − 5.11.1695; Regierungsantritt 1654; Mitglied der Fruchtbringenden Gesellschaft 1648. Isenburg 1, 122.

9. Dez. 1652 Nürnberg   Beyträge 1764,2, S. 155f.

Meelführer, Christoph
28.3.1608 Ansbach − 10.2.1663 Ansbach; Konsistorialassistent in Ansbach. Lp Stolberg 3,49; Krüger S. 654.

25. April 1654 Nürnberg   SUH : Sup.ep. 4° 28,295
9. Sept. 1654 o.O.   SUH : Sup.ep. 4° 28,313
8. Febr. 1658 Nürnberg   SUH : Sup.ep. 4° 28,297
[29. Aug. 1658] o.O.   SUH : Sup.ep. 63,164
18. Juli 1662 Nürnberg   SUH : Sup.ep. 4° 28,299

Molitor, Johann
14.3.1631 Nürnberg − 6.9.1664 Venedig; deutscher Prediger in Venedig; Dr. med. in Padua 1661. Will 2,639f.; Schmidt-Herrling S. 414f.

← 3. Nov. 1661 Venedig   BJK : M 36

Monavius, Friedrich
30.7.1592 Breslau − 8.11.1659 Greifswald; Prof. med. in Greifswald 1649. Schmidt-Herrling S. 415f.; Krüger S. 711f.

← 13. April 1653   UBE : Briefsammlung Trew

Müller, Heinrich
18.10.1631 Lübeck − 13.9.1675 Rostock; Archidiakon 1653 in Rostock; Pastor in Hamburg 1662; Prof. in Rostock 1671; Erbauungsschriftsteller. ADB 22,555f.; Neumeister S. 422; Krüger S. 720.

←   1665   Tholuck 1859, S. 375
←   [Rostock]   Arndt 1838, S. 232f.

Müller, Johann
16.6.1598 Breslau — 29.9.1672 Hamburg; Dr. theol. in Wittenberg; Pastor,
1648 Senior in Hamburg. Thiess 2,52ff.; Krüger S. 721.

8. Jan.	1641 Jena	SUH	: Sup.ep. 6,107
16. März	1644 Nürnberg	SUH	: Sup.ep. 6,158
3. Juni	1648 o.O.	SUH	: Sup.ep. 6,204

Müntzer, Georg
Geb. in Steinbach; Dr. theol. 1652 in Bamberg; Vikar in Wien. ADB 23,37.

← 10. Mai	1666 Wien	BJK	: M 15
← 6. Juni	1666 Wien	BJK	: M 16

Musaeus, Peter
7.2.1620 Langewiesen/Thür. — 20.12.1674 Kiel; Prof. für Logik und Metaphysik in Rinteln und Helmstedt; Prof. theol. 1665 in Kiel. ADB 23,90f.;
Krüger S. 727f.

← 12. März 1662 Rinteln		UBH	: Yc. 12,2°, 41-42; gedruckt in Neuigkeiten 1737, S. 11-16

Niemann, Sebastian
2.4.1625 Lübeck — 6.3.1684; Prof.theol. und Sup.Int. in Jena; Gen.Sup.Int.
in Schleswig; Oberhofprediger in Gottorf. Zedler 24, 761f.; Krüger S. 742.

← 9. März 1666 o.O.		BJK	: M 27

Olearius, Johann
17.9.1611 Halle — 14.4.1684 Weißenfels; Sup.Int. in Querfurt; Oberhofprediger in Halle; Gen.Sup.Int. in Weißenfels. Lp Stolberg 3,342f.; ADB 24,279f.;
Neumeister S. 429; Krüger S. 750.

← 4. Nov.	1652 Halle	BJK	: M 60
← 3. Okt.	1661 Halle	BJK	: M 64
← 20. März	1666 Halle	BJK	: M 61
← 30. Juni	1666 Halle	BJK	: M 62
← 1. Aug.	1666 Halle	BJK	: M 63

Ottho von Mauderode, Otto
Braunschweig-Lüneburg. Hofrat, später Geh. Rat. L. Bittner und L. Groß,
Repertorium der diplomatischen Vertreter .... Bd. 1, Oldenburg 1936, S.
685.

← 31. Dez. 1666 o.O.		BJK	: M 29

Pfalz, Karl I. Ludwig [Kurfürst] von der
22.12.1617 Heidelberg — 28.8.1680 Edingen/Heidelberg; Regierungsantritt
1649. NDB 11,246ff.; Krüger S. 1381.

← 28. März 1657 Heidelberg (Kopie)		ZBZ	: Ms.F. 70,301
← 29. März 1657 o.O. (Kopie)		ZBZ	: Ms.F. 68,107 (426)

Piccart, Johann Andreas
11.6.1620 Zeilitzheim − 17.4.1666 Schweinfurt; Pfarrer in Schweinfurt.
Krüger S. 784.
← 12. April 1666 Schweinfurt   BJK : M 22

Pirhing, Ernric S.J.
1606 Sigarten/Bayern − 1690 Regensburg; Kirchenrechtslehrer in Dillingen;
Rektor in Eichstätt; Domprediger in Regensburg. Sommervogel 6,851ff.;
ADB 26,177f.
← 6. Jan. 1656 Eichstätt   BJK : M 49

Plathner, Günther Heinrich
Sächsisch-Weimarischer Hof- und Konsistorialrat. Zedler 28,701f.; Krüger
S. 795.

27 Briefe Dilherrs an P.	FBG	: Cod.Goth.Chart. A 132
13 Briefe Plathners an D.	FBG	: ebda.
1643		Tholuck 1859, S. 365f.
1643		Tholuck 1859, S. 366
← 1. Febr. 1647 Weimar	BJK	: M 76
← 1. Sept. 1649 Weimar	BJK	: M 75
← 4. März 1652 Weimar	BJK	: M 74

Prüschenck von Lindenhoven, Zacharias
19.1.1610 Sulzbach − 3.5.1678 Jena; sächs. Geh. Rat in Eisenach; 1644
Mitglied der Fruchtbringenden Gesellschaft. ADB 26,676f.; Krüger S. 811f.

9. März 1641 Jena	SUH	: Sup.ep. 48,39
4. Mai 1641 Jena	SUH	: Sup.ep. 48,44
16. Mai 1641 Jena	SUH	: Sup.ep. 48,46
6. Juni 1641 Jena	SUH	: Sup.ep. 48,55
18. Sept. 1641 Jena	SUH	: Sup.ep. 48,59
22. Sept. 1641 Jena	SUH	: Sup.ep. 48,61
23. Sept. 1641 Jena	SUH	: Sup.ep. 48,63
28. Dez. 1642 o.O.	SUH	: Sup.ep. 48,91
22. Jan. 1643 Nürnberg	SUH	: Sup.ep. 48,92
3. Sept. 1643 Nürnberg	SUH	: Sup.ep. 48,96
o.D. o.O.	SUH	: Sup.ep. 48,17
o.D. o.O.	SUH	: Sup.ep. 48,77

Rachel, Samuel
6.4.1628 Lunden/Dithmarschen − 13.12.1691 Friedrichstadt; Prof. philos.
in Helmstedt 1658; Prof. für Völkerrecht in Kiel 1665; herzogl. Rat. ADB
27,104f.; Krüger S. 815f.
← 6. Aug. 1666 Kiel   BJK : M 17

Reinhart, Lukas Friedrich
7.2.1623 Nürnberg − 27.5.1688 Altdorf; Prof. theol. und Archidiakon in
Altdorf 1649. Will 3,286ff.; Lp Stolberg 3,428; ADB 28,66; Krüger S. 829.

28. Okt. 1645 Nürnberg	Will 1756,1, S. 9f.	
20. März 1646 Nürnberg	ebda. S. 10-12	
28. April 1662 Nürnberg	ebda. S. 32	
19. März 1664 o.O.	ebda. S. 33	
11. Jan. 1668 Nürnberg	ebda. S. 83	
o.D. Nürnberg	ebda. S. 81	

Richter, Georg
4.5.1592 Nürnberg − 9.12.1651 Nürnberg; Dr. iur. in Basel; Ratskonsulent
in Nürnberg; Prokanzler in Altdorf. Will 3,305ff.; Adelung 6,2066ff.; Schmidt-
Herrling S. 495f.; Krüger S. 845.

12. Okt. 1638 Apolda	Richter 1662, S. 175
← 19. Dez. 1638 Nürnberg	ebda. S. 175f.
← 7. März 1639 Nürnberg	ebda. 179f.
30. März 1639 Jena	ebda. S. 176f.
← 13. Aug. 1639 Nürnberg	ebda. S. 177f.
7. Okt. 1639 Jena	ebda. S. 179
9. Aug. 1640 Jena	ebda. S. 180
31. Jan. 1641 Jena	ebda. S. 180f.
← 4. März 1641 Nürnberg	ebda. S. 181-183
← 2. April 1641 Nürnberg	ebda. S. 183f.
3. April 1641 Jena	ebda. S. 184f.
← 10. April 1641 Nürnberg	ebda. S. 184; Auszug in Dülmen 1970, S. 694f.
← 17. April 1641 Nürnberg	ebda. S. 186
2. Mai 1641 Jena	ebda. S. 186f.
← 8. Mai 1641 Nürnberg	ebda. S. 187f.
23. Mai 1641 Jena	ebda. S. 188f.
← 29. Mai 1641 Nürnberg	ebda. S. 189
← 18. Dez. 1641 Nürnberg	ebda. S. 189f.

Rittershausen, Nikolaus
17.2.1597 Altdorf − 24.8.1670 Altdorf; Prof. iur., Dekan und Rektor in
Altdorf; Genealoge und Geograph. Will 3,366ff.; ADB 28,701f.; Krüger S.
853.

2. Juni 1652 Nürnberg	SLD : Mscr.Dresd.App. 1515, Nr. 24
13. Nov. 1652 Nürnberg	SUG : Cod.Ms. Philos. 102,17
10. Okt. 1660 o.O.	SUG : Cod.Ms. Philos. 94,108

170

Sagittarius, Caspar d.Ä.
1597 Osterburg/Altmark — 27.4.1667 Lüneburg; Rektor in Braunschweig
1628; Pastor 1646, Hauptpastor 1661 in Lüneburg. ADB 30,172; Krüger S.
883.
← 18. Aug. 1666 Lüneburg   BJK : M 9

Sander, Johann
23.2.1632 Braunschweig — 22.1.1672 Braunschweig; Rektor 1660 in Magdeburg, dann in Braunschweig. Adelung 4,119; Lp Stolberg 4,51f.
← 14. Mai 1666 Magdeburg   UBH : Yc 12,2°, 46-47

Saubert, Johann
26.2.1592 Altdorf — 2.11.1646 Nürnberg; Prof. theol. in Altdorf 1618;
Pastor, Bibliothekar und Senior des Ministeriums in Nürnberg. Will 3,454ff.;
ADB 30,413ff.; Schmidt-Herrling S. 517; Krüger S. 889ff.; R. van Dülmen,
a.a.O., mit Briefverzeichnis S. 783-786.
   31. Jan. 1641 Jena   SUH : Sup.ep. 36,213; Auszug in Dül-
                                    men 1970, S. 699
   21. Dez. 1642 o.O.   SUH : Sup.ep. 36,214
   10. Sept. 1643 o.O.   UBH : Yc 8,2°,II
← o.D.   o.O.   STN : Nbg. Handschr. 418,17-18; Dül-
                                    men 1970, S. 702

Saumaise (Salmasius), Claude
15.4.1588 Sémur-en-Auxois — 3.9.1653 Spa; klass. Philologe; als Nachfolger
Scaligers 1632 Prof. in Leiden; 1635 frz. Staatsrat. NNBW 5,649ff.; Reifferscheid S. 906; Krüger S. 885.
   1. April 1644 Nürnberg   BRL : Pap. 7

Schererz, Friedrich
Sohn des Lüneburger Sup.Int. Siegmund Sch. (1584-1639); Dr.iur.; Agent
deutscher Fürsten in den Niederlanden. Zedler 34,1319; Krüger S. 902.
← 17. Febr. 1650 Lüneburg   BJK : M 84

Schertlingk, Jakob
13.10.1613 Hamburg — 23.8.1672; Mecklenburg. Hofrat. Zedler 34,1336f.;
Krüger S. 903.
   9. Dez. 1652 Nürnberg   Beyträge 1764,2, S. 157-158

Schmidt, Johann
20.6.1594 Bautzen — 27.8.1658 Straßburg; Prof. theol. in Straßburg. Zedler
35,378ff.; Lp Stolberg 4,154; Krüger S. 916.
← 18. Sept. 1651 Straßburg   BJK : M 100

Schwäger, Johann Leonhard
3.5.1628 Hersbruck — 9.11.1708; Hauslehrer auf Empfehlung Dilherrs 1650;

Hof- und Reiseprediger 1653; Prof. poes. et orat. 1657; Diakon 1666 in Alt-dorf. Will 3,622ff.

← 22. Dez. 1653 Wismar	SBB	: Msc.misc. 70,22
← o.D. Wismar	SBB	: ebda.

Schwarzburg-Rudolstadt, Albert Anton [Graf] von
2.3.1641 Rudolstadt − 15.12.1710 Rudolstadt. ADB 1,205; Lp Stolberg 4, 271.

← 19. März 1660 Rudolstadt	BJK	: M 21

Schweden, Karl X. Gustav [König] von
8.11.1622 Nyköping − 23.2.1660 Göteborg; Sohn des Pfalzgrafen Johann Kasimir und Katharinas von Schweden; Mitglied der Fruchtbringenden Gesellschaft 1648. Isenburg 1,36 und 2,79f.; ADB 15,360ff.; SBL 20,641ff.; Schmidt-Herrling S. 318.

21. Aug. 1656 Nürnberg	Beyträge 1764,2, S. 154-155

Seckendorff, Heinrich Gottlob von
5.8.1637 Erfurt − 25.2.1675 Mechenried/Unterfranken; Gothaischer Hofrat; kurpfälzischer Regierungsrat 1664; Diplomat in sächsischen Diensten. ADB 37,761ff.; Krüger S. 951.

← 20. April 1666 o.O.	BJK	: M 13

Sinold gen. Schütz, Johann Helwig
25.6.1623 − 30.7.1677; Kanzler des Herzogs Georg Wilhelm von Braunschweig-Lüneburg; Mitglied der Fruchtbringenden Gesellschaft 1668. ADB 34,397ff.; Krüger S. 965f.

← 20. Febr. 1660 Wien	BJK	: M 20

Spener, Philipp Jakob
13.1.1635 Rappoltsweiler/Elsaß − 5.2.1705 Berlin; Pfarrer in Frankfurt/M. 1666; Oberhofprediger in Dresden 1686; Pfarrer in Berlin 1691. ADB 35, 102ff.; Schmidt-Herrling S. 578; Krüger S. 977f.; D. Blaufuß: *Spener-Arbeiten...* 2. Aufl. Bern u.a. 1980, bes. S. 65ff.
Brief(e) an Spener (Erwähnung) Gedicke 1745, S. 4

Spitzel, Gottlieb
11.9.1639 Augsburg − 17.1.1691 Augsburg; Pastor 1682 und Senior des geistl. Ministeriums 1690 in Augsburg. ADB 35,221f.; Krüger S. 980.

21. Sept. 1659 Nürnberg	SBA	: 2° Cod.Aug. 407,324
19. Febr. 1665 o.O.	SBA	: ebda. 325
25. April 1666 Nürnberg	SBA	: ebda. 327
18. Juli 1666 Nürnberg	SBA	: ebda. 328
23. Sept. 1667 Nürnberg	SBA	: ebda. 329

Struve, Georg Adam
27.9.1619 Magdeburg – 15.12.1692 Jena; Prof. iur. in Jena; sächs. Geh. Rat.
ADB 36,677; Krüger S. 1004.
← 14. Jan. 1666 Jena   BJK : M 28

Stubenberg, Rudolf Wilhelm [Frhr.] von
2.1.1643 Preßburg – 28.11.1677 Regensburg; Mitglied der Fruchtbringenden
Gesellschaft 1661. Lp Stolberg 4,446f.; M. Bircher, *J.W. von Stubenberg und
sein Freundeskreis*, Berlin 1968.
← 25. Mai 1665 st.n. Regensburg   BJK : M 39

Sulzbach, Christian August [Pfalzgraf] von
26.7.1622 – 23.4.1708; Pfalzgraf 1632; Konversion (kath.) 1655. Isenburg
1,35; Krüger S. 779f.
← 2. Jan. 1667 Sulzbach   BJK : M 6
← 12. Jan. 1667 Sulzbach   BJK : M 7
← 19. Jan. 1667 Sulzbach   BJK : M 8

Sulzbach, Philipp [Pfalzgraf] von
19.1.1630 – 4.4.1703; kaiserl. Feldmarschall; 1644 Sieg über die Türken bei
St. Gotthard an der Raab; zuletzt in Nürnberg. Isenburg 1,35; H. Haushofer,
Das Problem des Florinus, in: Zs. f. Agrargeschichte und Agrarsoziologie 30
(1982), S. 170ff.
← 17./27. Febr. 1657 Marienburg   BJK : M 50

Titius, Gerhard
17.12.1620 Quedlinburg – 7.6.1681 Helmstedt; Prof. ling.hebr. und Prof.
theol. in Helmstedt. ADB 38,378f.; Lp Stolberg 4,509; Krüger S. 1029f.
← 2. Juni 1658 Helmstedt   BJK : M 51
   1. Febr. 1668 o.O.   UBH : Yc 12,2°,91; Auszug in Tholuck
                                     1859, S. 370

Toppeltinus, Lamentius
Schmidt-Herrling S. 147.
   27. Juni 1664 Weissenburg   UBE : Briefsammlung Trew

Ursinus, Johann Heinrich
26.1.1608 Speyer – 14.5.1667 Regensburg; Rektor in Mainz 1632; Prediger
in Speyer; Sup.Int. in Regensburg 1655. ADB 39,366f.; Lp Stolberg 4,546f.;
Krüger S. 1052f.
   12. Aug. 1665 o.O.   UBH : Yc 12,2°,110

Wagenseil, Johann Christoph
26.11.1633 Nürnberg – 9.10.1705 Altdorf; Prof. iur. et hist. 1667 et ling.
orient. 1674 in Altdorf; Ratsmitglied in Nürnberg 1668. Will 4,144ff.; ADB
40,481ff.; Schmidt-Herrling S. 675f.; Krüger S. 1070f.
← 5. März o.J. Paris   BJK : M 10

173

Weller von Molsdorf, Jakob
5.12.1602 Neukirchen/Vogtland − 6.7.1664 Dresden; Prof. ling.orient. et
theol. in Wittenberg 1635; Sup.Int. in Braunschweig 1640; Oberhofprediger
in Dresden 1646. ADB 44,476ff.; Lp Stolberg 4,651; Krüger S. 1088ff.

29. Nov. 1654 Nürnberg	Beyträge 1764,1, S. 58-59
11. Aug. 1655 Nürnberg	SUH : Sup.ep. 4°45,148
← 25 o.M. 1657 Wittenberg	BJK : M 43
← 1. Nov. 1658 o.O.	BJK : M 45
2. April 1659 o.O.	BNP : Ms.nouv.acq.lat. 389,44-49; ge-druckt in: Neuigkeiten 1737, S. 80-88; Briefwechsel 1750,2, S. 34-40; Schwarzenberg 1892, S. 28-31

Winther, (Johann) Anton S.J.
21.9.1611 Tübingen − ?; Prof. philos. et theol. in Tübingen und Würzburg;
Ordensaustritt 1661. Sommervogel 8,1169; Krüger S. 1113.

| ← 8. Mai 1666 Tübingen | BJK : M 14 |

Wintzler, Vinzenz O.P.
Dominikaner in Steyr/Oberösterreich
| ← 15. März 1651 Steyr | BJK : M 98 |

Wolffius, Chr.
| ← 14. März 1666 Frankfurt/Oder BJK : M 24 |

Wrangel, Carl Gustaf
13.12.1613 Skokloster − 25.6.1676 Gut Spieker/Rügen; schwedischer
Reichsadmiral und -marschall; 1664 Vormundschaftsregent für Karl XI.; Mitglied der Fruchtbringenden Gesellschaft 1649. Zedler 59,608ff.; A. Losman,
Carl Gustaf Wrangel och Europa . . . Stockholm 1980, bes. S. 85ff.

| 26. Okt. 1650 Nürnberg | RAS : Vol. E 8343 |
| ← 12. Nov. 1650 Wismar (Konzept) RAS : Vol. E 8271 |
| 22. Aug. 1654 Nürnberg | RAS : Vol. E 8343 |
| ← 4. Okt. 1654 Wrangelsburg (Konzept) RAS : Vol. E 8274 |
| ← 14. Juli 1662 Schwabach (?) BJK : M 3 |
| 22. Juli 1662 Nürnberg | RAS : Vol. E 8343 |
| ← 7. Aug. 1662 Frankfurt/M. | BJK : M 4 |
| ← (1662) Frankfurt/M. (Konzept) RAS : Vol. E 8279 |

Räte der Stadt Nürnberg
| 29. Aug. 1644 o.O. | SAN : Gen.Pap. Dilherr 12-9, 362/11 |
| 22. Dez. 1644 Nürnberg | SAN : ebda. 362/15 |

Räte der Stadt Sopron (Ödenburg)/Ungarn
| ← 4. Jan. 1663 Sopron | BJK : M 37 |
| 13. Febr. 1663 Nürnberg | BJK : ebda. |

N.N.

27. Nov. 1644 (Hochzeitseinladung) SAN : Gen.Pap. Dilherr 12-9,
                                                       362/10
24. Juli 1649 Nürnberg   SAN : ebda. 362/13
    Juni 1662 Bayreuth   Neuigkeiten 1737, S. 26-28; Schwarzen-
                                 berg 1892, S. 25-26
← o.D.   o.O.   Beyträge 1764,2, S. 135-138

Barton W. Browning

THE MANUSCRIPT VERSION OF HEINRICH JULIUS VON BRAUNSCHWEIG'S *VON EINEM UNGERATENEN SOHN*

Wilhelm Frels was skeptical: "Richard Friedenthal will in Wolfenbüttel das Originalmanuskript des Ungeratenen Sohnes aufgefunden haben ... Weder in der Herzog-August-Bibliothek noch im Landeshauptarchiv zu Wolfenbüttel ist von diesem Funde etwas bekannt".[1] Until just recently, Frels' reserve seemed well justified. Extensive searches before and after the 1934 publication of his classic *Deutsche Dichterhandschriften* had turned up nothing to support the possibility of a still extant Heinrich Julius von Braunschweig drama manuscript. In his 1920 dissertation — one of the richest studies ever done on Heinrich Julius and curiously enough still unpublished — Friedenthal had merely mentioned in passing that he had seen the manuscript in Wolfenbüttel; he gave no further information on where or how he had come upon the drama.[2] In response to a direct inquiry, Friedenthal recalled in 1979:

> Ja, ich hatte damals u.a. die Manuskriptfassung des "ungeratenen Sohnes" in der Hand gehabt (die Herren von der Bibliothek waren grosszügiger als das Archiv, vor allem auch, weil sie damals in grosser Unordnung lebten und u.a. die enormen Schätze der alten Helmstedter Universitätsbibliothek nur flüchtig aufgeschichtet und grösstenteils unkatalogisiert auf den Bodenräumen aufgestapelt hatten).[3]

This quaint and for modern scholars alluring image of Wolfenbüttel's treasures scattered about in casual disarray obscures a serious problem that arose in Heinrich Julius research during the inter-

1. Wilhelm Frels, *Deutsche Dichterhandschriften von 1400-1900* (Leipzig: Hiersemann, 1934), p. 124.
2. Letter received from Richard Friedenthal, 29 April 1979.
3. Richard Friedenthal, "Heinrich Julius von Braunschweig als Dramatiker," Diss. Munich 1922, p. 60.

vening years. At the time Friedenthal was conducting his studies early in the century, the Hannover archives still contained the manuscript versions of seven dramas "von des herzogs eigener hand geschrieben," as Wilhelm Holland assured us.[4] Holland had consulted these manuscripts during the preparation of his still-standard 1855 edition of Heinrich Julius' plays and from these texts had actually been able to add a previously unpublished work, *Der Fleischawer*, to the Heinrich Julius canon. While working on his 1936 study, Wilhelm Pfützenreuter reviewed the Hannover manuscripts but gave only the most sketchy details of their contents.[5] As had so often been the case, this neglect had unhappy consequences. The entire Hannover collection of Heinrich Julius drama manuscripts was lost to the flames of World War II. Aside from a few documents and letters, the Hauptstaatsarchiv Hannover now possesses only a minimal number of the Duke's papers and none of his dramatic writings. Viewed in this light, Friedenthal's note on a surviving drama manuscript in Wolfenbüttel seemed doubly enticing. By default, this manuscript had become the sole possibility of a direct link to the Duke's creative activity as a dramatist.

It was thus a particular pleasure when an unidentified German drama manuscript (Cod. Guelf. 125.13 Extrav.) was brought to my desk in Wolfenbüttel. One glance at the *dramatis personae* — there is no title page — brought assurance that the lost had in fact been found. Heinrich Julius' manuscript version of *Von einem ungeratenen Sohn*, the drama that most clearly reflects the influence of the English players, had indeed been preserved in excellent condition over the centuries in the blessed halls of Wolfenbüttel.

As it later proved, this manuscript had never been lost in the true sense. It was properly entered and described in Wolfenbüttel's 18th-century handwritten catalogues but was registered there as "Eine zu Ende des 16ten Jahrhunderts in Prosa, vermuthlich am

4. Wilhelm Ludwig Holland, ed., *Die Schauspiele des Herzogs Heinrich Julius von Braunschweig*, Bibliothek des literarischen Vereins in Stuttgart, 36 (1855; rpt. Amsterdam: Rodopi, 1967), p. 837.

5. Wilhelm Pfützenreuter, *Heinrich Julius von Braunschweig und der norddeutsche Humanismus* (Dülmen in Westfalen: Buchdruckerei Laumann, 1936), pp. 52ff.

Wolfenbüttelschen Hofe, deutsch geschriebene *Tragoedia*, die zwar
kein Titel-Blatt hat, ohne Zweifel aber den ungeratenen Sohn oder
Herzog *Severum* vorstellen soll". Hidden among thousands of
entries and described by a misleading notation — Herzog Severus
is merely the father of Nero, the play's central character — this
entry had escaped the notice of generations of scholars.

The manuscript itself has withstood the centuries extremely well.
Both paper and ink have a brownish tint that is probably a
function of age. There is no loss of paper or text, and the text is
legible throughout. The Wolfenbüttel manuscript consists of seven
gatherings of six leaves each: the leaves are numbered consecutive-
ly, and the gatherings are marked at beginning and end from A-G.[6]
The gatherings are not bound but are loosely sewn together and
laid in a cardboard cover of the early 17th century.[7] A rapid
sixteenth-century German cursive script fills the pages to the very
bottom. Act and scene headings and the names of characters
appear in a larger Roman script. Stage directions appear in
parentheses or are introduced by "NB." Abbreviations abound,
but there is little interpunctuation. Smaller corrections and emendations are written between the lines, or alternatively, the passage to
be deleted is simply stricken and the new section continued on the
same line. Occasional larger sections of up to one half page are
scratched out by crosshatchings that fortunately still allow major
portions of the deleted text to be deciphered. In short, the
manuscript shows all signs of being a working text that most
probably represents the initial draft of the drama.

The question as to the man behind the hurried script of this text
appears to have a satisfactory answer. External evidence clearly
points toward Heinrich Julius as both author and scribe. When
Holland was preparing his edition of the plays, his sources in
Hannover had immediate access to other Heinrich Julius papers as

6. Gathering designations are missing at the beginning and on fol 36v.

7. I should like to express my appreciation to Dr. Wolfgang Milde,
Director of the Manuscript Division of the Herzog August Bibliothek,
for his counsel on the current state of MS. Cod. Guelf. 125.13 Extrav.
Additionally, special thanks are due to Wolf-Dieter Otte who recognized
the possible significance of an otherwise undistinguished manuscript and
thus first brought the text in question to my attention.

well as to the now lost manuscripts of the dramas themselves. Their comments repreatedly emphasized that the Hannover drama texts were written and corrected by the Duke' s own hand. Furthermore, Holland's edition brings a direct transcription of the Hannover *Fleischawer* manuscript. The language of this text differs greatly from the normalized spellings characteristic of the printed texts, but it corresponds closely to several idiosyncrasies of the handwritten text of *Von einem ungeratenen Sohn*, i.e., the spelling of *nhu*, the erratic doubling of consonants, the lack of umlaut designations, etc. It thus seems that the weight of tradition behind Heinrich Julius as author of the Hannover texts would also hold true for the Wolfenbüttel manuscript.

On a more concrete level, the comparison of the Wolfenbüttel text with documented samples of Heinrich Julius' hand also points in the same direction. The Duke's personal letters show similar disparities in their script and often employ the same abbreviations. The seemingly wide variation in the appearance of the various segments of the Wolfenbüttel text is a difficulty more illusory than substantive. While there are several internal discrepancies in orthography and abbreviation techniques, the character of the hand remains basically consistent. On fol 10r, for example, a capital G appears in three different forms even though the entire passage is clearly from the same hand. The gradual and repeated shifts from a tight, relatively fine script to a darker, more florid style may have a partial explanation in the deterioration of the quill but may perhaps be traced more accurately to the writer's growing fatigue or extreme haste. This latter tendency is particularly evident in the play's emotional closing scenes where the hand rushes across the page in a broad, loose scrawl. The number of abbreviations is far higher in these final pages than elsewhere in the text, and the visual impression is that of an urgent rush toward the play's conclusion. With respect to this variation in style, Heinrich Julius's personal correspondence shows similar divergences. Two letters in the Wolfenbüttel State Archives provide particularly good examples. 1 Alt 10 Nr. 17, fol 21 shows a loose hand that opens ever more toward the letter's close. Similarly, fol 28 of the same collection begins with a small, fine hand, gradually darkens, and concludes with a much larger and heavier script. Perhaps the best example, however, is a 1686 letter contained in the Magdeburg State Archives (A13: 344, fol 52). Here one finds both styles clearly displayed. This letter begins with a message to Heinrich Julius's father in the tighter, more controlled hand typical of the earlier parts of the drama manuscript and similar to other letters preserved in the Wolfenbüttel Archives. At the bottom of this letter, however, Heinrich Julius penned a rapid note to his mother that closely matches the looser hand evident at the end of the Wolfenbüttel text. In short, it seems most probable that the present manuscript is indeed the product of the Duke's personal labor, and that it can thus offer an immediate view into the manner in which Heinrich Julius formed and shaped his dramatic creation.

Accordingly, access to this manuscript provides the basis for two major sets of conclusions about Heinrich Julius's compositional practices. The first set of conclusions derives from the corrections and deletions contained in the original manuscript itself. The second set comes from a comparison between this manuscript and the printed version of *Von einem ungeratenen Sohn* that appeared in Wolfenbüttel in 1594 under the Duke's well-known initials HIEHADBEL.

While the manuscript presents a relatively clean appearance, particularly for what looks like a very early or even the first draft, the text contains four significant groups of alterations. The first group of changes includes the normally anticipated corrections of false starts and unsatisfactory phrases. There is usually a minimum of three or four of these corrections on each page. Judging from the fact that the revised text often continues on the same line, it seems that Heinrich Julius made the majority of these initial emendations in the course of composition and did not wait to revise his manuscript at a later sitting.

In its manuscript state the text of *Von einem ungeratenen Sohn* reflects a clear concept of the drama's characters and their dialogue. The already complete *dramatis personae* list heading the text indicates that Heinrich Julius began his work fully aware of the figures that would populate his play. In two instances, however, his alterations indicate a certain confusion about the identity of minor characters. On fol 14v (III, 6)[8] Heinrich Julius

---

8. Unless otherwise designated, the numbers in parentheses refer to act and scene division in the printed version of 1594 as reproduced in Holland's 1855 edition.

makes three sequential references to Garrulus, one of Nero's henchmen, and each time lines out the name. As his inked-in corrections show, he had intended to refer to Severus' faithful servant Fidelis, the name he then employs throughout the rest of the scene. In a second example from somewhat further in the course of the play, Nero does away with two children, his innocent bastard son Infans and his equally guiltless nephew Innocens (IV, 6-9). The manuscript indicates that the author's attention must have wandered for he begins the scene by referring twice to Innocens, corrects his errors to read Infans, and then overlooks a mistaken reference to Innocens before finally returning to Infans and concluding the scene with the proper appellation (fol 21v). This latter example of confusion is especially understandable in light of the children's similar roles as victims of Nero's bloodthirsty passions. In a play so clearly influenced by the English Comedians, incessant, drastic, and usually violent action lies closer to the drama's core than psychological differentiation or subtle character distinctions.

A second group of changes shows that Heinrich Julius had certain difficulties with act and scene divisions. His indecision is most evident in the numerous scene redesignations of the first two acts. The manuscript reveals that, as originally conceived, the first act fell into ten scenes. Subsequent revisions inked out the earlier sequence and reduced the total number of scenes to seven. While the junctures between scenes remained constant, three of the previous designations disappeared entirely, and the last scene of the original first act emerged as the first scene of a newly defined second act. At the outset the pattern seems to have been to indicate a scene change to coincide with the entrance or departure of a major character. The revised scene devisions abandon this guideline in favor of larger combined scenes. Curiously enough, the printed version of the play restores most of the plan envisioned in the initial manuscript. Only the point of separation between acts diverges from the original pattern as the seventh scene of the first version becomes the beginning scene of a newly conceived second act in the printed text.

Aside from some minor shifts, the handwritten text contains no further significant scene alternations. Having arrived at a working understanding of scenic division, Heinrich Julius showed little of the indecision that had left its distinct marks in the manuscript's early pages.

A third group of changes reflects an authorical concern with dramatic compression that is most certainly not evident from the printed version alone. If Heinrich Julius' prose often strikes the reader as wooden and repetitive, his manuscript shows that he, nonetheless, took occasional pains to excise long-winded or redundant passages, i.e., fol 16v and 33r. The most telling example of this type of correction arises early in the first act where Duke Severus begins the council scene with the following lengthy set of instructions to his servants:

Seve.   Junge lauffe hin vnd sage meinen Rethen das sie sempt-
          lich hieher sollen zu mir kommen

Junge.   Gnediger her es sol geschen Ich wil zur stundtt gehen

Severus. Ihr beyden Kemmerlinge lassett stul vnd benke zu rechte
          sezen da Ich vnd meine Rethe vns auffsezen konnen.

NB.   Sie gehen abe, vnd bringen stul vnd benke.
          (fol 2r)

Heavy crosshatchings cancel this version and a more succinct and clearly preferable phrasing appears in the margin:

Severus. Lasset stul und benke her bringen.

NB.   sie werden gebracht

The fourth type of change, the deleted scene indicative of a change in plot, is to be found only rarely in the Wolfenbüttel manuscript. The lack of major revisions in the text's substance suggests again that Heinrich Julius had a strong grasp of his drama's overall development; he appears to have deviated little from his fundamental concept during this initial process of composition. There are, however, occasional mistaken developments and logical slips. In response to Nero's speech of feigned contrition for his filial disobediance (VI, 2), the aged Severus initially abandoned his anger entirely: "Severus. weint vor freude vnd spricht..." (fol 16v). The manuscript obliterates these words and the following five lines almost completely and begins Severus' address again with a harsher, more unforgiving tone that holds out only a small hope of compromise. The revised image of Severus is made of sterner stuff than the original.

The clearest example of a shift in plot structure is a deletion that opened a logical gap which in turn had to be patched over before the text was printed. At the conclusion of the scene where he has murdered his brother (VI, 4), Nero turns to his henchmen with the express command to arrest the old Duke's three counselors, to have them executed, and to bring their heads to him "in einem schussel" (fol 31r-31v). Nero then proposes to celebrate his ascension to power with a banquet. With the excision of this scene from the manuscript the plot sacrifices logical coherence. The three counselors' arrest becomes an accidental result of their having arrived on the scene at the wrong time, Nero's later inquiry concerning their decapitation is no longer motivated by previous knowledge, and the high point of the feast scene, the appearance of the counselors' severed heads on Nero's banquet table, loses the psychological consistency that had depended upon one's recall of Nero's original order. As was the case with scene divisions, the printed text partially restores at least the logical connections of the first version. In a newly composed monologue (VI, 6) Nero recounts his crimes, lays bare the planned fate of the counselors, and binds up again the plot threads that an injudicious revision had separated.

While the changes in the manuscript itself are of restricted scope, a comparison of this initial text with the printed version of 1594 reveals that significant additions expanded the drama well beyond its original bulk. Here one can assume the existence of yet another manuscript that would have served as an intervening stage between the early draft and the final printed form. The Hannover Archives did, in fact, possess just such a copy-text complete with printer's markings for the fourth and fifth act von *Von einem Buler und einer Bulerin.*[9] Possession of the intervening copy-text of *Von einem ungeratenen Sohn* would, however, add little information beyond that available from the 1594 printing, since the original manuscript has been retained almost completely intact in the final version.

Scene and act division was again a matter of concern as the play was put into shape for the printer. As mentioned above, the printed text restores the original scene designations for the first act and generally adheres to the pattern of scene division established in the manuscript.

9. Holland, p. 848.

Curiously enough, act division undergoes a radical shift between the two versions. Whereas the manuscript presents a standard five-act structure, the printed edition offers a somewhat idiosyncratic six-act configuration. Using the manuscript as a basis, the two versions are divided as follows:

Cod. Guelf. 125.13 Extrav.	*Von einem ungeratenen Sohn* (1594)
I, 1-6	I, 1-II, 3
II, 1-9	II, 4-III, 6
III, 1-9	IV, 1-6
IV, 1-9	IV, 7-V, 8
V, 1-10*	VI, 1-14

(* Actually 11; two scenes are designated as V, 9.)

In his final revisions Heinrich Julius not only expanded the basic content of several original scenes but also penned an occasional new scene to round out his drama's final shape. The first scenes in the printed fifth act were, for example, only a single short scene — IV, 6 — in the manuscript; printed scenes VI, 6-9 are likewise an expansion and elaboration of the manuscript's relatively brief V, 6; and the closing scenes of the 1594 edition (VI 12-14) are far more extensive and offer greater detail than their manuscript predecessors.

Not all modifications, of course, are of the above magnitude. Throughout the printed text there are small divergences from the manuscript. These usually involve word choices, alternate phrasings, or more detailed stage directions. The great majority of these changes raise no serious questions. In one instance, however, the manuscript text offers a reading clearly at odds with the printed version. In the agonies of his last moments Nero repeatedly attempts suicide in order to escape the vengeful spectres of his victims. Each time, his weapons fail him. In his desperation he finally calls upon devils to take him away: "O ihr Teuffel, kompt vnd helffet mir der quale abe, Dann ich wil mit ins Thal Josaphat, dahin ich Citiret bin" (VI, 14). The Valley of Jehoshophat is traditionally associated with the Last Judgment (Joel 3: 2-12), and Nero thus seems to be accepting the fate which the spirits had been urging upon him. The manuscripts, on the other hand, clearly contains a *nicht* where the printed version has *mit*: "dan Ich wil nicht Ins thal Josaphat dahin Ich Citiret bin" (fol 40r). According to this statement Nero is using the devils to escape a direct confrontation with the wrath of God, a move that corresponds well to the evasive and spiteful character Nero has established in the course of the drama. Access to the manuscript version thus at least raises the question as to whether Nero's seemingly more compliant attitude is the result of Heinrich Julius' intention or perhaps a simple printer's error.

One correction that is quite obviously the result of a second reading arises in the scene where Nero plots with Medicus to assassinate Pudica (V, 6). They settle upon a poisoned apple as the chosen instrument, and here the manuscript abandons the scene. Anticipating literal-minded objections to Nero's handling the poisoned apple himself, the printed text supplements the manuscript by inserting the logically reassuring phrase: "Es ist nur auff ein Frawes Person zugerichtet, Aber zu mehrer versicherung nhemet diese Tyriack bey euch." Thus doubly protected, Nero sets out on his next murder with complete confidence.

The vast majority of the additions Heinrich Julius appended to his original text are well calculated to increase or enhance the already drastic impact of violent or emotional scenes. The printed text greatly expands, for example, the suspenseful preparation in the scene where Nero slaughters his bastard son in order to devour his heart and drink his blood (IV, 6). In a totally new scene Probus relates his dream of murder and death and thereby both confirms and rehearses the dreadful events that have just occured on the stage (V, 10). New also is most of the following scene in which Probus addresses a series of emotional apostrophies to the just-discovered corpses of his father, mother, and son (V, 2). In a further new episode Nero puts on a theatrical display of grief as he throws himself to the earth, tearfully fondles the bodies he himself had recently dispatched and pours forth his laments in hypocritical apostrophies that deliberately parody his brother's genuine sorrow (V, 5). Even the play's closing scenes undergo a gory enhancement in the final text (VI, 12-13). In a macabre review each of the murdered parties appears before Nero with an extensive display of the signs and instruments of their violent deaths.

The most memorable new scene is that containing Garrulus' self-mutilation. Overwhelmed by remorse over his participation in Nero's nefarious activities, Garrulus cuts out his own tongue as a conscious, self-inflicted punishment (VI, 7). Here Heinrich Julius seems to have had a dual purpose: from the theatrical perspective the drama gains another gratifyingly gruesome spectacle, and from the ethical perspective an otherwise unpunished villain is shown to have met an appropriately reprehensible fate. Here as elsewhere Heinrich Julius' larger emendations reflect a deliberate cultivation of greater emotionality, increased violence, and heightened theatricality.

To summarize briefly, it seems clear that the newly re-discovered Wolfenbüttel manuscript of *Von einem ungeratenen Sohn* represents the work of Heinrich Julius' own hand. The manuscript's condition indicates that the Duke composed rapidly and that he made few changes in his play after having once established his basic episodic plot. The alterations evident in the manuscript suggest, moreover, that he was more conscientious in editing than it might appear from the finished work alone. Although uncertain about the technical aspects of formal dramatic structure as expressed in scene and act designation, Heinrich Julius did not lack a sense for drama and theatricality. His final version further intensifies the pathos and violence of an already extreme text. In this respect one is tempted to perceive the professional stagecraft of the English Comedians influencing the ultimate form of a play that from its very inception reflected some of the most blatant excesses of the Elizabethan stage.

Some questions, of course, can never be answered on the basis of manuscripts alone. The English Comedians's actual role in Heinrich Julius' dramatic production will, for example, never be fully known. Yet manuscripts such as Cod. Guelf. 125, 13. Extrav. still offer a rare opportunity for an immediate connection with the creative activities of the past. We should thus perhaps again be thankful for the continued existence of a repository such as Wolfenbüttel that has preserved this manuscript over almost four centuries and that allows us today to obtain a brief glimpse into the poetic workshop of that complex poet and ruler, Herzog Heinrich Julius von Braunschweig.

Jill Kohl/Mary Lindemann

AUGUSTUS IN TENEBRIS

It is well-known that the Wolfenbüttel court was characterised by a lively production of occasional poetry which centred on the figure of Duke August. His two youngest sons, Anton Ulrich and Ferdinand Albrecht, were educated under the guidance of August's poetically gifted third wife, Sophie Elisabeth and that of the poets Schottel and Birken. Ferdinand Albrecht's library reveals that the two brothers seem to have written a great deal of poetry together during the years 1651 and 1655. Many of the books in his juvenile library, especially his personal Bible and his volumes of Dilherr, contain interleaved pages on which he transcribed both his own poems, those of Anton Ulrich and a few by Sophie Elisabeth, some of them dated exactly, some with just the year, and others undated. A number of these poems were published in Anton Ulrich's *Christ-fürstliches Davids-Harpfen-Spiel*[1] or in Ferdinand Albrecht's *Andächtige Gedancken*,[2] the rest remain uninvestigated but serve to demonstrate the intensity of this occasional production, exclusively devotional in tone.

This meditational poetry often evolves from a Biblical quotation, sometimes from those prescribed by the Lutheran church calendar. Thus we find several poems on "Sonntag Laetare", "Invocavit", or "Reminiscere", the Sundays which preceded Easter. One such poem is that by Ferdinand Albrecht for "Sonntag oculi", the third before Easter, which usually fell at the beginning of March. The text for this holy day was Psalm 25 verse

1. [Anton Ulrich] *Himlische Lieder und Christfürstliches Davids-Harpfen-Spiel*, ed. Blake Lee Spahr, New York 1969.
2. [Ferdinand Albrecht v. Braunschweig-Lüneburg] *Andächtige Gedancken In Reimen gebracht Durch Einen Liebhaber seines Herrn Jesus*, Braunschweig 1656.

15: "Meine Augen sehen stets zu dem HERRN/ Denn er wird meinen fus aus dem Netze zihen". Using this as a starting point, the young duke produced the following somewhat uneven alexandrines:

> *Gesunde gedancken von Oculi oder dem Augen Sontag*
> Mein Augen heb ich auff zu dem der sitzt dort oben
> Mit vollem mund ich wil aus hertzengrund ihn loben
>   Weil er verwichner zeit von Blindheit mich befreyt/
>   Und mit der Klarheitschein der Gnadensonn erfreut.
> 5 Der Sündendicker Staar die Augen hat bezogen
> Der stoltze Lastergeist geblendet und betrogen
>   Auff wunderbare Weis den Spiegel der Natur
>   Das sie nicht sehen mehr der Seelen beste Chur.
> Wann kömpt der fliegen Herr mit seinen bösen Hauffen
> 10 Der Augen-Fleisches-Lust/ und Hoffart hergelauffen
>   Mein Augen stehen steiff allein zu dir O Gott/
>   Der du so gnädiglich hilffest aus dieser Noth.
> Gleich wie des Knechtes Aug beschaut die Hand des Herren
> So meiner Seelen Aug sihet nach dem der ferren
> 15 Im klaren Himmelzelt wohnt und gar nicht vergist
>   Den/ so sich ganz verwahrt vor der Welt argen List.
> Den Schöpffer/ mein Gemüt/ preise weil er verbunden
> Von schwerer Sünden-last der Seelen tieffe Wunden
>   Danck ihm für diese Gnad/ so ewiglich dir bleibt/
> 20 Die nichts als Sündenrauch hinwiederum vertreibt.[3]

Although the poem has its own justification as a meditation on a Biblical text (line 11), the opening lines indicate a connection between the poem and an event upon which court interest was focussed in the spring of 1653, when Duke August decided to undergo an eye operation at the age of 74 in order to combat a problem caused not by sin, but by old age. We can only speculate as to whether the poem was written with August in mind.

Sixteen years earlier, in 1637, August wrote to his agent in Augsburg, Philip Hainhofer, with a request which indicates that he was having problems with his eyesight:

Wan ihr mit dem ersten zwey paar guter Brillen, zum lesen und schreiben, sampt saubern futteralen umb bey sich zu tragen, Auf eine

3. ibid, p. 37.

1. The clear and neat hand of Duke August in 1642. (All the letters reproduced here are written on the same format.)

Person von etwa 56 Jahren gerichtet, überschicket, würde uns daranne zu gefallen geschehen.[4]

The best evidence of August's progressively deteriorating vision is to be found in his letters to the Stuttgart theologian, Johann Valentin Andreae.[5] This correspondence was the longest and the most personal of all August's acquaintance and one which he was eager to conduct in his own hand, probably because of its relatively personal nature. The decline and improvement in August's handwriting can be seen in the specimen letters illustrated here. By 1652 August was obviously suffering from what early modern medicine termed "grauer Staar", that is a cataract, in the Duke's case an operable senile cataract in the right eye. The cause of cataracts was unknown and both cause and treatment occasioned lively and sometimes bitter controversy in medical circles. A debate raged as to whether a cataract was a "Verdunckelung der crystallinischen Feuchtigkeit", a coat or membrane ("Fell" or "Häutlein") obscuring the lens, or whether it was caused by an "Ansammlung der Feuchtigkeiten," or "suffusio", a theory which gave rise to the term cataract. August himself describes his affliction as a "Heutlein" or "velum"; the word "bezogen" with reference to effect of the cataract on the vision indicates that Ferdinand Albrecht was of the same opinion in his poem. In the early modern period "Staar" served as the generic label for a multitude of eye afflictions. Some, like the "grauer Staar" or "weisser Staar" were considered to be curable or ameliorable through surgery or medication. Others, like the "schwarzer" or "grüner Staar" (glaucoma) were regarded as inoperable and incurable.[6]

It is not surprising that confusion existed concerning this common phenomenon, as even modern medicine has not yet found all the answers to the questions surrounding this illness. We know that the lens of the eye continues to grow throughout life and that it sometimes produces abnormal lens fibres which do not transmit the light as effectively as normal ones. Conglomerations of these abnormal fibres give rise to an opacity in the lens which is known

4. August to Hainhofer, Cod. Guelf 95 Novi, fol. 385r (HAB).
5. Cod. Guelf 236. 1 Extrav. — 263. 9 Extrav., letters from August to Andreas from 1641 until Andreae's death in 1654.
6. Zedler, *Universallexikon* (1744), Vol. 39, cols. 572-610.

as a cataract when it becomes severe enough to impair vision. Injury to the lens, toxic substances in food, extremely bright light (such as that produced by the corona surrounding a solar eclipse) can all result in the formation of cataracts. The commonest form, however, is that of the senile cataract. Its formation is due to biochemical alterations still not completely understood, which deprive the lens of its normal transparency, rendering it cloudy and increasingly impervious to light.

The only symptom of a senile cataract is a gradual decline in vision, first noticeable in poor light or while doing close work. We have seen that August needed glasses in 1636; by 1650 we find some of the signs of a cataract. In a letter to Andreae dated 12th March August writes:

> Interim wird er meine böse Scrift aeq. bonii consuliren. Es will nuhn, wie vom Isaaco auch von mir gesagt werden, das Culigaverant oculi ipsius: dan das Gesichte zimlich stumpf wird: ...[7]

By the end of 1652 he was forced to dictate his letters, having been dissuaded from writing himself by his doctors:

> Medici dissuadent nimiam scribtionem uno oculi usi uti videre est, opre [pro]mittunt.[8]

Total blindness was forestalled by a cataract operation performed on 11th March 1653, coincidentally the very week before "Sonntag oculi" was celebrated.[9]

Ever since antiquity oculists had operated on cataracts, often successfully enough to restore vision, at least to a limited extent, in the afflicted eye. In his *De medicina* Aulus Cornelius Celsus (25 B.C. — 50 A.D.) described a surgical technique — reclination or depression — which remained the commonest form of cataract operation for the next seventeen centuries. Using this method (known in the 17th century as "Staarstechen") the operator thrust the lens back into the orb of the eye with a special instrument the "Staarnadel". Not until the middle of the 18th century did the safer and more reliable operation of cataract extraction gain

7. August to Andreae, 12th March 1650, Cod. Guelf 236. 6 Extrav.
8. August to Andreae, 4th October 1652, Cod. Guelf 236. 8 Extrav.
9. August to Rudolph August, 12th March 1653, Niedersächsisches Staatarchiv Wolfenbüttel 1 Alt 22 144.

192

2. *August's hand nine years later showing definite signs of deterioration in vision.*

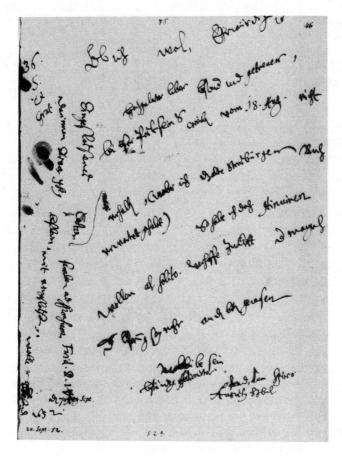

3. August's hand a year before the operation.

widespread acceptance, leading to the ultimate rejection of the old and cruder method of reclination.[10]

Unfortunately, to be successful reclination required a cataract to be left to develop undisturbed until it had "matured". This often meant years of partial or total blindness in one or both eyes for the sufferer. Caspar Stromayr, a talented 16th century oculist, cautioned that the operation should only be attempted on fully

10. C. Horstmann, "Geschichte der Augenheilkunde", in: M. Neuourger and J. Pagel (eds): *Handbuch der Geschichte der Medizin*, (3 vols) Jena 1902-05, III: p. 490-491, 504-507. See also: Julius Hirschberg: *Geschichte der Augenheilkunde im Mittelalter und in der Neuzeit*, Leipzig 1908.

opaque eyes and only when all other treatments had been tried and had failed:

Nullus acu Medicus Cataractam expungere tentet
Ni prius Aegrotus lumine captus erit.
Mox Chirurgus acu Cataractam detrahet albem.
Tunc Venient medico gloria numus honor.

Zu gutten Teutsch lautendt sy allso wie hernach uolgt
Der Starnstich merckh dise lehr
Der Siech soll vor nichts gesehen mer,
Auch soll der Star Im Aug sein weiss,
Alles dann erlangst Gelt, Lob vnnd Breis.[11]

Georg Bartisch (1535-1607), a contemporary of Stromayr's and "Hofoculist" to Duke August of Saxony, produced the first German textbook on opthalmology, which described the exact procedure for a cataract operation. This description gives us a graphic impression of what must have gone on in the ducal chambers on the 11th of March 1653 when August underwent his operation:

Der Patient aber muß sich auf einen Stul/ Schamel oder Setzel setzen/ der niedriger sey/ als des Arzts/ und damit hart an den Arzt hinrucken. Darnach nimmt der Arzt des Patienten Füß und Schenckel zwischen seine Schenckel/ und lässe ihn die Hände auf seine beyde Schenckel legen. Hinter dem Patienten soll des Arztes Diener stehen/ der dem Patienten den kopf steiff halte: ...

Hat ein Patient nur auf einem Aug den Staarn/ so muß man ihm das gute Aug/ mit welchem er sehen kan/ mit einem Tüchlein/ Pölsterlein oder Bindlein verbinden/ damit er gar nichts sehe. Alsdann nimmt der Arzt das Instrument oder die Staar-Nadel entweder in seine rechte oder linke Hand ... Wann der Arzt das Instrument ansetzen will/ so soll der Patient gerad vor sich gegen das Liecht/ oder dem Arzt recht in das Gesicht sehen/ doch so/ daß er das böse Aug ein wenig gegen die Nase kehre und wende/ damit also der Arzt die Nadel desto besser und gewisser möge an setzen können, ...

Halte die Nadel/ der du den Staar stichst/ im eindrehen/ ... nur gewiß/ und trachte mit Fleiß dahin/ daß du mit der Spitze der Nadel immer näher gegen das Häutlein Uveam zukommen/ und ja nicht auf

11. [Caspar Stromayr] *Die Handschriften des Schnitt- und Augenarztes Caspar Stromayr (Practica Copiosa von dem rechten Grund dess Bruch Schnidts...)*, ed. with introd. by Walter von Brunn, Berlin 1925, p. xxiv.

eine Seite damit wancken mögest/ damit du das Aug nicht inwendig nicht verfehrst und ritzest/ oder gar durch das Auge hindurch fahrest/ ... wodurch dem Auge überaus grosser Schaden zugezogen würde. Befindest du nun/ daß die Nadel tief genug im Aug stecket/ und schon fast über den Stern oder das Häutlein Uveam reichet; spührest auch daß du mit deiner Nadel recht im Aug darinnen bist/ so fange mit derselben von hinden zu immer allgemach hervorwartz gegen den Stern zu zustreichen/ bist du meinest/ du seyest nunmehr bey der Staar-Materi/ welches leichtlich daher abzunehmen/ wann sich die Materie des Staars beweget. Merkest du dieses/ so streiche mit deiner Nadel langsam fort/ damit der Staar oder desselben Materi nicht zerstört/ sondern ganz von den Häutlein Uvea oder dem Stern abgelöset werde/ und völlig beysammen bleibe/ welches grossen Fleiß und gute Auffsicht erfordert und haben will. Alsdann druke die Staar-Materi mit der Nadel fein gemach unter sich/ und wann du spührest/ daß sie allerdings ledig und loß ist/ so ziehe und lencke sie mit der Nadel hinter sich gegen den Kopff zu/ und drucke sie zwischen dem Häutlein Retina und Areana wol/ nieder/ allwo sie immerfort liegen bleiben soll.[12]

In a letter to Andreae on 15th March, August gives a laconic description of the operation:

Aus Mangel Materien tuhe ich ym nur brevit[er] anmelden, das Myr der Allmachtige einen oculisten voor wenigen Tagen zugewiesen, der mit seinen instrumenten so glücklich geweesen, das Er das velum so ein zeithero vor meinem Gesichte gehenget durchlochert und ganz hinweg genomen, das ich verhoffe in kurzzem meine Schreiben wy Vorhin eigenhendig zuverfertigen ...[13]

Post-operative treatment for the weeks following actual surgery prescribed a regime of bandaging both eyes to exclude all light, bedrest, a light diet, and, finally, a gradual reacclimation to normal daylight. Similar precepts governed August's convalescence as he explained to his eldest son, Rudolph August, in a letter dictated on the morning after the operation:

12. Georg Bartisch: "*Ophthalmodoyleia, das ist "Augendienst". Neuer und wohlgegründeter Bericht von Ursahen und Erkenntniss aller Gebrechen, Schäden und Mängel der Augen und des Gesichts*, Dresden (Stöckel) 1583 (first edition). Edition used here: Georg Bartisch von Königbrück/ Burgers Oculisten/ Schnitt- und Wund-Arzted der Chur-Fürstl. alten Stadt Dresden *Augen-Dienst...*, Sulzbach 1686, pp. 97-98.

13. August to Andreae, 15th March 1653, Cod. Guelf 236. 9 Extrav.

Izzo müssen wier uns im Bette aufhalten und fein stille seyn, mit zugebundenen Augen, damit dy subita alteratio nicht offendire.[14]

This letter bears August's own signature, his hand obviously guided by that of his clerk, and reveals the Duke's sense of humour: "euer getreuer Vater bis an mein ende August HZBUL in tenebris den 12 Mart. 1653 hor. 8.a.m.". We can assume that the clerk was also eagerly looking forward to the time when August could get back to writing his own letters at 8 in the morning! Considering his advanced age, his recovery proceeded rapidly and he certainly used glasses to compensate his still imperfect vision.

The 10th of April, August's birthday, was celebrated each year in Wolfenbüttel with a collection of birthday poems.[15] In 1653 some of the well-wishers made reference to the success of August's eye operation.[16] The first poem in the collection *Gloria et Memoria Natalitia ...* was by Andreae and was accompanied by an engraving depicting the palm of a hand with an eye in the centre,[17] which August interpreted in his letter of thanks as "wolgemeinten Wunsch und Freudebezeugung wegen meines etlicher maßßen restituierten gesichts".[18]

By August 1653 the Duke was writing his own letters again and although his handwriting had not returned to normal, the improvement is obvious. In a letter dictated to Andreae in November, he acknowledges that he still experienced difficulty in reading and writing in poor light:

Ich habe alhier [*Bevern, where August was participating in the yearly boar hunt!*] sein schreiben vom 9. November woll erhalten, hette solches gerne eigenhendig beantwortet, wan mich der spater abend und das licht daran verhindert, dan ich bey tage mit weniger mühe mein schreiben verrichten kan.[19]

14. August to Rudolph August, 12th March 1653, Nds. Staatsarchiv Wolfenbüttel, 1 Alt 22 144.
15. *Gloria et Memoria Natalitia Ipso die Natali...Ac Domino... Augusti Duci Brunsvico...*, Wolfenbüttel 1653 — HAB: Gn 4 Sammelband 11 (2).
16. Apart from Andreae, see poems by Haspelmacher, Imhof.
17. Engraving reproduced in: *Alles mit Bedacht. Barockes Fürstenlob auf Herzog August (1579-1666)*, ed. Martin Bircher and Thomas Bürger, Wolfenbüttel 1979, p. 102.
18. August to Andreae, 11th April 1653, Cod. Guelf 236. 9 Extrav.
19. August to Andreae, 28th November 1653, Cod. Guelf 236. 9 Extrav.

4. Six months after the successful cataract operation.

The last letter in our series of illustrations is dated 20th September 1653, 6 months after the operation. The fine script of the letter, obviously written under normal light conditions, demonstrates just how successful the treatment had been.

The major role played by August in 17th century history and literature alone makes his medical history an important topic. Beyond this, however, this medical incident allows us a glimpse into the normally poorly-illuminated realm of everyday medical practice in the 17th century. The documentation of the actual operation is unusual in itself, but the fact that we know quite a bit about the attending oculist enables us to investigate some of the problems of this profession and its struggle for recognition.

One might expect that August would have sent for a famous oculist to carry out this operation, but in fact he chose a local practioner. On 21st March 1653 a presumably elated Meister Jochimb Schmidt went to the court exchequer to cash the note he had been given after the operation. The court accounts record the payment: "*Auf Verehrung* den 21. Martii M. Jochimb Schmidt Oculisten und Chyrigus schein auß Gnaden wegen Sfg. Augen Cur — Rth. 100-0-0".[20] 100 Reichsthaler was a proud sum for an operation which usually brought between 3 groschen and a half thaler.[21] Even though this operation brought him such handsome remuneration Schmidt seems to have been in a precarious professional position in 1653, as a petition from him to the city of Braunschweig documents.

Schmidt appears to have settled in Braunschweig in 1643. The Braunschweiger *Neubürgerbuch* records "Meister Joachim Schmidt ward Neubürger den 5. Junij an. 1643" and details the fiscal and

20. Hofquittungen 1648-1658, Niedersächsisches Staatsarchiv Wolfenbüttel, 17 III Alt 96, fol 149v.
21. According to Bartisch, oculists usually received 3 gr. and he considered haf a thaler "eine ganz ausserordentliche hohe Liquidation" — quoted in Hugo Magnus: Der augenärztliche Stand in seiner geschichtlichen und culturhistorischen Entwickelung, in: *Deutsches Archiv für Geschichte der Medicin 1* (1878), p. 62. About a century later, the *Reformation oder Erneuerte Ordnung des Keyl, Reiches Stadt Frankfurt... welche den Medicis, Apotheckern/Materialisten und andern...zur Nachrichtung gegeben worden*, Frankfurt 1680, specifies a fee of 10 fl. "Staar zu wircken an einem Aug".

military duties which were his responsibility as citizen of the town.[22] The petition submitted by Schmidt in 1653 concerns the responsibilities of the city to protect the professional welfare of those who were its sworn, tax-paying citizens. As we see from the entry in the court accounts, Schmidt was not just an oculist, but also a sugeon. His own definition of his work shows us that he was a "Bruch, Schnitt und Steinschneider", who attempted with his scalpel and trusses to correct hernias, prolapsed uteruses, cleft palates and to remove painful bladder stones. Beginning in the 16th century, surgeons and opthalmologists launched a long, uphill campaign to shed the stigma of being mere artisans and to gain respect and recognition as medical specialists who were part of the medical establishment. Since the Middle Ages travelling "Staarstecher", "Bruch- und Steinschneider" had dominated the practice of opthalmology and lithotomy. Their struggle for recognition had a theoretical and a practical side — with the establishment of a theoretical scientific literature on the subject they entered into medical debate, with the establishment of settled practices and the accompanying rights and privileges they distanced themselves from the image of the travelling "Quacksalber" and "Marktschreier".

Georg Bartisch, the author of the first German textbook, from which we quoted above, concerned himself not only with the anatomy of the optic organs and the treatment of eye diseases, but also offered guidelines for medical practioners. His ideal was that of the 'redlicher Oculist' from whom he demanded piety, learning, long years of training, physical dexterity and a stable life-style.[23] He strove to establish the difference between the settled oculist, even though he too may be forced to travel to make his living, and the travelling quack:

> Dann ich wol frey sagen mögte/ daß kein aufrichtiger/ rechtschaffe-ner/ redlicher und berühmter Oculist oder Augen-Arzt/ der seine Kunst recht/ redlich und wol gelernet hat/ und gründlich verstehet/ den Staar auf freyem Platz und öffentlichen Marck/ in Wind und

22. Stadtarchiv Braunschweig, B I 7, Neubürgerbuch, Vol. 9, p. 815.
23. Bartisch, *Augen-Dienst*, chapter on: Von einem rechtschaffenen Oculisten und Schnitt-Arzt/ was derselbe verstehen/ können und wissen/ imgleichen auch wie er sich verhalten soll, p. 17-21.

Lufft/ vor allerley Leuten/ guten und bösen/ vor Mannes- und Weibes-Personen zu stechen sich unterstehen wird.[24]

It was the stall on the market-place and the lack of a home practice which distinguished the "unwissende und schlechte Herumschweifende Operateurs" from the honest oculist. These concerns are those which Schmidt expresses when he petitions the Rat in Braunschweig to introduce and enforce measures to restrict the activities of quacks in the city to the limited periods of markets and fairs and thereby to follow the example of the famous free cities in guaranteeing the professional survival of their citizens. Schmidt's letter, with its graphic description of the dangers of unregistered practioners, his own distaste for the itinerant life-style and his arguments for the necessity of protectionist legislation is worth quoting extensively, because it demonstrates a stage in the development of his profession:

Daß maßen bey Ew. Edl. Hoch und wohlw. Löblichsten Bürgerschafft mein Juramentum civilis ordinis alß Unwürdiger Ich gebührender maßen deponiret, und meine lobliche Kunst an Hochstgebreßten patientes in nomine individuae Trinitatis zugebruachen selbstpersönlich nicht allein niedergelaßen, sondern auch an vielen, wie notorium und Landeskündig seyn wird, ohn mein Thrasonische heraußerstreichen, geübet und versuchet habe, Solches wird E. Hochwohlw. unzweiflich in frischen andenckens und annoch erinnerlich seyn.

Wann aber von wegen und durch dero viel unndt mannigfaltige Bruch: undt Stein: schneider auch Marcktschreyer undt Quacksalber unsehliger ankunfft (die nicht alleine die breßhafften Patienten in größere undt gefehrlichere Schaden führen, besondern auch selbigen die beuthel wohlbeschneutzen, undt also nach dem sie wohl betrogen das Kuhefenster[25] treffen, undt sich unsichtbar machen thun) mihr meines lebensmittel vor dem munde wegkgenommen und gutes theils entzogen, und dahero aus hoch dringender eußerster nothwendigkeit meine lebensunterhaltung in frembden und andern orten, und insonderheit bei wolgestalten und hochlöblichen Respubliquen und städten zu suchen anderweith benöthiget und gezwungen worden, Auch in undt bey wohlbestalten Regiementen undt hoch ansehnlichen

24. ibid., p. 93.
25. Grimm's *Deutsches Wörterbuch*, Leipzig 1873, defines "Kuhfenster" as "Weg des Diebes", and the idiom used by Schmidt: "der entrinnende "trifft das kuhfenster" d.h. "entkommt noch glücklich, wie eben ein ertappter dieb".

stadtenn die Stein: Schneidere von E. Wohl Ehren Vesten und Hochweysen Räthen, mit sothanen wohl becommunirten privilegiis nebenst einem ubermachten gewißen Jahrgelde, daß er sey gleich wer er wolle, keiner außerhalb dem Freyen Jahrmärckten, solche Kunst zu practiciren vorgünstiget und zugelassen werden möchte, alß in sonderheit, in Nürenbergk, Regensburgl. Augßburgl. Hamburgl. undt Franckfurth am Mayn dotiret und begifftiget seyn.
Alß ist und gelanget an E. Edle Hochwohlw. Hiermit mein unterthenigst demütigst undt Höhes Vleißes imploriren und bittenn, Daß weilen Ich gleicher maßen wie andere ein geschworener Bürger daselbsten meine kunst vielen die die dero Hochstbedüfftig seyn mochten mit Gottes ehren und des Nechsten fruchtlichen Nutzen mitzutheilen, niedergelaßen Sie Hochst geneigt und großgünstig geruhen wollen Meinen billig und rechtmeßigen petitis zu deferiren, dero Bürgerlichen communität und freyheit, vermöge deponirten Juraments auch fruchtlich mir zu genießen, undt zustatten kommen laßen möchten, darmit Ich viel mehr an gebuhrendem seßhafften orthe und zu Hause verbleiben, undt also E. Edl. undt Hochwohlw. wie auch der löblichen gantzen Bürgerschafft undt Gemeine, desto embsiger und in guter ruhe und Alter, mit meiner Kunst aufwarten und dienen möge und könne. Solches, wie eß dem Himlischen Seelen Arzt zu hohen ruhm und preiß, E. Hoch undt Wohlw. zu hochst ruhmlicher nachrede, auch der Bürgerschafft zum grossen nutz und mihr zum guten nahmen gereichet, Alß bin Ichs mit meinem underwilligst gehorsamben diensten auch schüldigem danck zu vorgelten, gewilligt und allzeit bevlißen ...[26]

The opening sentences of Schmidt's letter with his reference to the notable success of his practice may be seen as a modest refence to his recent prestigious patient in Wolfenbüttel, and this cure may have given Schmidt the necessary impetus to claim the right to the same privileges ("freyheit") as other professional citizens in the city. His concern with the image of the "redlicher Oculist" is evident from his complaints against the quacks who operate within the city and his assurance that if were "privileged" it would augment his reputation ("mihr zum guten nahmen"). The main point of his argument is, however, the fact that it is the duty of the city to guarantee his "bürgerliche Nahrung", following the example of "wohlbestalten Regiementen".

26. Schmidt to Braunschweig Rat, 28th June 1653, Stadtarchiv Braunschweig, B IV 13c Nr 16.

Schmidt's recourse to political arguments is an individual example for a movement which was gaining ground among cameralists, who also attempted to improve the standards of the profession.[27] Towards the end of the 17th century it became usual to regulate the conditions under which the travelling oculist and stone-cutter were allowed to practice, permitting their unique operations only for a limited time-usually during markets or fairs — and even then only in the presence of the "Stadtphysicus". By 1721 the regulations for "herum schweiffende Zahn-Aerzte, Marckt-Schreyer, Quacksalber, Schlangen-Fänger etc." stipulated:

> Ohne expresse Bewilligung [sollen sie] in Unsern Landen nicht geduldet, auch zum Austande nicht gelassen werden, sie haben sich denn zuvor bey dem Stadt-Physico persönlich angemeldet, dem Examini submittiret, die Artzeneyen, so sie feil haben wollen, angezeiget, und von ihm gegen Erlegung 1 Thlr. darüber einen schriftlichen Schein, welchen sie dem regierenden Burgemeister vorzeigen sollen, wirklich erhalten, bey Endigung der Messe und Jahrmärckte sich alsofort retiriren und wieder aus dem Lande machen.[28]

The "schriftlicher Schein" mentioned here was known as a "Concession" or "Privilegium". Normally the travelling oculist applied in writing to the Rat, presented testimonials or other proof of his capabilities, paid a set fee and only then received the concession. Obviously what our oculist Schmidt was applying for was a concession which would have given him a monopoly for treatment in Braunschweig outside the periods governed by the free-trade rules of markets and fairs.

It is unclear whether Schmidt achieved his aims — the archives give us no further details on the reaction to his petition. The fact, however, that well into the 19th century opthalmologists were

27. See for example: Ludwig von Hoernigk, *Politica Medica. Oder Beschreibung deßen was die Medici, so wohl ins gemein als auch verordnete Hof- Statt- Feldt- Hospital- und Pest-Medici, Apothecker/ Materialisten/ Wundärzt/ Barbierer/ Feldtschere/ Oculisten/ Bruch- und Steinschneider/ Zuckerbecker/ Krämer und Bader...zu thun/ auch was sie in Obdacht zu nehmen...* Franckfurt 1638 p. 147-148.
28. *Hoch-Fürstliche Braunschweig-Wolfenbüttelsche Medicinal-Ordnung/ nebst beygefügter Apothecker-Taxa, Auf Hoch-Fürstliche Gnädigste Verordnung und Befehl publiciret...,* Braunschweig 1721, p. 21.

forced to continue their itinerant ways and that even the most skilled and famous could not survive without moving around,[29] indicates that he probably still travelled to find patients. The *Medicinal-Ordnung* of 1721 quoted above, recognises the peculiar worth of the travelling oculist:

> Es sind in der Chirurgie besondere Operationes, die an einem Orte oder Stadt gar einzeln fürfallen, und die Chirurgi ordinarii darüber aus der Übung kommen: Als Staarstechen, Stein- Bruch- und Hasen-Scharten schneiden, dieses haben sich andere zu Nutz gemacht, auf diese Operationes alleine beflissen, und dieselben schier von denen Chirurgis ordinariis abgebracht, daher jene Operateurs, Oculisten, Stein-Bruch- und Hasenschart-Schneider zum Unterscheid dieser genennet, auch in deren Exercitio, als einem nöthigen Stück menschlicher Bedürfnis, in so weit billich geduldet und geschützet werden.[30]

Johannes Schreiber, possibly Schmidt's successor in Braunschweig, petitioned the Rat in 1660 and received a testimonial which he obviously took with him on his travels. This testimonial verified not only Schreiber's ability as a physician, but also his status as a citizen of the town, as a "redlicher Bürger".[31]

The last traces we have of Schmidt's professional activity link him once again to the court at Wolfenbüttel and to Duke August. August's son, Ferdinand Albrecht, author of the poem quoted in connection with the Duke's cataract operation, records another cure by Schmidt. In his travel diary under the 15th June 1658, the

29. See C. Horstmann: *Geschichte der Augenheilkunde*, p. 492-496 (cf. note 10); H. Magnus: *Der Augenärztliche Stand*, p. 60-69 (cf. note 21); Huldrych M. Koelbing: Die Opthalmologie zwischen Medicina universa und Spezielistentum in Vergangenheit und Gegenwart, In: *Opthalomologica* 143, Basel 1962, p. 378.383.

30. See above, note 27. p. 20.

31. The Rat's certificate for Schreiber reads "[daß er] vor anderthalb Jahren nicht allein daß Bürger Recht alhie gewonnen, und nach abgeleisteten Bürger Eydes, sich bey unß haußlich niedergelaßen, sondern auch sein Examen vor dem hiesigen Physico ordinario und darzu Deputirte Herrn alhie außgestanden und erstanden habe, über daß auch unterschiedlichen schwachen Breßhafften Leuthe, in dieser Stadt, und auff dem Lande hin und wieder, negst Gott geholffen, dieselbe glücklich curiret und damit ein guten gezeugnüß bey Ihnen verdienet habe...". 26th July 1660. Stadtarchiv Braunschweig, B IV 13c Nr 12.

young duke enters a drastic description of Schmidt's spectacular
work, this time not as an oculist, but as a stone-cutter:

> Dießen tag hat Meister Jochim (so H[errn] V[ater] am auge geholffen)
> einen Corporal [*margin*: nahmens Andres Holstein] Unter Capitain
> Bertram Brauerdingshausen, welcher Über ein iahr in unleidlichen
> schmertzen, am calculo laboriret, dan er auch aus pein sein hand
> zerbissen und ins fleisch fressen wollen, den Stein geschnitten, welcher
> so gros war als ein kalekutsches hüner ei hat gewogen über 20 lot.[32]

The corporal was less fortunate than his ducal employer had
been five years earlier — one of the young chemists in the
Hofapotheke in Wolfenbüttel records the melancholy outcome of
this operation in his own diary:

> Anno 1658 Juni ward zu Wolfenbüttel einem Corporal, so unsere
> Magd aus der Apotheke geheiratet hatte, ein Stein geschnitten, so ich
> selber gewogen, selbiger wog 20 Lot, aber er starb 3 Tage hernach, weil
> die Blase propter magnitudinem lädieret. Der Doktor, so ihn schnitte,
> war der alte Bruchschneider Doktor Jochim aus Braunschweig.[33]

Reproductions:

1. August to Andreae, 3rd Sept. 1642 [Cod.Guelf 236.1 Extrav.fol.19]
2. August to Andreae, 19th Aug. 1651 [Cod.Guelf 236.7 Extrav.fol.38]
3. August to Andreae, 7th Sept. 1652 [Cod.Guelf 236.8 Extrav.fol.46]
4. August to Andreae, 20th Sept. 1653 [Cod.Guelf 236.9 Extrav.fol.42]

32. Niedersächsisches Staatsarchiv Wolfenbüttel, 95 Alt 4.
33. Quoted by Otto Hahne: Erlebnisse des Apothekers Wagener auf
seinen Wanderjahren und in Begleitung des Herzogs Ferdinand Al-
brechts I. zu Braunschweig und Lüneburg. In: *Braunschweigisches Maga-
zin* 6, 1927, col. 83.

Martin Bircher

DER CHLORIS WINTER-LUST
TOBIAS FLEISCHER UND ANTON ULRICH 1650
IN HELMSTEDT.

Am kalten Wintermorgen des 9. Dezembers 1650 brach Anton
Ulrich Herzog von Braunschweig und Lüneberg mit einem kleinen
Gefolge von Wolfenbüttel nach Helmstedt auf. Wohl zum ersten
Mal sollte er seinen Vater, Herzog August, bei einer öffentlichen
Zeremonie in Funktion des regierenden Herzogs und damit Pro-
tektors der Landesuniversität vertreten.[1] Kanzler Johann Schwarz-
kopf (1596-1659)[2] und der drei Jahre jüngere Halbbruder Ferdi-
nand Albrecht, der in seinem Tagebuch die Chronik dieser Reise
festhielt[3], begleiteten ihn nebst einigen Bedienten. Man reiste über
Groß Denkte, Dettum durch das Reitlingstal, überquerte hier den
Elm, um nach Süpplingen und Helmstedt zu gelangen. Nur im

1. An allgemeiner Literatur über Helmstedt und seine Universität sei
lediglich erwähnt: *Späthumanismus und Landeserneuerung. Die Grün-
dungsepoche der Universität Helmstedt 1576-1613.* Sonderausstellung. (=
Veröffentlichungen des Braunschweigischen Landesmuseums 9) Braunschweig 1976; *Die Universität Helmstedt und die Epochen ihrer Geschichte.*
Ausstellung aus Anlaß des 400. Gründungsjubiläums der ehem. Universität Helmstedt. Helmstedt 1976; Hans Haase: *Die Universität Helmstedt
1576-1810.* Bilder aus ihrer Geschichte. Bremen/Wolfenbüttel 1976.
2. Zu den biographischen Daten vgl. *ADB* 33, S. 221-23.
3. Das nur handschriftlich erhaltene Reisetagebuch Ferdinand Al-
brechts, das die Jahre 1650-1663 umfaßt, befindet sich im Staatsarchiv
Wolfenbüttel, Bestand 95 Alt 4. Frau Jill Kohl, Wolfenbüttel, die vor
dem Abschluß einer Arbeit über Ferdinand Albrecht steht, machte mich
liebenswürdigerweise auf die Handschrift aufmerksam, die sie auch
transkribiert hat. Im Folgenden zitiert als: *Reisetageb.*

Dorf Evessen machte man Halt, wo man sich "wegen grimmiger Kälte etwas erwärmete."[4]

Anton Ulrich war im Oktober siebzehn Jahre alt geworden. Seit seinem elften Altersjahr wohnte er in der Residenzstadt Wolfenbüttel, außer der er noch wenig von der Welt gesehen hatte. Seine Ausbildung hatte der besorgte Vater und Bücherliebhaber in bewährte Hände gelegt: vom fünften bis zwölften Lebensjahr war Justus Georg Schottelius sein Präzeptor, dem 1645 der junge Sigmund Birken für kurze Zeit beigesellt wurde. Nachher betreute ihn ein Hofmeister; Französisch-, Musik- und Zeichenunterricht hatte er neben den Grundkenntnissen der Bildung eines jungen Fürsten genossen. An jenem 9. Dezember war Anton Ulrich flügge geworden und stand in einem Alter, da er eine Cavaliersreise antreten oder eine akademische Ausbildung hätte beginnen können. Die Vertretung des Vaters während dieses Festakts gehörte mit zu seiner Ausbildung; sein Verhalten wurde von seinem Erzieher gründlich beobachtet und dem Vater rapportiert[5].

Als die kleine Wolfenbütteler Delegation abends nach Helmstedt gelangte, wurde sie vorschriftsgemäß von der Bürgerschaft vor den Stadttoren abgeholt und bis zu ihrem Logis begleitet, als das man das Haus des Professors der Medizin, Jakob Tappe (1603-1680) ausersehen hatte[6]. Nur zwei Monate später wurde Tappe von Herzog August zum "Rath und Leib-Medicus von Haus aus" ernannt. Vizerektor Hermann Conring[7] und Christoph Schrader,

---

4. *Reisetageb.*, 9. Dezember 1650.

5. Aus der großen Literatur über Anton Ulrich sei nur das Standardwerk von Etienne Mazingue erwähnt: *Anton Ulrich, Duc de Braunschweig-Wolfenbüttel 1633-1714. Un prince romancier au XVIIéme siècle.* These présentée devant l'Université de Paris IV, Lille 1974. Zum jungen Anton Ulrich vgl. Jörg Jochen Müller, Fürstenerziehung im 17. Jahrhundert am Beispiel Herzog Anton Ulrichs von Braunschweig und Lüneburg. In: *Stadt, Schule, Universität, Buchwesen und die deutsche Literatur im 17. Jahrhundert.* Hrsg. v. Albrecht Schöne. München 1976, S. 243-260. Ferner natürlich die Beiträge Blake Lee Spahrs (vgl. seine Publikationsliste).

6. Zu den biographischen Daten vgl. *ADB* 37, S. 394-96.

7. Über Conring vgl. vor allem: *Hermann Conring (1606-1681). Ein Gelehrter der Universität Helmstedt.* Ausstellung und Katalog: Patricia Herberger. (= Ausstellungskataloge der Herzog August Bibliothek 33) Wolfenbüttel 1981.

Professor für Eloquenz und Geschichte[8], begrüßten die Wolfenbütteler Gäste im Namen der Universität; Schrader in Form einer
lateinischen Rede, die Schwarzkopf "ebenalßo" beantworte. Von
dem Fackelzug, den später die Studierenden den herzoglichen
Gästen zu Ehren veranstalteten, berichtet Ferdinand Albrecht:
"Nach gehaltenem abendmahl, brachten die Studenten, bei 400
starck, eine schöne Music, welche über alle mas wohl anzusehn,
weilen viele hundert fackeln, und eine so herrliche harmonie
vielerlei instrumenten da zuhören und zusehen waren. Wie solche
geendiget wurden die Vornehmsten herauff gebeten und tracti-
ret."[9]

Unter diesen "Vornehmsten", die man zum Umtrunk gebeten
hat, befanden sich ohne Zweifel ein 22jähriger Schlesier, Enoch
Gläser[10] aus Landeshut, der im Vorjahr von Wittenberg nach
Helmstedt gekommen war, und der 20jährige Tobias Fleischer aus
Elbing in Preußen, der erst seit wenigen Monaten in Helmstedt
studierte[11]. Beide waren Poeten, nicht ohne Begabung, vertraut mit
den neuesten Strömungen innerhalb des schäferlichen Genres der
Dichtkunst. Ein Kritiker des Zeitalters, Erdmann Neumeister, hat
später die Leistungen der beiden Poeten gewürdigt: Gläser habe
"aus seiner Heimat ebensoviel Fähigkeit und Talent zur Pflege der
Musen wie Lebenskraft mitgebracht."[12] Und von Fleischer sagt
der sonst oft gestrenge Kritiker, "Während er diese Erstlinge
schrieb, die prunkvoll und geistvoll verziert sind und sozusagen

8. Zu den biographischen Daten vgl. *ADB* 32, S. 422-25.

9. *Reisetageb.,* 9. Dezember 1650.

10. Erdmann Neumeister: *De poetis Germanicis.* Hrsg. v. Franz Hei-
duk. Bern und München 1978, S. 347/8; im Folgenden zitiert: *Neumeister).* Eine Würdigung Gläsers fehlt bislang; keines seiner Werke ist
neu gedruckt worden.

11. Vgl. Georg Daniel Seyler: *Elbinga litterata. H.e. Elbingensium sive
nominis seu eruditionis fama domi forisque clarorum, qui diem suum
obierunt, memoriae.* Elbing 1742, S. 125-26; Adolf Laun: "Die ältesten
deutschen Übersetzungen einiger Dramen von Corneille." In: *Archiv für
Litteraturgeschichte* 3, Leipzig 1874; Leonhard Neubaur: "Tobias Fleischer." In: *Euphorion* 4, 1897, S. 262-272 (im Folgenden zitiert: *Neubaur);*
Neumeister S. 337.

12. *Neumeister,* S. 171.

nach süßem Weihrauch duften, lachte ihm die ganze Versammlung des Parnaß ohne Umschweife zu."[13]

Gläsers und Fleischers Verdienste, derentwegen man sie in diesem Kreise schätzte, lagen darin, diesen Parnaß nicht im fernen Griechenland belassen zu haben, sondern ihre Umgebung, ihre Heimat, ihren Studienort mit Singen und Dichten zu feiern. Sie verwandelten das niedersächsische Helmstedt am Elm recht eigentlich in schäferliche Gefilde Arkadiens nach dem Muster der Alten und belebten sie mit antiken Helden, Schäfern und Göttern samt ihren reizenden Partnerinnen. Gläser hatte auf den Tag genau ein Jahr zuvor die Ankunft der Wolfenbütteler Gäste gefeiert: damals stand an ihrer Spitze Anton Ulrichs älterer Bruder Rudolf August. Dieses Ereignis hatte Gläser durch ein *Schäffer-Geticht* verewigt, das er damals schon in handschriftlicher Form Rudolf August überreicht hatte. Es trägt den Titel *Der Elmen-Nymffen Immergrünendes Lust-Gebäu/nach art eines Schäffer-Getichts/ unlängst beschrieben/ und nunmehr auf Gutachten dem offenem Liechte gezeiget* (Wolfenbüttel 1650);[14] gewidmet ist es natürlich dem Herzog Rudolf August. Diesem muß das Gedicht so gut gefallen haben, daß er es bei Johann Bismark in Wolfenbüttel drucken ließ; das positive "Gutachten" dürfte von Schottel stammen, dem Gläser an mancher Stelle seines *Fried-erlangenden Deutschland* (Wittenberg 1649) hohes Lob gezollt hatte. Der Druck wird durch hübsche Illustrationen, darunter Ansichten der Universität und der Stadt geschmückt. Man wählte das Querformat in -8°, wie es Schottel liebte und wie es seit Harsdörffers *Frauenzimmer Gesprechspielen* in Mode stand. Die erste Anregung zu seiner Schäferei mag Gläser durch die *Schäfferey Von der Nimfen Hercinie* seines Landsmanns Martin Opitz erhalten haben, der sie 1630, Gläser war zwei Jahre alt, publiziert hat. Opitz verlieh in der Widmung seinem Wunsch Ausdruck, daß die Schäferei andern Dichtern zum Vorbild gereiche, und sie veranlasse, "Vnsere

13. *Neumeister,* S. 165/66.
14. Herzog August Bibliothek Wolfenbüttel (HAB), Signatur Gn Kapsel 60 (8); *Sammler Fürst Gelehrter. Herzog August zu Braunschweig und Lüneburg 1597-1666.* Niedersächsische Landesausstellung. (= Ausstellungskataloge der Herzog August Bibliothek Nr. 27) Wolfenbüttel 1979, Nr. 453 (im Folgenden zitiert: *Kat. Herzog August-Ausstellung.*

sprache/ darinnen sich vormals keiner dergleichen zue erdencken/
bemühet hatt/ auch mit dieser nicht weniger nutzbaren als lustigen
art schriften mehr vndt mehr zue bereichern"[15]. Gläser, der Täler
und Höhlen des schlesischen Riesengebirges, in denen Opitz und
seine Freunde die Nimfe Hercinie fanden, gründlich kannte, sollte
ihm den Wunsch auf Nachfolge erfüllen. Vor ihm waren es schon
die Nürnberger Dichter gewesen, die sich im schäferlichen Kostüm
am Gestade der Pegnitz wohlfühlten. Gläser kannte die Schriften
eines Klaj und eines Harsdörffer. In seinem *Lob-Gedichte/ an die
Triumfirende Deutsche Sprache*[16] pries er ihre Schriften sowie
diejenigen der Mitglieder der Fruchtbringenden Gesellschaft; das
Fried-erlangende Deutschland hat er drei Dichterfürsten seiner Zeit
gewidmet: August Buchner, Johann Rist und Christoph Colerus.
Gläser bewegte sich sicher auf dem Parkett zeitgenössischer Dichtung, genoß seinen Ruhm, vorab die große Auszeichnung, die ihm
der gothaische Kanzler Georg Franzke, ein wichtiges Mitglied der
Fruchtbringenden Gesellschaft, hat zuteil werden lassen, als er ihn
zum Dichter krönte. Auf das Titelblatt seines *Schäffer-Getichts*
setzt er seinen Titel "K. Gekr. Poet" mit mehr Stolz als einen
akademischen Grad. Damit mag er nicht nur seinen Mitstudenten,
sondern sicher auch in Wolfenbüttel Eindruck gemacht haben.
Kaum war Gläser zum Studium nach Helmstedt gekommen, hat er
sich auch hier schon dichterisch hervorgetan. Er scharte die
Jünglinge als Freunde um sich, die an der Dichtkunst Gefallen
fanden, denn bei den ehrwürdigen Theologen und Juristen, Professoren wie Studenten, konnte er für seine Poesie mit weniger
Verständnis rechnen[17]. Am Abend, als die beiden jungen Fürsten

15. Martin Opitz:*Schäfferey von der Nimfen Hercinie.* Hrsg. v. Peter
Rusterholz. (= Universal-Bibliothek Nr. 8594) Stuttgart 1969, S. 8.
16. Im Anhang seiner Schrift *Fried-erlangendes Deutschland/ Nach art
eines kurtzen Schau-Spiels Poetisch abgebildet vnd vorgestellet ... Nebenst
angehängtem Lob-Getichte An die Triumfirende Deutsche Sprache.* Wittenberg 1649. UB Göttingen Signatur Poet. Dram. III 915.
17. Gleichsam als Werbung um die Gunst der "viri incomparabiles"
der Universität veröffentlichte er 1649 die kleine Schrift *Triumfirender
Elm/Oder Apollinarisches Ehren-Fest Wie solches Bey wohlverdienter
Krönung Etlicher der Weißheit Höchstbefliessenen auff der berühmten
hohen Schule zu Helmstädt Den 28. deß Brachmonats im 1649. Jahr*

in Helmstedt angekommen sind, hat man Gläser zum Sprecher erkoren. Während die Studenten den Repräsentanten der weltlichen Obrigkeit mit einem musikalischen Ständchen erfreuten, hatte Gläser als "Demüthigste Dienst-leistung" ein besonderes Carmen zu diesem Anlaß verfaßt[18]. Er hatte es sogar beim Universitätsbuchdrucker Henning Müller (auf eigene Kosten? mit Hoffnung auf eine entsprechende Belohnung?) drucken lassen. Dann hat er es den jungen Herren vorgetragen, vermutlich mit musikalischer Begleitung, und daß er für seine Leistung den gebührenden Applaus und Lohn empfangen hat, möchte man ihm gönnen:

Demüthigste Dienst-leistung Dehnen Durchleuchtigen/ Hochgebohrnen Fürsten und Herren Herrn Anthon Ulrichen Und Herrn Ferdinand Alberten Hertzogen zu Brunswik und Lünäburg Ihren Gnädigen Fürsten und Herren/ Als dieselben Ihnen Gnädig belieben lassen Den 10. Christ-monaths/ im 1650sten Jahr/ Bey einem angestelten Ehren-Feste die löbliche Julius-hohe schule zubesuchen Durch eine angestelte schlechte Abend-Musik In Unterthänigkeit abgelegt Von dehnen insgesammt daselbst Studierenden.

1.
So ist denn endlich nun der zeiten Anfang worden/
   Worauff sonst unser Orden
      So sehnlich und so fort
      Vor diesem hat gehoft
Und trift uns solche Lust/ gleich mit dem rauhen Norden?
   Ihr Himmel was kuntet ihr bessers erdenken
   Als das ihr die Fürstlichen Hertzen zulenken
      Euch mitten im Winter bemühet gemacht
      Daß Sie uns zu grüssen so gnädig bedacht?

Ansehnlich angestellt vnd begangen worden (UB Göttingen 8° Poet. Germ. I 6468, 4); im folgenden Jahr schrieb er zu Ehren seines Lehrers Buchner *Glükk-Wüntschung dem Welt-berühmten Herrn Augustus Buchnern bey wiederkehrung seines Nahmens-Tages/Den 1. Augustmonats im 1650. Jahr gewidmet Und aus Helmstäd übersendet* (UB Göttingen 8° Poet. Germ. I 6468, 3).

18. Einblattdruck, HAB Signatur 13 Helmst. Drucke (11); der Druck nennt als Aufführungsdatum zwar den Abend des 10. Dezembers, an dem aber Anton Ulrich (s. unten) nicht teilnehmen konnte.

2.

Doch bethen wir voraus Euch an/ Ihr Helden-Sinnen/
  Durch dehrer Gunst-beginnen/
    So grosse neue Lust
    Erhitzet unsre Brust
Daß wird der freuden Kreys fast selbst nicht fassen künnen.
  Es hat Euch ja freylich das eigne belieben/
  Und eures Herr Vaters verordnen getrieben/
    Des Fürstens der Fürsten die Tugend verstehn
    Und selber an künsten den Sternen gleich gehn.

3.

Ein Schifman/ sieht Er jtzt nach hartem Winde-bellen
  Die Nebel-luft erhellen
    So schwindet alles Leid;
    Doch wird Er mehr erfreut
So bald sich über Ihn die Brüder-Sterne stellen.
  Verzeiht uns Ihr Helden/ wir suchen am meisten
  Den Schiffern in diesem Theil folge zuleisten.
    Ihr seid das Gestirne/ das doppelte Liecht
    Dannher uns erwächset die willige Pflicht.

4.

Es muß uns diese Nacht/ da wir dieß Seiten-klingen
  Statt eines Opfers bringen/
    Gantz keine Nacht nicht sein.
    Denn Ihr/ Ihr macht allein
Das jtzt ein heller Tag muß durch die Lüfte dringen;
  Es mag an den Flammenden Feuer-Crystallen
  Das blinkende flinkern der straalen verfallen/
    Wir schauen Euch einig mit Hertzens-begier
    Und rühmen die Fürstliche prächtige Zier.

5.

Nembt nur von uns geneigt dieß schlechte dienst-bezeigen.
  Wir bleiben euer eigen
    Und sind dahin bedacht/
    Das unter uns die Pracht/
Die wir an Euch gesehn/ nicht jemand wird verschweigen.
  Indessen lebt fröliche seelige Jahre
  Bey grünender Blüthe der goldenen Haare.
    Der Nahme der Euerer Tugend gebührt
    Muß über die Ewigkeit werden geführt.

                E[noch] G[läser]

Helmstadt/ Gedrukt bey Henning Müllern.

Auch Tobias Fleischer aus Elbing gehörte am 9. Dezember 1650 zu den ersten Gratulanten Anton Ulrichs.

Keine vier Monate zuvor hatte er sich in die Universitätsmatrikel eingetragen[19]. Aus seiner preußischen Heimatstadt war er mit einem kleinen Stipendium des Rats 1649 auf dem Seeweg nach Bremen aufgebrochen, hatte dort am akademischen Gymnasium gelernt und war dann zum Studium der Rechte nach Helmstedt gereist. Wäre es nach seinen Wünschen gegangen, so hätte er in Wittenberg Mathematik studiert, was aber der Rat seiner Vaterstadt ablehnte[20]. Bis 1654 blieb er in Helmstedt, von Anfang an hat er hier Kontakt zu Studienfreunden aus seiner Heimatstadt gehabt, Daniel und Franz Sievert (oder Sibert) waren fast gleichzeitig mit ihm angelangt[21]. Am meisten erfreute ihn die Freundschaft mit Enoch Gläser, die er gleich zu Beginn seines Aufenthalts gewann, und der ihm damals schon ein Exemplar seines *Schäffer-Getichts* für Rudolf August verehrte. Gläser war es auch, der ihn zu einer ähnlichen Dichtung anläßlich Anton Ulrichs Besuch ermuntert hat. Auf dem Gebiet der Dichtkunst war Fleischer kein unerfahrener Lehrling mehr; 1648 hatte er in Elbing ein Hochzeitsgedicht, 1649 in Bremen eine poetische Stilübung über die Argonautenfahrt *Aureum Vellus Virtutis...* veröffentlicht[22]. So kam es, daß Fleischer zum 9. Dezember 1650 eine kleine Dichtung zu Ehren des nur drei Jahre jüngeren Anton Ulrichs, der seinen Vater am Dies Accademicus in Helmstedt vertreten sollte, bereit hielt: *Der Chloris Winter-Lust. Als der Durchläuchtige Hochgeborne Fürst und Herr, Herr Anton Ulrich Herzog zu Braunschweig und Lüneburg ihre Julia hochgnädig ersuchete. In Helmstedt, den 9. Tag des Christmonats im Jahre 1650*[23].

19. Am 21. August 1650, vgl. *Die Matrikel der Universität Helmstedt 1636-1685,* bearbeitet von Werner Hillebrand, Hildesheim 1981. 128. Semester. Nr. 150.

20. *Neubaur,* S. 264

21. A.a.O. 128. Semester Nr. 104 (28. Mai 1650) und 129. Semester Nr. 18 (28. Oktober 1650).

22. Vgl. *Neubaur,* S. 270, Nr. 1 und 2.

23. HAB Cod. Guelf. 3 Novissimi 12°. Die Handschrift umfaßt 21 Blatt und ist 8,4 cm hoch und 13,1 cm breit. Sie enthält 5 Federzeichnungen in Sepia, wovon 4 monochrom, goldgehöht, und eine koloriert, goldgehöht ist; defekter Buntpapiereinband. Vgl. auch die erstmalige Erwähnung im *Kat. Herzog August-Ausst.* Nr. 452.

An diese kleine Schrift darf man weder einen allzustrengen Maßstab legen, noch soll sie, wenn sie hier zu Ehren des Anton Ulrich-Freunds Spahr erstmals veröffentlicht wird, als bisher unbekanntes Meisterwerk barocker Dichtkunst über Maßen gepriesen werden. Es ist, nach Fleischers eigener, allzu bescheidener Aussage, "ein erfrornes Kränzlein meiner Musa". Seine Absicht sei erfüllt, "wenn Schäfer und Felder mit ihme sich freuen". Es ist Fleischer gelungen, ein überaus liebenswürdiges kleines Werk zu diesem Anlaß zu verfertigen, und er hat sich alle Mühe gegeben, es in der hübschest möglichen Weise, was Format, Zierschrift samt den Pinsel- und Tuschzeichnungen betrifft, aufzuzeichnen. So erhielt sein Präsent an den stellvertretenden Rektor auch die adäquate Form zur Überreichung. So hat es wohl auch seinen Zweck erfüllt, was man der Tatsache entnehmen möchte, daß Anton Ulrich die Handschrift des Aufhebens (wenn auch leider nicht des Drucks) für würdig gehalten hat. Nur zwei Jahre zuvor hatte ihm Sigmund Birken eine andere Schäferei, die *Dannebergische Helden-Beut* gewidmet und zugesandt[24]. Dichterisch ist sie derjenigen Fleischers überlegen, schon allein in der von Birken stets vorzüglich gehandhabten Mischung von Prosa und Lyrik, aber von der Präsentation her steht ihr Fleischers "Zeichen seiner ungefärbten Liebe" für Anton Ulrich in keiner Weise nach, sondern übertrifft sie noch. Mag Fleischer sich auch deutlich an literarische wie künstlerische Vorbilder anlehnen — bei einer Zeichnung verspürt man sehr leicht die Nähe zu einer Illustration in Gläsers *Schäffer-Geticht*[25], mag er gelegentlich, trotz eindrücklicher Handhabung aller gängigen Versmaße, doch Schwierigkeiten mit dem Bau reiner Verse haben — in keinem andern Werk hat sich Fleischer als ein ebenso fertiger wie glücklicher Künstler und Illustrator einer Schäferei bewiesen, der dilettantisches Maß übertrifft. Um Fleischers Intention der Delectatio weiterhin zu imitie-

24. Hamburg 1648, UB Göttingen 7 Poet. Germ. II 8713
25. Vgl. z.B. Fleischers Federskizze auf Bl. 13a, gleichsam eine Visierung für einen Kupferstecher, mit dem Kupferstich bei Gläser auf Blatt B 1a, am Ende der "Zueignungs-Schrift". Die Illustrationen zu Gläsers Schäferei stammen wohl von dem in Wolfenbüttel wirkenden Conrad Buno. — Auch in der Wahl des quer-8° Formats der kleinen Handschrift hält sich ihr Verfasser an die Vorlage des Drucks von Gläser.

ren, wird im Folgenden *Der Chloris Winter-Lust*, bei genauer Wahrung des Lautstands, in moderne Orthographie umgesetzt[26] und alle Illustrationen der Handschrift werden reproduziert[27].

DER CHLORIS WINTER-LUST.

26. Dies darf umso mehr verantwortet werden, als das Gedicht ohne Zweifel, spätestens in einem Supplementband, in die Historisch-kritische Ausgabe der Schriften Anton Ulrichs aufgenommen werden wird. — Zugunsten der Verständlichkeit wurden lediglich ausgeglichen: denn/ dann, wenn/wann, das/daß. Die mythologischen Anspielungen bedürfen kaum einer Erklärung; mit Julia ist stets die Allegorie der von Herzog Julius gegründeten Universität zu Helmstedt gemeint. Zur leichteren Benützbarkeit wurden die Verse durchgehend gezählt.

27. Verzeichnung der Abbildungen: Abb. 1(= Vortitel, Blatt 4a), Abb. 2 (Bl. 9a, neben den Versen 41-56), Abb. 3 (Bl. 13a, neben den Versen 151-166), Abb. 4 (Bl. 15a, neben den Versen 191-206), Abb. 5 (Bl. 17a, neben den Versen 247-262).

Als der Durchläuchtige Hochgeborne Fürst und Herr, Herr Anton Ulrich Herzog zu Braunschweig und Lüneburg ihre Julia hochgnädigste ersuchete.
In Helmstedt, den 9. Tag des Christmonats im Jahre 1650.

Durchläuchtiger, hochgeborner Fürst, gnädigster Herr.

Ich zweifele, ob nicht vielmehr die gelehrten Lorbeerkränze als die blutigen Fahnen einer martialischen Tapferkeit die abgelebten Helden in den Himmel der unsterblichen Ehren erheben: denn was ist einem Fürsten rühmlicher als nicht allein die ihm vertraute Welt an Weisheit übertreffen, weil er gleichsam was Göttliches in diesem Irdischen ist, sondern auch solche Leute, welche die günstige Natur und der Zeder ihrer Kunst andern Menschen gleichsam zum Wunder und Spiegel der Vollkommenheiten vorgesetzet, mit Ihrer hochfürstlichen Gnaden beseligen, daß solche Zierden der Natur nicht durch das mißgünstige Glück (welches gemeiniglich der guten Natur ungetreuer Kammerat ist) auch nicht ohne große Verfinsterung gemeiner Wohlfahrt verdunkelt werden. Beides eräuget sich sonnenklar an Ihrer Fürstlichen Durchlaucht, da Ihr nicht allein die Liebe zu unserer Tugend eingepflanzet (weil dero Fürstlichen Durchlaucht Herr Vater, unser ingleichen gnädigster Fürst und Herr eine Krone aller kunstliebenden Fürsten ist), und da Ihre Fürstliche Durchlaucht von Ihrer Wiege an sich der Weisheit zum ruhmwürdigen Tempel gewidmet, sondern auch, da Ihre Fürstliche Durchlaucht uns in unserm Julischen Athen hochgnädigst ersuchet, Ihre Fürstliche Gnaden gegen der Tugendgeflissenen blicken zu lassen. Drum nun hat unsre Julia einen Lorbeerkranz des ewiggrünenden Lobes (welchen als ein gebührendes Ehrenopfer sie ihren Schutzgöttern schuldig ist) auch Ihrer Fürstlichen Durchlaucht vorbehalten: hier aber ist noch ein erfrornes Kränzlein meiner Musa, welche sich darum eine Schäferin nennet, weil sie sich nicht gnugsam gegen Ihre Fürstliche Hoheiten zu erniedrigen weiß, und wenn etwas Ihrer Fürstlichen Durchlaucht kaltsinnig vorkäme, dasselbe ihrer bäurischen Einfalt möge zugeschrieben werden. Beneben nehme dieses Ihre Fürstliche Durchlaucht zum lebhaften Zeichen Ihrer ungefärbten Liebe, daß, wiewohl alle an Kunst, dennoch keiner an Treu sie übertreffen soll, so lang sie ist und bleibet
Ihrer Fürstlichen Durchlaucht untertänigsten Dieners Ihres
Tobias Fleischers.

Allgemeine Freude

Die Wälder und Felder, die Hirten und Herden,
Die Sonne mit ihren vergüldeten Pferden,
Die Mauern der Himmel, die Klüfte der Erden
Versommern heute die Wintergebärden.

5 Neptunus muß jetzo die trotzigen Wellen
In eitele tropffende Perlen verstellen
Und seine verliebete Nais gesellen
Zu unseres Pindus verzuckerten Quellen.

Apollo wird selber auf unser Begrüßen
10 Die frostige Leier begeisteren müssen:
Amyntas soll heute mit güldenen Flüssen
Auch seinen poetischen Nektar ergießen.

Ihr' fürstliche Gnade wird selbst sich verneuen,
Wenn Schäfer und Felder mit ihme sich freuen:
15 Der Himmel laß aber die Freude gedeihen
Ihr' Fürstlichen Gnaden und seinen getreuen

Julischen Schäfern und Schäferinnen.

Der Chloris Aufmunterung an Julia

O Julia, du Fürstenlust!
Du unser Schatz und Wonne!
Dein himmlisch Leben ist bewußt,
20 Da, wo die frühe Sonne
In ihrem güldnen Zimmer steht,
Und da, wo sie zu Bette geht.

Ach Julia! Ach laß doch heut
Der Sinnen Nektar fließen:
25 Zeug deinem Fürsten deine Freud
Mit Clio Liebesküssen:
Laß deiner Schäfer Treue treu
Begrünen heut von neuem neu.

Nun Julia, ich weiß es wohl,
30 Daß unser Jubelsingen
Nicht wird gleichstimmig wie es soll
Mit unsrer Freude klingen,
Die aller Herz gelägert ein:
Soll es darum geschwiegen sein?

35 O Julia, stimm du nur an,
Wie soll dirs nicht gelingen,
Wenn jeder Schäfer, was er kann
Mit Freuden werd erklingen,
Da doch die allerg'ringste Magd,
40 Die Chloris, dir wohl eh behagt.

O was Fürstenblut! O güldner Thron der Tugend!
O hocherleuchte Zier! O güldner Thron der Jugend!
Seid tausendmal gegrüßt, ihr Tempel hoher Kunst,
Ihr Pharos eures Volks, ihr Himmel unsrer Gunst,
45 Ihr unsre Julsche Sonn! Wie soll man Euch empfangen?
Die bunte Felderpracht, das goldbeblümte Prangen
Der Fluren ist verbleicht, verbleicht ist aller Zier.
Es hebt nicht eine Ros' ihr Todeshäupt herfür.
Und wenn Apollo selbst von seiner Clio wollte,
50 Daß mit dem Rosenkranz sie ihn bekrönen sollte,
Mußt wieder die Natur in einen Haufen gehn:
Denn kann der Rosen Gold auf kalten Auen stehn?
Drum nennt, o teurer Held, zu unsrer Freude Zeichen
Die Rosen unsrer Lieb, die nimmermehr verbleichen,
55 Die Lilien unsrer Treu. Laßt Euch gefällig sein
In dieser trüben Zeit dies Musenkränzelein.

Musenkränzelein
Zu ewiggrünenden Ehren Ihrer Fürstlichen Durchlauchtigkeit
Herren Herren Anton Ulrichen gebunden.

Sonett

Ihr kunstgeflissne Zunft der edeln Schäferinnen
Da, wo durch sanften Flug sein feuchtes Silberhäupt
Dem Julischen Gefild der Elmen einverleibt;
60 Ihr meiner Sinnen Lust, ihr klugen Pierinnen,

Wißt ihr die freche Tat, der Julia Beginnen?
Sie hat den Fürst umherzt: drum hätt' ihr bald gegläubt,
Wie unser Fürst und Herr mit Julia beweibt.
Ach nein! Ach nein! ihr mögt den falschen Sinn entsinnen.

65 Und wenn euch euer Herz, die keusche Liebe fraget,
Warum ihn Julia umärmet? Ei, so saget,
Daß in der großen Freud geirrt hab euer Sinn.

Denn sie nur hiemit hat von Herzen wollen zeigen,
Wie daß sie Ihrer Gnad mit Herz und Mut sei eigen,
70 Ja itzt und allezeit ergebne Dienerin.

Der Julische Parnaß

Als die güldnen Purpurross', als die silberblassen Felder,
als die grünsaphirne Kron, unsre Hütten, unsre Wälder,
Als der Tulpen Silberstück unsre Wiesen hat bekleid't,
O, ihr Schäfer, war das nicht meine Lust und meine Freud?
75 Aber itzt, da Berg und Tal in den Schneepelz einverdecket
Den vergüld'ten Sommerrock, nun der Himmel selbst ver-
stecket
Sein verpurpurt Angesicht. Soll denn diese rauhe Zeit
Übermeistern meine Lust, überwolken meine Freud?
Nein, ach nein! die Julia, unsre Krone der Jungfrauen
80 Hat noch einen Paphos stehn, hat noch die Elyser Auen
Die in ewiggrüner Lust, bis an beider Sonnen Strand
Von der itztgevierten Welt, keiner Welt ist unbekannt.
Hier ist lauter güldne Zeit, hier sind lauter güldne Lenze
Hier sind eitel Zederbäum, hier sind eitel Lorbeerkränze.
85 Hier ist nichts denn güldne Blüt, güldne Frucht, die nicht
entdeckt

Als was riecht nach Ewigsein, und nach lauter Himmel
schmeckt.
Hört, ihr blut-mut-edles Volk, hört ihr schönster Kern der
Jugend:
Meine Lust war Julia, die Prinzessin aller Tugend.
Ihre Felder waren mir, mir ein Himmel hoher Kunst,
90   Da ich buhlt' in keuscher Lieb um derselben Götter Gunst.
Einst führt mich der Sinn auf die oftbegrüßten Felder wieder,
Ich sah nichts, was irdisch heißt, Julia floh auf und nieder,
    Als Amyntas himmelsvoll ein elysisch Singen schallt,
    Daß der Fels dem Jubelton, jedoch sinnlos selbst nachlallt.
95 Die Natur war umgekehrt, ich sah auf der Welt den Himmel,
Unsre Felder taumelten durch ein fremdes Lustgetümmel.
    Ist denn Orpheus aufgelegt? Oder welche Venusin
    Hat uns diese Freud geborn? Kaum als seine Pindarin
Der Trojaner angeblickt, hat ihn solche Lust umkrönet,
100   Als die stolze Julia itzt in vollem Flor ertönet,
    Julia, wie mag es sein? O du edle Halbgöttin
    Hast du deinen Buhl umhälst? Sprach ich da in meinem
Sinn:
Als der Prinz vom Helikon, als Apollo kam gelaufen
Mit der Musenkron geziert, mit dem reichgesinnten Haufen
105   Der Kastal'schen Schäferzier, die der hohen Leier Ton
    Von dem Phoebus selbst erlernt in dem güldnen Pindus-
thron.
Nun, der Edle Musenfürst kam mit den gekrönten Scharen
Auf den Julischen Parnaß, wo die güldnen Häupter waren,
    Wo die Helden aller Kunst, der gelehrten Welt zu Lohn,
110   Eigentümlich setzen auf die verdiente Lorbeerkron.
Ich folgt meiner Augen Lust, da sah ich auf einer Spitzen
Unsres Julischen Parnaß' eine neue Sonne sitzen,
    Die sich nach dem Purpurglanz unsrer andren Sonnen
wandt
    Und die Strahlen ihrer Gnad unsren Musen macht be-
kannt.
115 Ei, sprach Phoebus freudenvoll, ei, ihr lieblichen Poeten
Die ihr lebt und abgelebt: macht die blöde Welt erröten,
    Was habt ihr, ihr edles Volk durch Parnassus prophezeit?
    Als den Julischen Parnaß, als die mehr denn güldne Zeit?
Da, da unser Fürst und Herr sich zur Julia gesellet
120   Und zu ihrem Oberhaupt mich sein Haupt hinzugesellet
    Durch selbst seine Gegenwart ein' Parnaß hat aufgebauet

Und das also war gemacht, was die ganze Welt nicht
trauet.
Nun, du Julischer Parnaß, weiß die Welt auch deines
gleichen?
Deine Zedern sollen jetzt bis an das Gestirne reichen:
125 Diese nun gezweite Kron deiner Gipfel soll hinan,
Wo die früh' und spate Sonn dein Lob [immer?] sehen
kann.
Hochgeborner Fürst und Herr, laß die Sonne Eurer Gnaden
Ewig leuchten dem Parnaß, daß kein böser Nord kann
schaden
Unsrer güldnen Tugendblüt, schütt den Zephir Eurer
Gunst
130 Auf die Lilien unsrer Treu, auf die Rosen unsrer Kunst.
Wenn dann einer Spitze Sonn wird von Künsten-Silber
flinckern,
So laßt Eurer Spitzen Sonn von der Günsten-Gold er-
klinckern,
So wird dieses Lobgeschrei unsren Schäfern eigen sein,
Den Parnaß hat Julia, unsre Julia allein.

Der Pallas, Liebin und Juno Vertrag

135 Der schönbestirnten Luft ihr Silber war verdunkelt
Die güldne Himmelsburg mit neuem Blitz karfunkelt,
Als aller Zeiten Prinz, der Sternen Kapitän,
Aus seinem Zimmer trat, in weichbestrahltem Schein
Die Wiesen wurden gold, man hört das Jubelsingen
140 Der güldnen Schäferflöt, nach Felderart erklingen,
Als Liebreich, Adelhold das ganz erstorbne Feld
Nächst ihrem Ehrenhold zu sehen angestellt.
Die Felder schienen ihn' gleich einem güldnen Garten,
Wo Fried, Freud, Gunst und Kunst sich wohl zusammen-
karten.
145 War schon die Augenlust den Augen abgemeiht,
Doch grünt dem matten Sein hier seine Fastenzeit.
Als sie zur Julia in ihr Gezelt gegangen
Sah man in heißer Brunst daselbsten sich umfangen
Die Juno, Pallas und die keusche Lust und Lieb;
150 Nicht jene Venusin mit ihrem kleinen Dieb.
Die Schäfer stehn entherzt ob dieser neuen Freuden
Als Pallas dies begunnt: Du sollst uns nicht beneiden
Du, du gedritte Kron, daß unser Jubelton

Sich erstlich angestimmt in deinem Julschen Thron.
155 Was Jupiter nicht kunnt in seinem Himmel gleichen
Das sollt der Ehrendieb, der Paris dort erreichen.

Doch sein verbuhlter Sinn sah nicht, was göttlich frei,
Er gab das Gold und Herz der blinden Zauberei.
O über Euren Prinz der Himmel muß geleiten
160 Zum Thron der Ewigkeit, zum Zepter aller Zeiten:
Ihr edlen Pindus Söhn', macht aller Welt bewußt
Den hochgebornen Prinz, der unser Herz und Lust.
Er hat uns alle drei so künstlich überwunden,
Der Streit hat nun sein End, wir sind von neu verbunden.
165 Die Juno hat den Palm, die Lieb die Lorbeerkron,
Mich aber setzt er gar auf einen Zederthron.

Adelhold

Pallas, o dein Zederthron!
Deine Himmel-weiten Felder!
Pallas, deiner Ehren Kron
170 Herrschen über Gold und Gelder,
Purpur, Zepter, Welt und Himmel
Und was in dem Weltgetümmel.

Unser Herzog ist dir hold,
Buhlt um deine Zederkränze,
175   Um das schönste Tugendgold,
Das durch beider Sonnengrenze,
Über alle Himmel strahlet,
Über alle Himmel prahlet.

Du, o mehr als güldne Sonn!
180   Der bekrönten Herzen Herze!
Unsres Julschen Helikon!
Unsrer Sinnen güldne Kerze!
Unser Fürst hat selbst Verlangen,
Deinen Purpur zu umfangen.

185   Er hat deine Milch versüßt
Und verzuckert deine Künste.
Weil der Himmel Himmel ist
Wird man seiner Gnaden Günste
Danken, und der Weisheit Lohne
190   Unsrer Pallas Zederthrone.

Als Adelhold sein Lied den Feldern hatt' erklungen,
Kam bald die keusche Lust, die Liebin hergesprungen
    Und sprach: o wohl, o wohl dem Zepter und der Kron,
    Die neben sich gestellt der Weisheit Zederthron.

195 Ihr lieb-geliebtes Volk, der Stab ist neu gebrochen,
Der güldne Apfel ist uns allen zugesprochen,
  Des Himmels schönstes Kind, die Pallas hat den Thron,
  Die edle Juno hat die Palmen, ich die Kron.
Drum hat ihm Pallas erst der Weisheit Ruhm erworben,
200 In güldner Ostenzeit: die Kindheit war erstorben
  In seiner Wiegen fast: des großen Fürsten Sohn,
  Der tugendedle Held, der Weisheit güldner Thron.
Hilf auch, du keusche Lieb der Schäfer und Schäf'rinnen
Die große Fürsten-Lieb mit deiner Lieb gewinnen!
205   Das weiß der Himmel wohl, er hat die Musen lieb,
  Und du, o Julia, du bist sein Herzendieb.
Hilf doch der Tugend Lohn heut endlich zu verleihen
Herlinden und dem Held, der sonder Müh und Schreien
  Nach langer Zeiten Lauf, nach manchen Ärgers Not
210   Des Phoebus Wunderlob wird mehren übern Tod.
Wenn dann zu seinem Fest der sechsmal zehen Jahren
Das erzgescheite Volk der Forscher kommt in Scharen
  Dann stimme, Phoebus, an das Loblieb diesem Mann
  Ohn' den die Julia, ja selbst der Fürst nichts kann.

Liebreich

215 Sind dann der Julia Sinnen erfroren,
  Da diese Sonne zur Wonne geboren:
    Klinget und singet doch, Hügel und All,
    Wälder und Felder liebfließender Schall!

Fackelt nicht Pindus von himmlischen Flammen?
220 Flammet nicht Herze mit Herze zusammen?
  Brennet nicht jetzo mit brünstiger Freud
  Diese wie Nektar versüßete Zeit?

Da sich die fürstliche Sonne verstellet,
Sich zu der Julischen Phoebe gesellet:
225   Julia, Julia, Freud über Freud
  Hat dir die fürstliche Liebe bereit.

Denket, ihr Schäfer, wie listig sie lieben,
Wie sie die Küsse der Günste abdieben!
  Phoebe, die herzet ihr Himmel und Sonn,
230   Phoebus, der herzet sein Leben und Wonn.

Scheine doch unserem Himmel zum besten
Daß ja die Tugend hie sicher kann nesten,
  Phoebus vergülde der Julia Zeit,

So wird das Silber der Phoebe gezweit.
235 O daß der Himmel ein Adelerleben
Unserem fürstlichen Zepter woll' geben!
So soll der Julia Tugenden Schein
In alle ewige Ewigkeit sein.

O daß im Westen der Held uns erscheinet,
240 der Phoebum liebet, doch Dummheit beweinet!
Sperling mög Julia, Maria, Herlinden
nebst diesem Phoebum mit Kränzen bewinden.

Er wird mit allen den Schäfrinnen scherzen
Julia, Maria, Herlinden gern herzen.
245 Phoebus schaut zu bei der Welten Gezelt
Daß dieses Helden Lob tön durch die Welt.

Die Himmelskönigin, Frau Juno ward getragen
Von ihrer Pfauenschaft auf ihrem güldnen Wagen.
Ach Liebreich, lieber Held, sagt sie, dein Freudenlohn
250 Hat mich hieher verzuckt vom dritten Himmelsthron.
Ich hab den güldnen Palm von unserm Fürst erlanget.
Obgleich die Venus mit dem güldnen Apfel pranget:
Des Paris Venusin, die sein vergold'tes Herz
Und Troja angeflammt mit ihrer Buhlerkerz.
255 Ich bin zu hoch verpflicht: drum will ich auch erlegen

Das Opfer meiner Schuld: es müss' ein güldner Regen
Das edle Fürstenhaus von himmelgleichem Glück
Befluten um und um: es fließ die Zeit zurück,
Die erste, güldne Zeit, vergülde seine Jahre,
260   Vergülde seinen Thron, das Feld und sein' Altare.
    Es fließ, es blüh', es schnei' nur endlich lauter Gold:
    Nun bin ich mehr verpflicht, sag mirs, mein Ehrenhold.

Ehrenhold

Wenn des Himmels güldne Felder
    Wenn die Welt verstummen sollt,
265   Müssen Hügel, Stein und Wälder
    seiner Tugend Ehrengold,
Seine himmelshohen Gaben
Ewig eingeankert haben.

Paris! Deines Herzens Götze,
270   Die verfluchte Pindarin
Stürzt dich in Avernus' Netze.
    Dein vergift'er Buhlersinn
Mußt den güldnen Apfel haben,
Du bist in der Lust begraben.

275   Himmel räche jen's Verbrechen,
    Unser Fürst braucht seinen Sinn,
Dieses Urteil umzusprechen:
    Juno hat den Palmen hin,
Pallas hat den Zederthrone,
280   Liebin hat die Lorbeerkrone.

Pallas hat sich hie gethronet
    In den hohen Zederstuhl,
Wo der große Phoebus wohnet,
    In die edle Tugendschul.
285   Hie wird unserm Fürst gegeben,
Was nach Sterben machet Leben.

Neben Pallas Zederthrone
    Die bekrönte Liebeslust
Hält die grüne Lorbeerkrone
290   Und macht aller Welt bewußt
Wie die große Fürstenliebe
Sich mit unsern Feldern übe.

Juno will den Palm beschenken
Und gibt ihrer Silberbahn
295   Seiner Ehren anzulenken:
Hilft ihm zu der güldnen Fahn,
Wo die teuren Helden streiten
In der Burg der Ewigkeiten.

***

Tobias Fleischer hat sich als mittelloser Stipendiat in Helmstedt öfter um die Gunst und die Aufmerksamkeit wichtiger Persönlichkeiten gekümmert. Durch das Verfassen solcher Gelegenheitsschriften (selbständige Werke hat er nicht verfaßt) konnte er auf Einnahmen zählen, deren er zur Sicherung seiner Existenz bedurfte. Aus seiner Studienzeit sind noch zwei weitere Dichtungen aus seiner Feder bekannt, die nur in handschriftlicher Form überliefert sind: *Clio Congratvlatoria,* kurz vor *Der Chloris Winter-Lust* entstanden, ist ein poetisches Lob des großen Juristen Hermann Conring, während *Die Geistliche Galatee* wenige Monate später geschrieben wurde und eine geistliche Schäferei zu Ehren von Anton Ulrichs kunstsinniger Stiefmutter Sophie Elisabeth darstellte.

Die erste, acht Blatt in Folioformat umfassende Schrift entstand zu Hermann Conrings Rückkehr von einer dreimonatigen Mission nach Schweden, sie trägt den Titel *Clio Congratvlatoria Magnificis Honoribus nobilis, Excellentissimi Experientissimi Dn. Hermanni Conringi Med. et Phil. Doctoris, et facultatis Suae in Illustri Iulia Prof. Ord. desponsata. Anno MDCL*[28]. Der Titel ist in Zierschrift in Form eines Nimbus um den kleinen Schäfer geschrieben, der ein Zwillingsbruder desjenigen sein könnte, der den Blumenkranz um Anton Ulrichs "Musen-kränzelein" hält (vgl. Abbildung 2). Es folgt eine Seite mit einer lateinischen Zueignung an Conring und mit einer prächtig ausgezierten Initiale V, gefolgt von einem

28. Niedersächsisches Staatsarchiv Wolfenbüttel. Hs.Abt. VI, Gr 13, Nr. 58, fol. 90-97. Die Sammelhandschrift enthält "Varia betr. den Lebenslauf und Tod, die Vorfahren und Nachkommen des Prof. Hermann Conring in Helmstedt, anbei Stammbäume, zierlich geschriebene Gedichte etc. von Tobias Fleischer..." und stammt aus dem Nachlaß des Konsistorialrats von Strombeck in Wolfenbüttel. Zu Conrings drei Monate dauerndem Aufenthalt in Schweden vgl. Conring-Katalog, S. 64f.

kalligraphisch meisterhaft gestalteten Figurengedicht in Form
eines Sterns, dessen innere und äußere Spitzen die Buchstaben "O
SIDUS AUREVM" bilden. Auf drei weiteren Seiten finden sich
lateinische Gedichte, denen sich eine mit einer Blumengirlande
umgebene Titelseite anschließt "Musen-Cräntzlein. Denen neube-
Cröneten Ehren Ihrer Magnificentz H.D. Hermannus Conrings
verehlichet". Fleischer verfaßte weiter einen deutschen Widmungs-
text auf Conring, dann, je auf einer Seite, ein "Lob Geticht", ein
"Sonnet", ein Alexandrinergedicht "Auf Glückliche Anheimkunft
Ihrer Magnificentz", eine "Trochaische Lobrede", ein "Dactyli-
scher Wundsch" und endlich ein deutsches Epigramm. Diese
kleine Handschrift war bislang in einem Sammelband des Staats-
archivs Wolfenbüttel verborgen, während diejenige auf Herzogin
Sophie Elisabeth in Berlin bereits 1897 nachgewiesen wurde[29]. *Die
Geistliche Galatee,* ein Zyklus von 40 Sonetten ist wiederum, wie
Der Chloris Winter-Lust, als Handschrift im kleinen quer-8° Format erhalten. Tobias Fleischers Dichtung ist weit gesetzter, weit
zurückhaltender in ihrem Habitus als die andern beiden Gelegen-
heitswerke, zugleich auch weniger sinnenfreudig, enthält sie doch
eine einzige Zeichnung als Titelvignette mit der Darstellung einer
weiblichen Figur, die ein mächtiges Kreuz hält und über einen
Hafen mit Schiffen blickt. Eine Kontrafaktur der weltlichen
Schäferei, in der sich Fleischer — eine Selbstverständlichkeit für
einen jungen Poeten der Barockzeit — ebenso souverän bewegt wie
im geistlichen Gewande. Hier will er nun der irdischen Liebe für
ganz entsagen, um sich allein der Jesusminne zu widmen:

...du tolles Venus-volk, ich bin von dir verlacht.
der Himmel ist mein Freude, mein Jesus mir zulacht...[30]

29. *Neubaur,* S. 270, Nr. 3. Die Handschrift befindet sich heute in der
Staatsbibliothek Preußischer Kulturbesitz, Berlin, und trägt die Signatur
Ms. germ. oct. 110. Auf Blatt 2a steht als Untertitel "Der Erste Theill.
Der Geistlichenn Galatee Im Jahre 1651"; ein weiterer Teil ist nicht
vorhanden. Die Widmung auf S. 2b lautet: "Der Durchläuchtigen und
Hochgebornen Fürstinn und Fraun Fraun Sofia Elisabeth, gebornen
Hertzoginn zu Meklenburg etc. Hertzoginn zu Braunsch. und Lüneb. etc.
Meiner gnädigsten Fürstinn und Fraun, übergiebet dieses in höchster
unterthänigkeit Tobias Fleischer von Elbing aus Preußen. Helmstatt".
30. Im 1. Sonett "Die Geistliche Galatee", S. 3a.

Über die Aufnahme dieser drei Gelegenheitsdichtungen durch die Gefeierten, über die Belohnung des Dichters ist nirgends Näheres zu erfahren. Ist etwa *Der Chloris Winter-Lust* szenisch aufgeführt und rezitiert worden? Gehört es somit im weiteren Sinn zu den Bühnendichtungen des Wolfenbütteler Hofs, die Anton Ulrich kannte und nachahmte? Gerne wüßte man Einzelheiten namentlich über den weiteren Verlauf der Verbindung des Verfassers dieser Schäferei zu dem jungen Wolfenbütteler Prinzen. Tatsache ist, daß er sich durch die *Geistliche Galatee* am Wolfenbütteler Hof der Sophie Elisabeth einen Namen machen wollte. Ohne Zweifel hat er sich hier auch aufgehalten, hat er Schottelius und die Gesellschaft des "Goldenen Zeitalters" in Wolfenbüttel kennengelernt, hat er versucht, seine Dienste anzubieten, um nach seinem Studienabschluß hier eine Anstellung zu finden. Tatsache ist ferner, daß er anläßlich von Herzog Augusts 75. Geburtstag, der am 13. April 1654 gefeiert wurde, in einer Nebenrolle, nämlich als "Die Nacht/ ein Page, schwartz gekleidet/ mit einem Schilde" in Sophie Elisabeths *Beschreibung des Freuden-Festins* mitwirkte, wie aus der handschriftlichen Bemerkung eines Exemplars hervorgeht[31]. Kurz nach diesem Termin hat er aber Wolfenbüttel und Helmstedt für immer verlassen, um sich nach Heidelberg und wieder nach Elbing zu begeben — ohne daß wir die Gründe für diese abrupte Abreise eruieren könnten. Anton Ulrich seinerseits hat ebenfalls Ende dieses Jahrs seine Reise nach Frankreich angetreten[32]. Die beiden Freunde der Dichtkunst blieben während der folgenden Jahre in nahem Kontakt, und Fleischer scheint den Herzog tatkräftig beim Verfassen seiner frühen Werke und Singspiele unterstützt zu haben. So geht aus einem Brief hervor, daß etwa die *Masquerade Der Hercinie* (veröffentlicht erst 1661) weitgehend Fleischers Dichtung ist. Aufschluß darüber geben Briefe an Fleischer, die leider nur lückenhaft erhalten sind. Sie stammen von

31. Bibliotheka Museum w Łańcucie (Bibliothek des Museums in Łańcut, Polen, ehem. Eigentum der Familie Potocki); vgl. Sophie Elisabeth, Herzogin zu Braunschweig und Lüneburg: *Dichtungen.* 1. Band: Spiele, hrsg. v. Hans-Gert Roloff. Frankfurt a.M. Bern 1980, S. 27 ff. Die Rolle "Der Tag/ ein Page, weis gekleidet/ mit einem Schilde", wurde, nach Angabe in dem Łańcuter Exemplar, von B.L. Spaar gespielt.
32. Mazingue, a.a.O., S. 63 ff.

seinem Helmstedter Studienfreund B.L. Spaar[33], der in Anton Ulrichs besonderer Gunst stand und am 11. Juli 1656 an Fleischer in Elbing schrieb[34]:

"...berichte hiemit das mir sein geliebtes vom 3. Brachmonat wol worden, darauß Ablesendt verstanden, wie dz m.H. gesinnet noch weitere Proben seines ingenii zu verfärtigen und hinüberzusenden damit sich Ihr Fürstl. Gn. bei Gelegenheit hisiger lustbarkeiten solcher möge als von eigener invention stammend bedinen. Hat aber Ih. Fürstl. Gn. vor allem M. H. masquerate einer Nynffen Hercini ser wol gefallen vnd möchte solches bei ehistem zu seines Fürstl. Hn. vatters geburtsfest repraesentiren und in truck außfärtigen, haec inter nos et sub rosâ. deßgleichen hat sich Ihr. F. Gn. M. H. weittleufige nachrichtungen der materiae von der Syrerinn Aramena Liebs- u. Heldengeschichte gnädigst belieben lassen und ihr specielle consideration geben zu wollen mir höchlichen versicheret. Ist aber stäts Ihro Fst. Gn. größter wunsch an m.H. daß nimant darüber etwas im erfarung bringe oder dz m.H. solche materiam selber zu publiciren beabsichtigen wolle. Wann dann m. Herr ihm in disem weiterhin favorisiret, wird Ih. F. Gn. sich dankbarlichen einstellen, es werden aber solche werkh iedem läser zu sonderer vergnügung gereichen. Hiemit Gotte gnädigem Schutz uns allerseits wol befohlen."

33. B.[eatus?] L.[udovicus?] Spaar (oder Sperlingius), vgl. *Die Matrikel der Universität Helmstedt 1636-1685,* 112 (1640), vgl. auch die LP auf ihn in der Sammlung Stolberg. Spaar soll später, nach unverbürgter Nachricht, nach Amerika ausgewandert sein.
34. Wojewódzkie Archiwum państwowe w Gdańsku, Archiwum miasta Elblaga, "Recessus causarum publicarum"; vgl. *Archiwum miasta Elbaga przewodnik po zespolach 1242-1945.* Opracowaly Janina Czaplicka i Wanda Klesińska. (= Wojewódzkie Archiwum państwowe w Gdańsku) Warszawa 1970. S. 20: *Recessus causarum publicarum* (Lücke zwischen 1639-76), ein loses Blatt mit Bleistiftbezeichnung "dotyczy roku 1656". Bei einer Überprüfung der von Neubaur aufgeführten Archivalien im damaligen Stadtarchiv Elbing stieß ich erstmals 1979 auf diese Akten in Gdańsk, die ich nicht einsehen konnte, mir aber durch freundliche Vermittlung teilweise mitgeteilt wurden. Daß Neubaur die Briefe nicht gekannt und ausgewertet hat, erklärt sich durch eine später durchgeführte Neuordnung dieser Akten des Stadtarchivs, das überdies durch die völlige Zerstörung der Stadt am Ende des Zweiten Weltkriegs schwer gelitten hat. Um eine weitere Untersuchung und Komplettierung des noch vorhandenen Materials bemüht sich der Verfasser und behält die Publikation der Ergebnisse vor.

Nichts ist über den ferneren Verlauf des Kontakts Fleischers mit Anton Ulrich bekannt. Die erbetene und gebotene Verschwiegenheit auf beiden Seiten wurde offensichtlich aufs strikteste beobachtet. In der Herzog August Bibliothek haben sich Fleischers Briefe an Anton Ulrich oder an Spaar ebensowenig erhalten wie diejenigen Birkens. Seltsam ist auch, daß just Anton Ulrichs Briefe aus dem großen Birken-Nachlaß abhanden gekommen sind. So bleiben viele Fragen offen. Hatte der Herzog den bürgerlichen Poeten zu schlecht belohnt? Sollte vielleicht Fleischers gültigstes Werk (rechnet man nicht diejenigen dazu, die unter Anton Ulrichs Namen publik wurden), die Corneille-Übersetzungen, auf Anton Ulrichs Veranlassung nach seiner Pariser Reise entstanden sein? 1666 erschien in Oldenburg *Glaubens- Gnaden- Helden- und Liebes-Spiegel Durch Zwo Traurspiele Polieyt und Cinna*[35]. Fleischer widmet es seinem neuen Brotherrn, Anton Günther von Oldenburg. Spielt er aber vielleicht doch vorsichtig auf sein altes Verhältnis zu Anton Ulrich an, wenn er in der Vorrede "Allen Liebhabern und Liebhaberinnen" schreibt: "Ich will aber mein Geheimnüß offentlich zu Tage legen/ es hatt bey grossen und hohen Geistern unsers Ortes meine wenige Tichterey mehr Glück als Recht gehabt/ ihre Gn. und gen. Beystimmung zu Zeiten zu finden; Ich habe mich darüber erfreuet das Mittel zu haben Ihre hohe Güte und geneigteste Gunsten durch solch eine schlechte Müntze zubezahlen". Die Herzog August Bibliothek besitzt nicht diese Ausgabe, sondern nur eine gleichzeitig erschienene Ausgabe, auf deren Titelblatt sich Fleischer diskret nur mit Initialen nennt "T.F. Erstlinge von Tragedien/ Helden-Reimen/ Vnd andern Tichtereyen"[36], das zitierte Vorwort ist darin nicht vorhanden.

Von den weiteren Stationen in Fleischers Leben ist vornehmlich seine Tätigkeit als Bibliothekar der neuen von Herzog Johann Friedrich gegründeten Bibliothek in Hannover erwähnenswert[37].

35. Exemplar der LB Oldenburg, vermutlich Unicum; *Neubaur* Nr. 10a.
36. HAB Sig. QuN 598 (2); *Neubaur* Nr. 10b.
37. Vgl. G. Scheel: "Leibniz als herzoglicher Bibliothekar im Leineschloß." In: G. Schnath: *Das Leineschloß.* Hannover 1962, S. 249-56. Ders. im Ausstellungskatalog *Herzog Anton Ulrich von Braunschweig. Leben und Regieren mit der Kunst.* Braunschweig 1983, S. 237, 242. Eduard Bodemann: *Die Handschriften der königl. öffentl. Bibliothek zu*

Kein Geringerer als Leibniz folgte ihm später in diesem Amt. Aus jener Zeit datiert auch Fleischers bisher unausgewerteter Briefwechsel mit dem Wolfenbütteler Bibliothekar David Hanisius, nämlich aus den Jahren 1675-80[38]. Später war er als Kammersekretär in Kopenhagen tätig, sichtete dann die Archivalien in Gottorp und führte auch Protokoll für eine Bergkommission in Norwegen. Eine erhoffte Rückkehr in seine Vaterstadt war ihm nicht mehr möglich. Ende November 1690 ist er in Kopenhagen gestorben. Den Pegasus hat er nach dem Jahre 1667 nicht mehr gesattelt; kein Einzelfall für einen Dichter seiner Zeit, der nur während einer kurzen Blüte in seinem Leben aktiv und tätig sich um einen Ehrenplatz auf dem Parnaß bemühte. Die Erstlinge seiner Poesie hätten ja, nach Neumeisters Urteil, "sozusagen nach süßem Weihrauch geduftet."[39] Später aber versank seine Muse im Strom der Lethe, zu Unrecht und aus den mannigfaltigsten Gründen.

Bisher konnten folgende Schriften Fleischers gefunden werden, die hier wenigstens in Kurzform aufgeführt seien[40]:

1648 Hochzeit-Gedichte zu ... Ehren ... Herrn Andres Braunen des Jungen ... und der ... Cordulä Wolfin . H. Alexander Braunsen Sel. hinterlassenen Fr. Wittwe ... den 29. December ... 1648 gehalten.
Neubaur Nr. 1, Biblioteka Gdańska
1650 Aureum vellus virtutis Carmine Heroico descriptum ... Bremen 1650.
Neubaur Nr. 2, früher Stadtbibl. Elbing; Bibl. Kopenhagen.
Clio Congratulatoria Magnificis Honoribus ... Hermanni Conringi... desponsata. Helmstedt 1650 (Handschrift)
(fehlt bei *Neubaur*) Niedersächs. Staatsarchiv Wolfenbüttel
Der Chloris Winter-Lust Alß ... Anton Ulrich ... Ihre Julia hochgnädigst ersuchete. Helmstedt 1650 (Handschrift)
(fehlt bei *Neubaur*) HAB Wolfenbüttel

Hannover. Hannover 1867. Darin Nachweis weiterer unveröffentlichter Autographen Fleischers, die für vorliegende Arbeit nicht eingesehen wurden: Nr. 357 eine Dichtung von 44 Bl. *Principum Phoenix ad exemplar incomparabilis herois Johannis Friderici Brunsvicis.* 1675 sowie unter Nr. 344 Briefe Fleischers an ihn, 1674.

38. HAB Cod. Guelph. 11.29 Aug. 2°, fol. 197-220; 11 Briefe Fleischers aus Hannover, 1675/76 und einer aus Kopenhagen, 1680.

39. Vgl. oben Anm. 13.

40. Aus *Neubaur* wird ein Standort nur dann erwähnt, wenn sich kein anderes Exemplar hat eruieren lassen.

1651 Die Geistliche Galatee. (Herzogin Sophie Elisabeth von Braunschweig gewidmet). Helmstedt 1651 (Handschrift)
Neubaur Nr. 3, Staatsbibl. Preuß. Kulturbesitz, Berlin
1654 Elogium oratorium in Franciscum Helvingum Elb. ... in Gallia mortuum. Helmstedt 1654.
Neubaur Nr. 4, nicht nachweisbar
1655 Ehren-Geticht Auff Herrn Georg Lardings Bräutigams Und Jungfr. Elisabeth Stresauin Braut Hochzeitliches-Frewden-fest. Elbing 1655.
Neubaur Nr. 5, früher Stadtbibl. Elbing
(Gedicht in:) LP Elisabeth Hoppe, Witwe v. Sigismund Meienreis, Elbing 1655.
Neubaur Nr. 6, früher Stadtarchiv Elbing
1656 Treu-gemeinter Willkom An ... Erich Oxenstirn Axelsohn ... Als Ihre Hoch-Gräffl. Excellentz ... Ihr beliebtes Elbing ersuchete. Elbing 1656.
Neubaur Nr. 7, früher Stadtbibl. Elbing
(Gedicht in:) LP Anna Magdalena von Ungern, Gattin von Johann von Rose. Elbing 1656.
Neubaur Nr. 8, früher Stadtbibl. Elbing
1657 Lobgeticht Auff Hochzeitliche Ehren-Freude ... Michael Sieferts Bürgermeistern und ... Dorothea Henningin. Elbing 1657.
Neubaur Nr. 9, früher Stadtbibl. Elbing
1663 Über die höchsterwünschte Des ... Leopolds des Ersten/ Erwählten Römischen Kaisers ... glücklichste Ankunfft zu dem gegenwärtigen Regenspurgischen Reichs-Tag. o.O. 1663
(fehlt bei *Neubaur*) HAB Wolfenbüttel
1664 Einfeltiger Lob-Reim Unter dem Nahmen des Edelsten Claridons An ... Sebastian Friedrich von Cötteritz ... Zugeschikket von dem der Zeit zu Düsseldorf in Herrn Sachen sich aufhaltenden T. Fleischer. Oldenburg 1664.
(fehlt bei *Neubaur*) HAB Wolfenbüttel
Trauer-gedicht auf das ... ableiben ... Marien Elisabeth gebornen von Bonn Des ... Johann Thome ... Eheschatzes. Regensburg 1664.
(fehlt bei *Neubaur*) HAB Wolfenbüttel
(Gedicht in:) LP Maria Elisabeth Thomas, Regensburg 1664.
(fehlt bei *Neubaur*) Slg. Stolberg
(Gedicht in: LP Sabina Christina Zobel, geb. Antrecht. Regensburg 1664.
(fehlt bei *Neubaur*) Slg. Stolberg
(Gedicht in:) LP Maria Catharina vom Stein, geb. von Oeppe. Regensburg 1664.
(fehlt bei *Neubaur*) Slg. Stolberg

*1666 Glaubens- Gnaden- Helden- und Liebes-Spiegel Durch Zwo Traur-
spiele Polieyt und Cinna ... dargestellt.* Oldenburg 1666.
Neubaur Nr. 10a, Bibl. Oldenburg.
Erstlinge von Tragedien/ Helden-Reimen/ Vnd andern Tichtereyen
[Bremen], 1666.
Neubaur Nr. 10a, HAB Wolfenbüttel
*Nachruhms-Cypres/ aufgegrünet aus der HochGräfl. Leich-bestat-
tung ... Frauen Augusta, Gräfin zu Sayn/ Witgen und Honstein.*
Oldenburg 1666.
(fehlt bei *Neubaur*) HAB Wolfenbüttel
1667 Ehren-Gedächtnis. Des ... Sebastian Friederichen von Cötteritz.
Oldenburg 1667.
Neubauer Nr. 11, HAB Wolfenbüttel und Slg. Stolberg 14342.
*Zum 84ten Neuen-Jahr Welches ... Anthon Günther/ Graff zu
Oldenburg ... Glücklichst erlebet.* Oldenburg 1667.
(fehlt bei *Neubaur*) HAB Wolfenbüttel

Der Verlauf des festlichen 10. Dezembers

Nach der Reise, nach dem anstrengenden Begrüßungsabend brach
endlich der erwartete feierliche 10. Dezember an, ein Höhepunkt
im Universitätsleben der kleinen Stadt am Elm. Vier Kandidaten
erwarteten die ehrenvolle Promotion. Der eine von ihnen, Gerhard
Titius, benützte die Gelegenheit gleich auch zur Hochzeit: am
Nachmittag des gleichen Tages, unmittelbar nach seiner Beförderung, wurde er mit Margaretha Dorothea Bremer in der St.
Stephanikirche vom "Diacono copuliret". Betrachtet man Namen,
Biographien und Arbeiten der vier Kandidaten, so wird leicht
erkennbar, daß ihr Doktorat sich nicht mit dem üblichen Studienabschluß junger Studenten vergleichen läßt — alle sind nämlich
bereits gestandene Theologen in Amt und Würden. Ihr Lehrer
bezeichnet sie mit höchstem Lob "eximia pietate, egregia ervditio-
ne, solidaqve virtvte"[41]. Der Festakt kommt somit eher einer
Habilitation gleich. Die wissenschaftliche Leitung der Kandidaten
und ihrer Arbeiten lag bei der Leuchte der theologischen Fakultät,
Georg Calixt (1586-1656). Zur Feier und Einladung des Tages
hatte er ein lateinisches Blatt veröffentlich, das in der Universität

41. Hermann Conring: *Qvod Devs Opt. Max.* ... Helmstedt 1650. HAB
40 Helmst. Drucke (3)

angeschlagen wurde; in der typographischen Gestaltung der Majuskelschrift gleicht es dem Text auf einem Grabstein[42].

> QVOD DEVS OPT. MAX. ... AVCTORITATE CAESAREA ET EX CONSENSV ATQVE APPROBATIONE SERENISSIMI PRINCIPIS, DOMINI AVGVSTI DVCIS BRVNSVICENSIVM ET LVNEBVRGENSIVM, ACADEMIAE HVIVS IVLIAE HODIE RECTORIS ET CANCELLARII MAGNIFICENTISSIMI ... EGO GEORGIVS CALIXTVS ... REVERENDOS ...VIROS ... SOLENNI RITV ET CEREMONIA IN MAGNO IVLEO DIE CRASTINI CREABO, RENVNCIABO. ... ADESTE, LINGVISQVE ANIMISQVE FAVENTES BONA DICITE VERBA, ET EXEMPLVM CAPITE, QVO AD VIRTVTEM EXCITEMINI ... HAEC PERAGENTVR ... ILLVSTRISSIMO ... ANTONIO VLRICO DVCE BRVNSVICENSIVM ET LVNEBVRGENSIVM; PRORECTORE VERO ... HERMANNO CONRINGIO ... IN ACAD. IVLIA, QVAE EST HELMESTADI SAXONVM SVB SIGILLO FACVLTATIS THEOLOGICAE V EID. DECEMB. MDCL.

Eine ganze Anzahl von Schriften, nämlich Thesen und Gratulationsgedichte, wurden zu diesem denkwürdigen Tag veröffentlicht. Alle sind in Wolfenbüttel aufzuspüren und tragen noch heute die Signaturen der Helmstedter Universitätsbibliothek.

Balthasar Cellarius (1614-1689) hatte in Jena Theologie studiert, war später in Wittenberg und Helmstedt, wo er sich mit Georg Calixt befreundete, 1644 wurde er Prediger zu St. Ulrich in Braunschweig, 1646 Superintendent und Professor für Neues Testament in Helmstedt, dazu 1650 Abt von Marienthal und lebte bis zu seinem Tod in Helmstedt[43]. Mit der offiziellen Berechtigung, an der Polemik gegen die katholische Kirche teilzunehmen, hängt seine theologische Dissertation von 1650 zusammen, die er Herzog Anton Ulrich gewidmet hat: *Dissertatio theologica de cultu sanctae virginis Mariae apud pontificos ... Praeside Georgio Calixto ... pro summis in theologia honoribus impetrandis in Academia Iulia d. IV. Demb. publico examini exponit,* Helmstedt 1650[44]. Seine Freunde haben ihm zwei Einblattdrucke zu diesem Anlaß gewidmet und veröffentlicht: Melchior Junker: *Acclamatio Heroica qua ... B.*

---

42. HAB Helmst. Drucke (3)
43. Zu den biographischen Daten vgl. *ADB* 4, S. 79-80.
44. HAB H 300 (1) Helmst. 4° und Li Sammelbd. 242 (3)

235

Cellario ... principem S. S. Theologiae gradum ... solenniter collatum gratulatur, Helmstedt 1650. *Viro ... Cellario ... Supremum in SS. Theologia gradum die X. Decembris ... in illustri Iulia collatum devote gratulantur Commensales,* Helmstedt 1650[45].

Heinrich Martin Eckard (oder Eccard) (1615-1669) stammte aus Thüringen und studierte Theologie in Helmstedt und Rinteln, wo er 1644 Professor für Mathematik und Metaphysik wurde[46]. Nach seiner Promotion von 1650 kam er als Theologieprofessor nach Rinteln zurück und wurde 1665 Generalsuperintendent in Alfeld. Seine Dissertation hatte er bereits im Vorjahr verteidigt und veröffentlicht: *Disputatio de sacra scriptura ... pro licentia capessendi supremum in theologia gradum Ad Diem V. Eid. Octob. proponit, publico examini subiicit,* Helmstedt 1649[47]. Gewidmet hatte er seine Schrift dem Landgrafen Wilhelm von Hessen und Philipp von Schaumburg-Lippe. Von ehemaligen Schülern in Rinteln, "jetzt seinen Freunden", erhielt er *Bona verba ... a Suis quondam Rintelij discipulis, nunc amicis* (Helmstedt 1650); andere Schüler schickten ihm aus Rinteln *Carmina ... conscripta ac missa Rinthelio ab Ipsius domesticis doctrinaeque alumnis,* die sie ebenfalls in Helmstedt veröffentlichen ließen[48].

Erasmus Hannemann ist der am wenigsten Bekannte unter ihnen und die üblichen Lexika verzeichnen ihn nicht. In Calixts zitiertem Programm wird er als Assessor des kirchlichen Consistoriums von Wolfenbüttel und dortiger Pfarrer und Generalsuperintendent bezeichnet. Auch seine Schrift beschäftigt sich mit polemischen Fragen wider die Katholiken und ist dem Landesherrn Herzog August zugeeignet: *Disputatio theologica de primatu Romani pontificis ...,* Helmstedt 1650[49]. Seine Freunde widmen ihm *Carmina Gratulatoria*[50], die sie ebenfalls zu diesem Anlaß in Helmstedt drucken lassen.

45. HAB Juncker: J 446 (12) Helmst. 4°; *Viro ... Cellario:* J 446 (11) Helmst. 4°
46. Zu den biographischen Daten vgl. *ADB* 5, S. 607/8.
47. HAB G 191 4° Helmst. (2): 223.2 Quod. (4); 77.2 QuN (18)
48. HAB *Bona verba:* J 446 (14) Helmst. 4°; *Carmina:* J 446 (15) Helmst. 4°
49. HAB H 300 (2) Helmst. 4°; Tm Kapsel 2 (24)
50. HAB J 446 (13) Helmst. 4°

236

Gerhard Titius (1620-1681) wurde in Quedlinburg geboren und studierte in Jena, Leipzig und Helmstedt, wo er später als Professor der hebräischen Sprache, nach seiner Promotion von 1650 als Theologieprofessor, wirkte[51]. Als Schriftsteller habe er "großen Fleiß bekundet"; lang ist die Liste seiner deutschen, länger diejenigen seiner lateinischen Schriften. Zur Feier des 10. Dezembers 1650 hatte er beigesteuert: *Disputatio theologica de gratuita justificatione hominis peccatoris coram judicio Dei,* Helmstedt 1650, die er Georg Wilhelm von Braunschweig von der Linie in Celle widmete, die mit der Wolfenbütteler Linie im Rektorat der Landesuniversität abwechselte[52]. Da die Promotion von Titius mit seiner Hochzeit gemeinsam begangen wurde, erhielt er "Zu gedoppelter Ehren-Freude" nicht weniger als fünf gedruckte Schriften überreicht. N. Maneken aus Lüneburg schrieb *Klag-Lied und Eifer-Worte der Elm-Nymffen Als ihre edle Mitschwester ... Margarita Dorothea Bremers/ von ihrem Orden abdankte Und ... Titius ... sich vermählen lies,* Helmstedt 1650, sowie *Glük-wünschende Zuruffung An das Doppelte Ehren-Feier ...,* Helmstedt 1650[53]. Die "amici et clientes" verfaßten *Geminibus Honoribus Viri ... Titii,* Helmstedt 1650, worunter sich auch Enoch Gläser mit einem Gedicht findet[54]. Anonym erschienen auch *Acclamationes votivae in honores ... Titij ... et Margaretha Dorothea ...* sowie *Freuden-Gedicht Mit welchem dem ... Gerhard Titio ... Zu gedoppelter Ehren-Freude glückwünscheten Herrn D. Calixtus gesampte Tischgesellen,* ebenfalls 1650 in Helmstedt gedruckt[55].

Dieser 10. Dezember war somit ein würdiger Anlaß des Feierns im vorweihnachtlichen Helmstedt; keine Mühe und Kosten wurden gespart, um dem Schuljahr, der Wissenschaft, aber auch der Geselligkeit und Freundschaft mitten im Winter Glanz zu verlei-

. Zu den biographischen Daten vgl. *ADB* 38, S. 378/9.
52. HAB H 300 (3) Helmst. 4°; Li Sammelbd. 240 (10); QuN 167.8.3 (16). — Gläser widmet seinen *Triumfirenden Elm* (s. oben Anm. 17) den Professoren der philosophischen Fakultät, darunter auch Gerhard Titius; als Universitätsrektor während dieser Feier vom 28. Brachmonat 1649 nennt er darin noch Herzog Georg Wilhelm von Braunschweig.
53. HAB J 446 (18 und 19) Helmst. 4°
54. HAB J 446 (16) Helmst. 4°
55. HAB J 446 (16 und 20) Helmst. 4°

hen. Den Verlauf des festlichen Tages, der noch mit einer großen
Aufregung für alle Beteiligten enden sollte, schildert am anschau-
lichsten Ferdinand Albrecht in seinem Tagebuch[56].

Als vorhero die Candidaten nach dem Collegio in folgender ordnung
gegangen, nemlich zu erst der Pedel und Famulus Communis, beede
mit einem scepter, hernach die vier Candidaten mit rothen hauben,
fuhren wir nach dem Collegio, woselbst unten, da sonsten der
Theologor: et Philosoph: lectiones verrichtet werden, diese Promotion
angieng. Demnach wir uns an der Rechten hand des Auditorii nebenst
den Vornemsten gesetzet hatten, fieng D. Georgius Calixtus als
Decanus, sonst Prof: Primarius Theolog: seine oration latine anzule-
sen wie sich die vier Candidaten, als Paulus Cellarius General: Sup:
alda, Erasmus Hanneman Gen: Sup: zu Wolfenbüttel, M. Henricus
Martinus Eckard, S. Theol: in Academia Rinth: Profes: Publicus, M.
Gerhardus Titius Prof: Theol: Helmst: vor ihm sich gestellet hatten,
begehrte schlieslichen von bruder A[nton] U[lrich] permission dieße 4
Candidaten zu creiren, welches ihn er durch eine lateinische oration
zulies, als die Candidaten vor ihn knient, stillschweigend auch,
begehrten, Darauff fuhr der Decanus in seiner oration fort, hies sie
wieder herauff steigen, küssete sie, steckete einen jeden einen ring an
den finger, und setzte ihnen rothe hüte auf, darauff Cellarius und
Titius latine kürtzlich bedancketen. Diesen actum beschlos M. Schra-
ders Sohn von 14 iahren mit einer lateinischen oration. Darauff
wurden den Vornemsten bücher und handschue presentiret, die uberi-
gen aber unter das Volck geworffen, es ubergab meinem bruderen aber
mit einer beredung das buch M. Joachim Hillebrandt, und mir M.
Durre. Nach diesen wurden die Doctores aus dem Collegio nach St.
Stephani Kirche gebracht, alda sie vor dem altar niederknieten, und
den eid, dem M. Müller als Capelan abstellen musten, welcher sie mit
einem segen von sich lies. Als wir nach Calixti behaußung zuruck
gegangen, und die braut geholet, ward sie von Bruder A. U. und mir,
der bräutigam D. Titius aber, von D. Georgio Calixto und D. Johann
Schwartzkopffen Kantzlärn, geführet, und von obengenandten Diacono copuliret. Das convivium wird in Calixti logement gehalten, in
welchen an einer langen taffel sassen, D. Georgius Calixtus, Henricus
Hahn, J. V. D., Heinricus Mehlbaum J. V. D., Jacobus Tappius Med.
D. M. Christophorus Schrader, M. Homburg, M. Kinnerling, und
folgenden Profess: Unter dem essen ward bruder A. U. an der
Epilepsia so kranck, das man hinaus ihn auf das bette tragen muste.

56. *Reisetageb.* ganzer Eintrag des 10. Dezember 1650.

Anton Ulrichs "lateinische Oration", mit der er die 'Permission diese 4 Candidaten zu creiren" erteilte, hat sich in handschriftlicher Form erhalten; es ist denkbar, daß sie auch bald darauf des Drucks gewürdigt worden ist[57]. Man lobte sie allgemein, man schickte sie auch an Johann Valentin Andreae — immerhin handelte es sich um die erste öffentliche Rede bei einem Staatsakt, die Anton Ulrich erfolgreich und zur Zufriedenheit der Beteiligten gehalten hat. Die Sache war von so großer Bedeutung, daß Kanzler Schwarzkopf unverzüglich nach Wolfenbüttel zurückritt, um Herzog August Bericht zu erstatten, und dieser bald darauf seinem Freund Andreae voller Stolz von diesem Ereignis schrieb. Andreae sparte dann nicht mit Lob für Anton Ulrichs vorzügliches Verhalten, und in manchen der gedruckten Briefe zwischen ihm und der herzoglichen Familie wurde das Ereignis gefeiert[58]. So schrieb er am 15. Januar 1651 aus Bebenhausen an Anton Ulrich: "Hoc plane mihi sum polliticus, fore ut commiso nobili munere in solenni Actu Academico Ivlae Vestrae Avgvstae, egregie magnoque plausu, defungereris, idque feliciter jam esse confectum, et Seren. D. Patris, et Ephoriui imo et ipsius Ivlae testimonio, laetoque nuncio accepi, quod iis me gaudiorum cumulis perfundit, ut una capiendis vix equidem sufficiam. Nam cum Patris in Te

57. HAB Cod. Guelf. 56 Extr. 2° f. 323-29ff.
In der Handschrift sind — gleichsam von einem Setzer — mit Rotstift Zeichen für den Beginn von Druckseiten angebracht. Ob die "Oratio" aber, vielleicht in einem Sammelband von Helmstedter Akten, veröffentlicht worden ist, läßt sich bislang nicht feststellen. Das Ms. wird von *Mazingue* S. 57 und 751 erwähnt. Als Inhaltsangabe steht auf dem Manuskript von alter Hand: "Principes Antonii Ulrici Oratio Helmstadii d. 10. Dec. 1650 habita, cum vice Parentis Serenissimi Augusti D.B. et L. Decano Theologicae Facultatis potestatem concederet — quatuor Candidatos doctores Theologiae creandi, cum Chr. Schraderi Epistola ad Joh. Schwarzkopf".
58. J.V. Andreae: *Sereniss. Domus Augustae Selenianae Princip. Juventutis Utriusque Sexus Pietatis, Eruditionis, Comitatisque Exemplum sine Pari.* Ulm 1654 (HAB 143.4.1 Rhet.). Die Helmstedt-Reise wird erwähnt und kommentiert in Andreaes Briefen an Ferdinand Albrecht (S. 105 u. 110), an Anton Ulrich (S. 109-110) und an Rudolf August (S. 121) sowie in Anton Ulrichs Brief an Andreae (S. 112), alle vom Januar/Februar 1651 datiert.

expressam imaginem, et jam laudis eximiae societatem; specimen hoc haereditariae in Te virtutis et dexteritatis; Fidem futurae expectations Iuliae-Augustae datam"[59]. Auch von anderer Seite her wurde das Ereignis der geglückten Repräsentation Anton Ulrichs gefeiert: ein Student aus Helmstedt, der dieser Feier beigewohnt hatte, schrieb dem Oberhofprediger und Konsistorialdirektor Joachim Lütkemann in Wolfenbüttel einen Brief voller Lobes, den Hans Stern in Lüneburg zu Ehren Herzog Augusts wie seines Sohnes Anton Ulrich veröffentlicht hat. Stern gehört der berühmten Buchdrucker- und Verlegerfamilie an; er war gleichaltrig mit Anton Ulrich und scheint mit ihm so gut befreundet gewesen zu sein, daß er später an seiner Frankreichreise teilgenommen hat[60]. Der Text dieses Einblattdrucks lautet[61]:

Ex literis Studiosi cujusdam ad Dn. D. Lütkemanum, datis Helmstadi, ipsis Idibus Decembris, 1650.

Quid scribam, venerande Promotor, de Serenissimo Principe ac Domino, Dn. Antonio Ulrico? Quanta cum admiratione & laude vicem Pro-Cancellarii Magnificentissimi sustinuerit hic Princeps, in aeternum non obliviscetur nostra Julia. Gratulor Patriae meae de Principe tam pio, tam erudito, tam Clementi. Ex animo opto, ut pietissimus hic Princeps Serus in coelum redeat, diuque Laetus, intersit Populo Brunonis: Quantam laetitiam Serenissimus Ipsius Parens Augustus, verè Augustus, ex hoc percepturus sit, non ignoro.

In honorem Clementissimi Gvelphici Principis mei, typis Lunaeburgicis humilime descripsi Johanne Sternius, Junior.

Anton Ulrichs gravierende Krankheit, sein schlimmer epileptischer Anfall, der ihn nach den ganzen Aufregungen und Anstrengungen dieser Tage befiel, beunruhigte die Gemüter und brachte einen Mißklang in die Festfreude, in die Feier des Erfolgs[62]. Unverzüglich hat man Herzog August über den Vorfall

59. Andreae, a.a.O., S. 109.
60. Zu Johann Stern II. (1613-1712) vgl. Hans Dumrese, *Lüneburg und die Offizin der Sterne.* Lüneburg 1956, S. 76-78; *Mazingue* a.a.O. S. 68ff. mit Hinweis auf die Briefe Anton Ulrichs an Stern.
61. HAB 13 Helmst. Drucke (6)
62. Über Anton Ulrichs Epilepsie und den späteren Verlauf dieser Krankheit war bislang wenig bekannt. Immerhin stellt *Mazingue* (S. 59) fest: "Gravement malade pendant toute la première moitié de 1651, — ce

unterrichtet; der Bruder Rudolf August reiste herbei, wie Ferdinand Albrecht berichtet, um nach dem Rechten zu sehen. Als sich des Patienten Zustand nicht bessern wollte, fuhr auch Martin Gosky, Herzog Augusts Leibarzt, der im gleichen Jahr seine berühmte prachtvolle Anthologie von Lobgedichten *Arbustum vel Arboretum* veröffentlicht hatte, nach Helmstedt[63]. Täglich sandte man den besorgten Eltern die neuesten Berichte; Anton Ulrich fühlte sich stark genug, bereits am 11. Dezember dem Vater einen kurzen Brief zu schreiben[64]:

> Illustrissime Princeps, Domine Parens Clementissime,
> Quoniam Te nostrae salutis percupidum esse scimus, non potui nunc intermittere, quin de incolumitate et salute nostra certiorem te facerem, ut Clem. T. nuncquam non constaret, quomodo nobiscum omnia sint comparata. Feliciter a me peracta esse spero, quorum causa huc sum missus, et quoniam non super est, cur diutius movemur, a Clem. T. ea, qua par est obervantia, rogamus, ut destinatum redeundi tempus nobis significare velit. Interea autem eandem cum Clem. Dn. Matre, Fratre, sororibus, aliisque quam optime valere cupimus. Clem. T. Observantissimus Filius Anthonius Ulricus.
> Helmaestadj die undecimo Decemb. 1650

Am gleichen Tag berichtet in größerer Ausführlichkeit der Hofmeister Hieronymus Imhof nach Wolfenbüttel, sodann auch am 13. und 14. Dezember, da er die Rückreise immer wieder verschieben mußte[65]:

> Durchleuchtiger, Hochgeborner, gnedigster Fürst und Herr.
> Nechst unthertheniger entbietung meiner iederzeit gehorsamen unterthenigen dienste; habe ich mir leichtlich die rechnung machen können,

sera à nouveau le cas en 1653 —, Anton Ulrich consacre beaucoup de temps à la lecture, en particulier aux auteurs modernes, français et italiens." Während der Frankreich-Reise litt er erneut unter solchen Anfällen wie z.B. eine Apothekerrechnung aus Paris belegt, vgl. *Mazingue* S. 70.

63. Vgl. den unten wiedergegebenen Brief Imhofs an Herzog August vom 14. Dezember. Über Gosky vgl. auch *Kat. Herzog August-Ausst.* Nr. 480 sowie M. Bircher u. T. Bürger (Hrsg.): *Alles mit Bedacht. Barockes Fürstenlob auf Herzog August.* Wolfenbüttel 1979.

64. Niedersächs. Staatsarchiv Wolfenbüttel, 1 Alt 22, 282 (Bl. 22).

65. Niedersächs. Staatsarchiv Wolfenbüttel, 1 Alt 22, 282 (Bl. 23-26).

das E.F. Gnaden werden gnediges verlangen tragen umb den zustandt ihres hochgeliebten Herrn Sohnes zuwissen, welcher Gott lob nach außgestandenen unglücklichen zufallen also bewandt ist, das es nunmehr nechst Göttlicher Hülffe keine noth mehr haben wirdt, wie E.F. Gnaden auß seinen eigenen schreiben hierbey eingeschlossen gnedig zuersehen, und erwartten nur E.F. Gnaden gnedigen befehl wegen des ufbruchs, weiln des Hr. Canzlers abrede war, daß wir noch einen tag mögten hier bleiben, unterdessen andere Befehl und ordre ertheilet solte werden, es haben auch hiesige H.H. Medici an ihrem Fleiß und vorsorge nichts ermangeln lassen, ab und zu zugehen, und ihr bestes dabey zuthun. Wie sonsten der solennis actus promotionis, und die dabey gehaltne Oration E.F. Gnaden hochgeliebten H. Sohns, wol und glücklich abgegangen, werden E.F. Gnaden von dero H. Canzlern mündtlich vernommen haben, und ins künfftig ein mehres vernemen. Dienet also dißes wenige zu E.F. Gnaden gnedigen nachricht, und hab vor gut angeshn, einen eigenen Reuter damit abzufertigen, verbleibe im ubrigen nechst entpfhelung Göttlichen Gnadenschuz

E.F. Gnaden unterthceniger gehorsamer Diener Hieronymus Im Hoff. Wolffenbüttel den 11. Decembris in eyl Ao 1650.

P.S.
Diesen Morgen um 8 uhr, kam E.F. Gnd. gnediges schreiben an ihren Hochgeliebten H. Sohne zu recht an, welches er noch im bette gelesen, und weiln er den abendt zuvor eingelegtes schreiben geschrieben, thut er sich dahin referiren und wirdt in allen E.F. Gnd, gnedige befehl in gebührliche obacht genommen wegen des ufbruchs, befindet sich diesen morgen noch wol, und hat auch wol geschlaffen, werden heut etwan außfahren, umb eins und das ander zubesehen. Gott gebe gnad zu der rückreyß, der erhalte auch E.F. Gnd. dero herzliebe Gemahlin, iunge Herrschaft und fräulein bey allen hohen fürstlichen wolergehen Datum den 12. Decembris Ao 1650.

E. Gnd.
Hieronymus ImHoff

Durchleuchtiger, Hochgeborner Fürst, gnedigster Herr

E.F. Gnd. hab ich in unterthenigkeit mit wenigen berichten sollen, das in deme wir heut haben aufbrechen wollen, dero Hochgeliebten H. Sohn, abermalen ein affect angekommen ist, daß es die Medici dieses orts nicht rathsam befunden haben, sich uf dem wege zu machen in dieser grossen kälte; also hab ich mich darzu verstehen müssen, ihrem rath und meinung zufolgen, und hab es also zeitlich E.F. Gnd.

unterthenig avisiren sollen, damit sie weiter disposition mögten machen, wie es etwan sollte gehalten werden, ob H.D. Gosky selber
mögte hier kommen mit diesem rath und gutduncken weiters köndte
verfahren werden, die H.H. Medici gebrauchen unterdessen gute
vorsorge, einen oder andern weitern unheil vorzukommen, erwartte
E.F. Gnd. gnedige ordre mit ehesten. Dieselbe der Göttlichen Obhut
treulichst entphelendt. Datum Helmstedt den 13. Decembris Ao 1650

E.F.Gnd. Untertheniger gehorsamer diener
Hieronymus ImHoff

Durchleuchtiger, Hochgeborner, gnedigster Fürst und Herr

E.F. Gnd. gnediges schreiben an mich kam an heut morgen zwischen 7
und 8 uhren, H.D. Gosky aber in der nacht umb 10 uhr, weiln aber
E.F. Gnd. Hochgeliebter Herr Sohn, schon in der ruhe und schlaffendt
war, hat er erst diesen morgen ihme ufgewarttet und besuchet, da er
dann von sich gesaget, das er wol geruhet, und sich wol befindete,
seindt also in namen Gottes wider in procinctu uns auf dem weg
zumachen und uns mit einem bette zuversehen in dem wagen, damit er
desto bequemer darinnen liegen kann. Wie die H.H. Medici vorgeben,
so kompt es von einer starcken obstruction des leibes, darzu die kälte
geschlagen, nach deme aber etlichmal durch clistirn der leib wieder
geöfnet worden, hat er sich alsobaldten wider wol befunden, und
hoffen also diesn abendt geliebt es Gott einzulangen, werden etwan zu
Schepenstet etwas ablegen, damit es ihme nicht zu lange mögte fallen
in der kutschen zuliegen. Dieses hab ich wider in unterthenigkeit E.F.
Gnd. berichten sollen, Göttlicher protection sie treulichst neben uns
entphehlendt. Datum Helmstedt den 14. Decembris Ao. 1650

Untertheniger gehorsamer diener
Hieronymus Imhoff

Ferdinand Albrecht nutzte die Wartezeit: am Mittwoch ging das
"Convivium abermahl gegen abend, wie gestern, an", und der
Donnerstagabend gestaltete sich noch fröhlicher, da man nach der
Mahlzeit "im essgemach bis 12 Uhr ... tantzete"[66]. Überdies
besichtigte man das katholische Kloster St. Ludgers bei Helmstedt
sowie die Universitätsbibliothek des Juleums.

Als man endlich am Samstag, den 14. Dezember die Rückreise
von dieser ereignisreichen kleinen Expedition riskieren konnte,

66. *Reisetageb.*, 13. Dezember.

243

hielt Ferdinand Albrecht lediglich lakonisch in seinem Tagebuch fest[67]: "Brachen wir wieder von Helmstedt auf, und ward bruder Anton Ulrich ein bett im wagen gemacht, darein er lag, gelangeten den abend wieder nach haus."

67. *Reisetageb.*, 14. Dezember.

Gerhard F. Strasser

'WIE VON DER TARANTEL GEBISSEN': TARANTISMUS UND MUSIKTHERAPIE IM BAROCK

I.

Wenn man davon ausgeht, daß die Tarantel, die im Volksglauben ihre Opfer beißt oder sticht, im deutschen Sprachsraum nicht heimisch ist, so ist es erstaunlich, wie sehr sich bis in die heutige Zeit die umgangssprachlichen Wendungen "wie von einer Tarantel gestochen" oder "wie von der Tarantel gebissen" gehalten haben. Sprachpsychologische Gesichtspunkte mögen hierbei mitspielen; für einen emotional weniger expressiven Deutschen mag es verständlich sein, wenn er jemanden, der "in plötzlicher Erregung sich wild gebärdend, wie besessen" auftritt,[1] wie von dieser südländischen Spinne gebissen betrachtet. Ein vielleicht peinlicher und mit dem allgemeinen gesellschaftlichen Verhalten nicht vereinbarlicher Gefühlsausbruch läßt sich auf diese Weise bequem mit der scheinbaren Reaktion auf den giftigen Spinnenbiß gleichsetzen; Emotionen werden auf pseudo-physiologische Art erklärt. Denn im Volksglauben hat sich, wie das *Wörterbuch der deutschen Gegenwartssprache* darlegt,[2] bis heute die Meinung gehalten, der Biß der Tarantel sei dem Menschen gefährlich; in Wirklichkeit verursacht der Biß dieser etwa drei Zentimeter grossen Spinne, die in Südeuropa in Erdlöchern lebt, beim Menschen Entzündungen und Schmerzen, ist aber letztlich ungefährlich und in keiner Weise tödlich, wie oft noch angenommen wird.

Was man sich am Ausgang des Barockzeitalters unter den Symptomen des Tarantelstichs und ihrer Behandlung vorstellte,

1. Dies die Erklärung in *Duden: Das große Wörterbuch der deutschen Sprache in 6 Bänden*, Band 6 (Mannheim, Wien, Zürich: Dudenverlag, 1981), S. 2564.
2. Akademie der Wissenschaften der DDR, Hrsg. Ruth Klappenbach, Band 5 (Berlin: Akademie-Verlag, 1976), S. 3693.

vermag am besten ein Auszug aus Zedlers *Universal-Lexicon* verdeutlichen.[3] Demnach finden sich sich Taranteln "zu Taranto in Calabria, in Puglia oder Apulia, in Sicilien und in gantz Jtalien: Die in Puglia sind die allergiftigsten". Nach einer Beschreibung der Spinne und ihres Habitats bespricht Zedler die Auswirkungen des "nicht zu jederzeit und an allen Orten gleich gefährlichen" Stiches:

> Der Tarantel=Biß ist hefftig, und verursachet einen solchen Schmertz, als wie der Bienenstich. Das Fleisch rund um das angebissene Glied läufft auf und wird gantz grün und gelbe: einige Stunden darauf wird die Person mit einer tieffen Traurigkeit befallen, mit Zittern aller Glieder, mit schweren Athemholen, mit Hauptschmertzen, mit Hertzensangst und Bangigkeit, und der gantze Leib wird starr und steiff: Der Puls wird schwächer und schwächer, das Gesichte vergehet, der Verstand verlieret sich, das Reden wird sehr sauer, man meidet oder fliehet die Gesellschafft, und suchet die einsamsten Orte. Jst der Stich geschehen und das Thier wird alsobald getödtet, oder man legt auf den Stich gestossenen Knoblauch mit Theriac, so gehet das Gifft nicht weiter; wenn es aber daran gemangelt, so thut er [sic] seine Würckung. Unterweilen lässet sich der Gifft nicht eher, als ein Jahr, nachdem man ist gebissen worden, spühren; und die Zufälle die dadurch verursachet werden, sind recht wunderlich.

Es folgt eine bunte Aufzählung der verschiedenartigen Symptome, die sich bei den Patienten einstellen: "verlohrner Appetit, hitzige Fieber, Schmertzen in den Gelencken, gelbe Sucht über den gantzen Leib, Schlaffsucht, Verdrehung und Ausdehnung der Arme und der Beine, durch wunderliches Zucken und Ziehen in den Gliedern". Und darin, wie Katner bemerkt,[4] sehen wir schon eine Zusammenstellung der Symptome, die für das 18. Jahrhundert durchaus genau war und zum Teil neuesten Überprüfungen noch Stand hält.[5] Darüber hinaus jedoch, so fährt Zedler

3. Johann Heinrich Zedler, *Grosses vollständiges Universal=Lexicon aller Wissenschaften und Künste*, Band 41 (Leipzig, Halle: Zedler, 1744), Sp. 1801-1804. Dieser Artikel wird vollständig zitiert in Wilhelm Katner, *Das Rätsel des Tarentismus: Eine Ätiologie der italienischen Tanzkrankheit*, in: *Nova Acta Leopoldina, Abhandlungen der deutschen Akademie der Naturforscher (Leopoldina)*, N.F. 18 (1956), Nr. 124, S. 5-115, hier S. 6-8.

4. A.a.O., S. 8.

5. Dazu Jacques Marx, *Du mythe à la médecine expérimentale: Le tarentisme au XVIIIe siècle*, in: *Etudes sur le XVIIIe siècle*, Hrsg. Roland Mortier und Hervé Hasquin, Band II (Brüssel: Éditions de l'Université de Bruxelles, 1975), S. 153-165, hier S. 153.

fort, finden sich Anzeichen, die sich kaum mehr klassifizieren lassen und von Lachen und Schreien bis hin zu Weinen und Singen reichen, vom Wachen zum Schlafen, von der Vorliebe für gewisse Farben und vom Tragen eines "mit Wasser angefüllten gläsernen Geschirrs in Händen" bis zum Hinwerfen auf den Boden und "Waltzen im Kothe". Zedler erklärt lakonisch: "Kurtz, alle stellen sich als wie die Narren und Wahnwitzigen; doch haben sie auch ihre gute Stunden, und da reden sie gantz vernünftig; keinem Menschen thun sie insgemein kein Leid".

Nach dieser breit angelegten Schilderung der Symptome, die die "tarantati" aufzeigen, wie die von der Tarantel Gebissenen im Italienischen genannt werden, geht Zedler auf die Therapie dieser Krankheit ein. Seine Ausführungen fassen dabei einen viel ausführlicheren Artikel über "Tantz=Kranckheit, *Tarantismus*" zusammen,[6] in dem er betont, daß trotz aller Vielfalt der Merkmale dieser Krankheit bei allen Patienten eines gleichermaßen zu beobachten sei:

[...] daß sie ohne Unterscheid ihr größtes Vergnügen und Labsal in der Musick finden, wiewohl man auch nicht in Abrede seyn kan, daß dieser Patiente besonders an diesem, jener aber wieder an einem andern Jnstrumente seine Lust hat. [...] Daferne sich nun aber die Musicanten mit ihren Jnstrumenten hören lassen, so erfreuet sich das Hertz der Patienten, daß sie zu tantzen und zu springen anfangen.

Und obwohl Zedler gerade bei Kranken, bei denen "das Gifft nach und nach je mehr und mehr in den Cörper" eingeschlichen war, da sie nicht frühzeitig und vollständig auskuriert worden waren, diverse Mixturen, Pulver, Kräutertees oder sogar Schröpfungen vorschlägt, kommt er abschließend nochmals auf die Musiktherapie zurück:

[...] so muß man doch frey und aufrichtig bekennen, daß man mit den Medicamenten niemahls alleine etwas rechtes ausrichtet, daferne nicht auch die Musick zugleich mit, als ein äusserliches Mittel zur Hand genommen wird. [...] Man muß aber auch das rechte Jnstrument erwehlen, [...]. Und da nun [die Gestochenen] nach dem ihnen angenehmen musikalischen Klange, so gleich sich zu bewegen und zu tantzen anfangen; auch damit so lange anhalten, bis sie etwas matt werden [...]; so tragen solche Bewegungen des Leibes und der Glieder zur Würckung der gebrauchten innerlichen Medicamente allerdings etwas bey, indem das Gifft, wenn es vielleicht durch die Ausdünstung

6. Zedler, a.a.O., Sp. 1758-1762.

Typus Tarantizearum Saltantium.

Athanasii Kircheri e Soc. Jesu Phonurgia nova sive conjugium mechanico-physicum artis & natvrae... Liber II. Sect. II, 206 Campidonae per Rudolphum Dreherr 1673. Sign.: Mc 4° 38

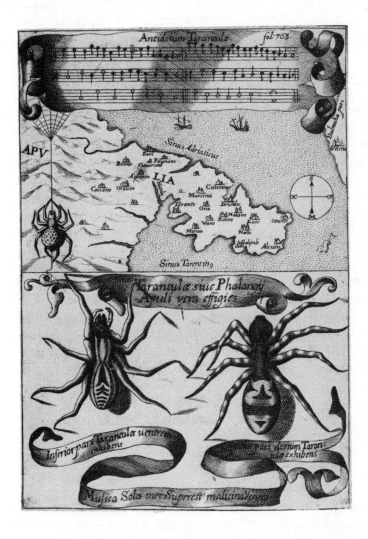

Athanasii Kircheri... Magnes sive de arte magnetica opus tripartitum...
Editio secunda. Coloniæ Agrippinae, apud Jodocum Kalcoven 1643,
Liber III, p. 762/763. Signatur: Nc 544

nicht ausgetrieben werden könnte, durch diesen Schweiß nach und nach durch die Schweißlöcher der Haut mit fortgeschaffet wird.

Dann aber kann sich Zedler als Lexikograph einer aufgeklärteren Zeit eines skeptische Einschubs nicht erwehren:

> Und gesetzt auch, daß man, in Ansehung der Würckung der Medicamenten, von solcher gemachten Musick nicht den geringsten Nutzen zu erwarten hätte, so ist es doch gnung, daß die Einbildung der Patienten, auf eine angenehme und beliebte Art ermuntert wird, damit sie nicht immerfort so stille, traurig und einsam leben.

Die Tänze der Kranken dauern vier, ja sogar sechs Tage, und Zedler empfiehlt, es nicht bei "einem eintzigen Jnstrumente, oder musikalischen Stückgen" zu belassen, sondern möglichst viele zu versuchen, "bis die Gestochenen ihre krumme Sprünge zu machen anfangen".

So weit die ausführliche Beschreibung von Tarantelstich und Tarantismus im Idiom des nach-barocken Zeitalters. Es mag dabei nicht verwundern, daß Zedler in seiner Analyse der "Tantz= Kranckheit" auf die "wunderbare Cur des *Tarantismi*" in dem frühen Werk des deutschen Jesuiten und Polyhistors Athanasius Kircher (1602-1680) verweist, dessen Ausführungen in dem erstmals 1641 veröffentlichten Band *Magnes sive de arte magnetica* die Einschätzung und Behandlung der Krankheit für das 17. Jahrhundert grundlegend beeinflußten. Wir werden uns mit Kirchers Therapie, die er in mehreren seiner späteren Werk wieder aufgriff, und die auch in deutschen Übersetzungen zur Verfügung stand, eingehender zu befassen haben.

II.

Der breite Raum, den Zedler der Beschreibung dieser Phänomene gab, kann als Anhaltspunkt dafür gelten, welche Faszination jahrhundertelang von dieser Krankheit und ihren Opfern ausging. Die Geschichte des Tarantismus ist in letzter Zeit mehrfach beleuchtet worden,[7] und obwohl Einigkeit darüber besteht, daß die Symptome des Tarantismus in der klassischen medi-

---

7. Neben Katners Veröffentlichung sie vor allem hingewiesen auf Jean Fogo Russell, *Tarantism*, in: *Medical History* 23 (1979), 404-425 (mit ausführlichen bibliographischen Angaben), sowie auf Henry E. Sigerist, *The Story of Tarantism*, in: *Music and Medicine*, Hrsg. Dorothy Schullian und Max Schoen (New York: Schuman, 1948), S. 96-116.

251

zinischen Literatur nicht erwähnt werden, liegt der Ursprung der Krankheit an sich im Dunkeln. Kulturhistorische Untersuchungen von noch auffindbaren "tarantati" Süditaliens haben neuerdings die Vermutung bestätigt, daß der Tanz dieser "Erkrankten" in einem psychologisch-soziologischen Rahmen zu sehen ist. Die unter anderem von Marius Schneider 1948 postulierte Ritualnatur der Tarantella,[8] wie die Sonderform des therapeutischen Tanzes dieser Kranken seit langem heißt, wurde 1961 von Ernesto de Martino in eingehenden Untersuchungen in Süditalien untermauert.[9] Danach läßt sich noch heute der griechische Ursprung dieser Tanzform im Dionysos- und Bacchuskult sehen, der in Apulien als Teil des griechischen Reiches auch nach der Einführung des Christentums zumindest unterschwellig weiterlebte. Es ist denkbar, daß im Verlauf des Mittelalters die ursprüngliche kultische Verbindung verlorenging, ohne daß sich die oft wilden und orgiastischen Tänze veränderten. Das Weiterleben dieser Tanzformen konnte im christlichen Mittelalter nur mehr unter dem Deckmantel der Tarantelbiß-Therapie geschehen; die Tänzer wurden zu bedauernswerten Opfern des Spinnenbisses gestempelt, was ihre Exzesse legitimierte.[10] Unter diesem Gesichtspunkt ist es gut möglich, im Tarantella-Tanz einen ähnlichen Auswuchs zu sehen wie im Veitstanz, der von der Mitte des 14. Jahrhunderts an — zum Teil im Anschluß an Pest- und Choleraepidemien — in Mitteleuropa zu einer Tanzplage wurde, aber im 17. Jahrhundert wieder fast gänzlich verschwunden war.[11] Der Aspekt der Mas-

8. *La dansa de espadas y la tarantela; ensayo musicológico. etnográfico y arqueológico sobre los ritos medicinales* (Barcelona: 1948). Siehe auch den von Schneider verfaßten Artikel *Tarantella* in: *Die Musik in Geschichte und Gegenwart*, Band 13 (Kassel: Bärenreiter, 1966), Sp. 117-119 sowie die Fortsetzung von Anton Würz, Sp. 119-123. Vgl. auch Katner, a.a.O., S. 27-29.

9. *La Terra del Rimorso: Contributo a una storia religiosa del Sud* (Mailand: Il Saggiatore, 1961).

10. Dies ist auch die Schlußfolgerung von Sigerist, a.a.O., S. 114. Sigerist hatte diese Ansicht schon 1945 in seinem Buch *Civilization and Disease* (New York: Cornell Univ. Press) in dem Kapitel *Disease and Music* (bes. S. 216-228) geäußert.

11. Dazu Frances Rust, *Dance in Society* (London: Routledge &Kegan Paul, 1969), Ch. III: *Psycho-Pathological Perspectives*, S. 18-27, sowie Marx, a.a.O., S. 154-155; vgl. de Martino, a.a.O., S. 234-241.

senhysterie darf dabei nicht übersehen werden.

Obwohl schon im 11. Jahrhundert von einem Arzt ein Zustand beschrieben worden war, der dem Tarantismus ähnelt,[12] scheint die um 1350 von Guglielmo di Marra aus Padua verfaßte Schrift *Sertum papale de venenis* das früheste erhaltene Zeugnis über diese Krankheit zu sein.[13] Darin wird erstmals auf die Frage eingegangen, inwiefern die Musik den von der Tarantel Gebissenen Linderung verleihen könne. Zugänglich jedoch wurde die Materie im 15. Jahrhundert in medizinischen Werken wie Santes de Ardoynis *De venenis*[14] und vor allem in dem durch viele Auflagen weitverbreiteten Kommentar des Bologneser Humanisten Niccolò Perotti (1429-1480). In der erstmals 1489 gedruckten *Cornucopia linguae latinae*,[15] einer die große Gelehrsamkeit Perottis bezeugenden Erläuterung des ersten Buches von Martials Epigrammen, findet sich unter dem Eintrag *stellio* ("Sterneidechse") ein Verweis auf einen *stellio ex aranearum genere*, also eigentlich eine Eidechse aus dem Spinnengeschlecht, im Volksmund auch *tarantula* genannt. Der Biß dieser Tarantel, erklärt Perotti, töte einen Menschen zwar nur selten, betäube ihn aber durchaus und setze ihm auch sonst zu. In vielen Fällen würden die Gebissenen von Gesang oder Musik so sehr gereizt, daß sie laut lachend ohne Pause so lange herumtanzten, bis sie vor Erschöpfung fast leblos hinfielen. Andere jedoch müßten dauernd weinen; wieder andere würden durch den Anblick einer Frau in solche Glut versetzt, daß sie wie die Rasenden auf sie losgingen. Manche würden lachend oder weinend zugrunde gehen.

Je nachdem, ob die Autoren darauffolgender Werke ihre Ausführungen auf eigene Beobachtungen stützen konnten oder nicht, finden wir die Beschreibung Perottis einfach übernommen oder zumindest in einigen Punkten ergänzt. Der erste ernstzunehmende

12. Verweis auf Gariopontus, dessen Werke 1536 in Basel gedruckt wurden und der die Erscheinung *Antenaesmus* nannte, bei Russell, a.a.O., S. 404.

13. Abgedruckt in de Martino, a.a.O., S. 230-231; dazu Reproduktion in Abb. 47.

14. Abgeschlossen 1446, gedruckt 1492 in Venedig. Siehe Russell, a.a.O., S. 405.

15. Venedig 1489; benutzte Ausgabe Venedig: Tridino, 1501, Sp. 62 F-H. Vgl. Rust, a.a.O., S. 21, sowie Katner, a.a.O., S. 9. Die Übersetzung folgt meist Katner.

Augenzeugenbericht stammt von dem neapolitanischen Rechtsgelehrten Alessandro Alessandri, der die schon bekannten Symptome eingehend beschrieb und darlegte, wie man auf dem Lande
mit Trommeln, Pfeifen und Flöten die von der Tarantel Gebissenen heile.[16] Neu ist dabei die Vermutung, daß das Gift "vermit-
tels des Wohlklanges der Töne auf den ganzen Körper verteilt und
dann auf irgendeine — [Alessandri] allerdings unbekannte — Art
und Weise aufgelöst und ausgeschieden wird". Die Bedeutung der
Musiktherapie sieht der Autor vor allem darin, daß diejenigen, die
das Gift noch in sich tragen und nicht auskuriert sind, "durch
Musik so erregt werden sollen, daß sie, an Leib und Seele
erschüttert, [...] so lange freudig herumspringen, bis die ver-
zehrende Kraft des Giftes endgültig ausgelöscht ist".
　　Wie allgemein bekannt die Symptome des Tarantelbisses und
die Musiktherapie schon im frühen 16. Jahrhundert in Italien
waren, sollen zwei Stanzen aus Francesco Bernis 1541 erstmals
gedruckter Nachdichtung von Bojardos *Orlando innamorato* il-
lustrieren. Berni (1497/98-1535) versah einige Gesänge dieses
Rittergedichts mit allgemeinen Einleitungen und beschrieb zu
Beginn des 17. Abschnitts die "Tarantolati".[17] Um diese sich wie
besessen aufführenden Kranken zu heilen, fuhr Berni fort, müsse
man jemanden aufstöbern, der ein Stück spiele und eine Melodie
finde, die dem Gebissenen gefalle. Berni deutete also an, daß die
"Tarantolati" nur auf ganz bestimmte Weisen ansprächen, deren
Zweck darin liege, die Kranken dann durch Tanzen zu heftiger
Bewegung anzuregen, um die schreckliche Krankheit buchstäblich
"auszuschwitzen".
　　Nicht nur die relativ genaue Beschreibung des in Norditalien
lebenden Dichters Berni bezeugt, daß um 1540 die Kenntnis von
Tarantismus und eine krankhafte Furcht vor dem Spinnenbiß weit
über die Grenzen Apuliens hinaus vorgedrungen waren. Gelehrte

16. *Dies geniales* (Rom 1522), ausführlich zitiert und übersetzt bei
Katner, a.a.O., S. 9-10. Katner benutzte die Ausgabe Leiden 1673, S. 399.
17. Francesco Berni, *Orlando innamorato di Matteo Maria Bojardo,
rifatto di Francesco Berni* (Mailand, 1825), Band II, Stanzen 6-7. Zitiert
bei Katner, a.a.O., S. 10-11. Stanze 7 lautet im Original:

　E bisogna trovare un che sonando
　Un pezzo, trovi un suon ch'al morso piaccia,
　Sul quel ballando e nel ballare sudando
　Colui, da se la fiera peste caccia.

wie der Mailänder Arzt und Mathematiker Girolamo Cardano (1501-1576) handelten die Tarantel unter den Schlangen ab in der 1550 erstmals erschienen Sammlung *De subtilitate libri XXI*, in der neben der Todesgefahr nach dem Stich besonders die Notwendigkeit betont wurde, den Erkrankten durch möglichst laute Musik zum Tanzen zu bringen.[18] Eine Heilung durch Musik lehnte Cardano indessen ab, was von verschiedener Seite angegriffen wurde, insbesondere von dem berühmten, wegen seiner kritischen Haltung aber auch gefürchteten Julius Caesar Scaliger (1484-1558). In seiner 1557 in Paris erschienenen Auseinandersetzung mit Cardanos Werk besprach er *Tarantula, Stellio, Salamandra*, in einem Kapitel[19] und gab dem Gelehrten darin recht, daß die Musik an sich nicht die Heilung von dem Tarantelgift bewirke, was durch Ausschwitzen und mögliche Gegengifte bewerkstelligt werde. Er tadelte Cardano jedoch dafür, völlig außer acht gelassen zu haben, daß ohne die Macht der Musik keiner der Patienten aus seiner durch das Gift bewirkten Lethargie gerissen worden wäre.

Es nimmt nicht wunder, daß das Phänomen des Tarantismus auch in eines der ersten englischen musikologischen Werke Einlaß fand. John Case, der 1600 verstorbene Oxforder Arzt und Musiktheoretiker, schloß sein langes Kapitel über "The Effects and Operation of Mvsicke" in dem 1586 veröffentlichten *Praise of Mvsicke* mit einem Hinweis auf den therapeutischen Wert der Musik bei Tarantelbissen ab. Nach Behandlungsvorschlägen von Geisteskranken mit Musik und ihrer möglichen Anwendung bei der Pest schrieb er, sich auf die in London erschienene lateinische Übersetzung von Castigliones *Libro del Cortegiano* stützend:

> Likewise in *Apulia* when anie man is bitten of the *Tarrantula*, which is a certain kinde of flie, verie venimous and full of daunger, they finde out the nature and sympathie of the sicknesse or humor, with playing on instrumentes, and with diuersitie of Musicke, neither doe they cease frõ playing, vntill the often motion and agitation, haue driuen the disease away.[20]

18. Verwendete Ausgabe Leiden 1580, S. 357.

20. *Exotericarvm Exercitationvm Lib. XV. De Subtilitate*; benutzte Ausgabe Frankfurt 1571, *Exercit. CLXXXV*, S. 610-611.

20. *The Praise of Mvsicke* (Oxford: Barnes, 1586), p. 65. Die von Case am Rand als Quelle vermerkte lateinische Übersetzung war 1571, 1577 und 1585 in London gedruckt worden.

Bei aller Bekanntheit des Tarantismus und bei den umfangreichen Verweisen auf diese Krankheit in der Literatur des 16. und 17. Jahrhunderts stellt sich jedoch schnell heraus, wie wenig diese Beschreibungen auf tatsächlicher medizinischer Beobachtung beruhen. Die Zusammenstellung des südapulischen Arztes Epiphanius Ferdinandus (1569-1638) ist daher um so bedeutsamer, da dieser seine Tätigkeit schon über zwei Jahrzehnte in der Gegend ausgeübt hatte, als er 1621 hundert Krankengeschichten in Venedig herausgab.[21] Dabei beschränkte er sich nicht auf den Fall des im August 1612 von einer Tarantel gebissenen Petrus Simon, sondern fügte weit darüber hinausgehende Beobachtungen hinzu, die sich zum Teil noch bei Zedler wiederfinden. Viele seiner Angaben konnten in der psychologisch-soziologischen Arbeit von de Martino auch im 20. Jahrhundert noch nachgeprüft werden. So war der Glaube der Landbevölkerung an die Heilwirkung der Musik im 17. Jahrhundert unumstößlich; um die Musiker bezahlen zu können, die sich gruppenweise ablösten, um keine Unterbrechung des Tarantellaspiels aufkommen zu lassen, was die Tanzenden sofort wieder in ihre Lethargie hätte zurückversinken lassen, legten die armen Bauern einen eigenen Sparstrumpf an.[22] Dabei war die Kommerzialisierung dieser Musikbehandlung schon Ferdinandus aufgefallen, der von ganz Apulien im Sommer durchstreifenden Musikanten sprach, die die Heiltänze zu wahren Volksfesten werden ließen.

So konnte es nicht ausbleiben, daß in diesem von der Sonne ausgetrockneten kargen Landstrich das alljährlich wiederkehrende Ereignis vor allem von Frauen als willkommene Abwechslung dazu benutzt wurde, sich im Tarantellatanz öffentlich auszuleben. Das Ereignis erhielt zu Recht den Namen "il carnevaletto delle donne",[23] der kleine Frauenkarneval, und Ferdinandus Beschreibung nach gebärdeten sich nicht nur die "tatsächlich" und gerade von der Tarantel gebissenen Frauen dementsprechend, sondern auch viele Simulantinnen, die vor dem sommerlichen Ereignis

21. *Centvm Historiae sev Observationes, et Casus Medici, Omnes fere medecinae partes* (Venedig: Baglionus, 1621), *Historia LXXXI: De morsu Tarantulae*, S. 248-268. Dazu Katner, a.a.O., S. 12-14 und Russell, S. 412ff.

22. Ferdinandus, a.a.O., S. 254.

23. De Martino, a.a.O., S. 157, 177.

sogar sexuelle Enthaltung übten, um bei den Tänzen dann um so wilder aufzutreten.[24]

III.

Mit der von Epiphanius Ferdinandus veröffentlichten Krankengeschichte und Krankheitsbeschreibung erreichte der wissenschaftliche Kenntnisstand über den Tarantismus um 1620 einen ersten Höhepunkt. Eine grundlegende Untersuchung der physiologischen Vorgänge jedoch, die die allgemein akzeptierte Heilwirkung der Musik bei dem Tarantismus erklärten, war noch nicht vorgenommen worden. Dies blieb dem 1633 nach Rom berufenen deutschen Jesuiten Athanasius Kircher (1602-1680) vorbehalten, der sich als Professor für Mathematik und Physik 1641 in dem schon erwähnten Werk *Magnes sive de arte magnetica opvs tripartitvm*[25] mit den das ganze 17. Jahrhundert faszinierenden Fragen des Magnetismus befaßte.

Kircher steht ganz in der Tradition der italienischen Renaissance, für die die Literatur der griechischen Antike den Ausgangspunkt bildete, besonders Hippokrates, Plato, Aristoteles und Galen.[26] Aus der musiktherapeutischen Literatur des 15. und 16. Jahrhunderts ist uns Cardano schon begegnet; Gelehrte wie Paracelsus, Agrippa von Nettesheim, Pico della Mirandola und Marsilio Ficino, Giovanni della Porta, aber auch Jakob Böhme, Robert Fludd und Johannes Kepler waren bedeutende Vertreter der Überzeugung, daß Seele, Geist und Leib eine untrennbare Einheit bildeten. Die Leib-Seelenharmonie, von Ficino erläutert, lag auch Kirchers Affektenlehre zugrunde. Die gottgegebene Har-

24. Dieses Sich-zur-Schau-Stellen schien de Martino noch 1959 ein wichtiger Grund für die angeblichen Erkrankungen einiger der von ihm untersuchten "tarantati" und ihr öffentliches Tanzen zu sein; zu sexuellem Anbiedern und "Entblößen der Scham" freilich, wie es Ferdinandus von den anscheinend orgiastischen Tänzen des 17. Jahrhunderts berichtete, kam es nicht mehr.
25. Rom: Scheus, 1641. Weitere Auflagen Köln 1643 und Rom 1654.
26. Der folgende Überblick stützt sich auf die eingehende Untersuchung von Ulf Scharlau, *Athanasius Kircher (1601-1680) als Musikschriftsteller: Ein Beitrag zur Musikanschauung des Barock* (Kassel: Bärenreiter, 1969) (Studien zur hessischen Musikgeschichte, Band 2), besonders Kap. XIII: *Die Musica pathetica als Mittel der medizinischen Therapie*, S. 278-285, hier S. 279-280. Vgl. auch Marx, a.a.O., S. 157-158.

monie von Leib, Geist und Seele formte den Menschen als
Mikrokosmos aus, als Analogie zur großen Harmonie des Makro-
kosmos. Dabei war Gesundheit als das innere Gleichgewicht
zwischen der "Feuchtigkeit" des Körpers und den Lebensgeistern
anzusehen, während eine Disharmonie, eine Störung dieses
Gleichgewichts zu Erkrankungen führen mußte. Die Wirkung
jeglicher Musiktherapie beruhte nach Kircher somit darin, daß der
musikalische Heilungsprozeß Einfluß auf die innere Labilität des
Kranken, auf das gestörte Gleichgewicht nehmen mußte.

Diese iatromusikalischen Überlegungen finden sich am deut-
lichsten ausgedrückt in Kirchers groß angelegtem musikologischen
Sammelwerk, der *Mvsvrgia vniversalis* von 1650.[27] Der Gelehrte
erklärt darin, daß organische Krankheiten mit Hilfe der Musik
überhaupt nicht behandelt werden können; Erfolg verspricht die
Therapie nur bei Gemütserkrankungen. Dabei wirkt die Musik
primär auf den seelischen Bereich, von dem der Heilungsprozeß
auszugehen hat.[28] Krankheiten, deren physische Symptome durch
melancholische oder cholerische Affekte verursacht werden, sprechen Kirchers Überzeugung nach besonders auf Musiktherapie an.
In der Übersetzung von 1662 drückt Hirsch dies folgendermaßen
aus:

> Die Ursache [für das Ansprechen der Patienten auf die Musik] ist die
> verborgene Kraft etlicher Sonen [= Töne] / so zu etlichen gewissen
> Leibern also proportionirt ist / daß sie nur diese / und nicht jene
> motivirt / in disen / und nicht in jenen seine Würckung hat / zu
> gleicher weis / wie der Magnet nicht das Holtz / nicht das Bley /
> sondern nur ein gleichmäsiges *Corpus* an sich zeucht: also sind etliche

27. Rom; Band I: Corbelletti; Band II: Grignani. Teile dieses weit über
1000 Seiten zählenden Werks wurden schon 1662 von dem evangelischen
Pfarrer Andreas Hirsch übersetzt: *Philosophischer Extract und Auszug aus
[...] Athanasii Kircheri aus Fulda Musurgia Universali* (Schwäbisch Hall:
Leidigen). Kircher verwertete Material aus der *Musurgia* in der 1673
erschienenen *Phonurgia nova* (Kempten: Dreherr), die nach seinem Tod
von Christoph Fischer unter dem Pseudonym Agathus Carion als *Neue
Hall= vnd Thon=Kunst* (Nördlingen: Heylen, 1684) übertragen wurde.
Siehe dazu Frederick Baron Crane, übers. und hrsg., *Athansius Kircher,
Musurgia Universalis (Rome, 1650): The Section on Musical Instruments*,
M.A. Thesis, State Univ. of Iowa (1956; Copyright 1958), besonders
Kircher's Writings on Music, S. xix-xxxvi, sowie Scharlau, a.a.O., S. 45-59.
28. Scharlau, a.a.O., S. 280-281.

gewisse *soni*, welche tüchtig und proportionirt sind / etliche gewisse Leiber zu erregen.[29]

Die Theorie Kirchers zeigt sich aber schon im dritten und letzten Buch von *De arte magnetica*.[30] Den achten Teil überschreibt der Autor: "De Potenti Musicae Magnetismo" und diskutiert im ersten der beiden Kapitel "De Magnetica Musicae vi & facultate". Er legt die Affektivkraft der Musik auf das Gemüt dar und illustriert dies mit Versuchen, die ein akustisches Phänomen, nämlich die Übertragung von Schwingungen auf ruhende Resonanzkörper, dem physiologischen Vorgang bei der Affektreaktion als Analogie gleichsetzen. Bei all dem bestimmen nach Kirchers Vorstellung magnetische Gesetze diese Erscheinungen.

Im zweiten Kapitel[31] wendet sich der Gelehrte dann einem praktischen Beispiel zu: "De Tarantismo, siue Tarantula Apulo Phalangio, eiusque Magnetismo, ac mira cum Musica sympathia". Wie so oft in seinen Abhandlungen, muß Kircher sich auf Berichte seiner Korrespondenten verlassen, denen er — da Pater Paulus Nicolellus und Pater Joh. Baptist Gallibertus in Apulien Ordensbrüder waren — vollends vertraut. Obgleich diese den durch Ferdinandus allgemein bekannten Symptomen relativ wenig hinzufügen hatten, mag Kircher über sie Kenntnis erhalten haben von den Tarantellaweisen und Liedertexten, die von den Musikanten verwendet wurden. Sie bilden die ältesten Dokumente auf diesem Gebiet und gipfeln in einer als "Antidotum Tarantulae" (Abb. 1) bezeichneten achttaktigen Weise, die in eine halbseitige Illustration Apuliens hineingezeichnet ist.[32] Kircher macht sich auch Gedanken, welche Instrumente bei den verschiedenen Krankheitsbildern jeweils den musiktherapeutischen Prozeß optimieren können[33] und befaßt sich in vier abschließenden Fragenkomplexen mit

29. *Philosophischer Extract* (s. Anm. 27), S. 191.
30. S. 840-891. Dazu auch Scharlau, a.a.O., S. 55-57.
31. S. 865-891, im Druck fälschlicherweise als *Capvt VIII* bezeichnet.
32. Nach S. 874. Die untere Bildhäfte zeigt eine von oben und unten gesehene Tarantel. — Zur musikalischen Dokumentation siehe Hermann Mendel, *Musikalisches Conversations-Lexicon*, Band X (Leipzig: Oppenheim, 1870), S. 104-108, und *The New Grove Dictionary of Music and Musicians*, Hrsg. Stanley Sadie, Band 18 (London: Macmillan, 1980), S. 575-576.
33. S. 877-878; *Quaestio I-IIII* auf S. 878-891.

Präzedenzfällen für seine Therapie und den jeweils angewandten Heilmethoden.

Die Vergiftung selbst stellt sich Kircher als einen durch die Sommerhitze beschleunigten Prozeß vor:[34]

> [...] also giesset und drücket gleichsam die *Tarantul* mit ihrem Biß und Stich den Menschen einen subtilen Safft und Feuchtigkeit ein / so das scharpffe Gifft mit sich führet / und nachgehends von der Sommerlichen grossen Sonnen=Hitz beweget / in den gantzen Leib / sonderlich die Lufft=Adern / Fleisch=Mäuse [Muskeln] / innerliche Zästeln und Häutlein sich außbreitet und außtheilet / [...].

Die Musiktherapie selbst beschreibt er anschließend daran als dem Körper nach dem Tarantelstich gleichsam aufgezwungene Reaktion auf die Bemühungen der Musikanten:

> [...] dahero [nach der Ausbreitung des Gifts im Körper] derselbige [das Tarantelopfer] nach und nach / die *music*alische Thon aufzufangen *disponiret* und tauglich gemachet wird / und nachgehends nach der gehörten und eigenommenen [sic] *harmoni*, die Fleisch=Mäuse zupffend und zwickend / den Schwachen / er woll oder woll nicht / zum dantzen zwinget / und auf solche Weise wird die verlangte *Cur* und Hailung zuwegen gebracht.

Eine bildhafte Darstellung eines solchen Heiltanzes ließ Kircher erstmals in die *Phonurgia nova* von 1673 einfügen (Abb. 2)[35]; bemerkenswert ist dabei, daß es sich hier um einen Schwerttanz handelt, der in seiner rituellen Anlage bis auf die griechische Pyrrhiche zurückgeht. Sie wurde bei den Spartanern in purpurner Kriegskleidung getanzt, wie Katner ausführt; ob dies die Vorliebe der "tarantati" für die Farbe rot erklärt, muß freilich reine Spekulation bleiben.[36]

IV.

Wie auf so vielen Wissensgebieten im Barock galten Kirchers diverse Schilderungen des Tarantismus wegen ihrer großen Ver-

---

34. Die beiden folgenden Zitate stammen aus der Übersetzung der *Phonurgia nova*, der *Neuen Hall= vnd Thon=Kunst*, S. 147.
35. S. 206, nachgestochen in *Neue Hall= vnd Thon=Kunst*, S. 145.
36. Katner, a.a.O., S. 29. Katner berief sich auf Schneider, *La dansa* (s. Anm. 8), der diese Interpretation auch in seinem 1966 verfaßten Artikel in *Die Musik in Geschichte und Gegenwart* vertrat. Dazu de Martino, S. 146ff. und (kritisch) S. 267-268.

breitung und leichten Zugänglichkeit schon zu seinen Lebzeiten als richtungsweisend. Marx unterstreicht dies neuerdings: "il [Kir- figure dans l'histoire du tarentisme comme une autorité: nombreux furent les disciples qui abordèrent ses ouvrages avec une tranquille servilité intellectuelle".[37] Unter Kirchers Nachfolgern im 17. Jahr- hundert seien vor allem zwei genannt: Der Lübecker Arzt Her- mann Grube (1637-1698) diskutierte in *De ictu tarantulae, et vi musicis in ejus curatione conjecturae physico-medicae*[38] das Konzept des "Ferments", das beim Tarantelbiß in den menschlichen Kör- per eingebettet werde und eine einzigartige Affinität für Musik habe, von der allein Linderung und Heilung erwartet werden könne. Der andere Gelehrte, der mangels eigener Erfahrung auf diesem Teilgebiet ganz in der Tradition von Epiphanius Fer- dinandus und Kircher steht, ist der englische Nervenarzt und Pathologe Thomas Willis (1621-1675). In dem 1667 erstmals veröffentlichten und teilweise grundlegenden Werk *Pathologiae cerebri, et nervosi generis specimen*[39] behandelte er in dem Ab- schnitt "Of Convulsions from Poysons" die "Convulsive Mo- tions" des Tarantismus und ihre Heilung. Willis ging über die Quellen nicht hinaus und sah die Symptome der Krankheit im gleichen Licht wie die des Veitstanzes und der durch Hexen und den Teufel hervorgerufenen Störungen, eine im 17. Jahrhundert durchaus annehmbare Kategorisierung.

Die Diskussion über das Phänomen des Tarantismus beschränkt sich nach dem Aufkommen der ersten gelehrten Zeitschriften nicht nur auf Buchveröffentlichungen. So wird 1678 im *Journal des Sçavans* ein "Extrait du Journal d'Italie" abgedruckt,[40] in dem in der Kircher- und Senguerd-Nachfolge die jahrzehntelange Wie- derkehr des Tarantismus in den Sommermonaten mit der "Vis-

---

37. Marx, a.a.O., S. 157-158 und Anm. 24.

38. Frankfurt: Paullus, 1679; besonders S. 23ff. Grube ist darin beeinflußt von Wolferd Senguerds (1646-1724) Theorie, die dieser erst- mals 1668 darlegte in *Tractatus physicus de Tarantula* (Leiden: Gaas- beeck); mir leider nicht zugänglich.

39. London: Allestry, 1667; Übersetzung 1681 von Samuel Pordage in: *An Essay of the Pathology of the Brain and Nervous Stock* (London: Dring), hier S. 41-44.

40. *Journal des Sçavans* (Amsterdam : Le Grand), Band 6 (1678), S. 434-436.

cosité" des Giftstoffs erklärt wird, der durch die heißen Temperaturen im Körper umherfließe und letztlich durch diese Zähflüssigkeit Gehirnnerven "verstopfe", was zu den allbekannten Symptomen führe.

Andererseits beginnen sich im gleichen Zeitraum erste begründete Zweifel an diesen Spekulationen zu regen, so in einem Brief von "*Dr. Thomas Cornelio, a Neapolitan* Philosopher and Physician, [...] concerning some Observations made of persons pretending to be stung by *Tarantula's*", der 1672 in den *Philosophical Transactions* der jungen Royal Society übersetzt wurde.[41] Cornelio, Inhaber des ersten Lehrstuhls für Medizin an der Universität Neapel, drückte darin seinen Unglauben über die angeblichen Tarantelopfer aus, von denen sein Gewährsmann berichtete: "all those that think themselves bitten by *Tarantula's* [...] are for the most part young wanton girles[42] [...] who by some particular indisposition falling into this melancholly madness, perswade themselves according to the vulgar prejudice, to have been stung by a *Tarantula*". Der Verfasser kommt zu folgendem Schluß: "But why should not we rather think, that that distemper is caused by an inward disposition, like that which in some places of Germany is wont to produce that evil, which they call *Chorea Sti Viti*, St. Vite's dance". Der Neapolitaner Cornelio schlägt hier als einer der ersten vor, daß die Symptome des Tarantismus in Wirklichkeit Ausdruck von psychischen Störungen der Erkrankten sein könnten und auf eine Neigung zu "Melancholie" zurückzuführen seien, was von de Martino bestätigt werden konnte.

Von Italien gehen an der Schwelle zum 18. Jahrhundert zwei Untersuchungen aus, deren erstere wohl als dritte "klassische" Arbeit nach Ferdinandus und Kircher betrachtet werden darf. Sie stammt von dem in Rom als Arzt wirkenden Giorgio Baglivi (1668-1707), der in seiner Jugend den Tarantismus selbst miterlebte und die ersten gezielten Experimente mit dem Tarantelgift unternahm.[43] Seine ursprünglich 1696 veröffentlichte *Dissertatio*

41. Nr. 83 vom 20. Mai 1672; S. 4066-4067. Verweis bei Marx, a.a.O., S. 158.

42. Hier kann der Übersetzer nicht umhin, den farbigen Originalausdruck in Klammern anzugeben: "(whom the Italian writer calls *Dolci di sale*)".

43. Katner, a.a.O., S. 15-19, sowie Sigerist, a.a.O., S. 102ff. und Russell, a.a.O., S. 406ff.

de anatome, morsu, et effectibus tarantulae war in den verschiedenen Auflagen seiner medizinischen Werke zugänglich und erschien schon 1704 in englischer Übersetzung.[44] Obwohl auch er die
meisten Informationen über die Krankheit von seinem Adoptiv-
vater erhalten hatte, der in Apulien praktiziert hatte, wurde
Baglivis Analyse lange Zeit als die verlässigste zitiert. Aus der
Fülle der Details erscheint ein Abschnitt Baglivis interessant (der
dabei auf Ferdinandus verweist), in dem er neben einer nach-
drücklichen Bestätigung der Glaubhaftigkeit vieler Fälle ebenso
eindeutig Zweifel am Verhalten anderer "Kranker" ausdrückt.[45]
Erstmals berücksichtigt ein Arzt die schwierigen Lebensverhältnis-
se: "the Climate is sultry, their [the women's] Constitution is of the
same Nature, their Food hot and very nourishing, and their Life
easie". Unter diesen Umständen, so meint Baglivi, sei es eher
verständlich, daß die Frauen, "die einen großen Teil der Patienten
darstellen", unter der "Maske" dieser Krankheiten alle Arten von
Ursachen verbergen: "whether they be under the Power of Love,
or have lost their Fortunes, or meet with any of those Evils that are
peculiar to Women; [...] and then they are also under a Disad-
vantage of Living a solitary sort of Life, like that of Nuns". Aus all
den Gründen biete "die angenehme Zerstreuung der Musik, die
nur solchen Personen erlaubt ist", eine willkommene Möglichkeit,
diese Schwierigkeiten wenigstens für ein paar Tage zu vergessen.
Baglivis klare Eingrenzung der Simulanten auf Frauen beruht auf
einer uns beim Tarantismus schon bekannten Tradition; seine
sozio-ökonomische und psychologische Bewertung jedoch deutet
einen merklichen Fortschritt in der Einschätzung dieser Krankheit
an.

Die zweite, viel kürzere Untersuchung findet sich in einer
Sammlung diverser Beobachtungen des in Neapel geborenen Arz-
tes Paolo Boccone (1633-1703). In einer kurzen Abhandlung
"Intorno la Tarantula della Puglia"[46] faßt Boccone unabhängig

---

44. In: *The Practice of Physick* (London: Andr. Bell, 1704), *A Dissertation of the Anatomy, Bitings, and other Effects of the venomous Spider,
call'd*, Tarantula, S. 345-409.

45. *The Practice of Physick*, S. 367-369.

46. *Mvseo di fisica e di esperienza variato, e decorato di osservazioni
natvrali, note medicinali* [...] (Venedig: Zuccato, 1697), S. 101-106. Dazu
Marx, a.a.O., S. 159.

von Baglivi das vorhandene Material zusammen, schwingt sich dabei aber zu einer berechtigten Frage auf: Obwohl die von ihm beschriebenen Krankengeschichten nur von einem guten Verlauf der Musiktherapie berichten, wenn die Heilung mit dem Tod der den Biß verursachenden Tarantel verbunden ist (eine völlig der Tradition entsprechende Ansicht), bezweifelt der Autor "gli effetti occulti della Natura". Boccone will Phänomene nicht akzeptieren, die sich seiner Meinung nach wissenschaftlich nicht erklären lassen und zeigt damit einen weiteren Umschwung in der Bewertung des Tarantismus an.

V.

Wir haben hiermit den Höhepunkt der "Tarantismus-Wut" und ihrer Auswüchse überschritten. Marx hat für das 18. Jahrhundert eine eingehende Untersuchung der medizinischen Literatur angestellt, die im Zeitalter der Aufklärung "rationale" Erklärungen hervorbrachte.[47] "Il carnevaletto delle donne" starb als Volksfest nach 1750 allmählich aus, doch besitzen wir gerade in Reiseschilderungen des späten 18. Jahrhunderts detaillierte Beschreibungen des Tarantella-Tanzes, der — seiner therapeutischen Funktion enthoben — mehr zum Einzel- oder "Paartanz mit den Zügen eines erotischen Werbetanzes wurde".[48] Die vielleicht bekannteste dieser Beschreibungen stammt aus Goethes *Fragmenten eines Reisejournals über Italien*, doch betonen auch Madame de Staël in *Corinne ou l'Italie* (1807) und noch hundert Jahre später Rilke die Wildheit des Tarantella-Tanzens, aber auch die gefällige Form und die Verbindung mit ihren Vorstellungen von antiken Tänzen.

Das heißt freilich nicht, daß Fälle von Tarantismus nicht bis in die jüngste Zeit beobachtet worden wären, wie wir gesehen haben. Auch heute noch, wie Jean Fogo Russell abschließend bemerkt,[49] ist sich die medizinische Wissenschaft in ihrem Urteil uneins:

47. A.a.O., S. 158ff. Dazu auch Katner, a.a.O., S. 22ff.
48. Anton Würz, zweiter Teil des Artikels *Tarantella* in *Die Musik in Geschichte und Gegenwart* (s. Anm. 8), Sp. 120. Dort auch Verweise auf Reiseschilderungen. — Eine gute Darstellung des Tarantismus aus italienischer Sicht findet sich zu Beginn des 19. Jahrhunderts bei Francesco Cancellieri, *Lettera* [...] *sopra il Tarantismo* [...] (Rom: Bourlié, 1817), S. 1-12; Bibliographie S. 12-14, Nachtrag S. 303-305.
49. A.a.O., S. 420-422.

Während schwere Bißvergiftungen sicher nicht von Taranteln, sondern von anderen Spinnen oder Skorpionen hervorgerufen werden und fälschlicherweise seit Jahrhunderten mit der relativ harmlosen Tarantel in Verbindung gebracht werden, neigt die Mehrzahl der Ärtze heute dazu, im Tarantismus eine Massenneurose zu sehen, die aus den schon angeführten Gründen besonders in Apulien zu verzeichnen war. Wenn dort der Tarantismus heutzutage auftritt, wie de Martino es beschrieben hat, so greifen die Familienangehörigen der Erkrankten weiterhin auf die Musiktherapie zurück, die im Volksglauben ihre Heilwirkung nicht verloren hat.

Athanasius Kircher mit all seinen Spekulationen feierte 1940 in Heimito von Doderers Roman *Ein Umweg* fröhliche Urständ.[50] Als "Seiner Geheiligten Römischen Majestät Unterweiser in den freien Künsten und in den Wissenschaften" hört der Jesuitenpater bei einem Besuch des Wiener Hofes von einem spanischen Grafen, der einen "Tatzenwurm" gesehen haben will. Da Kircher gerade für seinen *Mundus subterraneus* den "draco bipes et apteros — zweifüßig und ungeflügelt" erforschen will, der ihn neben der Tarantel zeitlebens beschäftigte, holt er sich Graf Cuendrias ins Jesuitenkolleg, um sich von der Sichtung dieses Untiers aus erster Hand berichten zu lassen. Das Gespräch aber, das ihn nur in seiner Überzeugung bestätigt, wie echt dieses Drachen-Vieh sei, faßt der Gelehrte in einem Satz zusammen, der auch am Abschluß dieser recht barocken Untersuchung über den Tarantismus stehen kann: "Ihr mögt aus diesem Beispiele ersehen, wie wichtig und nützlich die Zusammenkunft und Unterredung ernster Männer in allen Sachen gelehrter Studien ist, weil dadurch manches Unkraut der Fabel ausgereutet wird, als welches sonst nur des Unsinns noch mehr hervorbringt".[51]

50. München: Beck, 1940, S. 78-92. (Freundlicher Hinweis von Prof. Martin Bircher, Wolfenbüttel).
51. S. 84-85.

Gerd Hillen

ALLEGORIE UND SATIRE
ANMERKUNGEN ZU GRIMMELSHAUSENS *SIMPLICISSI-MUS*

Die Probleme der Grimmelshausen-Forschung spiegeln die Komplexität ihres bedeutendsten Gegenstandes, des *Abentheurlichen Simplicissimus Teutsch* und seiner *Continuatio*.[1] Die Fülle der in formaler Hinsicht nur schwer zu integrierenden Teile des Romans: Ständesatire, Lebensbeichte, Anekdotisches mit oder ohne moralisierendem Kommentar, allegorische Einschübe, Reiseberichte etc., wird noch übertroffen durch die schier überwältigende Masse der Erzählgegenstände. Ob in sozialer oder religiöser, in geographischer oder kriegstechnischer Hinsicht, ob es um Kunst, Wissenschaft oder Aberglauben sich handelt, überall scheint dieser Autor von der Absicht beseelt, nichts auslassen zu wollen. Daß er die mit dem erneuten Entschluß zur Einsiedelei am Ende des V. Buches gesetzte Verklammerung von Anfang und Ende des *Simplicissimus Teutsch* mit der *Continuatio* durchbricht und dem Werk schließlich simplicianische Schriften als weitere Bücher des Romans zuordnet,[2] entspricht diesem Willen zu einer enzyklopädischen Gesamterfassung der Welt. In die gleiche Richtung weist der Umstand, daß als wichtigste Quelle des Autors nicht etwa Übersetzungen spanischer Schelmenromane, sondern eine Realenzyklopädie identifiziert werden konnte.[3] Es scheint, daß gerade die Vielfalt

1. Alle Stellenangaben mit Buch, Kapitel und Seitenzahl nach Grimmelshausen, *Der Abenteurliche Simplicissimus Teutsch und Continuatio des abenteurlichen Simplicissimi*, hrsg. von Rolf Tarot, Tübingen 1967.

2. Siehe Zitat S. 10.

3. Vgl. Max Meissner, "Zur Geschichte der simplicianischen Schriften (1907)". In: *Der Simplicissimusdichter und sein Werk*, hrsg. von Günther Weydt (= *Wege der Forschung* 153) Darmstadt 1969, S. 299-310; ebenfalls Jan Hendrik Scholte, *Zonagri Discurs vom Wahrsagen*, Amsterdam 1921.

des Erzählten und der Erzählformen, sowie der mehrfache Wechsel der Erzählperspektive — schließlich kommen neben dem jungen und dem alten Simplicissimus auch die 'guten' Herzbrüder und der 'böse' Olivier zu Wort, dann wird in extenso ein spanischer Asket zitiert und mehrere Kapitel einem holländischen Kapitän in den Mund gelegt — die Suche nach der geheimen, weil nicht offensichtlichen Mitte des Werks, nach einem alles eben nur scheinbar Disparate integrierenden Prinzip intensiviert hat.

Der älteren Forschung stand bei diesem Unternehmen ein an Texten des 18. Jahrhunderts abgeleitetes Romanmodell im Wege. Der einseitig auf den Helden verengte Blick hat keine Verwandtschaft mit dem späteren Entwicklungs- oder Erziehungsroman zu Tage fördern können, denn Simplicissimus' turbulenter Lebensweg läßt sich nicht auf eine konkave Linie reduzieren, ebensowenig wie seine moralische 'Entwicklung' in einer spiegelbildlich zu dieser Glückskurve verlaufenden Linie erkennbar ist.[4] An die Stelle eines dualistischen, Glücksumstände und moralisches Verhalten des Helden aufeinander beziehenden Verfahrens sind in jüngerer Zeit komplexere Grundmuster getreten. Günther Weydt deutet den Roman als Sequenz von Planetenphasen,[5] und Rolf Tarot als allegorische Darstellung christlicher Todsünden.[6] Die Auslegungen, beide berufen sich auf textimmanente Verstehenshinweise, schließen sich nicht gegenseitig aus, was Tarot zumindest andeutet, wenn er eine Erklärung dafür liefert, "warum Grimmelshausen die Planetenreihe so verändert hat, daß Jupiter (superbia) in die Mitte rückt".[7]Beide Kommentare können ihre prinzipielle Bestätigung in den Überlegungen von Hubert Gersch finden, der die Continuatio als "Geheimpoetik", als "verschlüsselte[n] Kommentar zum Simplicissimus-Roman" interpretiert.[8]

4. Dazu vor allem Günther Rohrbach, *Figur und Charakter. Strukturuntersuchungen an Grimmelshausens Simplicissimus*, Bonn 1959.

5. Günther Weyd, *Nachahmung und Schöpfung im Barock*, Bern, München 1968.

6. Rolf Tarot, "Nosce te ipsum. Lebenslehre und Lebensweg in Grimmelshausens Simplicissimus Teutsch", *Daphnis* 5 (1976) 499-530.

7. Tarot, S. 518. "Superbia ist von Grimmelshausen offensichlich als das zentrale Laster des Simplicius gedacht".

8. Hubert Gersch, *Geheimpoetik. Die 'Continuatio des abenteurlichen Simplicissimi' interpretiert als Grimmelshausens verschlüsselter Kommentar zu seinem Roman.* Tübingen 1973, S. 159. Zum Umfang des von

Offensichtlich ist eine detaillierte Kritik dieser Entschlüsselungsversuche in dem hier gegebenen Rahmen nicht möglich;[9] außerdem wird man ihre gemeinsame Mitte, nämlich die Voraussetzung eines potentiell allegorischen Charakters des Textes nicht bestreiten wollen, denn sie gilt — mutatis mutandis — für die gesamte literarische Produktion der Epoche. Eben deshalb haben autoriale Hinweise, über der unterhaltsamen Schale den nützlichen Kern nicht zu vergessen, eher topischen Charakter und sind als Bestandteil einer 'Geheimpoetik' vermutlich überbewertet. Fragen, die sich angesichts der genannten Kommentare stellen, betreffen weniger die mit großer Akribie durchgeführten Auslegungen einzelner Textpassagen, sondern den jeweils erhobenen Anspruch, die Gesamtstruktur des Werkes freigelegt·zu haben. Eine Kombination der drei Auslegungen, also die Annahme, daß die einzelnen Erzählgegenstände jeweils in zwei heterogene Raster eingefügt sind, nämlich in ein System christlicher Moralbegriffe und in ein zweites, planetarischer Einflüsse und weiter, daß die *Continuatio* eine vor Abschluß des V. Buches konzipierte, ihm aber nachgestellte poetologische Vorrede mit hermeneutischen Übungen für den Leser darstellt,[10] all das impliziert einen außergewöhnlichen Grad formaler Bewußtheit und sprachlicher Artistik, der mit dem Bild Grimmelshausens, wie es aus den Forschungen Könneckes, Koschligs und Weydts resultiert, nur schwer in Einklang zu bringen ist.[11] Was ist von den formalen Ansprüchen eines Autors zu halten, der eher treuherzig als hintersinnig erklärt, das *Wunder-*

Grimmelshausen geltend gemachten spirituellen Sinnbereichs konstatiert Gersch, daß er neben dem *sensus moralis* auch den astrologischen einschließen könnte. "Weist nämlich Günther Weydt im Simplicissimus eine geheime 'Planetensymbolik' auf, so läßt sich sein interpretatorischer Befund im Rahmen der allegorischen Texttheorie methodisch fundieren. Denn, wie Zedlers Universal-Lexikon meldet, berief man sich bei der hermeneutischen Diskussion, die noch zu Grimmelshausens Zeit geführt wurde, im allegorischen Sinnbereich von Dichtwerken auch auf eine astrologische Schicht". S. 81.
9. Entschiedene Stellungnahmen gegen die These von planetarischen Einflüssen hat Blake Lee Spahr vorgelegt; zuerst in *Argenis* 1 (1977) 7-29.
10. Gersch sieht in den verdeckten Hinweisen des Autors zum richtigen Verständnis seines Textes eine "lese-pädagogische Funktion" und spricht von "Lese-Training". S. 160.
11. Ein Resümee liefert Weydt, S. 20-43.

barliche Vogelnest II sei "billig das zehende Theil oder Buch deß Abenteurlichen Simplicissimi Lebens-Beschreibung/ wann nemlich die Courage vor das siebende/ der Spring ins Feld vor das achte/ und das erste part deß wunderbarlichen Vogel-Nests vor das neundte Buch genommen würde ...",[12] wenn bereits die Integration der *Continuatio* als sechstes Buch oder Fortsetzung und Schluß des Romans die Kommentatoren vor schier unlösbare Probleme gestellt hat?[13]

Auf die Frage, wie Grimmelshausen Wert und Wirkung von Büchern verstanden hat, antwortet der Roman mit einer Fülle von Anspielungen und Hinweisen,[14] selbst eine Bewertung des eigenen Buches findet sich. Dem holländischen Kapitän, der das Manuskript des simplicianischen Robinson zurückbringt, scheint es "die größte Rarität", von allem Mitgebrachten "am allermeisten verwunderns- und aufhebenswert".[15] Mit solchen fortissimo-Tönen setzt sich der Autor in krassen Gegensatz zu aller rhetorischen Tradition, er bestätigt zugleich den Verdacht, den Jan Hendrik Scholte als erster geäußert hat, daß nicht formale, sondern kommerzielle Interessen zur Erweiterung des ursprünglich fünfbändigen Werks geführt haben. — Von besonderem Interesse für den Interpreten ist die sog. Kleine Vorrede (VI, 1), denn hier rechtfertigt Grimmelshausen die satirische Form seines Werks und weist, zumindest in metaphorischer Umschreibung auf die Allegorizität

12. *Das Wunderbarliche Vogelnest*, hrsg. von Rolf Tarot, Tübingen 1970, S. 150.

13. Eine Untersuchung des von Grimmelshausen behaupteten Zusammenhangs seiner simplicianischen Schriften durch J.H. Petersen hat ein eher bescheidenes Ergebnis: "Die Integration der unterhaltsamen Momente in das didaktische Erzählen bildet ... jenes Merkmal, das die Simplicianischen Schriften von den anderen Schriften trennt". *Zs. für dt. Philologie* 93 (1974) 507. Vgl. auch Klaus Haberkamm, " 'Sensus astrologicus' auch in Grimmelshausens Courage? Vorläufiges zu einer offenen Frage des simplicianischen Zyklus", *Daphnis* 5 (1976) 343-414.

14. Über die Fiktionalität von Texten (Gespräch mit dem Einsiedel, I, 10, 30f.); über den Wert des Bücherlesens (Erklärungen des Pfarrers zu Hanau, II, 13, 133f) und über dessen Gefahren (Reflexionen des Jägers in Lippstadt, III, 18, 262); über die Hochschätzung bestimmter Werke in der Antike, über das Buch der Bücher und über das Buch als Werkzeug eines betrügerischen Verwalters (in der Baldandersepisode, VI, 12 520f) etc.

15. VI, 24, 570.

seines Textes hin. Bei dem Versuch, gerade diese Passagen als Schlüssel für die Erschließung der Gesamtstruktur des Romans zu verstehen und auf der Basis der Gleichnisse von Hülse und Kern und den verzuckerten Pillen den eindrucksvollen Apparat mittelalterlicher Textexegese zu mobilisieren, scheint es sinnvoll, die rhetorische Form, in der diese Gleichnisse und die sie begleitenden Beteuerungen eingeführt werden, mit in die Überlegungen einzubeziehen. "... ich protestire hiemit vor aller Welt / kein schuld zuhaben / wann sich jemand deßwegen ärgert / daß ich den Simplicissimum auf die jenige mode außstaffirt / welche die Leut selbst erfordern / wann man jhnen etwas nutzlichs beybringen will ...".[16] Ist das die Sprache eines Autors, der *sine ira et studio* seinem Roman eine Geheimpoetik anfügt, oder der Protest eines öffentlich Angegriffenen? Über die zeitgenössische Rezeption des Buches ist, abgesehen von dem für den Autor mißlichen, ungewöhnlich raschen Nachdruck, wenig bekannt,[17] aber wenn es erlaubt ist, von der Verteidigung auf die Anklage zu schließen, dann waren es Konzessionen an den Geschmack des Lesepublikums, gegen die sich Grimmelshausen zu verteidigen hatte. Und ist nicht der Verweis auf den 'tieferen Sinn' des scheinbar nur Abenteuerlichen seit eh und je die Apologie der Verfasser von unterhaltsamen Romanen? Der apologetische Charakter des Anfangs der *Continuatio* relegiert Grimmelshausen nicht zum Trivialschriftsteller, aber er wirft ein fragwürdiges Licht auf die Auffassung, die hier ein dem ganzen Roman zugrundeliegendes Formkonzept zu fassen meint.

Wenn Satire und Allegorie die Instrumente der Didaktik Grimmelshausens sind, wie es die 'Vorrede' nahelegt, dann ist die Position dieses *homo satiricus* in ihrer Divergenz zur beobachteten

16. VI, 1, 473.
17. Als "homo satiricus" wird Grimmelshausen von Quirin Moscherosch in einem Brief an Sigmund von Birken bezeichnet, eine Notiz, auf die Blake Lee Spahr aufmerksam gemacht hat in *The Archives of the Pegnesischer Blumenorden*, Berkeley, Los Angeles 1960, S. 51f; Christian Weise nennt ihn einen "ledernen Saalbader" in *Die drei ärgsten Erznarren in der ganzen Welt*, hrsg. von W. Braune, Halle 1878, S. 3; über Leibniz 'Francion'-Vergleich Manfred Koschlig, *Das Ingenium Grimmelshausens und das Kollektiv*, München 1977, S. 48f; J.H. Scholtes Vortrag "Grimmelshausens Popularität", erwähnt bei Koschlig S. 48, war mir nicht zugänglich.

Welt zu erfragen, und sie müßte sich als kongruent mit der Wertskala des Allegorikers erweisen, zumindest dann, wenn der Text die innnere Geschlossenheit besitzt, die die Interpretationsversuche aus jüngerer Zeit zu belegen suchen, und wenn Grimmelshausen in der Tat der formbewußte Romancier ist, den solche Versuche voraussetzen. Dieser in heuristischer Absicht postulierten Kongruenz von satirischer Perspektive und allegorischem Sinn soll im Folgenden anhand von ausgewählten Textsegmenten nachgegangen werden.

Als Ausgangspunkt bietet sich ein bisher unbeachtet gebliebenes, textimmanentes Romanmodell an. Es stammt aus berufenem Munde, nämlich vom älteren Herzbruder, der als "still/ verständig/ wolgelährt/ von guter/ aber nicht überflüssiger Conversation, und was das gröste gewesen/ überauß gottsförchtig/ wol belesen/ und voll allerhand Wissenschafften und Künsten"[18] eingeführt wird. Trotz solcher umfassenden Bildung zeichnet sich sein Entwurf zu einem Buch durch überwältigende Schlichtheit aus.

> Ich versichere dich/ Simplici, daß ich willens bin/ von dieser Materi ein gantz Buch zu schreiben/ so bald ich wieder bey den Meinigen zu Ruhe komme/ da will ich den Verlust der edlen Zeit beschreiben/ die man mit dem Spielen unnütz hinbringet; nicht weniger die grausame Flüch/ mit welchen man Gott bey dem Spielen lästert; Ich will die Scheltwort erzehlen/ mit welchen man einander antastet/ und viel schröckliche Exempel und Historien mit einbringen/ die sich bey/ mit/ und in dem Spielen zutragen; dabey ich dann die Duell und Todtschläg/ so Spielens wegen entstanden/ nicht vergessen will; ja ich will den Geitz/ den Zorn/ den Neid/ den Eyfer/ die Falschheit/ den Betrug/ die Vortelsucht/ den Diebstal/ mit einem Wort/ alle unsinnige Thorheiten beydes der Würffel- und Kartenspieler mit ihren lebendigen Farben dermassen abmahlen und vor Augen stellen/ daß die jenige/ die solches Buch nur einmal lesen/ ein solche Abscheuen vor dem Spielen gewinnen sollen/ als wenn sie Säu-Milch (welche man den Spielsüchtigen wider solche ihre Kranckheit ohnwissend eingibt) gesoffen hätten. Und also damit der gantzen Christenheit darthun/ daß der liebe GOtt von einer einzigen Compagnia Spieler mehr gelästert/ als sonst von einer gantzen Armee bedienet werde.[19]

Es handelt sich also um Beschreibungen ("Verlust der Zeit"), Enumerationen ("Fluch" und "Scheltwort"), exempla ("Exem-

18. II, 19, 149.
19. II, 20, 155f.

pel" und "Historien") und um eine realistische Darstellung des einschlägigen Sündenregisters in moral-didaktischer Absicht. Der in formaler Hinsicht ergiebigste Aspekt des Konzepts ist Herzbruders Bekenntnis zu drastischer Realistik: "alle unsinnige Thorheiten ... mit ihren lebendigen Farben ... abmahlen und vor Augen stellen"; daneben sind mit der thematischen Einheit (Warnung vor Spielleidenschaft) und der Einbeziehung von "Exempel" und "Historien" allegorische Darstellungsformen bezeichnet. Die Identifizierung von Spielleidenschaft mit Gotteslästerung zu Beginn und am Ende der Passage stellt den genannten Lasterkatalog in den übergeordneten Rahmen christlicher Moralität.

Die Relevanz dieses Buchentwurfs für Grimmelshausens schriftstellerisches Verfahren erhellt aus dem Kontext: die Passage verhält sich zu den ihr vorangehenden Teilen des Kapitels als deren Summation. Beim Gang des älteren Herzbruders mit Simplicissimus über den Spielplatz im magdeburger Lager, "da man mit Würffeln turnieret",[20] werden die Flüche der Spieler aufgezählt, das Lokal detailliert beschrieben ("ungefähr so groß als der Alte Marckt zu Cöln"),[21] Habsucht und Gewalttätigkeit der Spieler hervorgehoben. Deutlich zeigt sich auch hier der Wille zu erschöpfender Behandlung des Themas. Das Resultat des Spiels ist in jedem Fall ein Verlust: die Gewinner verspielen das Gewonnene später, ebenso die Schiedsrichter, wenn sie nicht ihren Verdienst zum Feldscherer tragen, "weil ihnen die Köpff offt gewaltig geflickt wurden".[22] Trägt ein Spieler wirklich viel Geld vom Platz, verführt ihn der leichte Gewinn zu "Hoffart/ Fressen Sauffen/ Huren und Buben/".[23] Nicht eine Art von gefälschten Würfeln wird beschrieben, sondern ihrer neun!

Der lediglich beobachtete Weltausschnitt ist auf seinen moralischen Sinn hin auszulegen. Hofmeister und Zögling stehen sich hier als Wissender und zu Belehrender wie Autor und Leser gegenüber. Nach seiner Meinung befragt verurteilt Simplicissimus zwar das Fluchen, bekennt aber dann seine Unwissenheit: er lasse es "in seinem Werth und Unwerth beruhen/ als eine Sach die mir unbekant ist/ und auff welche ich mich noch nichts verstehe".[24]

20. II, 20, 151.
21. Ebenda.
22. Ebenda.
23. II, 20, 155.
24. II, 20, 153.

Ein erstaunliches Bekenntnis angesichts der christlichen Erziehung im Wald und der Einweihung in Weltliches in Hanau! Auf Kosten der Wahrscheinlichkeit des Erzählten diktiert das didaktische Modell den Figuren die Rolle: der Hofmeister liefert den auslegenden Kommentar, indem er u.a. die jeweils übertretenen göttlichen Gebote identifiziert. Er erfüllt so sein eingangs gegebenes Versprechen, dem Jungen aus seinem Narrenkleid zu helfen: er führt ihn vor die 'Welt als Spielplatz' und offenbart ihm in deren närrischem Treiben — die Spieler werden als "närrische Leute" bezeichnet[25] — einen diabolischen Charakter. Aber die erstrebte Verwandlung des "Kalbs" in einen guten Christen mißlingt: zwar wünscht Simplex dem hoffnungsvollen Autor fromm alles Gute zu dem geplanten Unternehmen, hängt aber dann doch wie, die "närrischen Leute" auf dem Spielplatz, sein Glück an die vom Teufel dirigierten Würfel.[26] Aus der moralischen Perspektive des älteren Herzbruders ist der fouragierende Jäger von Soest ein Dieb, der aus Hoffart zum Duellanten und Mörder wird. Der scheinheilige Zuspruch des Unbelehrbaren, mit dem das 20. Kapitel endet: "Ich lobte seinen Vorsatz/ und wünschte ihm Gelegenheit/ daß er solchen ins Werck setzen möchte",[27] warnt vor einer sonst naheliegenden Identifikation der Wertkategorien des christlichen Moralisten Herzbruder mit den Grimmelshausenschen. Der "gantzen Christenheit"[28] soll das Unternehmen des Hofmeisters Aufklärung bringen, aber es versagt bereits bei dem unmittelbar Angesprochenen. Aus dem Kontrast von intendierter und erreichter Wirkung erhellt die Position des Autors: Grimmelshausen steht seiner Figur, dem Allegoriker Herzbruder und dessen moral-didaktischen Intentionen mit verhaltener Ironie gegenüber.

Diese Distanzierung des Autors von dargestellten Positionen findet sich an vielen Stellen des Romans. Sie reicht, häufig in

25. II, 20, 152.

26. Auf die in die Antike zurückreichende Würfelallegorese braucht hier nicht eingegangen zu werden, nur auf den spezifischen Bezug zur Soldatenexistenz, den der Text aktualisiert, sei verwiesen. Unter den gefälschten Würfeln befinden sich welche, "diese hatten so spitzige Rucken ... als wie die magere Esel darauff man die Soldaten setzt". II, 20, 152.

27. II, 20, 156.

28. Ebenda.

prägnant lakonischer Form, von leiser Ironie bis zu drastischer Negation. Das Letztere etwa beschließt die extensive Exposition sozialer Ungerechtigkeit, die das zentrale Thema der Allegorie vom Ständebaum ausmacht. Die bedeutsamste Veränderung des traditionellen Motivs[29] ist der glatte Abschnitt des Stamms, der ohne Adelsprivileg, Bestechung oder Zufall nicht zu überwinden ist. Die umfassende Thematik dieses Kapitels wird im folgenden eingeengt auf ein Streitgespräch zwischen Adelhold und Feldwaibel, in dem es um ererbtes Privileg und erworbenes Verdienst geht. Nach der beredten Abschlußpassage, in der der Feldwaibel beklagt, daß "unter den Bauren manch edel Ingenium verdirbt/ weil es auß Mangel der Mittel nicht zu den Studiis angehalten wird",[30] eine vielzitierte Stelle nicht nur; weil Grimmelshausen hier in eigener Sache sprechen könnte, sondern auch, weil sie zugleich sein sozial-kritisches Bewußtsein zu belegen scheint, nach diesem, modernen Lesern so eingängigen Argument konstatiert Simplex: "Ich mochte dem alten Esel nicht mehr zuhören/ sondern gönnete ihm/ was er klagte".[31] Daß der so ausführlich behandelte soziale Konflikt mit einem Satz in den Bereich des Belanglosen verwiesen wird, kann zwar als Fehleinschätzung des noch unerfahrenen Träumers relativiert werden, aber auch das Fehlurteil als textimmanenter Kommentar kann nicht verdecken, daß sich der Autor einer Stellungnahme enthält. — Als drittes Beispiel sei auf den Romananfang verwiesen. Der Bericht über die früheste Jugend des in bäuerlicher Umgebung aufwachsenden Helden beginnt als Satire auf die "neuen Nobilisten".[32] Im Folgenden wirft die 'verkehrte' Darstellung der bäuerlichen Existenz als einer adeligen ironische Streiflicher auf die beiden Extreme des gesellschaftlichen Spektrums. Dann bricht das großangelegte Gemälde, das die Ständebaum-Thematik antizipiert, unvermittelt ab: "... genug ists/ wann man weiß/ daß ich im Spessert geboren bin".[33]

Die ironische Infragestellung christlicher Positionen ist versteckter angebracht, aber ohne Zweifel ebenfalls im Text angelegt.

29. Vgl. Weydt, S. 258.
30. I, 17, 50.
31. I, 18, 50.
32. I, 1, 9.
33. I, 1, 11.

Die kleinen Betrügereien des Pseudo-Eremiten[34] oder -Pilgers[35] sind nie übersehen worden, und nur nach oberflächlicher Lektüre kann die Passage, in der der Narr des Kommandanten zu Hanau mit auswendiggelernten Worten und Gesten seine Zuhörer zu Tränen rührt, als "Wunder" und Bruch des "Banns der Unmenschlichkeit" mißverstanden werden.[36] Ob es sich um das "hären Kleid" des Einsiedels handelt, in das die "rauhe Winters-Kälte" den Verwaisten zwingt,[37] um gekochte Erbsen, durch die sich der Pilger sein Gelübbde erträglich macht,[38] um den geschickt operierenden Eremiten auf dem Mooskopf[39] oder um die wirkungsvoll "auff gut Einsidlerisch gen Himmel" gehobenen Augen und Hände des Beters,[40] unverkennbar werden hier jeweils christliche Bußhaltungen parodiert. Verhaltener äußern sich ironische Vorbehalte des Autors an dem — vor allem im Vergleich zu den Pfarrer-Figuren des Romans — eindrucksvollsten Repräsentanten der *vita christiana*, dem Einsiedel des ersten Buches. Aber auch ihm bleiben sie nicht erspart, wie I.M. Battafarano im Einzelnen nachgewiesen hat.[41]

34. I, 13, 37f.
35. V, 1, 375f.
36. Urs Herzog, "Barmherzigkeit — die im Roman 'verborgene Theologie," *Argenis* I (1977) 272.
37. I, 14, 39.
38. V, 1, 376.
39. VI, 2, 475f.
40. II, 13, 131.
41. Italo Michele Battafarano, "Grimmelshausens Kritik an der Ideologie seine Zeit", *Daphnis* 5 (1976). "Das irdische Leben, dem sich der Einsiedler auch nicht im Moment des Verlassens dieses Tränentals entziehen kann, behält bis zum letzten Augenblick seinen Primat. Mit angemessener Ironie betitelt daher Grimmelshausen das letzte Kapitel über den Einsiedler: 'Vermerkt eine schöne Art seelig zu sterben/ und sich mit geringen Unkosten begraben zu lassen'. Im Verlust jeder Beziehung zum Nächsten und zur Welt erblickt Grimmelshausen keineswegs eine konsequentere Verwirklichung des christlichen Glaubens, sondern vielmehr die Unfähigkeit, eine positive Rolle in der Gemeinschaft zu spielen". S. 301. Das erste Kapitel des Romans und der Abschluß des Adelhold/ Feldwaibel-Dialogs sprechen gegen das hier unterstellte sozial-politische Engagement Grimmelshausens, aber die verdeckt geäußerten Vorbehalte des Autors an christlichen Idealvorstellungen sind m.E. völlig richtig gesehen. Sie lassen sich auch an anderen,

Ist der Autor des Simplizissimus ein Skeptiker? Die Fülle der Belege, eindrucksvoll von F. Gaede zusammengestellt,[42] scheint die zeigenössische Kritik vom "ledernen Saalbader"[43] ebenso wie die moderne These vom christlichen Moraldidaktiker (Tarot) zu widerlegen. Das paradoxe Ergebnis der vorliegenden Überlegungen ist, daß sich anhand des Textes beide Auffassungen rechtfertigen lassen, denn nicht überall stellt der Roman seine Allegorien durch ironische oder skepische Kommentare in Frage.

Sicherlich sind die hermeneutischen Anweisungen der Kleinen Vorrede vor allem dort relevant, wo derbe Komik den Blick auf den *sensus moralis* verstellt. Wenn darüber hinaus Anfang und Ende der Bücher eine Sonderstellung im Romanganzen einnehmen, dann ist die Gänsestall-Episode von besonderem Interesse. Die panischen Ängste des noch tumben Simplex, daß die Tanzenden den Boden des Hauses einstampfen, steigern sich zu nacktem Entsetzen, als er im Gänsestall zum unfreiwilligen Zeugen eines ins Groteske verzerrten Schäferstündchens wird, wo sich in schneidendem Kontrast zum höfischen Präludium ("Gewißlich schönste Dame...") ein Ganser anschickt, sich mit einer Gänsin zu paaren.[44]

Wie sich der Spielplatz im kaiserlichen Lager vor Magdeburg als allegorisches Äquivalent von Krieg und Soldatentum anbot, so hier der Tanzsaal und das mit Exkrementen gefüllte, abseitige Brettergestell als allegorisch sinnträchtiger Ort für den leiden-

---

scheinbar vorbildlich-christlichen Figures des Romans nachweisen. So setzen etwa die beiden frommen Herzbrüder ihre Hoffnungen auf eine erfolgreiche militärische Laufbahn. Der Sohn kämpft, nachdem sich seine Aussichten auf die Stellung eines Regimentssekretärs im kaiserlich-katholischen Heer zerschlagen haben, bedenklos und mit großen Eifer auf protestantisch-schwedischer Seite. Beide ereilt ein Schicksal, das sie als Pole in einem von vielen Interpreten vorausgesetzten, ethischen Koordinatensystem disqualifiziert: der astrologisierende Vater kann trotz aller Anstrengung seine vorausgeahnte Ermordung nicht verhindern, der Sohn, dessen Pilgerfahrt nicht durch christliche Einsicht, sondern durch die Mißerfolge der Götzschen Armee motiviert ist, verliert im Dienst dieser Armee eben das, worauf er sein künfiges Familienglück zu gründen hoffte, seine Hoden. Vgl. Battafarano, S. 300.

42. Fridrich Gaede, "Grimmelshausen und die Tradition des Skeptizismus", *Daphnis* V (1976) 465-482.

43. Siehe Anm. 17.

44. II, 1, 96.

schaftsverhafteten Menschen. Das Thema wird nicht nur durch keine Ironie zweiten Grades entkräftet, sondern in dem zunächst als "Jungfrau" und später als "Beau Alman" ausstaffierten Simplicissimus fortgesetzt.

Zur Gattung allegorischer Exempla gehört der lange Katalog der Verletzungen des ersten Gebots, der das 24. Kapitel des ersten Buches ausmacht, und wie in der Gänsestall-Episode fungiert der satirische Still nicht als ein relativierendes, sondern als ein die christliche Botschaft intensivierendes Mittel. Die komische Zuordnung von Schminke, Salben und Puder als Opfergaben für vergötterte weibliche Schönheit, eine 'Gottheit', von der nicht Erlösung sondern "Vermannung" erhofft wird, benimmt dem Beispiel nichts von seiner deiktischen Kraft. Dementsprechend endet auch dieses Kapitel nicht mit einer *reservatio* des Erzählers, sondern mit einer eindringlichen Demonstration einer unchristlichen und deshalb falschen Wertordnung: In einer mit "schönen Raritäten" gefüllten Kunstkammer muß sich der stolze Besitzer belehren lassen, daß nicht ein seltenes chinesisches Gemälde, sondern ein Ecce homo von weit geringerem Seltenheitswert sein köstlichster Besitz ist, denn "was ist seltener und verwunderns würdiger/ als daß GOttes Sohn selbst unsert wegen gelitten ...".[45]

Die hier untersuchten Passagen stützen weder die ältere These vom "Bauernpoeten' noch das aus der jüngeren Forschung resultierende Bild Grimmelshausens als eines überlegenen Formkünstlers. Die weite Strecken des Romans dominierende allegorische Erzählweise mit moral-didaktischer Intention — in Herzbruders Buchentwurf in exemplarischer Weise dargestellt — beschreibt nicht zugleich Grimmelshausens Romantechnik in ihrem ganzen Umfang. Bereits aus dem Kontext dieser Passage erhellt beides: sie ist eine hinreichend deutliche Beschreibung der ihr vorangehenden Erzählung und darüber hinaus umfangreicher Romanteile, die ohne jede ironische Einschränkung in einer "mit lebendigen Farben" gezeichneten Welt den Kern traditionell christlicher Moralität vermitteln. Das ist die eine Seite dieses Erzählers, der hier auf vorgeformten Bahnen anderer Homileten lediglich Fülle und Vielseitigkeit der zu deutenden Gegenstände voraus hat. Was ihn schärfer von kontemporären Erzählern abhebt, ist eine Vorform romantischer Ironie, die ohne ein erkennbares Auswahl-

45. I, 24, 70.

prinzip, also eher willkürlich als systematisch, allegorisch festgelegte Sinnbezüge in Frage stellt. Der Autor weiß es anders als die
von ihm präsentierte Autorfigur: er läßt den literarisierenden
Moralisten beglückwünschen, um dann an dem Gratulanten das
völlige Versagen des hochherzigen Unternehmens zu demonstrieren. Diese Dialektik von didaktischem Engagement und ironisch/
satirischer Zurücknahme manifestiert sich drastischer im sozial-
kritischen als im moraltheologischen Zusammenhang, prinzipiell
aber bleibt kein Sinnbereich von ihr ausgeschlossen. In der fiktiven
Erzählsituation des alt und weise Gewordenen, der über die
Torheiten der eigenen Jugend reflektiert, liegt sie dem Roman von
allem Anfang an zu Grunde.

Was die Untersuchung der Textsegmente — ausgewählt zur
Überprüfung bereits vorliegender Thesen zur inneren Einheit des
Romans, nicht, um die Anzahl dieser Thesen um eine weitere zu
vermehren — als beiläufiges Ergebnis eingebracht haben, ist die
Tendenz der Darstellung zu enzyklopädischer Ganzheit. Sie macht
das Werk entschiedener als die dem Allerweltsmodell des pikari-
schen Romans entlehnten Züge zum Dokument einer Zeit, die das
erste deutsche Universallexikon hervorbrachte, den Bibliotheks-
bau erfand und deren Wissensideal die Polyhistorie war. Nach
allem, was über den Bildungsstand Grimmelshausens bekannt ist,
kam er diesem Ideal nicht sehr nahe, aber zusammen mit dem
ebenfalls zeittypischen Pessimismus christlich-asketischen Welt-
verständnisses liefert es seinem Erzählen die kräftigsten Impulse.

Eberhard Mannack

GRIMMELSHAUSENS RIST-LEKTÜRE UND DIE FOLGEN. JUPITEREPISODEN UND FRIEDENSSPIELE

In einer für die Erforschung von Grimmelshausen und seinem Werk höchst nützlichen Bibliographie hat Günther Weydt 1968 alle Schriften verzeichnet, die der Renchener Dichter "nachweislich oder auch nur vermutlich oder möglicherweise gekannt und benutzt hat".[1] Hatte schon diese Liste einen beachtlichen Umfang, so wäre sie aufgrund zahlreicher seither erschienener Forschungsbeiträge noch erheblich zu erweitern, was eben die schon von Weydt und anderen ausgesprochene Annahme zu bestätigen vermag, daß Grimmelshausen wenngleich kein im Sinne seiner Zeit hochgelehrter, so doch außerordentlich belesener Autor gewesen ist. Dieses Verzeichnis ist aus mehreren Gründen überaus aufschlußreich, geht doch etwa daraus hervor, daß Grimmelshausen von 1665 an Neuerscheinungen besondere Aufmerksamkeit schenkte und unterschiedliche Sachbücher oder Sammlungen von kurzweiligen Geschichten zu seiner bevorzugten Lektüre gehörten. Nicht übersehen sollte ferner werden, daß nahezu ausschließlich Drucke aus Verlagsorten, die in relativer Nähe zum Wohnsitz des Autors liegen, in der Bücherliste erscheinen, wobei die Messestadt Frankfurt an der Spitze steht, gefolgt von Nürnberg, Straßburg, Mainz und Basel. Gar nicht oder lediglich mit ein bis zwei Titeln vertreten sind so bedeutende Verlagsorte wie Breslau oder Leipzig, Hamburg oder Köln sowie die berühmten niederländischen Verlage bzw. Druckereien. Diese Verteilung zeigt doch wohl, welche Grenzen dem Bildungsdrang des nicht eben begüterten Dichters gezogen waren.

In Weydts Bibliographie der gesichterten Quellen fehlt überraschenderweise die Erwähnung von Johann Rist und seines

1. Günther Weydt, *Nachahmung und Schöpfung im Barock. Studien um Grimmelshausen*, Bern u. München 1968, S. 393.

dritten Monatsgespräches *Die AllerEdelste Tohrheit Der gantzen Welt*. Grimmelshausen erwähnt in seiner 1673 erschienenen Schrift *Simplicissimi Galgen-Männlin* nicht nur das Ristsche *Monatsgespräch*, sondern zitiert auch noch rund sechs Seiten Text aus der Unterhaltung Rists mit den angereisten Gesprächspartnern, wobei sich Grimmelshausen überaus genau an seine Vorlage hält und nur an wenigen Stellen sich leichte Änderungen erlaubt. Rists drittes *Monatsgespräch* erschien erstmals 1664 in Hamburg und wurde 1669 in Frankfurt am Main nachgedruckt — damit bestätigt sich, daß Grimmelshausen, wie eben erwähnt, Neuerscheinungen besonderes Interesse schenkte, wobei er wahrscheinlich ein Exemplar des Frankfurter Druckes benutzte.[2]

Das umfangreiche Zitat enthält einen offensichtlichen Lesefehler, der gleich zweimal auftritt und überaus nachdenklich stimmen muß: Während bei Rist der Name eines Gesprächspartners Strephon lautet, erscheint er in Grimmelshausens Textauszug als Stephan. Der Herausgeber des *Galgen-Männlin* merkt dazu an: "gemeint ist wohl Strephon, d.i. Harsdörffers Schäfername im Pegnesischen Blumenorden".[3] Diese Vermutung ist unzutreffend, handelt es sich doch, wie zu Beginn des *Monatsgespräches* ausdrücklich gesagt wird, um einen Geistlichen, der Rists Elbschwanenorden angehört und darin den Gesellschaftsnamen Strephon trägt.[4] Sein richtiger Name ist Michael von Lankisch. Merkwürdig bleibt der zweifache Lesefehler Grimmelshausens freilich insofern, als man unterstellen darf, daß auch Grimmelshausen dieser Gesellschaftsname vertraut gewesen sein muß, falls er mit den Schriften Harsdörffers auch nur einigermaßen bekannt war. Vor allem die Forschungen Weydts haben eine erhebliche Abhängigkeit des Renchener Autors vom Nürnberger Vielschreiber nachzuweisen versucht, und so nehmen dessen Werke in der von Weydt erstellten Liste der gesichterten Vorlagen den größten Platz ein. Aus dieser Liste geht aber zugleich hervor, daß Harsdörffer oder auch nur eines seiner Bücher nirgendwo bei Grimmelshausen erwähnt werden. So wäre es wohl angebracht, die von Weydt eruierten Werke

2. Johann Rist, *Sämtliche Werke* unter Mitwirkung von H. Mannack und K. Reichelt, hrsg. von Eberhard Mannack, Bd. V. Berlin-New York 1974, S. 138-141. Vgl. ferner zu den zeitgenössischen Drucken S. 412f.

3. Grimmelshausen. *Kleinere Schriften*, hg. von Rolf Tarot, Tübingen 1973, S. 101. Vgl. auch die Anm. 4a.

4. Johann Rist, *Sämtliche Werke*. Bd. V, S. 54.

eher in das Verzeichnis der nur vermuteten Quellen aufzuneh-men.[4a]

Grimmelshausens Ristkenntnis beschränkt sich indessen nicht auf das interessante dritte *Monatsgespräch*, in dem ausführlich von der Astrologie, dem Perpetuum mobile, dem Stein der Weisen und der "Ästimation der Blumen- und Garten-Gewächse" die Rede ist. In seiner Sprachabhandlung *Teutscher Michel* beruft er sich eben-falls auf Rist, indem er die Vermutung, daß sein Sprachexperiment im *Galgen-Männlin* sowohl Tadler als auch 'Lober und Beystander' finden werde, mit einer Art Anekdote des Holsteinischen Autors belegt:

> dann viel Köpff viel Sinn / jedem gefällt seine Kappe; der Ertzteutsche Rist bezeugt / daß sich einer die lateinische Sprach zu reden ge-schämt / aus Forcht er möchte vor keinen rechtschaffnen Potzmar-terer und Blutvergiesser: sondern nur vor einen Schulfuchs gehalten werden [...].[5]

Mit dieser Aussage bezieht sich Grimmelshausen eindeutig auf eine Bemerkung im 'Notwendige[n] Vorbericht an den Teutsch-gesinneten Leser', mit dem Rist sein Drama *Das Friedewünschende Teutschland* einleitet:

> Noch auff diesen heutigen Tag kenne Ich einen Rittmeister / (und vielleicht etliche mehr / welche eben dieses Sinnes /) der so wol auff hohen als niedrigen Schulen seine Lateinische Sprache dermahssen fertig ergriffen / daß / wenn Er vor etlichen Jahren dieselbe redete / man Ihme mit Lust muste zuhören / nunmehr aber schämet Er sich derselben so sehr / daß Er auch demjenigen / der Ihn / daß Er ehemahlen ein Studente gewesen / auch nur im Schertz würde erinneren / halb von seinem Degen und einem pahr Pistolen etwas sagen würde.[6]

Zeigt sich Grimmelshausen durchweg bei der Nennung zeitgenös-sischer Dichter zurückhaltend, so muß die doppelte Berufung auf

[4a]. Günther Weydt, *H.J.C. von Grimmelshausen* (wie Anm. 9) S. 102 spricht selbst davon, daß Harsdörffer bei Grimmelshausen nicht erwähnt wird, übernimmt jedoch die fehlerhafte Zuordnung Stephan = Strephon-Harsdörffer und deutet sie als "verschleierte Anspielung G.s. auf seinen Hauptgewährsmann"...

[5]. Grimmelshausen. *Deß Weltberuffenen Simplicissimi Pralerey und Gepräng mit seinem Teutschen Michel*, hrsg. von Rolf Tarot, Tübingen 1976, S. 60.

[6]. Johann Rist, *Sämtliche Werke*. Bd. 2, S. 25f.

den Wedeler Pastor einigermaßen überraschen. Daß er den *Monatsgesprächen* Interesse entgegenbrachte, dürfte seiner Vorliebe für Texte zuzuschreiben sein, in denen 'curiose' Vorfälle oder sachliche Informationen in eingängiger Weise vorgetragen werden. Vielleicht spielte auch eine gewisse Geistesverwandtschaft keine unbeträchtliche Rolle, wenn man bedenkt, daß Rist bei allem geistlichen Engagement einen nüchternen Blick seiner Umwelt gegenüber bewahrte. In dem genannten dritten *Monatsgespräch* weiß der Rüstige etwa bei Betrachtung von Blumen über deren spirituelle Deutung hinreichend Auskunft zu geben, doch gleichzeitig erfährt der Leser auch, welchen Tee zu welchen heilsamen Zwecken man aus ihnen bereiten kann. Naturwissenschaftlich-gelehrte Neugier und traditionell-geistliches Weltverständnis vermochte der norddeutsche Pastor offensichtlich mühelos miteinander zu verbinden, war ihm doch am leiblichen Wohl seiner Schafe ebenso gelegen wie am seelischen.

Für die Lektüre des wohl schon für damalige Verhältnisse nicht eben kurzweiligen Friedensspieles freilich lassen sich nicht ohne weiteres Motive auffinden — für die pompösen Aufführungen wäre das viel eher denkbar, berichtet Rist doch selbst von dem gewaltigen Zulauf, den die Hamburger Vorstellung zu verzeichnen hatte.[7] Aber Grimmelshausen spielt ja eindeutig auf Rists Vorrede an, und so müssen wir davon ausgehen, daß er einen der innerhalb von zwei Jahren sechsmal publizierten Texte des Friedensspieles gelesen hat.

Der Nachweis, daß Grimmelshausen gerade diesen Text kannte, verdient freilich in anderem Zusammenhange besondere Beachtung. Bei der Suche nach Vorbildern für die Jupiter-Episode im Simplicissimus-Roman verwies Petersen in seiner noch immer anregenden Untersuchung auch auf die Friedensspiele der Zeit, weil darin heidnische Götter und eben auch Jupiter sich zu tummeln pflegen. Dabei erwähnt er neben Schottels *Friedens-Sieg* auch Rists *Friedewünschendes Teutschland*.[8]

Daß die Friedensspiele überhaupt — und es gab zahlreiche Stücke dieses Genres — viele Motive verwenden, die auch in den Jupiter-Szenen des *Simplicissimus* begegnen, wird von Petersen

---

7. Ebenda, S. 16f.
8. Julius Petersen, Grimmelshausens 'Teutscher Held'. In: *Euphorion* 17 (1924) E.H., S. 10.

nicht ausgeführt und bleibt ebenso in den zahlreichen späteren Untersuchungen zu diesem Komplex außer Betracht.[9] Besondere Beachtung verdient dabei zweifelsohne die von Rist beanspruchte, unter Stapels Namen schon 1630 erschienene *Irenaromachia*. Als auslösendes Moment des Geschehens dient hier die im Rat der Götter unter Vorsitz von Jupiter stattfindende Verhandlung über eine Fortsetzung oder Beendigung des schrecklichen Krieges, der als Strafe für die Lasterhaftigkeit über die Menschen verhängt worden ist. Jupiter neigt trotz anhaltender Verstocktheit der Menschen zur Milde:

> Dennoch vbertrifft offtmals meine langmütige Gütigkeit (welche vielmal die vnwirdige empfinden) die gestrenge Gerechtigkeit (so bißweilen auch die Vnschuldige trifft.)

beschließt jedoch kurz darauf die Ausrottung aller Kreaturen, nachdem Nemesis in eindrucksvollen Reden dargelegt hat, daß der Krieg als Strafgericht seine Wirkung auf die Menschen verfehlt hat:

> Aber leyder / leyder / jmmer ärger / jmmer ärger! Da sie sollen beten / da fluchen sie! Da sie sollen einig seyn! Da sticht der eine hinder dem andern her / ärger denn die Schlangen! Da vnter tausenden sich einer für deinen gnedigen Ohren mit andechtigen Gebet hören lesset / thut ers doch mehr seine wolverdiente straff damit abzuwenden / als deiner hohen Mayestat zu Ehren! vnd / deßwegen / were kein Straff / so were kein Seufftzen / were kein Plag / so were kein Beten! were gantz kein Vnglück in der Welt / so hettest du auch gantz keine Ehre bey den Menschenkindern auff Erden: Weil aber Noth da ist so suchen sie dich / weil sie bedrenget werden / so ruffen sie ängstiglich.[10]

Juno schließt sich diesen Anklagen an, während Apoll sowie Neptun widersprechen und ein Legat der Teutschen voller Zerknirschung um Gnade für die von Krieg und Krankheit heimgesuchten Landsleute bittet. Da das Votum der Mehrzahl der von Jupiter Befragten zugunsten der Deutschen ausfällt, sendet der höchste Gott Irene auf die Erde. Nach anfänglichem Sträuben führt Irene Jupiters Auftrag aus, doch die Erfahrungen, die sie mit den Deutschen machen muß, scheinen den Skeptikern recht zu

---

9. Vgl. die Bibliographie von Günther Weydt, *H.J.C. von Grimmelshausen,* Stuttgart [2]1979. Jetzt auch: Volker Meid, G. Epoche — Werk — Wirkung. München 1984.

10. Johann Rist. *Sämtliche Werke.* Bd. 1, Berlin 1967, S. 16f.

geben. Ein Bauer lehnt es ab, Irene aufzunehmen, weil er im Krieg ungehemmt sich seinen Lastern überlassen kann:

> do gaff ick de tributie vnd howede so veel Holtes wedder als ick woll / wat ick ouer hadde / dat was myn [...] do ydt noch nich Frede was / do dorffte men flöken / schweren / Horerey dryuen / wat men woll.[11]

Ähnliche Verstocktheit begegnet ihr auch bei den Soldaten; wenn sie dennoch am Ende für die Menschen und besonders für die Deutschen Partei ergreift, so geschieht das aus Erbarmen mit den Verblendeten, die den Lockungen des Mars nicht widerstehen konnten.

Das Friedewünschende Teutschland, auf dessen Vorrede Grimmelshausen verweist, folgt demselben Modell. Die Handlung spielt — mit Ausnahme der pompösen Schlußszene, in der sogar Gott auftritt — auf der Erde. Vier alte Teutsche Helden mit großen Schwertern haben die elyseischen Felder verlassen,

> welche anmuhtige Felder / Wiesen und Garten sehr ferne von hier im Lande Utopia / dort in jenner Welt gelegen / woselbst sich auch unter anderen die alte Teutsche Helden / welche vor vielen Hundert Jahren gelebet haben / nach Jhrem Tode auffhalten.[12]

Sie haben sich sodann, geleitet von Merkurius, nach Deutschland begeben, um das ehemals so herrliche Volk zu bewundern. Was sie freilich schon nach einer kurzen Begegnung mit Teutschland erleben, gleicht den schrecklichen Erfahrungen der Göttin Irene, und so kann es nicht überraschen, daß Merkurius angesichts solch umfassender Verstocktheit in einer Bußpredigt seinem Ärger Ausdruck gibt, weil er Deutschland vom Strafgericht des Krieges erlöst und von der Göttin des Friedens endlich wieder beherrscht sehen möchte.[13] Nach dieser donnernden Rede des "Abgesante[n] des allerhöchsten Gottes" tritt Teutschland bußfertig vor Gott, doch angesichts der schnellen Bekehrung argwöhnt die Gerechtigkeit, daß lediglich Not die Reue erpreßt habe, und so sendet Gott noch nicht den Frieden selbst, sondern nur die Hoffnung nach Deutschland.[14]

Es kann kein Zweifel darüber bestehen, daß Jupiters Auftreten im Simplicissimus-Roman sehr stark an die Ristschen Friedens-

11. Ebenda, S. 66.
12. Johann Rist, *Sämtliche Werke*. Bd. 2, Berlin 1972, S. 46.
13. Ebenda, S. 186.
14. Ebenda, S. 197ff.

spiele erinnert, zumal es nicht nur dasselbe Muster erkennen läßt, sondern noch eine Reihe auffälliger Parallelen aufweist. Auch Grimmelshausens Jupiter wird nach einer Beratung der Götter, die unvermeidlich geworden war, weil "ein groß Geschrey über der Welt Laster [...] durch die Wolcken gedrungen", zur Erde und eben nach Deutschland gesendet, findet gleichfalls entsetzliche Zustände vor und entscheidet sich wiederum dennoch für Milde, weil er auf Besserung hofft. Sind es im *Friedewünschenden Teutschland* gleich vier Teutsche Helden — und alle mit großen Schwertern ausgestattet —, die Merkurius' Begleiter bilden, so will Jupiter "einen Teutschen Helden erwecken / der soll alles mit der Schärffe des Schwerds vollenden" und damit ein Utopien auf Erden schaffen, das Rists Teutsche Helden in den elyseischen Feldern bewohnen.[15]

Selbst für den 'Phantasten, der sich überstudirt / und in der Poeterey gewaltig verstiegen', den mit Jupiter gefangen zu haben Simplicissimus meint, gibt es im *Friedewünschenden Teutschland* eine Entsprechung; dort stellt sich Monsieur Sausewind gleich zu Beginn des Zwischenspiels als Universalgenie vor, weil er zahllose Sprachen beherrscht und in der Poesie glänzt:

> Negst diesem bin Jch auch in der Poeterei so übertrefflich guht / daß der Franzosen Ronsard / Theophil und andere / der Italiäner Ariosto / der Latiner Virgilius und der Teutschen Opitz noch viel / viel von mir zu lernen hätten. Meine Lieder / welche Jch setze / [...] sind dermahssen kunstreich und anmuhtig / [...], daß sich über die Tausend Damen schon längst deßwegen in mich verliebet haben [...].[16]

Sausewind fungiert zugleich als Beleg dafür, daß sich Menschen vom Krieg Vorteile versprechen — vom Soldatenleben erhofft er sich schnellen Aufstieg und materiellen Gewinn — und so die Rückkehr des Friedens als nachteilig ansehen. Damit erweist er sich, wie es vorher schon in der *Irenaromachia* am Verhalten der Bauern und Soldaten demonstriert wurde, als Exempel menschlicher Unzulänglichkeit und Lasterhaftigkeit, die zu bestrafen von Gott der Krieg überhaupt zugelassen und als Zuchtrute für die sündige Menschheit verhängt worden ist.[16] Während Sausewind

---

15. Grimmelshausen, *Der Abentheurliche Simplicissimus Teutsch und Continuatio des abentheurlichen Simplicissimus*, hrsg. von Rolf Tarot, Tübingen 1967, S. 209ff.

16. Johann Rist, *Sämtliche Werke*. Bd. 2, Berlin 1972, S. 128.

sich von Merkurius jedoch schnell bekehren läßt, bleiben gegenüber dem Verhalten von Teutschland überhaupt starke Bedenken bestehen — das eben führt dazu, daß nur die Hoffnung auf Frieden von Gott gesendet wird und sich Merkurius zu der schon erwähnten Bußpredigt veranlaßt sieht:

> Dieweil du [Teutschland] aber leider bleibest / die du jederzeit bist gewesen / nemlich ein hartnäkkiges / verstoktes und bößhafftes Weib / welches zwahr den Frieden gern bei sich behalten / aber jedoch dabei in Jhren gewöhnlichen Untugenden und sündhafftem Leben wil verharren; Siehe / so hat mich GOTT [...] itz abermahl zu dir geschikket [...]

und:

> [...] eben darum solt du Buhsse thun liebes Teutschland / dieweil du bißhero noch nicht hast erkennen wollen / daß dir diese Straffen billig sind wiederfahren [...][18]

Diese Zweifel an einer echten Bekehrung oder zumindest Reue der lasterhaften Deutschen sind bei Rist natürlich aus der Abfassungszeit des Dramas erklärbar — es entstand 1647, also noch vor dem wirklichen Friedensschluß, und im Vorwort vermerkt Rist ausdrücklich, daß er an eine schnelle Einigung in Westphalen noch nicht recht zu glauben vermöge.[19] Als unbezweifelbare Tatsache aber steht für ihn fest, daß ein Krieg nur Folge von und Strafe für Lasterhaftigkeit sein und eine Änderung der Menschen allein dieses Strafgericht Gottes beenden kann. In diesem Verständnis besitzt das gesamte Friedensspiel Appellcharakter und erweist es sich als eindringliche Bußpredigt für das deutsche Publikum mit der Mahnung zur Umkehr.

Grimmelshausen greift diese Thematik auf, und zwar noch einmal in Verbindung mit Jupiter, im 5. Kapitel des 5. Buches. Nach der Trennung von Hertzbruder reist Simplicissimus nach Köln, um seinen Jovem zu besuchen —

> der war aber damals wiederumb gantz hirnschellig und unwillig über das Menschlich Geschlecht; O Mercuri, sagte er zu mir / als er mich sahe / was bringst du neues von Münster? vermeynen die Menschen wol ohn meinen Willen Frieden zu machen? Nimmermehr! Sie hatten ihn / warumb haben sie ihn nicht behalten? Giengen nit alle Laster im schwang / als sie mich bewegten ihnen den Krieg zu senden? womit haben

17. Johann Rist, *Sämtliche Werke*. Bd. 1, Berlin 1967, S. 62ff.
18. Johann Rist, *Sämtliche Werke*. Bd. 2, S. 186f.
19. Ebenda, S. 16.

sie seithero verdienet / daß ich ihn den Frieden widergeben solte? haben sie sich dann seither bekehrt? seynd sie nicht ärger worden / und selbst mit in Krieg geloffen wie zu einer Kirmeß? oder haben sie sich villeicht wegen der Theurung bekehret / die ich ihnen zugesandt / darinn so viel tausend Seelen Hungers gestorben; Oder hat sie villeicht das grausame Sterben erschreckt / (daß so viel Millionen hingerafft) daß sie sich gebessert? Nein / nein Mercuri, die übrig verbliebene / die den elenden Jammer mit ihren Augen angesehen / haben sich nit allein nit gebessert / sondern seynd viel ärger worden als sie zuvor jemals gewesen! haben sie sich nun wegen so vieler scharpffen Heimsuchungen nit bekehrt / sondern unter so schwerem Creutz und Trübsalen gottlos zu leben nicht auffgehöret / was werden sie dann erst thun / wann ich ihnen den [...] Frieden wieder zusendete? [...] aber ich will solchem Muthwillen wol bey Zeit steuren / und sie im Krieg hocken lassen.

Simplicissimus hält dem entgegen, daß doch alle Welt den Frieden herbeisehne und Besserung verspreche, aber auch darin fühlt sich Jupiter nur bestätigt:

Ja / antwortet Jupiter, sie seuffzen wol / aber nit meinet = sondern ihrentwillen [...] Jch fragte neulich einen grindigen Schneider / ob ich den Frieden geben solte? Aber er antwortet mir / was er sich drumb geheye / er müsse so wol zu Kriegs- als Friedenszeiten mit der stählernen Stange fechten [...]. Also antwortet mir auch ein Schmid / und sagte / habe ich keine Pflüg und Bauren=Wägen im Krieg zu beschlagen / so kommen mir jedoch genug Reuter=Pferd und Heer= Wägen unter die Händ / also daß ich deß Friedens wol entberen kan. Sihe nun lieber Mercuri, warumb solte ich ihnen dann den Frieden verleyhen? Ja es sind zwar etliche die ihn wünschen / aber nur wie gesagt / umb ihres Bauchs und Wollust willen; hingegen aber sind auch andere / die den Krieg behalten wollen / nicht zwar weil es mein Will ist / sondern weil er ihnen einträgt; Und gleich wie die Mäurer und Zimmerleut den Frieden wünschen / damit sie in Aufferbauung der eingeäscherten Häuser Geld verdienen / also verlangen andere / die sich im Frieden mit ihrer Hand = Arbeit nicht zu ernehren getrauen / die Continuation deß Kriegs / in selbigem zu stehlen.[20]

Eben zu dem Zeitpunkt, während der Friedensverhandlungen in Münster, als Rist seinen Merkurius eine der Bekehrung der Lasterhaften dienende flammende Bußpredigt halten läßt, setzt auch Jupiter zu einer Anklagerede an, die im gleichen Sinne, wie es Rists Friedensspiel tut, argumentiert und Belege anführt, die direkt dem Friedensspiel entnommen sein könnten: daß nämlich die

20. S.T, S. 387ff. (Vgl. Anm. 15).

Menschen nur ihren egoistischen Interessen leben und dem Frieden mißtrauen, wenn er ihnen keine Vorteile gewährt. Die Antworten der einzelnen von Jupiter befragten Personen entsprechen so durchaus den Wünschen der Ristschen Figuren. Sollte es dann nur Zufall sein, daß Grimmelshausens Jupiter seinen Gesprächspartner für Merkurius hält, dessen Predigtton er übernimmt, ohne freilich an eine Wirkung der Predigt selbst zu glauben? Das *Friedewünschende Teutschland*, auf das wir uns hier nahezu ausschließlich berufen, war, wie wir oben zeigen konnten, Grimmelshausen auf jeden Fall bekannt.

Gerade die zuletzt angeführte Unterredung zwischen Jupiter und Simplicissimus verdient freilich wegen ihrer Argumente und deren Folgerungen noch genauere Beachtung, wobei der Rückgriff auf Rists Friedensspiel hilfreich sein kann. Wie schon oben angedeutet, übernimmt Jupiter das Argumentationsmuster vom Krieg als gottverhängter Strafe für allzu lasterhaftes Verhalten der Menschen und vom Frieden als Belohnung für eine Besserung, meldet aber schon entschieden Bedenken dagegen an. Da nämlich die Menschen eher schlechter geworden seien, könne von einer Beendigung des Krieges als eines Strafgerichtes nicht die Rede sein — dennoch werde in Westphalen über den Frieden intensiv verhandelt.

Grimmelshausens Jupiter trägt ähnlich wie Rists Merkurius diese Bedenken freilich noch vor dem Friedensschluß vor, d.h. in einer Zeit, da der Ausgang noch völlig offen ist. Der Leser des *Simplicissimus Teutsch* aber kennt diesen Ausgang und weiß, daß die Münsteraner Verhandlungen doch zum Ende des Krieges geführt haben. Im Sinne des Argumentationsmusters müßten dann die Beobachtungen Jupiters über eine Zunahme der Laster unzutreffend und so der 'Hirnschelligkeit' des Phantasten zuzuschreiben sein, oder die Deutung von Krieg und Frieden als Strafe und Belohnung wird in Frage gestellt bzw. sogar falsifiziert.

In der *Continuatio* greift Grimmelshausen noch einmal diese Thematik auf, und zwar in Gestalt des Traumes, den Simplicissimus als Vision bezeichnet, und der die in jüngster Zeit vielbeachtete Geschichte von Julus und Avarus enthält. Der Traum beginnt in der Hölle, wo der an seinen 'Regiments-Stul' angekettete Luzifer von einem 'Postilion' die Nachricht erhält, daß der teutsche Friede beinahe ganz Europa in Ruhe gesetzt habe und allenthalben das Lob Gottes erschalle. Luzifers unbändiger Zorn wird Anlaß für einen längeren Disput, in dem das Thema von Krieg und Frieden noch einmal ausführlicher behandelt wird. Für Luzifer steht fest, daß die Unachtsamkeit und Faulheit der höllischen Heerschar den Frieden möglich gemacht hat und so

> das lerna malorum unser liebstes Gewächs / das wir auff dem gantzen Erdboden hatten [...] und die Früchte davon jeweils mit so grossem Wucher eingesamblet / nunmehr auß den teutschen Gräntzen gereuttet: Auch wann wir nicht anders darzu thun / besorglich auß gantz Europa geworffen wird![21]

Belial aber sucht seinen Herrn zu beruhigen, indem er vor allem die Verbindung von Krieg und lerna malorum, d.h. Sumpf der Übel oder Sündenpfuhl,[22] in Frage stellt, wobei er sogar auf theologische Argumente zurückgreift:

> weist du nicht / O grosser Fürst / daß mehr durch den Wein als durchs Schwerdt fallen? solte den Menschen / und zwar den Christen / ein geruhiger Fried / welcher den Wollust auff dem Rucken mit sich bringt / nicht schädlicher seyn als Mars? ist nicht gnug bekandt / daß die Tugenden der Braut Christi nie heller leuchten als mitten in höchstem Trübsal?[23]

Die Argumente vermögen Luzifer, der wünscht, daß die Menschen auch in ihrem zeitlichen Leben im Unglück bleiben, vorerst nicht umzustimmen, doch Belial verspricht sogleich höchste Anstrengungen, um das lerna malorum in Europa festzuhalten. Einschränkend freilich fügt er hinzu: "allein wird deine Hochheit auch bedencken / daß ich nichts erzwingen kan / wann ihr [der 'Dam' Europa] das Numen ein anders gönnet".[24] Wenn Luzifer daraufhin die versammelten Laster zu den Menschen ausschwärmen läßt, so dürfen wir annehmen, daß Belials Reden nicht ohne Wirkung geblieben sind. Und die folgenden Szenen der Vision machen deutlich, daß das Geld als "allermächtigste Königin" den Sündenpfuhl auch im Frieden blühen lassen wird.[25]

21. S.T, S. 477. (Vgl. Anm. 15).
22. Grimmelshausen, *Der Abentheuerliche Simplicissimus Teutsch.* Hrsg. von Hans Heinrich Borcherdt, Stuttgart 1961, S. 746.
23. S.T, S. 477. (Vgl. Anm. 15).
24. S.T, S. 478. (Vgl. Anm. 15).
25. S.T, S. 480. Diese Szene ist offenbar stark beeinflußt von Hans Michael Moscheroschs *Gesichten*.

Der Krieg erscheint hier als den Lastern besonders förderlich,
während der Friede sie zunächst einmal vertreibt, doch zugleich als
noch fruchtbarerer Nährboden für die Sündhaftigkeit der Menschen angesehen wird, eine Deutung, die den Frieden als größere
Versuchung in ein recht fragwürdiges Licht rückt. Sicher bleibt
dabei zu berücksichtigen, daß sie Belial in den Mund gelegt wird,
der aber eine Begründung anführt, die der theologischen Literatur
der Zeit durchaus vertraut ist.

Die Interpretation des Krieges als eines von Gott selbst ver-
ordneten Strafgerichts über besonders verstockte Sünder, die
zugleich der Rechtfertigung Gottes dient, erlangt im 17. Jahrhundert geradezu dogmatischen Charakter.[26] Sie war schon von
Erasmus in der *Ultima ratio de bello Turcis inferendo* entschieden
vertreten worden und kommt allenthalben in Dichtungen des
Barockzeitalters zum Ausdruck. Und vielfach, wie es gerade in den
zahlreichen Friedensspielen mit ihrem Appellcharakter geschieht,
ist die Beendigung des Krieges an eine positive Wandlung der
Menschen, an ihre Abkehr von der Lasterhaftigkeit geknüpft,
wobei der Krieg noch als Katalysator der Lasterhaftigkeit erscheint. Als Beleg mögen einige Textstellen aus dem letzten der
Harsdörfferschen *Frauenzimmer-Gesprächspiele* dienen, das 1649
erschien und den Titel *Der Fried* trägt. Unter den allegorischen
Figuren finden sich die 'Ruchlosigkeit / sündliche Sicherheit und
Vergessung der Liebe Gottes' sowie die 'Ungerechtigkeit gegen die
Menschen'. Beide sprechen davon, daß sie den Krieg als Strafe
provoziert haben, während des Krieges besonders wirksam waren,
doch nun durch den Frieden verjagt werden:

26. Vgl. dazu insbes. Irmgard Weithase, *Die Darstellung von Krieg und
Frieden in der deutschen Barockdichtung*, Weimar 1953, die freilich noch
weitgehend der Vorstellung der Erlebnisdichtung verhaftet bleibt. Auf
Schottel verweist Ferdinand van Ingen, *Die Sprachgesellschaften des 17.
Jahrhunderts.* In: *Daphnis* 1 (1972), S. 21, auf Greflinger Elger Blühm,
Neues über Greflinger. In: *Euphorion* 58 (1964), S. 79 und 83ff.

DJe ich GOTTES Gnadenwort /
hab verachtet fort und fort /
und geführt ein rohes Leben /
daß der Höchst' ob mir ergrimmt /
und des Schwertes Rach bestimmt /
muß mich in die Flucht begeben;
Weil der Krieg / dem ich behagt /
durch den Frieden wird verjagt.[27]

Eine derart eindeutige Gleichsetzung von Friede mit Abnahme oder gar Abwesenheit der Sünden wird freilich relativiert durch Worte eines Mitspielers, Degenwert, der die Ängste von Zeitgenossen ausspricht, indem er auf "unsre sichere Sünden" verweist:

> weil der Reichthum so flüchtig / als der Fried und die Einigkeit / hat man billich zu bitten / daß Gott die verliehene Beruhigung nicht wieder von uns nehmen wolle / wie unsre sichere Sünden wol verdienen möchten.[28]

Dennoch bleibt auch er dem 'dogmatischen' Deutungsmuster seines Zeitalters verpflichtet.

Zum gleichen Zeitpunkt wie Harsdörffer verfaßt Paul Gerhardt das bekannte 'Danklied für die Verkündigung des Friedens', das aber die einfache Formel vom Krieg als Strafe für Sünden und Frieden als Belohnung für Besserung durch eine Deutung ersetzt, die auf ein Abwägen von mehr oder minder Sünde und Besserungsbemühungen der Menschen verzichtet:

> Wir haben nichts verdienet
> Als schwere Straf und großen Zorn,
> Weil stets noch bei uns grünet
> Der freche schnöde Sündendorn.
> Wir sind fürwahr geschlagen
> Mit harter, scharfer Rut,

---

27. Georg Philipp Harsdörffer, *Frauenzimmer Gesprächspiele*, hrsg. von Irmgard Böttcher. VIII. Teil, Tübingen 1969, S. 486-488; das Spiel wurde von S. v. Birken benutzt: als Vorlage für *Krieges= und Friedensbildung; in einer Bey hochansehnlicher Volkreicher Versammlung offentlich vorgetragenen Rede auf=gestellet Nebenst einer Schäferey Durch Sigismund Betulius*, Nürnberg 1649. Birken verweist im Nachwort auf eine ähnliche Vorstellung bei Cesare Ripa. Vgl. dazu: Eberhard Fähler, *Feuerwerke des Barock. Studien zum öffentlichen Fest und seiner literarischen Deutung vom 16. bis 18. Jahrhundert*, Stuttgart 1974, S. 173ff.

28. Harsdörffer, S. 495 (vgl. Anm. 27).

Und dennoch muß man fragen:
Wer ist, der Buße tut?
  Wir sind und bleiben böse,
Gott ist und bleibet treu,
Hilft, daß sich bei uns löse
Der Krieg und sein Geschrei.
[...]
  Was Gott bisher gesendet,
Das hast du ausgelacht,
Nun hat er sich gewendet
Und väterlich bedacht,
  Vom Grimm und scharfen Dringen
Zu deinem Heil zu ruhn,
Ob er dich möchte zwingen
Mit Lieb und Gutestun.[29]

Krieg und Frieden sind auch nach diesem Verständnis von Gott verhängt, aber doch nicht mehr gebunden an die Höhe der Lasterhaftigkeit, sondern nur unterschiedliche Mittel Gottes zur 'Erweckung' der 'harten', auch durch Krieg nicht gebesserten Welt.[30] Diese Deutung verzichtet bewußt auf eine Berechnung göttlichen Handelns und wird der Auffassung vom Menschen als einem Sünder, dem Besserung nicht oder höchstens für kurze Zeit gelingt, entschieden gerecht. Damit entgeht sie den Gefahren der Anmaßung ebenso wie der Selbstgerechtigkeit.

Grimmelshausen schließt sich zweifelsohne der Überzeugung vom Krieg als gottverhängter Strafe an, wie seine Ausführungen im *Satyrischen Pilgram* bereits zeigen. Stützt er sich dort weitgehend auf Ausführungen Garzonis, so fügt er ausdrücklich hinzu, daß "niemand vernainen ... kan / daß der Krieg eine von dreyen und zwar die gröste Hauptstraffe Gottes seye", nachdem er freilich kurz vorher bekannt hat, "daß nichts unsinnigers uff der Welt sey / als eben dieses klägliche Schauspiel" einer kriegerischen Auseinandersetzung.[31]

29. Paul Gerhardt, *Dichtungen und Schriften*, hrsg. von Eberhard von Cranach-Sichart. München 1957, S. 286f.

30. Weithase verweist a.a.O., S. 49 ohne weitere Analyse auf Gerhardts abweichende Meinung.

31. Grimmelshausen. *Satyrischer Pilgram*, hrsg. von Wolfgang Bender. Tübingen 1970, S. 158f. Grimmelshausen übernimmt wörtlich zahlreiche Passagen aus Garzonis Kapitel *"Vom Kriegswesen ins gemein..."*. In: *Piazza Vniversale*, S. 718-730.

293

Doch offensichtlich ist der Autor des *Simplicissimus-* Romans sich durchaus der Problematik des gängigen Argumentationsmusters bewußt, das die Friedensspiele nahezu ungebrochen reproduzieren und dem schon Paul Gerhardt eine andere Deutung entgegenstellt. Das wenigstens geht — neben dem Höllengespräch der *Continuatio* — vor allem aus dem Protest und der Anklagerede des in Köln lebenden Jupiter hervor, dem Simplicissimus freilich keine besondere Beachtung schenkt, weil er "wiederumb gantz hirnschellig" zu sein scheint.

Trotz dieses ausdrücklichen Hinweises sollte sich der Leser des Romans nicht täuschen lassen; was als törichtes Gerede eines Phantasten hier präsentiert wird, sind Argumente aus einer Diskussion der Zeit, an der nicht nur die Theologen sehr interessiert waren. Jupiters Bedenken richten sich gegen die einfache Formel einer Sündenaufrechnung, wie sie der Zeit — nicht zuletzt dank der außerordentlich beliebten Friedensspiele — vertraut war, die aber aus mehreren Gründen zu Zweifeln Anlaß bot.

Damit bestätigen wir, was in einem der jüngsten Forschungsbeiträge gerade zur Gestalt Jupiters überzeugend herausgearbeitet worden ist — und zwar unter Rückgriff auf medizinische Literatur der Zeit. Geisteskrankheit entwertet danach keineswegs durchweg die Äußerungen der betroffenen Person, sondern darf im Sinne der Auffassung des gelehrten Kranken sogar als Zeichen hoher Intelligenz angesehen werden, die sich eben dadurch auszeichnet, daß sie zu erkennen vermag, was den Menschen gemeinhin verborgen bleibt.[32] In dieser ungewöhnlichen, nur wenigen vorbehaltenen Fähigkeit der Erkenntnis geheimer Wahrheiten zeigt sich Jupiter dem Inseleremiten Simplicissimus selbst verwandt, wie er am Ende der *Continuatio* beschrieben wird.

Die theologisch begründeten Zweifel des seltsamen Propheten an der Kriegs- und Friedensdeutung der meisten Zeitgenossen lassen auch seine Vorschläge in der zentralen Szene des Romans als durchaus konsequent erscheinen. Wer nicht mehr an die Wirkung des Strafgerichtes, und d.h. eben an eine entschiedene Bußbereitschaft und Besserung des Menschen als Voraussetzung für die Wiederherstellung und Sicherung des Friedens zu glauben

32. C. Stephen Jaeger, Grimmelshausen's Jupiter and the Figure of the Learned Madman in the 17th Century. In: *Simpliciana* III, München 1981, S. 39-64.

vermag, wird sich veranlaßt sehen, andere Möglichkeiten der Befriedung zu erörtern und ins Auge zu fassen. Besitzt dabei eine Reihe von Vorschlägen durchaus utopische, ja absurde Züge, so enthalten andere, etwa soziale und politische Ungerechtigkeiten betreffende Überlegungen durchaus Vorstellungen, wie sie schon vor Grimmelshausen — und in der Hoffnung auf deren Realisierung — entworfen worden sind. Unter diesem Aspekt bedürfen Teile der Prophetie einer erneuten Analyse.

Joseph Leighton

COURASCHE AND MOLL FLANDERS: ROGUERY AND MORALITY

Fornication, sexual depravity, transvestism, rape, incest, even what in common parlance is called a 'gang bang', all these adventures are experienced by the heroines of Grimmelshausen's *Die Landstörzerin Courasche* and Defoe's *Moll Flanders*. Two very outspoken ladies regale the reader with accounts of their sexual escapades in a remarkably uninhibited way. Nowadays, of course, in the age of Lisa Alther and Erica Jong, such outspokenness scarcely raises an eyebrow. Indeed, we are more likely to be informed that it "reinforces our new-found knowledge that women can and do write just as powerfully and unsqueamishly about sex as men".[1] The sexual appetites of women have now become 'literaturfähig', and for women to write freely of their own sexual experiences is seen as an act of liberation from male dominance.

The stories of Courasche and Moll Flanders are not, of course, the true autobiographies they purport to be but are in fact written by men, and this in itself should be warning enough, if warning is needed, against reading them as precursors of women's liberation. Unwittingly, perhaps, Erica Jong alerts us to the dangers in her novel *Fanny*, in which a re-created eighteenth-century heroine, not entirely unrelated to Courasche and Moll, is endowed with a distinctly modern consciousness. There is no doubt that certain pitfalls do confront the modern reader of seventeenth and early eighteenth-century fiction. It is sometimes difficult to accept that a story which, on the surface, seems to deal exclusively with vice and villainy can have a moral purpose unless the moral is explicit. A

1. Thus the blurb on the back cover of the paperback edition of Lisa Alther's novel *Kinflicks* (paperback edition published by Penguin Books, 1977).

seventeenth-century reader, however, trained in listening to sermons that made extensive use of exemplary stories and accustomed to a mode of thinking that looked for moral and religious significance in the phenomena of nature as well as in human behaviour, could be expected to work out for himself the moral of a story.

Bringing *Die Landstörzerin Courasche* and *Moll Flanders* together may at first seem curious in that the literary situation in England in the early eighteenth century is totally different from that in Germany some fifty years earlier. The difference in time and tradition would seem to allow for little common ground. And yet it is the tradition of the picaresque novel, a literary phenomenon of truly European importance, that suggests a link between the two works that goes beyond the purely superficial. The purpose of this paper is to examine the extent to which they belong to the same tradition and how they respond to it.

The Spanish picaresque novel arose in part as a reaction to the romances of chivalry — in this it has something in common with *Don Quixote*. The dominance in Europe of the *Amadis* novels, which by the end of the sixteenth century had become an integrated series of 24 books and which had appeared in hundreds of editions and translations throughout Europe,[2] was bound to produce some reaction. Just as other countries had followed the Spanish fashion in extending the *Amadis* novels, just as they had taken up the newer Spanish vogue of the pastoral novel (Montemayor' *Diana* serving as a model for such works as Nicolas de Montreulx's *Les bergeries de Juliette*, Sir Philip Sidney's *Arcadia* and perhaps even for Honoré d'Urfé's *Astrée*), so too the Spanish reaction to these high-flown and highly unrealistic forms was imitated in other European countries.

In his controversial study of the picaresque novel A.A. Parker argues that the genre did not arise as a satire or parody of the romances but "as a deliberate alternative, a 'truthful' literature in response to the explicit demands of the Counter-Reformation".[3]

2. Hilkert Weddige, *Die 'Historien vom Amadis auss Frankreich'. Dokumentarische Grundlegung zur Entstehung und Rezeption*. Wiesbaden 1975.

3. Alexander A. Parker, *Literature and the Delinquent. The Picaresque Novel in Spain and Europe 1599-1753*, Edinburgh 1967, p. 22.

Certainly this argument gains strength if we consider the reception of the picaresque novel in Germany and its later development. But the notion of 'truthfulness' raises another controversial point that has often affected critical approaches to picaresque novels — namely the view that in them originates the tradition of the realistic novel. It remains unwise to approach earlier picaresque novels with a view of realism shaped by experience of more recent writings, in particular of the novel of the nineteenth and twentieth centuries. The notion of 'truthfulness' that applies to the picaresque novel is not so much that of fidelity to the real world and human experience as of a truth based on a Christian interpretation of the world. Even where the picaresque novel seems to be at its closest to the real events of the age other factors are invariably at work. Grimmelshausen's *Simplicissimus* provides a good example. Set in the Thirty Years War, many of whose horrors it portrays in fairly stark terms, it nevertheless draws on literary sources even where one might expect it most to draw on real experience. The famous description of the Battle of Wittstock, long thought to be a masterpiece of realistic description, was in fact taken almost verbatim from a translation of Sir Philip Sidney's *Arcadia*,[4] a work which is anything but realistic. In a picaresque novel it is easy to mistake coarseness and drastic language for realism. As Parker rightly points out,[5] the presence in a picaresque novel of such moments serves to emphasis the novel's conformity to prevailing standards of literary theory and rhetoric. Like comedy, the picaresque novel was a form to which 'low style' was appropriate. 'Low style' is a notion which has much more to do with rhetorical technique than with realism as we know it.

If, therefore, we are inclined to see *Die Landstörzerin Courasche* and *Moll Flanders* as picaresque novels, that will inevitably affect our judgement of them and our interpretation of particular themes and topics within them. To what extent can Courasche and Moll be considered two of a kind? A comparison of some features of the two novels may throw some light on the characters' overall significance.

4. Hans Geulen, 'Arcadische' Simpliciana. Zu einer Quelle Grimmelshausens und ihrer strukturellen Bedeutung für seinen Roman. *Euphorion*, 63, 1969, pp. 426-437.
5. Parker, p. 25.

in purely formal terms both *Die Landstörzerin Courasche* and *Moll Flanders* show important similarities to the picaresque novel. Dominant in both is the single-stranded, first-person narrative, ostensibly autobiographical, which takes the heroine through a series of adventures and changes of fortune. This episodic structure is, however, more than just a formal consideration; it is also part and parcel of the way the picaresque novel shows the inconstancy of the world, and as such it acquires, by implication, moral and religious significance. The theme of inconstancy is central to many such novels, often proclaimed on the title page, as for example in the title of the German translation of *Guzman de Alfarache: Der Landstörtzer: Gusman von Alfarache oder Picaro genannt, dessen wunderbarliches, abenthewrlichs und possirliches Leben, was gestallt er schier alle ort der Welt durchloffen, allerhandt Ständt, Dienst und Aembter versucht, vil guts und böses begangen und außgestanden, jetzt reich, bald arm und widerumb reich und gar elendig worden, doch letztlichen sich bekehrt hat.*[6]

The full title of *Courasche* is very similar to this, except that it does not contain the idea of conversion, a point which will be discussed later. There are also echoes of the same kind in the full title of Moll Flanders: *The Fortunes and Misfortunes of the Famous Moll Flanders, who was Born in Newgate, and during a Life of continu'd variety for Threescore Years, besides her Childhood, was Twelve Years a Whore, five times a Wife (whereof once to her own Brother) Twelve Years a Thief, Eight Years a Transported Felon in Virginia, at last grew Rich, liv'd Honest, and dies a Penitent.*[7] Within the novels, too the characters reflect on the inconstancy of the world. In the tenth chapter we find Courasche, for one brief moment leading a life of almost honest endeavour as a sempstress, saying of her situation:

> Nun dies wäre ein feierliches Leben gewest das wir führten; ja gleichsam ein Clösterliches wann uns nur die Beständigkeit nicht abgangen wäre; (p. 55)[8]

6. Cf. Hans Gerd Rötzer, *Der Roman des Barock 1600-1700. Kommentar zu einer Epoche*, München 1972, p. 42.
7. The edition of *Moll Flanders* used here is that edited and introduce by G.A. Starr in the Oxford English Novels series, London 1971. All page references in the text are to this edition.
8. *Lebensbeschreibung der Erzbetrügerin und Landstörzerin Courasche*

While Courasche's use of the word 'Clösterlich' is less than convincing it is interesting to note that what she says here is similar to Moll's description of her situation when married to her honest banker:

> Oh, had this particular scene of life lasted, or had I learned from that time I enjoyed it, to have tasted the true sweetness of it, and had I not fallen into that poverty that is the sure bane of virtue, how happy I had been, not only here, but perhaps for ever! (p. 188)

But in both novels it is the inconstancy of the world that is the ultimate test of each individual and that provides him with the opportunity to come to terms with his own mortal existence and consider the immortality of his soul. In taking up this theme and treating it in an episodic, quasi-autobiographical manner both *Courasche* and *Moll Flanders* can be seen to belong to the picaresque tradition. However, where Grimmelshausen's response to the inconstancy of the world is essentially spiritual, involving a complete rejection of worldly values, Defoe's work lays a rather different emphasis, for his ending shows virtue rewarded with material success.

Courasche and *Moll Flanders* also have a good deal in common at the level of plot and character. Both heroines are motivated principally by lust, envy and avarice. Both start on their downward paths by sacrificing their chastity to a promise of marriage. In the case of Courasche, though, there is no question of her being the victim of deception — if anything, she seems to provoke the situation by revealing herself to the 'Rittmeister' and she uses her undoubted charms to fire his passion by 'playing hard to get'. She makes it plain that she has little interest in resisting for long:

> Er tröstete mich gar freundlich/und versprach mit gelehrten Worten meine Ehre wie sein eigen Leben zu beschützen; mit den Wercken aber bezeugte er alsobalden/ daß er der erste wäre/ der meinem Kränzlein nachstellete/ und sein unzüchtig Gegrabel gefiel mir auch viel besser als sein ehrlichs Versprechen. Doch wehrete ich mich ritterlich nicht zwar/ihm zu entgehen oder seinen Begierden zu entrinnen/ sondern ihn recht zu hetzen und noch begieriger zu machen; (p. 25)

Already at this early stage of the novel Courasche's depravity is

in Grimmelshausen, *Gesammelte Werke in Einzelausgaben*, edited by Rolf Tarot, Tübingen 1967. All page references in the text are to this edition.

obvious; she is essentially responsible for her own downfall and cannot really be seen as a victim of circumstance.

In the case of Moll the element of lust is perhaps not quite so pronounced, and she does not seem to take the initiative in the way that Courasche does. However, she is quite clear in her own mind that her vanity is in large measure responsible for her behaviour. She says of herself:

> Thus I gave up myself to a readiness of being ruined without the least concern, and am a fair memento to all young women whose vanity prevails over their virtue. (p. 25)

Even when she first yields to the elder brother Moll is also influenced by the fatal attraction of money. When he offers her a hundred guineas down and the same sum each year until he marries her she goes weak at the knees and succumbs to the entreaties of her lover without a further thought:

> My colour came and went, at the sight of the purse and with the fire of his proposal together, so that I could not say a word, and he easily perceived it; so putting the purse into my bosom, I made no more resistance to him, but let him do just as he pleased and as often as he pleased; and thus I finished my own destruction at once, for from this day, being forsaken of my virtue and modesty, I had nothing of value left to recommend me, either to God's blessing or man's assistance. (p. 28-29)

Thus Moll too, in her own terms, is responsible for her own downfall as Defoe, interweaving the narrative with moral comment, constantly reminds us.

In the tradition of the picaresque novel the hero or heroine normally has no fixed place in society. Courasche and Moll both follow in this tradition in the sense that both are of illegitimate birth and both acquire position only through marriage, which never seems to last very long. Ironically both characters seek to establish themselves through marriage, and yet both are guilty of grievous offences against the institution of marriage. In Moll's case this consists not only in her incestuous marriage with her half-brother but also in bigamy, a crime which for the most part she simply chooses to overlook. After her affair with the gentleman from Bath she reflects on her condition in the following terms:

> But I never once reflected that I was all this while a married woman, a wife to Mer. ..... the linen-draper, who, though he had left me by the

necessity of his circumstances, had no power to discharge me from the marriage contract which was between us, or to give me a legal liberty to marry again; so that I had been no less than a whore and adulteress all this while. (p. 124)

Nowhere does Moll consider this fact again, although her second marriage is never legally terminated. She remains happy to seek further opportunities of marriage to secure a proper position for herself in society. Material well-being always takes a higher priority for Moll than her spiritual welfare. Her attitude to bigamy provides a curious contrast to her revulsion at her incestuous relationship with her half-brother in which her sin is committed in total ignorance of the true situation.

Courasche's crime against the institution of marriage is of a different order and illustrates one of the fundamental differences between Courasche and Moll. Moll, for all her waywardness, is seen as a relatively wholesome woman. This is apparent even in her discovery of her incest when she says that she "was not much touched with the crime of it, yet the action had something in it shocking to nature" (p. 89). Courasche, in contrast, is portrayed as unnatural. Courasche's 'unnaturalness' is emphasised by her wearing of trousers, her military exploits and by her dominance over the male of the species, by the way she rides a horse and by her acquisition of the 'männliche Sitten' of swearing and drinking. A scene such as her trouncing of her lieutenant husband would clearly have been seen in the seventeenth century as a reversal of the natural order. The critical point in Courasche's matrimonial history is the 'Schein-Ehe' she undergoes with Springinsfeld in Chapter 15, an important turning-point in the novel. What makes the agreement with Springinsfeld an explicit denial of Christian marriage is the third clause of the contract laid down by Courasche:

Jedoch soll solche Verehelichung drittens von der christlichen Kirche nicht eher bestätigt werden/ ich befände mich denn zuvor von ihm befruchtet. (p. 82)

Since Courasche knows that she is barren, and later she gloats "daß ich dem Simpel guten Glauben gemacht/ die Unfruchtbare hätte geboren" (p. 131), the clause in question is a clear denial of the Christian sacrament and serves to underline the wickedness of her behaviour. For a contemporary reader no moral commentary would have been needed at this point. The same denial of the Christian sacrament is also implicit in her first marriage to the 'Rittmeister'; they marry only when he is about to die. The 'Verkehrtheit' of this situation is pointed out quite clearly in the chapter heading:

> Courage wird darum eine Ehefrau und Rittmeisterin/ weil sie gleich darauf wieder zu einer Wittwe werden muste/ nach dem sie vorhero den Ehestand eine weile lediger Weise getrieben hatte. (p. 26)

The reader is left in little doubt how to judge Courasche's behaviour.

The contrast of Courasche's barrenness and Moll's fecundity emphasises the total equation of evil and unnaturalness in Courasche and the rather more sympathetic, redeemable character of Moll. Even in their thieving they are motivated differently. Whereas Moll's crimes are to some extent born of poverty and necessity, Courasche's are committed more for sheer pleasure or for motives of revenge. In Chapter 20 she says: "Ich stahl/ wie gehöret/ nicht aus Not oder Mangel, sondern mehrenteils darum/ damit ich mich an meinen Widerwärtigen revangiren möchte" (p. 110). Eventually Courasche's unwillingness to temper her dominant vices of lust and avarice lead to her contracting syphilis. Courasche's description of the event, while never indicating any feelings of remorse, interprets the illness as due punishment for the sins she has committed:

> Demnach ichs aber beydes aus großer Begierde des Gelts wider damit gewonnen/ als meiner eigenen unersättlichen Natur halber gar zu grob machte/ und beinahe ohne Unterschied zuließe, wer nur wolte; siehe, da bekam ich dasjenige/ was mir bereits vor zwölff oder funffzehen Jahren rechtmäßiger weise gebühret hätte ... (p. 128)

The essential contrast between Courasche and Moll lies in their differing attitudes towards their various crimes. While Courasche is totally unrepentant and, apart from the first chapter, never really considers the possibility of repentance, Moll gradually comes to a recognition of her own sinfulness. Her repentance is ultimately rewarded with material comfort and wealth in her old age. By contrast, the unrepentant Courasche finishes up as a gipsy, in effect a complete social outcast.

The theme of repentance is an important ingredient of the picaresque tradition, and this is perhaps a reason for taking Moll's

303

penitence seriously. While a large question mark hangs over the genuineness of her spiritual reform at the end of the novel, particularly since she shows no qualms about living off her earlier ill-gotten gains, the theme of repentance is so insistent and undergoes so many variations that it cannot be entirely ignored.

Let us first consider briefly the importance of the theme within the picaresque tradition. From the first appearance of Alemán's *Guzman de Alfarache* the problem of religious conversion and of penitence for a former criminal life becomes an integral part of many such novels. The German translation of *Guzman de Alfarache* by Aegidius Albertinus exploits it for its own counter-reformationary purpose. Grimmelshausen's *Simplicissimus* follows directly in this tradition, a point emphasised by the borrowing, in book five, from Albertinus' translation of Guevara. Given the typical picaresque hero's progress through the world, during which his innocence is corrupted and he learns to adjust to the wickedness of the world, the notion of penitence which figures at the end of the hermit's advice to Simplicius acquires special significance. Invariably the picaro has many false starts before he reaches real penitence and in this sense some kind of spiritual progress is charted. In *Simplicissimus* we see the hero failing to take many opportunities to reform himself. On the pilgrimage to Einsiedeln, for instance, we are shown that his spiritual condition is not yet ripe for true repentance. Again, at the end of the fifth book, when Simplicius rejects the world in order to live as a hermit, his repentance is not complete for he has yet to overcome the problem of idleness. He becomes a tourist attraction and in the process falls prey to worldly ways and worldly vices. Only after a series of further adventures and his final isolation from the world on a desert island does Simplicius find his true self. Only then does true repentance allow him to devote himself to a life of active contemplation.

In *Moll Flanders* the theme of repentance comes to the fore when Moll's first lover renounces all claim to her in favour of his younger brother. He says to Moll:

> I here offer you five hundred pounds in money, to make you some amends for the freedom I have taken with you, which we shall look upon as some of the follies of our lives, which 'tis hoped we may repent of. (p. 55)

It is ironic that the first statement of the theme occurs in the context of the financial benefits of promiscuity, a direct contrast of the spiritual and the material. This contrast provides a structure that helps to explain other situations in the novel, where Moll is confronted with models of real penitence while she herself continues to play with repentance for more immediate ends. One of the models provided for Moll is her own mother. After Moll has discovered her identity she lives for three years in the knowledge of her incest and during this time, she tells us, her mother often told stories of her own past:

> During this time my mother used to be frequently telling me old stories of her former adventures, which, however, were no ways pleasant to me; for by it, though she did not tell it me in plain terms, yet I could easily understand, joined with what I had heard myself, of my first tutors, that in her younger days she had been both whore and thief; but I verily believe she had lived to repent sincerely of both, and that she was then a very pious, sober and religious woman (p. 89)

At this time Moll is too preoccupied with her incestuous marriage, which she sees more as a perversion of nature than as a sin, to take heed of her mother's example. Nevertheless, when she returns to England, she is fortunate to be provided with another example of genuine repentance. Her gentleman from Bath, with whom she lives without being married for six years and by whom she has a child, is eventually taken seriously ill and in the face of death gives careful thought to the welfare of his soul. This requires him to break off all contact with Moll, and while she is clearly consternated by the severity of his decision, she nevertheless fully understands his reasons for taking it. She says somewhat philosophically:

> I cannot but observe also, and leave it for the direction of my sex in such cases of pleasure, that whenever sincere repentance succeeds such a crime as this, there never fails to attend a hatred of the object; and the more affection might seem to be before, the hatred will be the more in proportion. It will always be so, indeed it can be no otherwise; for there cannot be a true and sincere abhorrence of the offence, and the love to the cause of it remain; there will, with an abhorrence of the sin, be found a detestation of the fellow-sinner; you can expect no other. (p. 123)

For all her clarity of insight Moll's response to this is to write a begging letter in which she feigns repentance herself in order to exert moral pressure on her former lover to make better financial provision for her. Once again the material and worldly triumphs over the spiritual.

Material welfare is seen almost as a pre-condition of a good, virtuous life. For a period of her marriage to the honest banker Moll does indeed seem to be a reformed character. She describes her life in very positive terms and says that while she lived thus she was really a penitent for her past life, learning to look back on it with abhorrence. Even here, though, Moll is aware that she may be deceiving herself. She says:

> Now I seemed landed in a safe harbour, after the stormy voyage of life past was at an end, and I began to be thankful for my deliverance. I sat many an hour my myself, and wept over the remembrance of past follies, and the dreadful extravagances of a wicked life, and sometimes I flattered myself that I had sincerely repented. (p. 188)

As with Simplicissimus this false repentance represents a stage on the road to full spiritual awareness, the latter only possible when Moll is forced to come to terms with her own mortality. This happens in Newgate when Moll is faced with the death sentence; again a model is provided for her in the form of her "poor governess". It is she who, in the wake of her own repentance, sends the minister to Moll to prepare her spiritually for death. At this point Moll's true repentance begins, and while its genuineness may still be questioned, not least in view of the ambiguity of Defoe's preface, there seems to be a reasonable case for accepting it at face value. The pattern of Moll's developing spiritual awareness is so similar to that of other picaresque novels that a contemporary reader was perhaps more likely to accept it as genuine than a modern critic. What distinguishes *Moll Flanders* from most earlier picaresque novels is that we see Moll's virtue ultimately rewarded in material terms and she is allowed to build a good and prosperous life after her repentance. The ending shows us that the asceticism of *Simplicissimus*, the total rejection of the world and its vanities (which is also implicitly the moral of *Die Landstörzerin Courasche*) is not an adequate response for Defoe in the early eighteenth century. Defoe's concern is a much more practical morality, as he makes plain in the preface:

> Her application to a sober life and industrious management at last in Virginia, with her transported spouse, is a story fruitful of instruction to all the unfortunate creatures who are obliged to seek their re-

establishment abroad, whether by the misery of transportation or other disaster; letting them know that diligence and application have their due encouragement, even in the remotest parts of the world ... (p. 4)

One might argue that the religious morality of the picaresque novel is here being secularised, a point that gains some support from a comparison with a contemporary French picaresque novel, *Gil Blas de Santillane*.

Gil Blas shares with other picaresque novels a very clear moral structure; the hero's progress from his childhood innocence through the vicissitudes of life and the corruption of the world is clearly commentated throughout. The crucial moment in Gil Blas's career is his imprisonment following his disgrace as secretary to the Duke of Lerma. Partly as a result of a serious illness that he suffers while in prison he learns to understand the vanities of courtly life and the wickedness of his former ways. He experiences something akin to genuine penitence; this does not come entirely out of the blue since he has become aware, while still secretary to the Duke of Lerma, of the way in which avarice and ambition have overcome his former good nature and in particular have subdued any sense of filial piety. Confronted with death he turns away from wealth and honours and concerns himself with spiritual rehabilitation. He takes refuge in edifying literature and delights in reading moral essays and treatises which strengthen his antipathy to the court and his relish of solitude. This theme of solitude, which in a sense links Gil Blas's withdrawal from the world with that of Simplicissimus, is echoed repeatedly in later episodes. Looking back on his past Gil Blas sees sickness and imprisonment as his best moral tutors; it was these that enabled him to see the world in its true perspective.

However, the solitude of Gil Blas contains nothing of the asceticism of Simplicissimus. He retreats to a country estate provided by a noble benefactor where he lives a peaceful existence in which he enjoys the fruits of the earth in plenty. That his physical comfort is not intended to reflect on the sincerity of his repentance is nevertheless quite clear. Like Simplicissimus Gil Blas does not remain in retirement. When the government changes he is persuaded, against his will, to seek the favour of the court again, and he duly becomes secretary to the Count Olivarez, the new prime minister. His role now, however, stands in sharp contrast to his period as secretary to the Duke of Lerma, and now all his actions are governed by concern for the needs of others and not by self-interest. He learns from his mistakes and provides a kind of model for moral behaviour within society. In this way the asceticism of the Counter-Reformation is replaced by a more secularized morality. The rationalism and materialism of the early eighteenth century begin to take over from the purely religious world view of earlier picaresque novels, and in this the endings of *Gil Blas de Santillane* and *Moll Flanders* have a good deal in common.

By contrast *Die Landstörzerin Courasche* seems to have very little to do with the theme of repentance, although the idea is always in the background as one of the standards by which we judge Courasche's unabashed roguery. In the first chapter we are told that it is precisely the gift of remorse and repentance that Courasche lacks:

> Das/ so mir manglet/ ist die Reu/ und was mir manglen sollte/ ist der Geiz und der Neid. Wann ich aber meinen klumpen Gold/ den ich mit Gefahr Leib und Lebens/ ja/ wie mir gesagt wird/ mit Verlust der Seligkeit zusammen geraspelt/ so sehr haßte/ als ich meinen Nebenmenschen neide/ und meinen Nebenmenschen so hoch liebte als mein Geld/ so möchte die himmlische Gabe der Reue auch folgen. (p. 15)

As we see, however, remorse and repentance never do follow. Even when, in Chapter 23, Courasche reflects on the death of her "böhmische Mutter", which she sees as "ein Omen meiner künftigen Unglückseligkeit", she is not prompted to any reflection on her spiritual welfare. While the event undoubtedly makes an impact on her it does not produce the appropriate response. She says: "Solches bedunkten mich eitel Vorbedeutungen meines künftigen Verderbens zu sein/ welches dann die erste Melancholia/ die ich mein Tage rechtschaffen empfunden/ in meinem Gemüt verursachte" (p. 125). The transformation Courasche describes here is not that "holy" melancholy of the seventeenth century which rejected the vanities of the world,[9] but the old sinful black gall and its attendants, spiritual indolence and predisposition to envy.

9. Cf. Helen Watanabe-O'Kelly, *Melancholie und die melancholische Landschaft. Ein Beitrag zur Geistesgeschichte des 17. Jahrhunderts*, Bern 1978, p. 46f.

The mention of melancholy is a reminder that the moral structure of *Courasche* is of a different kind from that of either *Simplicissimus* or *Moll Flanders*. The key to this difference is given in the first chapter where Courasche expounds on the various stages of a woman's life and describes them in terms of the four humours and their attendant vices. This passage clearly indicates Courasche's exemplary function. She stands as a warning to all good Christians of the depravity of the human soul when it turns away from Christ and towards worldly vanities. She also stands in direct contrast to Simplicissimus in remaining unrepentant to the end, and in this Courasche comes closer to the earliest picaresque characters such as Lazarillo and perhaps even Pablos in *El Buscón*. In the treatment of both these picaresque heroes the moral is implicit rather than explicit.

The characters of a picaresque novel are not psychological studies in a modern sense, nor are they defined purely by social circumstance; they are exemplary in that they incorporate or illustrate a specific moral or religious idea. This in itself is enough to prevent Courasche and Moll from acquiring overtones of sexual emancipation. A further factor can be found in seventeenth-century attitudes to satire and the way writers expected their stories to be read. Many authors of picaresque novels clearly saw them as works designed to entertain while at the same time conveying a serious message. The element of fun is merely the sweetening of the bitter pill. In the sixth book of *Simplicissimus* Grimmelshausen describes his own method using precisely this metaphor; he writes:

> ... daß ich aber zuzeiten etwas possierlich aufziehe/ geschiehet der Zärtling halben; die keine heilsame Pillulen verschlucken/ sie seien dann zuvor überzuckert und vergüldt (p. 472);

He warns the reader against being misled by the superficial action of the novel:

> ... läßt sich aber indessen ein und anderer der Hülsen genügen und achtet des Kernen nicht/ der darinnen verborgen steckt/ so wird er zwar als von einer kurzweiligen Histori seine Zufriedenheit: Aber gleichwol dasjenig bei weitem nicht erlangen/ was ich ihm zu berichten eigentlich bedacht gewesen ... (p. 473).

Clearly the author of such a work needs to be able to rely on his readers' approaching the book in the right way, a point which is also made explicitly by Defoe in the preface to *Moll Flanders*.

> But as this work is chiefly recommended to those who know how to read it, and how to make the good uses of it which the story all along recommends to them, so it is to be hoped that such readers will be more pleased with the moral than the fable, with the application than with the relation, and with the end of the writer than with the life of the person written of. (p. 2).

While on the one hand such a statement may amount to little more than apologetics for a racy, immoral story, the point about the expectations that can be made of a reader remains valid. The 'Lesehaltung' of the seventeenth or early eighteenth-century reader was clearly different from that of a modern reader.

A particularly good illustration of this point is provided by an amusing anecdote in the preface of Lesage's *Gil Blas de Santillane*. The narrator addresses the reader with the following story:

> Two scholars going together from Pannafiel to Salamanca, and finding themselves weary and faint, stopped by the side of a fountain which they came to in their way. As they were resting themselves there, they by chance spied a stone with some words written upon it, almost effaced by time, and the feet of the flocks that came to drink at that spring: they washed the dirt off the stone; and when they could read the words distinctly, they found this inscription in the Castilian tongue ...: "The soul of the Licentiate Pedro Garcias is here inclosed". The youngest of the scholars, a brisk blunt boy, had no sooner read the inscription, but he laughed and cried, "The soul here inclosed — A soul inclosed; I would fain know the author of such a foolish epitaph". So saying, he got up and went away; while his companion, who had more judgement, said to himself, "There must be some mystery in it: I will stay and see whether I can find it out". Accordingly, he let the other scholar go before him; and when he was gone, he pulled out his knife and dug up the earth about the stone, which at last he removed, and found under it a leather purse, which he opened. There were a hundred ducats in it, with a card, wherein was written in Latin to this effect. "Be thou my heir, thou who hast wit enough to find out the meaning of this inscription, and make better use of my money than I did". The scholar was overjoyed at this discovery, covered the place with the stone again, and proceeded to Salamanca with the soul of the Licentiate in his pocket.[10]

10. Quoted from *The History and Adventures of Gil Blas of Santillane*, Edinburgh 1764.

While the equation of soul and money in this anecdote may be seen as an ironic reinforcement of the early eighteenth-century view that real virtue can expect to be rewarded in this world as well as in the next, the emphasis of the anecdote, as is later clearly indicated by the narrator, is on the ability of the reader to discover the hidden meaning of the story.

Such statements of intent by authors of picaresque novels, whether contained in prefaces or in the body of the text, serve to underline the serious moral purpose of these works, a purpose fulfilled principally by the use of exemplary characters, i.e. characters whose individuality is of secondary importance to the moral idea the reader is expected to deduce from their behaviour. That even such a character as Courasche is exemplary, in the essentially negative sense that she stands as a warning against lust and avarice, as an example of moral depravity, ceases to be a problematical point when we remember that she probably comes very much closer to the seventeenth-century view of women than such a paragon of virtue as, say, Catharina von Georgien. With Moll Flanders, however, the explanation of her character solely in terms of its exemplary function seems less satisfying. There seems to be a greater concern for her individuality and also for the social conditioning of her behaviour; we have the beginnings of an interest in character in its own right. Perhaps it is this change of emphasis which makes *Moll Flanders* such an interesting work and, in a sense, a final landmark in the development of the picaresque novel. If we accept the view put forward by Ian Watt that the modern novel begins in the eighteenth century, then the picaresque narrative provides us with a vital link between the prose fiction of the Renaissance, which is exemplary in character, and the more realistic forms of the modern genre.

Etienne Mazingue

A PROPOS DE COURAGE ET SPRINGINSFELD,
ET SPECIALEMENT DE LEUR DIVORCE

Grimmelshausen ne se contente pas, pour associer son second roman picaresque à celui qui le précède, d'emprunter au *Simplicissimus* un personnage tout à fait secondaire et de surcroît anonyme pour en faire la figure principale de sa *Courasche*. Il imagine une véritable mise en scène et invente une perspective narrative originale et cohérente: l'autobiographie que Courage dicte et fait publier est un *Trutz Simplex*, un *Anti-Simplex*, une réplique polémique à l'autobiographie de Simplicius[2].

Celui-ci, c'est son grand tort, s'est montré doublement désinvolte envers Courage. En tant qu' "acteur" d'abord, il n'a pas témoigné qu'il faisait grand cas de cette maîtresse facilement conquise et rapidement écartée — et Courage s'est vengée "à chaud" en faisant déposer sur le seuil de sa ferme un nouveau-né, fruit de cette brève rencontre. Plus tard, et c'est le plus grave, Simplicius auteur a révélé au public l'épisode du *Sauerbrunnen* en se donnant complaisamment le beau rôle et en traitant sa partenaire comme quantité négligeable. Courage se sent défiée, provoquée, elle réplique donc pour dire sa vérité, la vérité, et pendre sa revanche. D'une part elle dévoilera le secret qui donne tout son sens à sa vengeance d'autrefois: le bâtard que Simplicius a entre temps adopté, il n'en est en réalité pas plus le père qu'elle n'en est la mère; Simplicius trompé a fait d'un inconnu son héritier. D'autre part, et surtout, elle montrera, en relatant sans fard sa carrière, à

1. Les notes renvoient à l'édition de *Courasche* par Klaus Haberkamm et Günther Weydt (Stuttgart, Reclam, UB 7998).
2. L'idée de la rivalité agressive entre picaro et picara se trouve déjà esquissée dans la *Landstörtzerin Justina Dietzin*; Grimmelshausen a pu s'en inspirer, mais la manière dont il l'exploite témoigne de son génie narratif.

qui Simplicius a eu affaire: il verra, et le public avec lui, qu'il a eu tort de traiter à la légère une rencontre autrement compromettante qu'il ne l'imagine, une liaison qui met en question l'image favorable qu'il a voulu donner de lui-même. Car qui s'assemble se ressemble, et s'unir par la chair avec une femme qui s'est donnée au Diable, c'est entrer dans la parenté du Malin[3].

Anti-Simplex en tant que réplique polémique, l'histoire de Courage l'est aussi et du même coup dans la mesure où la narratrice assume entièrement son personnage négatif. A la confession sincère d'un picaro qui a rompu avec le monde et se repent du passé s'oppose l'anti-confession, tout aussi sincère, d'une picara qui, installée dans l'existence marginale des tsiganes[4], demeure obstinément tournée vers le terrestre et attachée à sa dépravation. L'un écrit pour aider son prochain, l'autre pour nuire à son ancien partenaire devenu écrivain.

La biographie de Courage est donc orientée vers la rencontre au *Sauerbrunnen*, ce que la narratrice souligne en interpellant très fréquemment, pour le préparer à son entrée en scène, Simplicius, qui est évidemment son lecteur privilégié. Mais le chapitre qui relate cette rencontre (ch. 24) n'occupe pas dans la structure formelle du roman une position remarquable. Inséré dans la série des sept mariages qui jalonnent la carrière de Courage[5], il ne forme pas le point d'aboutissement du livre. Le récit se prolonge au-delà de la rencontre — de telle sorte que la règle de l'autobiographie picaresque soit respectée (l'acteur passé rejoint à la fin le narrateur présent), de telle sorte aussi que Courage, si elle se raconte en fonction de Simplicius, apparaisse en même temps comme un personnage autonome, qui vit et continue de vivre sa vie propre. Mais Grimmelshausen se contente, pour l' "après-Simplicius", de quatre chapitres (ch. 25 à 28); placer la rencontre plus loin en amont, par exemple dans la position clef au centre, eût affaibli considérablement le sens polémique de cette confession.

3. cf. ch. 1, p. 16 et ch. 28, p. 130.

4. La solution tsigane permet à Grimmelshausen de prolonger le vagabondage picaresque dans le monde de l'après-guerre et de présenter une picara vieillie, mais toujours active et échappant à la déchéance que connaît sa consœur espagnole, vouée à la maladie et à l'hospice.

5. Simplicius occupe, avec le vieillard adultère qui lui succède (ch. 25), l'intervalle qui sépare le cinquième (ch. 23) et le sixième mari (ch. 26).

Cependant on constate aisément que le milieu du roman – non pas l'épisode du quatrième mariage (3 + 1 + 3), mais l'intervalle entre les chapitres 14 et 15 – n'est pas pour autant neutralisé. En effet, juste après ce point médian se trouve placé un bloc de huit chapitres (ch. 15 à 22) – un bon quart du roman – qui relatent un épisode très particulier de la vie matrimoniale de l'héroïne: son union avec Springinsfeld, qui, succédant aux fiançailles manquées avec un officier supérieur danois (ch. 13), puis avec un simple soldat de la cavalerie impériale (ch. 14), constitue, par rapport à la série des sept mariages officiels, une expérience originale sur la base d'un contrat privé dont Courage a seule fixé les clauses. Il n'est pas indifférent que la seconde partie du roman s'ouvre sur cette alliance qui fait du pseudo-mari un esclave.

Grimmelshausen signale ainsi un tournant important dans la carrière de son héroïne. D'un côté Courage apparaîtra désormais beaucoup moins comme victime des mâles, elle se libère de leur tutelle, c'est elle qui se sert d'eux. De l'autre elle demeure soumise à la fortune, mais à une fortune dont le lecteur reconnaîtra de plus en plus clairement qu'elle implique une logique de la décadence, fruit du péché: jusque là tour à tour épouse et veuve d'officiers, Courage vit maintenant avec un simple mousquetaire, – qu'elle oblige il est vrai à quitter le service –, et, renonçant aux activités guerrières, elle adopte l'état, fort rentable, mais médiocre, de vivandière.

Mais le plan ainsi adopté par le narrateur Grimmelshausen sert en même temps la stratégie de Courage. Car le personnage à qui, par la place et par la longueur exceptionnelle de cet épisode, elle donne la vedette, Simplicius l'a connu un peu plus tard, et il en a parlé comme d'un bon camarade. On pourrait dire que la rencontre entre Courage et Simplicius est précédée, et dans une certaine mesure préparée, par une rencontre par personne interposée. Springinsfeld sert de trait d'union entre Courage et Simplicius, ou plutôt Courage constitue entre les deux hommes une sorte de dénominateur commun. Ainsi, à partir du chapitre 15, la polémique du *Trutz Simplex* prend un tour très explicite, car Simplicius est désormais impliqué dans les événements. Courage va montrer très complaisamment qui est ce personnage avec lequel Simplicius s'est acoquiné, à savoir un homme réduit à un esclavage honteux et initié et formé au mal précisément par elle.

Les épisodes comiques des chapitres 17, 19 et 20, qui ont l'allure de la farce traditionnelle et apparaissent, sous un certain angle, comme des éléments rapportés, uniquement destinés à divertir le lecteur, sont en fait intégrés au projet de vengeance, puisqu'ils montrent très concrètement comment Courage a perverti Springinsfeld.

Il n'est pas indifférent non plus que la composante diabolique du personnage de Courage prenne toute sa dimension au moment de la liaison avec le futur compagnon de Simplicius. Grimmelshausen s'est d'abord contenté d'allusions à des pratiques plus ou moins licites et surtout au fait que son héroïne se rend invulnérable[6]. Ensuite il a mis l'accent — et ce plutôt à la décharge de la picara — sur l'aspect subjectif du problème de la sorcellerie, sur la psychologie de l'entourage de Courage: le major capturé se console en considérant qu'il a eu affaire à une sorcière[7], et bientôt on s'habitue autour d'elle, qu'on l'admire ou qu'on la jalouse, à la formule "c'est le Diable en personne"[8]. Mais le langage impose en quelque sorte sa vérité: déjà, après la pendaison du lieutenant italien déserteur, certains accusent Courage d'avoir usé de sortilèges diaboliques pour le perdre[9]. Et quand le major autrefois humilié par Courage la capture à son tour, elle subit une série de brimades sexuelles dont les responsables se persuadent insensiblement qu'elles sont la juste punition due à cette sorcière. On a du reste l'impression que les Danois s'acharnent d'autant plus sur leur victime que, talonnés dans le même temps par les Impériaux, ils fuient comme le lièvre poursuivi par les chiens, bien plus, comme s'ils avaient le Diable lui-même aux trousses[10]: en lui donnant l'allure d'une double poursuite infernale, Grimmelshausen souligne fortement la vérité psychologique de la scène.

Le thème du Diable réapparaît donc avec l'histoire de Springinsfeld, mais il prend ici une signification très réelle et très inquié-

---

6. cf. ch. 5, p. 33 (Courage), ch. 6, p. 36 (son cheval) et ch. 8, p. 43 (son valet).

7. cf. ch. 8, p. 43.

8. cf. ibid.: "Es ist nicht zu glauben, wie ich nach dieser Schlacht sowohl von meinen Neidern als meinen Gönnern gelobt wurde; beide Teil sagten, ich wäre der Teufel selber. . ."

9. cf. ch. 8, p. 44.

10. cf. ch. 12, p. 57: ". . . als wann sie der Teufel selbst gejagt. . ."

tante[11]. D'entrée de jeu, une remarque de la narratrice attire l'attention: au moment de révéler les termes du contrat passé avec le mousquetaire, Courage constate qu'elle a agi à l'exemple du Diable profitant des passions pour asservir l'homme[12], si bien que le contrat s'apparente à un pacte entre une créature et le Malin: en échange de la satisfaction de ses désirs, Springinsfeld se voue à Courage et abdique sa liberté. Puis vient, intercalée dans le cours des chapitres comiques qui illustrent l'enseignement dispensée à l'esclave par sa "maîtresse", l'histoire du *spiritus familiaris* (ch. 18), magistralement mise en scène par Grimmelshausen de sorte que Courage ne découvre que progressivement la signification de l'objet étrange qu'elle a acquis par hasard et dont finalement la nourrice marque clairement la nature diabolique, même si l'explication par l'étymologie reste approximative[13].

Cependant aucune relation ne s'établit entre l'esclave humain et le serviteur magique de la vivandière. C'est seulement au moment du divorce que Courage saisit l'occasion de se débarrasser de son *spiritus* alors qu'il en est temps encore: elle le vend à Springinsfeld pour une couronne, sachant fort bien que conformément à la "règle du jeu" il en sera l'ultime possesseur et que, sauf miracle, elle le condamne à l'enfer. Comme Simplicius plus tard, Springinsfeld reçoit ainsi son "cadeau" d'adieu[14]. Courage berne son partenaire naïf, elle se venge et triomphe. Et pourtant sa victime, après plusieurs tentatives vaines, réussira à se libérer en jetant la fiole fatale dans le brasier d'un four[15]. Si la narratrice ne donne pas advantage de détails, c'est qu'elle n'en sait pas plus.

11. Cela ne veut pas dire qu'il faut supposer que Grimmelshausen croit à la réalité du *spiritus familiaris* comme de telle ou telle manifestation particulière du démoniaque. Mais dans un récit qui s'adresse à "Herr Omnes", comme le *Simplicissimus*, il utilise un motif traditionnel qui sert son propos de narrateur et de pédagogue.

12. cf. ch. 15, p. 74.

13. cf. ch. 18, p. 88: le latin fantaisiste ("ein Stirpitus flammiliarum") justifie l'évocation des flammes de l'enfer.

14. cf. ch. 22, p. 107: "Und in solcher Maß habe ich den Springinsfeld abgeschafft und ausgesteuret. Jetzt wirst du auch bald hören, mit was for einer feinen Gab ich dich selbst beseligt und deiner Torheit im Sauerbrunnen belohnet hab..."

15. cf. ch. 22, p. 107-108.

Mais n'est-ce pas aussi qu'il s'agit d'une victoire de Springinsfeld, qui clôt à son avantage le chapitre de leur liaison?

Or cette victoire éclaire après coup les événements qui ont conduit au divorce. Que s'est-il passé? Tandis que les affaires diurnes et nocturnes de Courage prospéraient, le zèle de Springinsfeld s'est petit à petit relâché. Certains de ses compagnons lui prêchent la révolte. Courage se tient donc sur ses gardes: la séparation nuirait à ses affaires, en tout cas, si elle doit avoir lieu, et Courage finit par le souhaiter, il faut que les torts soient du côté du mari. Mais Springinsfeld ne bronche pas. . . jusqu'à cette folle nuit où il se jette sur sa femme endormie et la roue de coups (ch. 21). On leur impose la réconciliation. Quelque temps plus tard, Springinsfeld récidive: cette fois il prend Courage nue à bras le corps, l'emporte vers le feu qui brûle devant la tente du colonel et peu s'en faut qu'il ne l'y jette (ch. 22). Les autorités du camp se voient contraintes d'imposer au couple le divorce, qui se règle à l'avantage de la narratrice.

Lors du premier incident, Courage a pensé à une mise en scène, à un acte de rebellion prémédité, à un coup monté par son mari, sous l'influence de ses mauvais conseillers, pour s'emparer du pouvoir[16] et de l'argent. Mais Springinsfeld jure qu'il a agi dans un rêve où il se querellait avec un partenaire de jeu. Il en va de même lors de l'incident décisif, cette fois Springinsfeld n'est plus mêlé à une rixe, mais il intervient pour sauver(!) Courage des serpents qui la menacent. Rappelons-nous les réflexions de l'héroïne après la première alerte: apparemment convaincue par l'excuse fournie, elle s'étonnait qu'un homme puisse ainsi, dans un état second, agir contre son intérêt et compromettre son bonheur[17]. Or la réalité véritable est évidemment le contraire de ce que croît reconnaître Courage. L'intérêt authentique de Springinsfeld, c'est celui qu'il néglige lorsqu'il file doux et celui qu'il défend dans ses accès de somnambulisme agressif: c'est l'intérêt de son âme, mise

---

16. Courage se rappelle sans doute sa rixe avec le lieutenant italien, qui avait au moins pour lui la naïveté et, somme toute, la loyauté.

17. cf. ch. 22, p. 104: ". . . daß ein vorsichtiger, verständiger, ja unschuldiger Mann, dem wachend und nüchtern weder Weib, Welt noch der Teufel selbst nicht zukommen kann, gar leichtlich durch seine eigene blöde Gebrechlichkeit schlaf- und weintrunkenerweis in alles Unheil und Unglück gestürzt und also um alles sein Glück und Wohlfahrt gebracht werden mag."

en péril par sa dépendance vis-à-vis de Courage, par le pacte qu'il a conclu avec cette femme. A l'état de veille, il n'est pas conscient du danger, il se montre tout au plus sensible à certains inconvénients sociaux et financiers de sa position. Mais lorsqu'il rêve, et qu'en même temps le sommeil neutralise sa partenaire, on voit se manifester en quelque sorte la part secrète, non corrompue de son être. Sans doute le premier rêve, qui met en œuvre la passion du jeu et du gain, n'est guère édifiant; mais le second en revanche fait appel au feu, principe purificateur, arme contre le mal, contre les serpents. Certes Springinsfeld dans son cauchemar veut défendre Courage, mais ne la jette-t-il pas, avec les serpents, dans les flammes? Absurde au regard de la logique diurne[18], le geste non seulement est révélateur psychologiquement, mais il prend une signification symbolique évidente. Car Courage est le mal, elle l'est d'autant plus objectivement qu'elle possède et utilise le *spiritus familiaris*, l'esprit diabolique qui entraîne celui qui le détient vers l'enfer, d'où il procède, et que seule la force du feu peut anéantir: c'est le feu que Springinsfeld utilisera contre le *spiritus*, et c'est déjà au feu que son subconscient a fait appel pour le délivrer de Courage. Les circonstances apparemment tout anecdotiques du divorce trouvent ainsi leur sens profond dans la correspondance entre ces deux gestes libérateurs.

Il subsiste donc en Springinsfeld, esclave et élève de Courage, une réserve d'innocence intacte. Assurément il n'est pas pour autant de ceux dont Courage constate qu'ils échappent au charme de son démon familier et dont elle suppose — tout en se refusant à se risquer plus avant sur le terrain de la réflexion philosophique — qu'ils sont éclairés par une lumière plus puissante que celle de la petite flamme[19]. Néanmoins, dans les profondeurs, une part de lui-même échappe à l'influence du *spiritus* et de Courage et agit: il manque "seulement" la grâce qui ferait jaillir de ces profondeurs une force consciente et un homme nouveau.

---

18. cf. ch. 22, p. 105: "... derowegen er — sie, seinem Einfall nach, zu erretten und davon sie (zu) befreien — (sie) entweder in ein Feuer oder Wasser zu tragen fors beste gehalten..."
19. cf. ch. 18, p. 89-90.

Cornelia Niekus Moore

BOOKS, SPINDLES AND THE DEVIL'S BENCH
OR
WHAT IS THE POINT IN NEEDLEPOINT?

At the Modern Language Association Convention in New York in 1974, Blake Lee Spahr delivered a lecture on Sibylla Ursula von Braunschweig-Lüneburg and her books. This lecture has been helpful to me in my research on the reading habits of girls and women in the 16th and 17th century, of which the following pages present one small aspect: reading and 'Handarbeit' as activities which keep women busy, so they will avoid idleness, which is, in Schuppius' words, "the devil's bench".[1]

In the second half of the fifteenth century, Konrad Bitschin puts it this way:

Auch dahin muß das weibliche Geschlecht unterwiesen werden, und muß man Frauen davor behüten, daß sie nicht müßiggehen und in übermäßiger Ruhe erlahmen, sondern wacker arbeiten [...] so nützt dies den Frauen umsomehr, weil es ihnen an Vernunft gebricht. [...] Im allgemeinen indessen wird Lesen, Weben, Spinnen, Nähen und Seidenarbeit, Leinen- und Wollanfertigung, den Durchschlag halten, die Spindel drehen u. dgl. als geeignet für das weibliche Geschlecht angesehen. Denn bei solchen Arbeiten wird die Schamhaftigkeit gewahrt.[2]

1. Grimm's *Wörterbuch*: "Muesziggang ist aller Laster Anfang und des Teufels Ruhebank". For stylistic purposes I will use the term "Handarbeit" throughout, since no English equivalent exists. The closest term, "needlework", only implies those womenly crafts done with a needle.

2. As far as I know, he is the first German author to advocate reading for women, proposing a certain elementary curriculum of natural sciences. See R. Galle, *Konrad Bitschins Pädagogik, das Vierte Buch des enzyklopädischen Werkes: "De vita conjugali"*, Gotha, Thienemann, 1906, esp. pp. 184-189.

A few decades later, from the other side of the empire, Wimpheling writes in a similar vein, although he does not expressly mention reading:

> Die Eltern sollen sich auch befleissigen, ihre Töchter vom Umher-schweifen und Umherlaufen, von Vielrederei und Müßiggang abzuhal-ten. Ob sie nun reich und edelgeboren sind, sie sollen sich gleichwohl an die Arbeit der Hände gewöhnen. [...] Diese Arbeiten sind ihnen [many highborn ladies] die Überwinder des Müßigganges und der Fleischeslust geworden. Die Töchter der Bürger und Ritter sollen sich nicht schämen noch es sich verdriessen lassen, solches zu tun was die Mutter Gottes, was Kaiserinnen, was die Frauen und Töchter von Kaisern und Fürsten mit Freude getan haben.[3]

These authors are concerned about what might happen if no suitable activities can be found to keep a woman constantly busy. Left to her own devices, she might choose to do nothing or spend her time away from home in such idle pastimes as conversation, flirting or dancing. Bitschin explains that wandering feet, wandering speech, and a wandering mind are dangerous to a woman since she lacks the prudence to keep out of trouble. For her own spiritual as well as physical protection and well-being, she should be kept where she can be neither seen nor heard: at home. And both Bitschin and Wimpheling stress the need to keep a woman busy, so that her imagination will not wander where her feet can not go.

This preoccupation with female occupation is consistent with the prevailing opinion of woman in the sixteenth century. Women's virtues appear like formulaic litanies in Latin as well as vernacular writings: submissiveness, chastity, silence, industrious-ness, and modesty, all of which are greatly enhanced by constant activity at home. The corresponding female vices — lasciviousness, garrulity, indolence, and showing-off — amply described in the misogynic literature, require a good deal of free time and free

3. Freundgen, Joseph (ed.), *Jakob Wimpheling Pädagogische Schriften*, Paderborn, Ferdinand Schöningh, 1892, p. 387. Wimpheling's writing and personal influence have been credited as having influenced the Strasbourg school reforms of Sturm and Bucer (E.W. Kohls, *Die Schule bei Martin Bucer*, Heidelberg, 1963, p. 54f), which included girls' schools. However, his proposed education does not expressly mention reading for girls. Given the context, they might be included in the term "children".

space.[4] It is, therefore, considered imperative to keep women busy.

The favored activities advised to prevent these idle moments are reading and 'Handarbeit'. In the words of Vives:

> Therfore lette her both lerne her boke & beside that/ to handle wolle, and flaxe. [...] For what can she do better/ or ought to do rather/ what tyme she hath ryd her busines in her house: Sulde she talke with men or other women. And what shal she styll talke of: Shal she neuer holde her peace: Or shal she syt and muse: What I praye you: Womans thought is swyfte/ and for ye most parte unstable/ Walkyng and wandrynge out from home & scone wyl flyde/ by the reason of hit owne slypernes/ I wot not howe far. Therfore redyng were the best/ and ther unto I give them counsaile specially. (3rd Chapter).[5]

Innocuous as these activities may seem, detailed defenses are provided for both reading and "Handarbeit" and ample accounts from history about women who studied their books and kept everyone literally in stitches. A stern warning of what happens to those who wander around idly with the neighborhood girls (and boys!) is the often retold story of Dinah, Jacob's daughter.

'Handarbeit' has to be defended to those women who may not think that it is in tune with their social status. Both Vives and Wimpheling quote examples of queens, princesses and even the Virgin Mary who excelled in weaving and spinning. There is never any mention of the end product of all this handiwork. Its mere busy-ness appears to be sufficient. In this respect the often quoted example of Penelope is very appropriate.

Reading is preferred by those who realize that spinning makes for busy hands but leaves the mind free to ponder. But reading also has to be defended, this time to those who fear either all knowledge in women or who fear that literacy may open the door to forbidden knowledge. Vives counters such criticism by devising a regimen of religious readings which is an adaptation of a similar recom-

4. Ian Maclean, *The Renaissance Notion of Women*, Cambridge, Cambridge University Press, 1980.

5. Juan Luis Vives, *De Institutione Faeminae Christianae*, Antverpiae apud Michaelem Hillenium Hoochstratanum, 1523. German translation by Christopher Bruno: *Von Underweijsung ayner Christlichen Frauwen*, Augsburg, 1544. English translation by Richard Hyrde, *The Instruction of a Christian Woman*, London (1529?), 1540 (Facs. Rpt in *Distaff and Dames*, N.Y., Delmar, 1978, quoted here).

mendation by St. Jerome, and he also gives an index of forbidden books.

This concern about idleness is a burgher concern. Bitschin in Kulm, Wimpheling in Strasbourg, and Vives in Bruges write from burgher surroundings. Vives' disdain for the heroines of romances and novels is a burgher disdain. According to him, these ladies have ample time for "War and Love" ("Kriegen und Buhlschaften") and embody precisely those female vices which such leisure encourages. Neither the beautiful Magalona nor the mysterious Melusine is ever presented as reading a good book or spinning. The heroines do know how to read or write, but they use these faculties to read and write love letters.

Aristocratic authors do not appear to share Vives' concern. Geoffrey de la Tour-Landry and his translator Markwardt von Stain appear unconcerned that their tales will spoil their daughters or that their leisurely ladies will set the wrong example for them. Even princely parents writing moralistic tracts for their daughters like Elisabeth von Calenberg-Göttingen stress other moral issues but do not seem to be overly concerned with the issue of idleness. The non-aristocratic moralists of the sixteenth and seventeenth centuries, however, even those writing for a court audience, continue to stress the need for book and spindle to combat a dolce-far-niente in girls and women. Johann Bußleben does so in his *Jungfrau Spiegelein*,[6] as does Christoph Hager in his popular *JugendtSpiegel*: "Und wann sie gehn ins Sechste Jahr/ so nemb sie ja gar eben war/ Daß sie nit müssig auff det [!] Dieln Umblauffen/ und der Tocken spieln./ Sondern gemachsam was beginn/ als Lesn Lernen/ Nehen/ Spinn.[7] Aegidius Albertinus sums up the prevailing opinion in his *Hortus Muliebris*.[8] His admonitions to keep a woman busy and his directions on how are summed up in his Chapter: "Wie löblich es den Jungfrawen und allen andern Weibern/ wann sie gern arbeiten/ anstehe: Hergegen wie schädlich

6. Iohannis Bußleben, *Jungfrau Spiegelein/ Das ist/ Ein Christlich Büchlein guter Zucht...* n.d.

7. Christoph Hager, *JugendtSpiegel von Ehrbar- und Höflichen Sitten, vor die Auffwachsende Jugendt* [1631], p. 305.

8. *Hortulus Muliebris Quadripartitus; Das ist/ Weiblicher Lustgarten/ ... Durch Aegidium Albertinum ..* Leiptzig/ bey Henning Grossen des jüngern Sel. Erben zufinden, [1603].

323

Ägidius Albertinus, *Hortus muliebris,* frontispiece

jhnen der Müssigang sey". That reading and 'Handarbeit' can be carried out simultaneously is shown by the frontispiece of his work. While some women are engaged in spinning and embroidery, one is reading aloud. Vogler refers to the same custom when he wants his Catechism read in the spinning and sewing rooms.[9]

Although reading and 'Handarbeit' are recognized as useful means of combatting women's idleness, the concepts of "book" and "spindle" themselves undergo modifications during the sixteenth century. Whereas Bitschin had advised reading material in the natural sciences, Vives proposed a curriculum of books with a religious content. Luther's propagation of literacy as a key to Gospels and Catechism furthers literacy for women but narrows the notion of appropriate reading material for women to religious reading. "Handarbeit" and its symbols, the needle, the spindle, the distaff, on the other hand, assume a larger meaning — They become symbols of all "women's work", "the woman's domain", "the woman's proper place", as Argula von Grumbach found out when she tried to enter into the public debate concerning the Reformation and was sent a spindle as a clear indication of her proper place.[10] The incident is retold a hundred years later by Johann Beer, who wholeheartedly commends the affront.[11]

Together "book" and "spindle" come to form the woman's "ora et labora", or as Moscherosch puts it: "In einer Jungfrawen hand gehören diese zwey stücke: Ein Bettbuch, und Eine Spindel".[12] In Johann Rachel's "Gewünschte Haußmutter", reading and sewing form but a minor portion in the busy daily routine of a model wife. But when she does find time, it is Habermann's

9. Georg Vogler, *Catechismus in auszerlesenen Exempeln*. ... Würzburg, 1630, Foreword.

10. Lotte Traeger, *Das Frauenschrifttum in Deutschland von 1500-1650*, Diss. Prague, 1943, p. 28.

11. Adolf Schmiedecke (ed.), *Johann Beer: Sein Leben von ihm selbst erzählt*, Göttingen, 1965, p. 97.

12. *Insomnis Cura Parentum, Christliches Vermächnuß oder Schuldige Vorsorg Eines Trewen Vatters bey jetzigen Hochbetrübtsten gefährlichsten Zeitten den seinigen zur letzten Nachricht hinderlassen*, Durch Hanß= Michel Moscherosch, Straßburg, bey Johann Philipp Mühlben, Im Jahr 1643, p. 118.

prayerbook that she is supposed to read.[13] The admonitions to keep away from lascivious books remain equally strong. Moscherosch and Johann Heinrich Schill supply almost identical lists and Schill adds that needlepoint is preferable to the *Amadis*.[14]

But whereas the moralists of the seventeenth-century continue to portray their model woman as silently praying and spinning, a new attitude toward idleness and leisure arises around them and this affects the pastimes recommended for women.

In the courtly novels, conversation becomes a precious art, as the heroes and heroines pass the time with tale and countertale. Sibylla Ursula may have taken a library with her to Glücksburg, including a book on 'Handarbeit'. The heroines of her brother's *Aramena* neither read nor sew but delight their audiences and the reading public with well-told tales of fortune and misfortune.

And the conversing woman is not a figure of the courtly novel alone. The *Frauenzimmer-Gesprächsspiele* of Moscherosch's friend Harsdörffer, "der Spielende", reflect a more positive attitude toward leisure.[15] "Müssiggang", "Kurtzweil", and "Spiel" are discussed and redefined and so is the role of women as participants in the leisure activity of informative and entertaining conversation, albeit in a small and select group. Leisure and idleness have lost some of their negative character. The quality of the pastime activity becomes more important than its ability to keep a woman occupied.

The re-evaluation of impassivity by the Pietists provides for an additional modification of "Müssiggang". Although no friends of idleness and leisure — the students in Francke's schools were

13. Joachimi Rachelii Londonensis, "Die gewünschte Haußmutter", in: *Teutsche Satyrische Gedichte*. Franckfurt, bey Egidio Vogeln, 1664. (Rpt. Karl Drescher (ed.), Halle a.d.S., Niemeyer, 1903), p. 39.

14. Felix Bobertag (ed.), *Hans Michael Moscherosch. Gesichte Philanders von Sittenwald* [Dt.Nat.Lit, vol. 32.], Berlin, W. Spiemann, 1973 (Rpt ed. 1882-1889), p. 93. Johann Heinrich Schill. *Der Teutschen Sprach Ehren=Kranz neben einem Namenbuch*, Straßburg/ In Verlegung Johann Philipp Mühlben, 1644, p. 308.

15. Georg Philipp Harsdörffer, *Frauenzimmer-Gesprächspiele*, .. Nürnberg, 1644. See also Rosemarie Zeller, *Spiel und Konversation im Barock*. Berlin, N.Y., Walter de Gruyter, 1974.

kept constantly busy[16] — they nevertheless encouraged time for reflection and meditation. "Do not fear idleness", says the Pietist mother to her daughter. "Those claiming that women are idle when they allot time for Bible reading, meditation, and spiritual self-inspection play into Satan's hand".[17]

In this context of conversation and meditation, books provide a better foundation than 'Handarbeit' does. The same Johann Beer who had applauded those church authorities who had put Argula von Grumbach in her place, makes his heroines present their real and invented stories and has his narrator chide the woman who can only talk about her 'Handarbeit':

> Frau Burgundia [...] erzählte von nichts, als wie sie stricken, würken und nähen gelernet. Derowegen verdrießt michs rechtschaffen und will sie nicht so viel würdigen, daß ich ihre abgeschmackte Pertel-Würkers-Possen in diesem Buche beitragen sollte.[18]

Thus it is evident that during the seventeenth century, the relationship between the two activities changes. Where they were once presented as complementary, reading and 'Handarbeit' now become symbols of different, opposing theories of a "woman's role". The dialogue form of the *Frauenzimmer-Gesprächspiele* still allows both activities to be represented. Although clearly favoring "good books", it does not rule out "Handarbeit".

> \<Julia:\> Viel vermeinen [...] es sey den Jungf. viel nothwendiger mit der Nadel und Spindel zuspielen/ als sich mit müssigen Gesprächen zu belustigen", (II, 32)... \<Reymund:\> "Welche allein mit der Hand und niemals mit den Verstand arbeiten wollen/ die lassen den edelsten Theil ihrer selbsten unbemüssiget. [...] Wo können aber so schöne Gedancken erwachsen/ wann selbe nicht bey rühmlicher Gesellschaft/ oder durch Lesung guter Bücher nechst fleissigem Nachdencken/ gleichsamb angesämet und in deß Frauenzimmer zwar fähigen/ aber

16. Reinhold Vormbaum (ed.), "Schulordnungen der Francke'schen Stiftungen zu Halle, 1702", in: *Evangelische Schulordnungen*, vol 3. Gütersloh, Bertelsmann, 1864, esp. p. 29.

17. Author unknown, posthumously printed as *Christliche Unterweysung Einer Geistlichen Mutter an ihre Tochter*, Basel, Gedruckt bey Joh. Conrad Huß/ Buchbinder, 1721, p. 27.

18. Richard Alewyn (ed.), *Johann Beer. Die teutschen Winter=Nächte Die Kurzweiligen Sommer=Täge*, Frankfurt a.M., Insel Verlag, 1963, p. 245.

ohn Gebrauch unverständiger Verstand eingesencket werden. (II, 34-35).

However, by 1706 Eberti writes:

Doch man klagt am meisten über die Gelehrsamkeit und dem Studiren des Frauen=Volckes... hat auch viele auf die Gedancken gebracht die Spindel und das Neheküssen stünde einem Frauen=Zimmer besser an als die Schreibefeder und der Bücher=Schrancken.[19]

Books and spindle are juxtaposed.

The women authors of the sixteenth and seventeenth century might have excelled in 'Handarbeit', but their tool was the pen not the distaff. Forced to choose between books and spindles, they increasingly voice their preference for the former. They prefer to be Mary rather than Martha. "Christus ja meist Mariam preist/ obschon Martha ihn Kocht und Speist".[20] Whereas reading is considered emancipatory, sewing and spinning are seen as enslaving or, in the words of von Birken, women feel "zu Hausz gleichsam gefangen/ und wie in einem Zuchthaus zu schlechter Arbeit/ zur Nadel und Spindel angewehnet".[21] The author Aramena proclaims to have had more satisfaction from writing her novel "als wenn man in der Stickerey die schönsten Façons in die Muster einmischet".[22] According to these woman authors, there is no point in needle point. Bereft of its importance as an antidote to idleness, of little importance in itself, and a task better done by

19. *Eröffnetes Cabinet deß Gelehrten Frauen=Zimmers/ Darinnen Die Berühmtesten dieses Geschlechtes umbständlich vorgestellet werden*, Durch Johann Caspar Eberti. Franckfurt und Leipzig/ Bey Michael Rohrlachs sel. Wittib und Erben Anno 1706, p. 84.

20. Foreword to Anna Hoyers' *Geistliche und Weltliche Poemata*, Amsteldam, bey Ludwig Elzevieren, Ao 1650. Von Birken writes: "Und wird manche gezwungen eine Martha zu werden/ die doch lieber Maria seyn möchte". See *Philosophischer Feyerabend*, Wohlmeinend mitgetheilet von Christian Frantz Paullini, Franckfurt am Mayn, In Verlegung Friedrich Knochens, 1701, p. 144.

21. Paullini. op. cit., p. 144.

22. *Die Durchlauchtigste Margaretha von Oesterreich/ In einer Staats= und Helden=Geschichte/ Der galanten Welt zu vergnügter Gemüths= Ergötzung communiciret* von Aramenen, Hamburg, In Verlegung Samuel Heyls, 1716. I thank Jutta Breyl (Münster) for calling my attention to this novel.

hired help, 'Handarbeit' is seen as keeping women from their pursuit of virtue rather than assisting them in it.

And so, by 1700, the book and the spindle come to assume opposite roles, the one heralded as a means for cultivating a woman's mind, the other for cultivating her role as a homemaker. They continue as symbols of two ideal woman-figures, the one learned, the other home-bound.

Barbara Becker-Cantarino

DIE STOCKHOLMER LIEDERHANDSCHRIFT
DER ANNA OVENA HOYERS

"Lieder verfaßt oder gesammelt von Anna Ovena Höyer 1624-1655" ist von späterer Hand auf dem ersten Blatt der Stockholmer Liederhandschrift eingetragen und bezeichnet ziemlich genau diese handschriftliche Sammlung von etwa 70 geistlichen Liedern, von denen der größte Teil von Anna Ovena Hoyers gedichtet wurde. Außerdem enthält die Handschrift eine Reihe von Versgebeten, Buchstabenkreuzen und frommen Sprüchen aus ihrer Feder, Zitate auf Deutsch und Latein, erbauliche Verse von anderen Autoren und einige Vermerke, die auf die Biographie der Hoyers Bezug nehmen. Es ist eine reichhaltige und vielfältige Sammlung geistlicher Lyrik, wie sie handschriftlich zum eigenen Gebrauch und zum Weiterreichen an Freunde häufig von frommen, gebildeten Laienchristen im 17. Jahrhundert zusammengestellt wurde, selten aber in diesem Umfang als geschlossene Handschrift erhalten geblieben ist. Im Folgenden möchte ich die Handschrift näher beschreiben und weitere Verse und Vermerke daraus abdrucken, die Leben und Werk der Anna Ovena Hoyers weiter erhellen.[1]

Vielleicht schon im Jahre 1632, nachdem die Hoyers ihre Häuser in Husum verloren hatte, ihr Gut Hoyersworth an die Herzoginwitwe Augusta hatte verkaufen müssen, war sie nach Schweden emigriert, um den Anfeindungen als Anhängerin der Wiedertäufer und wohl auch ihren Gläubigern zu entkommen und um dort unter der Protektion Gustav Adolfs und seiner aus Brandenburg gebürtigen Frau Maria Eleonora ein neues Leben beginnen zu können. Der unerwartete Tod Gustav Adolfs im November 1632 scheint diese Pläne zunächst vereitelt zu haben. Von 1633

---

1. Zu Biographie und Werk vgl. mein Nachwort in *Anna Ovena Hoyers. Geistliche und Weltliche Poemata* (1650), Neudrucke deutscher Literatur: Reihe Barock (Tübingen: Niemeyer, 1984).

bis nach 1643 lebte Anna mit ihren fünf herangewachsenen Kindern in dem kleinen Fischerdorf Västervik (etwa 150 km südlich von Stockholm gelegen), wechselte dann wohl mehrmals den Wohnsitz, bis sie erst nach der Rückkehr Maria Eleonoras (der Königinwitwe und Mutter Christinas) nach Stockholm 1648 von dieser das kleine Gut Sittwick auf dem zum Witwensitz der Eleonora gehörigen Ladugårdsland in Stockholm erhielt und dort glücklich bis zu ihrem Tode 1655 leben konnte. Ihren Kindern konnte sie einen Lebensunterhalt verschaffen; alle fünf sind in Schweden geblieben.

Ihre Söhne Caspar und Friedrich Hermann waren wohl an dem Druck ihrer *Geistlichen und Weltlichen Poemata* im Jahre 1650 maßgeblich mitbeteiligt. Doch erschien diese Ausgabe *nicht* in Deutschland oder Schweden, wurde auch *nicht* der Maria Eleonora oder gar Christina, die Dichter, Gelehrte und Künstler an ihren Hof gerufen hatte, gewidmet, sondern die *Poemata* wurden in der geistigen und religiösen Fragen vergleichsweise aufgeschlossenen Stadt Amsterdam von Ludwig Elzevier verlegt, der in den Jahren auch die Schriften von Descartes, der in Schweden am Hofe Christinas weilte, herausgebracht hat. Annas Söhne haben ebenfalls die Verse ihrer Mutter in der vorliegenden eindrucksvollen Liederhandschrift gesammelt und aufgeschrieben. Diese Liederhandschrift tauchte 1854 in der Provinz Kalmar-Län auf, wurde der Königlichen Bibliothek in Stockholm geschenkt, wo sie unter der Signatur "Vitterhet Tysk Vu.76" aufbewahrt wird.

Die Handschrift ist in Pergament eingebunden, das einem alten Missale entstammt; sie enthält 221 Blätter von ziemlich festem Papier, von denen 208 beschrieben und 13 unbeschrieben sind. 12 Leerblätter befinden sich im hinteren Viertel, denn die Handschrift ist einmal von vorne beschrieben, dann ebenfalls von hinten angefangen worden; die Leerblätter trennen die beiden Teile, ein weiteres Leerblat ist durch Überschlagen eines Blattes (fol. 134) im ersten, vorderen Teil geblieben. Ich bezeichne im Folgenden den vorderen Teil der Handschrift mit I, dessen nicht numerierte Blätter mit "1a,b" usw. und dessen in der Handschrift schon paginierte Seiten mit "fol. 1r,v" usw. Den hinteren Teil bezeichne ich mit "II" und dessen Seiten numeriere ich durch mit "1a,b" usw. und folge dabei der neueren Numerierung die mit Bleistift auf einigen Blättern schon eingetragen worden ist.

Im Einbanddeckel sind drei Kupferstiche eingeklebt. Auf dem linken, viereckigen ist St. Michaels Kampf mit dem Drachen dargestellt mit dem Motto "Quis ut Deus", auf dem rechten, ovalen befindet sich das Familienwappen der Hoyers[2] mit einem halben, springenden Einhorn, darüber "Caspar Hoiier" und das Motto "Honos virtutis praemium", darunter die Jahreszahl 1643. In der Mitte zeigt der größere, ovale Stich die Hoyers als alte Frau mit Haube und im schwarzen Witwenkittel mit hellem Kragen. Über ihrem Kopf ist ein Kreuz gemalt, und die Beschriftung bezeichnet ebenfalls die verstorbene Dichterin "Anna Owena Hoiiers [unter dem Bild:] Obiit Ao: 1655. den 27:9:b: [November] Allt, 71 Jahr. A:O:H:". Das Bild der Hoyers könnte von ihrem jüngsten Sohn Friedrich Hermann angefertigt worden sein, da der sich auch mit Kupferstechen beschäftigt hat. Dieses Bild dürfte ein authentisches, nach dem Leben gefertigtes Porträt sein, während der Titelkupfer der *Poemata* sicher eine idealisierte Gestalt und nicht die Hoyers darstellt. (Ob das einzige andere Bild, das die junge Hoyers darstellende Porträt in E. v. Westphalens *Monumenta inedita rerum germanicarum*. Leipzig, 1745, Teil IV, nach Sp. 1483, wirklich als Porträt anzuprechen ist, mag dahingestellt bleiben).

Wann und von wem die Handschrift angelegt wurde, ist nicht mit Sicherheit festzustellen; eine Reihe von Hinweisen in der Handschrift sprechen jedoch dafür, daß die Sammlung erst in den späten 1650er Jahren, d.h. erst kurz *nach* Annas Tod 1655 aus ihren handschriftlichen Vorlagen abgeschrieben worden ist und daß zunächst der älteste Sohn Caspar Hoyer die Lieder zusammengestellt hat, dann sein jüngster Bruder Friedrich Hermann Hoyer diese ergänzt und gelegentlich mit Zusätzen versehen hat. Ein dritter Schreiber hat im zweiten Teil 1657 oder 1658 weitere Lieder eingetragen, die aber ganz offensichtlich *nicht* aus dem Hoyerschen Kreis kommen und eine Fremdbenutzung der Handschrift darstellen, bzw. von einem ersten, früheren Besitzer des noch unbeschriebenen Buches (?) stammen. Wenn man die Handschrift nämlich von hinten aufschlägt, erscheint im zweiten Teil auf Blatt 2a die in schnörkeliger Schrift abgefaßte, mit weiteren Schriftschnörkeln versehene Besitzereintragung "Christian Straus, der des Buch gehörigs, Anno Christy 1658, Reval, Ady 7 Septem-

---

2. Vgl. Andreas Angelus, *Holsteinische Chronica* (1597), Bd. I, S. 60.

ber". In derselben verschnörkelten Schönschrift des Herrn Straus folgen dann 7 Psalmenparaphrasen auf Deutsch, die ein Herr Krüstern 1657 in Moskau geschrieben haben soll. Diese Eintragungen, die ganz offensichtlich einen Fremdkörper in der Hoyerschen Handschrift darstellen, können hier ganz außer Betracht bleiben. Dieser Fremdkörper in Teil II ist ganz von Eintragungen der Hoyers umrahmt, die sich auf Blatt 1a und b, auf Blatt 2b, auf 3a und b und dann wieder im Anschluß an die Psalmenparaphrasen ab Blatt 26b befinden.

Caspar Hoyer (ca. 1602-1662), Annas ältester[3] Sohn, hat ausdrücklich seinen Besitzervermek auf II Blatt 2a eingetragen, indem er unter den Namen des Herrn Straus schrieb: "Non est verum. Possessor, Caspar Hoyeri mp [manu propria] 1660". Dieses Datum 1660 ist der älteste Datierungshinweis für die Anfertigung der Handschrift (nicht für das Entstehungsdatum der darin enthaltenen Lieder). Auch das Register der im vorderen, ersten Teil befindlichen Lieder ist mit 1660 datiert, wie auch die Geleitverse (lateinische und deutsche) auf Blatt 1a im ersten Teil mit "C:H: [Caspar Hoyer] Ao 1660" unterzeichnet sind. Deshalb ist anzunehmen, daß die Handschrift 1659 oder 1660 in Caspar Hoyers Besitz kam. Vielleicht erwarb Caspar Hoyer das fast leere Buch, in dem lediglich die Psalmenparaphrasen eingetragen waren und benutzte es dann, um diese Liedersammlung als Erinnerung an seine Mutter und als Dokument ihrer religiösen Erbauungsdichtung zusammenzustellen und dort einzutragen. Caspar verstarb schon 1662 und reichte die Handschrift an seinen Bruder Friedrich Hermann weiter, der ebenfalls später Zusätze und einige Gedichte eintrug.

Der weitaus größte Teil der Handschrift ist von einer Hand geschrieben, die schon Zeichen der Ermüdung trägt oder doch gelegentlich undeutlich oder nachlässiger wird (das ist ganz deutlich im Vergleich mit der Schnörkelschrift des Christian Straus). Caspar

3. Caspar war der älteste überlebende Sohn; sein älterer Bruder Hermann (geb. ca 1600) war schon am 27. Januar 1612 in Tönning begraben worden. Urkundlich feststellen lassen sich neun Kinder der Hoyers (wahrscheinlich gebar sie aber noch mehr); fünf Kinder, die in den 1630er Jahren noch am Leben und schon herangewachsen waren, folgten ihr nach Schweden. Vgl. Richard Fester, "Häuser und Geschlechter Althusums," *Zeitschrift der Gesellschaft für Schleswig-Holsteinische Geschichte*, 61 (1933), S. 149.

Hoyer war 1660 immerhin fast 60 Jahre alt; er dürfte der Schreiber des ersten Teiles bis fol. 150r gewesen sein. Dann folgt eine
zweite, sehr ähnliche aber teilweise noch ausgeschriebenere Hand,
die die restlichen Seiten in Teil I (fol. 150v bis 164v) nicht zusam-
menhängend, sondern in einzelnen Einträgen und späteren Zusätzen vervollständigt hat. Diese zweite Hand ist die von Friedrich
Hermann, der den letzten datierbaren Eintrag *nach* 1686 macht, in
dem er vermerkt, daß auch er 54 Jahre nach der großen Flut in
Eiderstedt im Jahre 1634, d.h. also 1686 in Seenot geraten sei. Dieser späte Eintrag, der mit zittriger, schlecht leserlicher Hand geschrieben ist, muß in den späten 1680er Jahren gemacht worden
sein, denn Friedrich Hermann verstarb 1692–im damals hohen
Alter von 71 Jahren wie seine Mutter Anna.

Auch im zweiten Teil der Handschrift hat Caspar Hoyer die
meisten Einträge gemacht, so die lateinischen Zitate aus Augustinus auf Blatt 30a, unter denen auf einem gezeichneten Spruch-
band "SITWICK. 1661" zu lesen ist. Lediglich die Blätter 36b bis
38b stammen von der Hand Friedrich Hermanns, der noch beim
letzten Gedicht (Blatt 38b) hinzusetzt "so weit hats meine Mutter" und unten drunter als Abschluß vermerkt "Dieser rest FHHo-
yer". Es ist wohl das letzte Werk der Mutter gewesen, das ihr Tod
unterbrochen hat und das der pietätvolle Sohn abgeschrieben und
gekennzeichnet hat mit "aus ihrem fragmentum [d.h. Anna Hoyers]
abgeschrieben von Fried:Her:Hoyer".

Von Annas eigener Hand dürften lediglich zwei Proben stammen. In Teil I, Blatt 3b (im Anschluß an das Register) findet sich
ein vierzeiliger lateinischer Spruch eingeklebt mit dem Vermerk
"S:A:O:H:Schripcit" (sonst wird immer der Ausdruck "fecit"
oder "gestellt" gebraucht, um die Urheberschaft anzudeuten)
Diese vier sehr schön und sauber geschriebenen Zeilen in lateinischer Schrift dürften also Annas Handschrift darstellen wie auch
der eingeheftete Zettel, auf dem "Mein täglichs Gebet" (Teil II,
Blatt 20a) mit deutscher Schrift eingetragen ist. Beide Handschrif-
tenproben sind denen von Caspar und Friedrich Hermann sehr
ähnlich: offensichtlich haben die Söhne der Hoyers von der Mutter das Schreiben gelernt oder sich an ihrer Schrift orientiert, wie
denn oft Familienmitglieder Ähnlichkeiten in der Handschrift
aufweisen.

Zusammenfassend können wir also sagen, daß die Liederhand-

schrift 1659/60 von Anna Hoyers ältestem Sohn Caspar Hoyer
angelegt und der weitaus größte Teil von ihm geschrieben wurde:
sie ging dann nach Caspars baldigem Tode im Jahre 1662, der
vielleicht die Vervollständigung unterbrochen hat, in die Hände
des jüngsten Sohnes Friedrich Hermann über, der weitere Lieder
seiner Mutter und besonders auch anderer Autoren, dann Zitate
und Sprüche, den Bericht über die Eiderstedter Flut von 1634
und einige erklärende Zusätze zu den Abschriften seines Bruders
Caspar hinzugefügt hat, die nachweislich letzte Eintragung erst
nach dem 11./12. August 1686. Die Handschrift ist eine Gedenk-
sammlung, die aus handschriftlichen Vorlagen der Mutter (Hinweise auf gedruckte Texte oder die *Poemata*-Ausgabe von 1650
fehlen gänzlich) zusammengestellt worden ist. Ob und welche
anderen handschriftlichen Kopien angefertigt wurden, läßt sich
nicht mehr ermitteln.

Lediglich ein weiteres handschriftliches Bruchstück aus der
Feder des Caspar Hoyer hat sich erhalten (im Privatbesitz der Familie von Rantzau, Schloß Breitenburg),[4] das einem gedruckten
Buch der Hoyers angebunden war, wie dessen Beschriftung vermerkt: "Lieder von Anna Hoyers eines Stallers Witwe, ein Manuscript welches bei ihre gedruckte Bücher eingebunden war worin
sie sich diesen Namen gegeben. Anevo Hireijo." Dieses Manuskript
enthält lediglich 36 Verse aus dem Prolog der Versparaphrase
"Süßbittere Freude" (vgl. unseren Anhang) und neun Lieder, die
auch alle in der Stockholmer Handschrift enthalten sind (Nr. 1 bis
7, 9 und 24, jedoch in anderer Anordnung). Die Auswahl läßt
darauf schließen, daß Caspar Hoyer beide Handschriften aus derselben Vorlage abgeschrieben hat.

Zu dem Inhalt der Stockholmer Liederhandschrift ist zu bemer-
ken, daß der weitaus größte Teil nachweislich von Anna Ovena
Hoyers stammt. Ihre Verse sind oft mit dem Zusatz "AOH fecit"
oder "gestellt von AOH" gekennzeichnet, oft ergeben die Anfangs-
buchstaben der Strophen ihren Namen. Nur ganz wenige dieser
Lieder (ingesamt nur 12) sind in die gedruckten *Poemata* eingegangen. Dort allein finden sich auch ihre Satiren, ihre antikleri-

4. Vgl. Adah Blanche Roe, *Anna Owena Hoyers. A Poetess of the Seventeenth Century*. Bryn Mawr College Monographs, 19 (Bryn Mawr, 1915),
S. 12f.

kalen und politischen Verse. Dagegen enthält die Stockholmer Handschrift weitgehend erbauliche Lieder, Sprüche und Gebete. Diese Verse sind ein Ausdruck ihrer Frömmigkeit. Ihren Liedern ist zunehmend eine sprachliche und rhythmische Vervollkommnung anzumerken. Die Notenbeilagen zu drei Liedern stammen von Anna selbst, während die Noten zu einem weiteren lateinischen Lied ohne Komponistennamen erscheinen. Diese Noten, (II, Blatt 17a), die Tonangaben am Rand vieler Lieder für die "fiol" (Geige) und die Tonskala für B-dur und B-moll, die den Liedern vorangestellt ist (I, Blatt 4b), weisen auf das Singen und Musizieren im Stockholmer Kreis der Hoyers hin. Die etwa 50 geistlichen Lieder der Anna Ovena Hoyers, die von Buchstabenkreuzen, Sprüchen und Zitaten umrahmt sind, wo immer noch Platz auf einer Seite war, machen also den Inhalt von Teil I aus: die Handschrift war zunächst eine Liedersammlung der Hoyers und ist es auch trotz der weiteren Zusätze geblieben.

Erst später, nach dem Tode Caspar Hoyers, wurden auch Lieder anderer Autoren, z.T. mit deren Namen mit hinzugenommen (die Lieder Nr. 51 bis 60 stammen von anderen Autoren, ebenfalls einige weitere, nicht numerierte Lieder und Zitate in Teil I). Unter den Liederautoren befinden sich — mit jeweils nur einem Lied — Martin Luther, der bekannte Schwenckfelder Liederdichter Daniel Sudermann (1550-1631), Josua Stegmann, der zu den Mährischen Brüdern gehörende Petrus Herbert, ein Mitherausgeber von deren Gesangbuch, Johann Rist und einige protestantische Geistliche und Gymnasiallehrer der dersten Hälfte des 17. Jahrhunderts, die Liedersammlungen herausgegeben haben. Es sind ingesamt 19 Lieder von anderer Hand, die sich aber in Ton, Rhythmus und Inhalt von denen der Hoyers kaum unterscheiden. Individuelle Autorschaft und eigener Ausdruck waren unwichtig gegenüber dem erbaulich-bekennenden Inhalt dieser Lieder, die ganz offensichtlich im Stockholmer Kreis deutscher Emigranten bei deren Zusammenkünften gesungen wurden.

Der zweite Teil der Handschrift trägt inhaltlich einen anderen Charakter. Hier finden sich eine Reihe von Stücken, bzw. Bruchstücken aus anderen Werken der Anna Ovena Hoyers und eine kleine, aber eindrucksvolle Gebetsammlung. Ein Bruchstück aus einer anderen Schrift stellen die Angaben aus einer astrologischen Tabellensammlung (II, Blatt 4 und 5) dar, die die Sternzeichen mit alltäglichen Handlungen in Verbindung bringen (Krankheiten, Medizin einnehmen, das Anlegen neuer Kleider usw.). Schon Annas Vater Hans Ovens hatte astrologische Berechnungen angestellt, und diese Bruchstücke zeigen wieder einmal das Weiterleben dieser okkulten "Wissenschaft" im 17. Jahrhundert und deren Bedeutung für das tägliche Leben, wie denn auch Annas jüngster Sohn Friedrich Hermann diese Tradition fortgeführt hat, denn sein Gedenkstein zählt unter seinen Verdiensten und Fertigkeiten (Kupferstechen, Büchersammeln, Geige spielen, Malen, mathematische Kenntnisse) auch "die Sternkunst, so er gewiesen hat"[5] auf. Ein weiteres Bruchstück ist dem Prolog von Annas Versparaphrase der Geschichte von Euryalus und Lucretia entnommen, die sie nach der Prosaübersetzung des Niclas von Wyle aus dem Lateinischen des Aenea Sylvio Piccolomini angefertigt hatte und die sie angeblich schon 1617 unter dem Titel *Süßbittere Freude* in Schleswig hat drucken lassen. Dieser Druck, der von der im allgemeinen verläßlichsten Quelle zum Leben der Hoyers, Johann Moller, *Cimbria Literata* (Kopenhagen: Gottman Frid. Kisel, 1744), Bd. I, S. 265, erwähnt wird, hat sich allerdings nirgendwo nachweisen lassen. Es könnte sich bei dem Druck um ein bibliographisches "Gespenst" handeln; doch die handschriftliche Anfertigung zumindest eines Prologes zu diesem Werk wird durch das Bruchstück in der Stockholmer Liederhandschrift nun bestätigt. – Vier weitere Gedichte in Teil II sind didaktisch-satirisch; zwei davon greifen den Geldadel an (II, Blatt 36 und 37). Weshalb diese nicht in die gedruckten *Poemata* von 1650 aufgenommen worden sind, bleibt unklar. Vielleicht sind sie erst nach 1650 entstanden.

Eindrucksvoll in ihrer schlichten Frömmigkeit und rhythmisch melodischen Sprache sind die Versgebete. "Folgen Schöne Gebetlein. A:O:H: Fecit" vermerkt die Handschrift (II, Blatt 17b) Caspar Hoyers vor dem ersten, einem "Morgen Gebett." Ein "Abent Gebett" (II, 18a) schließt sich an, dann kommen zwei Gebete zu Jesus: "Herr Jesu Christ, Erlöser mein" und "Herr Jesu vnser Auffenthalt" (II, 18b bis 19b), ein Gelöbnis gläubiger Gefolgschaft: "Ach Herr zeugh mich, so folge ich" (II, 19b), ein "Morgen Segen" (II, 21a) und auf einem eingelegten Zettel das

---

5. Dorothee und Hans Joachim Schoeps, "En svensk julvisa från 1675," *Svensk Tidskrift för Musikforskning*, 47 (1945), S. 129.

Gebet der alten Hoyers: "O Gott Du meines Lebens erhalter,/ Verlasse mich nicht in meinem Alter" (II, 20a; es ist ebenfalls abgeschrieben auf II, 21b).

Das "Memorial" der Hoyers (II, 21b und 22a) behandelt das barocke Thema "O Menschenkindt du Wasseblaß" und gibt den Tenor dieser Gebete an: "vanitas, vanitatum et omnia vanitas", wie eine lateinische Zeile gegen Ende der Versparaphrase der Euryalus-und-Lucretia Geschichte lautet (II, Blatt 25a). Dieser Weltabkehr sind die "Regula vitae" (II, 31a und b), die Sprüche, Zitate und Gebete zur Seite gesetzt, um den Weg zum wahren Christentum, zum rechten Glauben und Leben zu weisen. Darin liegt der Sinn und die Weisheit dieser Sammlung von erbaulichen Texten im zweiten Teil der Stockholmer Liederhandschrift der Anna Ovena Hoyers: es ist eine Anleitung zum praktischen Christentum des täglichen Lebens.

ANHANG

Nr. 12

Daß 12.   [fol.]27[r]
Liedt.

Liedlein Gestelt auff die itzige Betrübte, vnd balt
folgende fröliche Zeit, Im Thon: Mitt viel
Schmertzen, muß ich dich verlassen. etc:
A:O:H:

vide fol:157 [enthält Hinweis, daß die Mutter das Lied während
der Eiderstedter Flut gemacht hat, i.e. 1634]

1.

Alles das, den odem hatt empfangen, kom hieher vnd sehe, waß
Unser Gott hatt angerichtet, wie er Leüth vnd Vieh vernichtet,
Weh vnd Ach, itz ist der grose tag, vnd die Zeit angegangen,
drin Er wirt üben rach.

2

Nun wollan, Ihr spötter vnd Verächter, kompt seht waß Gott gethan,
 Geht im Eyderstedschen Lande, In Ditmarschen vnd im Strande,
 Rundt umb herr, an andern örten mehr,
 Da Gott alß ein gerechter, gestraffet hat so schwer.

3.

Nemt sein Werck zu hertzen o ihr Sünder, Erkent sein grose sterck,
 Etzlich thausent seindt vmbkommen, durch die flut hin weg
 Genommen, In der Nacht, plötzlich zu Nicht gemacht

[fol. 27v]

 Auch frawen die ihr Kinder, Nur halb anß Licht gebracht.

4.

Alle Welt, forcht diesen starcken Herrn,
 Der sich hatt eingestellet, das menschlich geschlecht zu richten,
 Alle Bösheit zu vernichten, Liebe Leuth,
 Ernstlich gewarnet seÿt, thut Buß, vnd last euch lehren,
 Geht auß von Babel heut.

5.

O Babel, weh dir vnd deinen Bulen,
 Dein fall wird komen schnell,
 Du wirst nicht mehr so florieren, und hochmütig triumphiren,
 Wie biß her, dein Rath vnd Cantzeler,
 Die Herren von Hohen Schulen, wirt man nicht finden mehr.

6.

Von der handt, des Herren ist angezundet,
 Ein großfewer in theutschlandt, daß wirt dein Pallast verzehren,
 Dein herlich gebew zerstören, wee dir dan, am selben tage, wann
 Mann keinen helffer findet, der dich erretten kann.

[fol.]28[r]

7.

Es wird seÿn, beÿ diesem volck groß Klagen,
 Dein Kauffleut werden schreÿen, o, wie ist die Stadt gefallen,
 Die die schönste war fur allen, Ligt nun dort,
 Ihr Bürger sint ermort, gewin wird Niemandt tragen
 Hin fort von diesem orth.

8.

Nun schaut all, die ihr Babel geliebet,
  Trawert über ihren fall, komt her Bürger, und Bauren,
  Auch ihr Edlen, seht die Mawren dieser Stadt,
  Die vorhin voll vnd satt, sich in wollüsten übet,
  Vnd keinen Mangel hat.

9.

All ihr freüd, hat sich in Leit vorkehret, hin ist ihr herligkeit,
  Die zu vor daß nütlichst assen, vnd stolzierten auff'n gassen,
  Liegen todt, o, wee der grosen noth, Ihr heüser seint verheret,
  Ihr fleisch ist wurden Koth.

[fol. 28v]

10.

Hör Zion, dein feindin ist gefallen,
  Steh auff, empfang die Kronn, von dem Herren, aller Herren,
  Deinen Breütigam zu Ehren, tritt her für,
  In deiner schönen zier, laß dein stim frolich schallen
  Dein Köning kompt zu dir.

11.

O, wie fein, Lieblich, freundtlich vnd gütig,
  Wird er im einzug seyn, vnß die wir ihm vest vertrawen,
  Auff seine Verheißung bawen, vnd ihn Ehren,
  Frewt euch er ist nicht fern, versamlet euch einmütig,
  Zu Loben diesen Herren.

12.

Itzt lest er, ein herlich mahl bereiten,
  Drumb komptt alle her, die ihr schwag seit
  Vnd beladen, vnd begierig seiner gnaden,
  Schmückt euch schon, folget der Braut Zion,
  Geht der Jungfrawen zur seiten,
  Entfangt die Ehren Kronn.

[fol.]29[r]

13.

Ihr seÿt lang in schimpff vnd schmag gesessen,
 Euch ist gewesen bang, vnter dem Zwang der Tÿrannen,
 Forcht euch nicht, sie seint van dannen,
 Stelt euch ein, zu Gott frölich zu sein,
 Fett vnd Marck solt ihr essen,
 Vnd trincken reinen wein.

14.

Euch wirt nun, kein Vnglück mehr verletzen,
 Kein feindt euch schaden thun
 Den sie seint all auffgeriben,
 Darumb danckt dem Herrn ihr Lieben
 Die ihr seÿt, erwehlt zur Herligkeit,
 Kompt nun euch zu ergetzen,
 Der Tisch ist voll bewirtt.

[fol. 29v]

15.

Rühmt auffs best, den der vnß hatt geladen,
 Freundtlich alß liebe gest,
 Schmückt das fest zierlich mit meÿen,
 Tretet frölich an den Reÿen, geht herfür,
 Vnd frolocket mit mir,
 Zu dancken seiner gnaden,
 Sind alle schüldig wir.

16.

Singet laut, zu Ehren vnd gefallen,
 der könninglichen Brautt,
 Last die seiten frölich klingen,
 Das Lobopfer soll man bringen,
 Dem Breütgam, geborn auß Davids stam,
 Ewig danck seÿ vor Allen,
 Vnserm Gott vnd dem Lamb, Amen.

[fol.]157[r]

Register von dem so in Eyderstedt versoffen ist in der Wasserfluth Ao° 1634.
Zwischen dem aav:12.80:[11. und 12. Oktober]

Im

Castel Tönning Menschen	34
Coldenbüttel	5
Witzwordt	3
Oldensword	61
Cotzenbüll	71
Sating	85
foller Wyck	45
Garding	177
Catrinhard	61
Tetenbüll	507
Poppenbüll	180
Oster Hewer	167
Wester Hewer	112
Ölffsbüll	30
Täting	270
Sanct peten	5
Summa	2110

in Nordstrandt
waß der Lÿdt

Menschen	Häuser veg.	Heuser behalten
171	12	9

war unter
1 pastor
1 Köster

van der Ham

300	72	21

war unter
1 Caplan
1 Scholmeist.
1 Köster

zu Mosum

350	84	16

war unter
1 Pastor
1 Köster

Wöhrbeck

380	94	4

war unter
1 Pastor
1 Köster

Königsbüll

212	62	—

war unter
1 Capplan
1 Köster

1437	324	50

[fol. 157v: enthält weitere Aufstellung;
fol. 158r: Endposten der Aufstellung ergibt:]

8243. Einheimschen.
Außgenommen der frembden vnd Arbeiter so auf den Marschen vnd ander
orthen kommen die ihr Kost Jährlich mit Mehen, getreidschneiden, dreschen
vnd teichen verdienen. Es sind auch in Nordstrand 28 Wind Mühlen und 52

Block Häuser weggetrieben. an Pferd vnd groß vieh seind geblieben 6069 an Schaff vnd Schwein 6738.

Vide fol: 27. vnd 30 die 2 lieder so mein Seelige Mutter gemachet dan sie mit mein Seel; Schwester Maria, vnd Seel: Brud Caspar 3 Tage auffm Soller müsten sitzen, da die fische durch fenster vnd thür in der stuben spatzierten vnd die Schiffe auff der Gassen gingen über äcker vnd wiesen. 52 Jahr darnach kam ich F H Hoijer mit mein tochter Anna Maria, vnd Sohn Abraham auch in Seenoth 1686 den 11. 12. Aug.

[Teil II Blatt 20b]

    Mein Täglichs Gebeth:
O Gott Du meines Lebens Erhalter,
Verlasse mich nicht in meinem Alter,
Bedenck nicht mehr meiner Jugend Sunden
Gnad bitt ich Herr, laß mich gnade finden,
Verberg doch nicht dein väterlichs gesicht,
Wenn Ich grau werd: O Herr verwerff mich nicht,
Vnd zeuch nicht ab dein gnadenhant von mir,
Was ich guts hab, das ist allein von dir,
Mein Gott mach mich durch deine lieb bereit
Zuloben dich in Zeit und Ewigkeit.   Anna
             H

[Teil II Blatt 35b]

Gebet eineß betrübten und geängstigten hertzen,
  Welches den noch Gott nicht wirt vorachten.

    Gott tröste mein betrübtes hertz,
      Ich leide grosse angst und schmertz,
      Ohn vnterlaß, tag, Nacht ohn ziel,
      Mein Gott du siehst, es wird zu viel,
      Erbarm Dich nach der güte Dein,
      und linder mir die schwere pein,
      mein hertz kan nimer frölich sein,
      d'rumb gieb ein sehlich stundelein,
      viel besser ist, sehlig sein todt,
      alß leiden hie stezs angst und noth,
      Herr Jesu Christ bleib stetzs beÿ Mir,
      Gott heiliger Geist mein hertz regier,
      damit die angst so mangherleÿ,
      mich an der Seel vnschädlich seÿ,
      vnd ich beÿ dir nach dieser zeit,
      Ererb die Ewige Sehligkeit.   Amen.

[II, 21b]

Memorial
A: O: H:

O Meschenkind du Wasseblaß,
  Schnell flüchtig blat, zerbrechlich Glaß,
  Vergänglich felt blum, hör doch waß,
  Ich dir hir sag, vnd mercke das:
  Heut, heut bey zeit die welt verlaß,
  Sie ligt im ergan, lebt in Haß,

[II, 22a]

  Neit, streit, Hoffart, geitz, Vnzucht, fraß,
  Geh nicht mit ihr die breite gaß,
  Heut kehr vmb, heut diß wörtlein faß,
  Sing nicht das Raben liedlein *cras*,
  Balt wirstu zugedeckt mit graß,
  vnd stinckent werden wie ein aeß,
  denn alles ist hir *vanitas*,
  Betracht diß, such die Himmelstraß,
  Da alles gut ist ohne maß.

Voluptas Carnis est maximum impedimentum salutis.
O Herr Jesu Erbarme dich über vns Arme Sünder, weil
  allein du gelassene Göttselige menschen aus vnß
  Nach dem Reichthumb deiner gnaden vermagst zu machen,
  Bereite vns, daß wir deine Jüneger sein, vnd zu deinem
  himlischen Abendmahl geschickt vnd würdig werden, Amen.

[Teil II, Blatt 30b]

Oratio. A:O:H:

O, du Ewige Krafft stercke mich,
O, du Ewige warheit Leite mich,
O, du Ewige weisheit lehre mich,
O, du Ewiges Licht erleuchte mich,
Vnd erfülle mein Hertz mit deiner Liebe,
Das ich in deinem Licht weislich wandele,
Und in deiner warheit mit Gott Voreiniget
Werde Krefftiglich. *Amen.*

Flumine perpetuo torrens solet altius ire,
Sed tamen haec brevis est, illa perennis aqua.

Aus dem Prolog zu "Süßbittere Freude"

[II, 24b]

O Menschenkindt bedencks allzeit
  vnd hüte dich für Buler freud.
Der Tag gar nah vorhanden ist,
  dar in Man Rechnung geben muß,
  Von Wort vnd von wercken,
  Diß soltu fleisig mercken
  L:I:L: Lebe im Licht, so wirstu nicht
    L:
  W:I:W: Wandel im Wort, so komstu fort
    W:
  Bit Gott er wirt dich stercken. etc.
  Die sich begeben in *Venus* handt,
  macht *Venus* all zu gecken,
  Verendert ihr gemüt vnd verstand,
  Macht hin vnd wieder wancken,
  Nimbt Mannheit, sterck vnd Klugheit hin,
  gibt Kindische Gedancken,
  Kindische Wort anschleg vnd sterck,
  geberde vnd fürnehmen,
  die Buler thun offt sloche werck,
  deren sich die weisen schemen.
  Ist diß nicht zu Erbarmen sehr?
  ja, es ist zu beklagen,
  hillft doch darwieder gar kein Lehr,
  Kein singen oder sagen.

[II, 25a]

  Vmbsonst vnd gar vergebenß ist,
  Itz mehr davon zu schreiben,
  Die welt wird wol zu aller frist,
  in Ihrer Thotheit bleiben,
  Vnd solche Händel treiben.
Vanitas vanitatum et omnia vanitas
  Darumb kehr umb, werde fromb, Liebe die Zucht
Vnd Vnzucht haß, gib dich auff der Tugend straß,
  Daß Welt Wesen fahren laß, halt in allen Dingen Maß.
    NB (: Zu Süß Bitter Freude:)

Ferdinand van Ingen

FRAUENTUGEND UND TUGENDEXEMPEL
ZUM FRAUENZIMMER-SPIEGEL DES HIERONYMUS OR-
TELIUS UND PHILIPP VON ZESENS BIBLISCHEN FRAU-
ENPORTRÄTS

1.

Zu den wichtigeren Beiträgen der Frauenbewegung zur Literaturwissenschaft zählt die Problematisierung einer zumeist am männlichen Bewußtsein orientierten ästhetischen Normierung und Kanonbildung, deren Folge u.a. eine Vernachlässigung des Komplexes Frau und Literatur gewesen ist. Hier eröffnet sich ein immenses Nachholgebiet. Für die Gegenwart konnten bereits beachtliche Ansätze gebucht werden,[1] für den Anteil der Schriftstellerinnen an der literarischen Produktion der zweiten Jahrhunderthälfte wurde der inzwischen eingebürgerte Begriff "Frauenliteratur" geprägt.[2] Die neue Blickrichtung hat nicht nur zu einer oft willkürlich anmutenden, der sog. Arbeiterliteratur analogen Summierung von Autorinnen geführt[3] und zu Dokumentationen, die

---

1. Renate Möhrmann: Feministische Trends in der deutschen Gegenwartsliteratur. In: Manfred Durzak (Hrsg.): *Deutsche Gegenwartsliteratur. Ausgangspositionen und aktuelle Entwicklungen.* Stuttgart 1981. S. 336-358. Allgemeiner und im internationalen Zusammenhang Barbara Becker-Cantarino: Stimmen des "zweiten Geschlechts": die neue Politik und Literatur der Frauen. In: *Propyläen Geschichte der Literatur.* 6. Band. Berlin 1982. S. 416-439.

2. Manfred Jurgensen (Hrsg.): *Frauenliteratur. Autorinnen – Perspektiven – Konzepte.* Bern/Frankfurt 1982; ders., *Deutsche Frauenautoren der Gegenwart.* Bern 1983.

3. Evelyn Torton Beck/ Biddy Martin: Westdeutsche Frauenliteratur der siebziger Jahre. In: Paul Michael Lützeler/ Egon Schwarz (Hrsg.): *Deutsche Literatur in der Bundesrepublik seit 1965.* Königstein/Ts. 1980. S. 135-149.

346

den Beitrag von Frauen am Kulturprozeß zum Gegenstand haben[4] (bis hin zum regelrechten Lexikon[5]), sondern hat auch, neben Anthologien und verwandten Darstellungen,[6] ebenso kritische wie fruchtbare Analysen auf dem Gebiet der Literaturgeschichte hervorgebracht.[7] Gerade im Hinblick auf die historischen Dimensionen des Komplexes konnten einseitige Perspektiven teilweise korrigiert werden und wurde vor allem die Aufmerksamkeit auf bislang gar nicht oder unzulänglich bedachte Konsequenzen gelenkt. Zwar kennt die Literaturgeschichte Epochen mit ausgesprochenen Frauenbildern oder Frauenhuldigungen (wie der mittelalterliche Minnesang, der europäische Petrarkismus der Renaissance, die frühbarocke französische Salonkultur, die deutsche Romantik), aber die Frau ist hier nicht eigenständiges Individuum, sondern wird typisiert bzw. idealisiert aus der Perspektive des Mannes dargestellt. Die Frau ist nicht in ihrem So-Sein interessant, sie dient vielmehr dem Selbstgefühl und dem Vervollkommnungsstreben des Mannes. Helmut de Boor hat für den Minnesang festgestellt, daß die Frau als "Erzieherin des Mannes zu höfischer Vollkommenheit" erscheint; für die Liebeskultur, in deren Brennpunkt Honoré d'Urfés Erfolgsroman *L'Astrée* steht, gilt gleiches — "... et qui doutera qu'elles ne soient le vrai moyen de parvenir à ces

4. Gisela Brinker-Gabler: *Deutsche Dichterinnen vom 16. Jahrhundert bis zur Gegenwart*. Frankfurt 1978; Eva Weissweiler: *Komponistinnen aus 500 Jahren. Eine Kultur- und Wirkungsgeschichte in Biographien und Werkbeispielen*. Frankfurt 1981; Eva Rieger: *Frau, Musik und Männerherrschaft. Zum Ausschluß der Frau aus der deutschen Musikpädagogik, Musikwissenschaft und Musikausübung*. Ullstein-Materialien, 1981; J.R. Brink (ed.): *Female Scholars: A Tradition of Learned Women before 1800*. Montreal 1980; Renate Feyl: *Der lautlose Aufbruch: Frauen in der Wissenschaft*. Neuwied 1983.

5. Elisabeth Friedrichs: *Deutschsprachige Schriftstellerinnen des 18. und 19. Jahrhunderts. Ein Lexikon*. Stuttgart 1981.

6. Jürgen Serke: *Frauen schreiben. Eine neues Kapitel deutschsprachiger Literatur*. Hamburg 1979; Heinz Puknus (Hrsg.): *Neue Literatur der Frauen. Deutschsprachige Autorinnen der Gegenwart*. München 1980.

7. Wolfgang Paulsen (Hrsg.): *Die Frau als Heldin und Autorin. Neue kritische Ansätze zur deutschen Literatur*. Bern und München 1979; Barbara Becker-Cantarino (Hrsg.): *Die Frau von der Reformation zur Romantik. Die Situation der Frau vor dem Hintergrund der Literatur- und Sozialgeschichte*. Bonn 1980.

pures pensées, et que Dieu ne nous les ait proposées en terre pour nous attirer, par elles, au ciel...'"?[8] Das "Ewig-Weibliche", das den Mann hinanzieht, ist, so wurde gefolgert, kaum anderes als die männliche Projektion eines Wunschbildes (Idolisierung), das wie sein Gegenteil (Dämonisierung) auf alte Traditionen zurückzuführen ist und sich vom Mittelalter an kontinuierlich verfolgen läßt.[9] Das literarische Bild der Frau zeigt auf weiten Strecken Züge, die in die Richtung der Idolisierung oder Dämonisierung weisen, während für den Mann offensichtlich weit differenziertere Möglichkeiten bereitstanden. Selbstverständlich erwachsen die Bedingungen solcher festgeschriebenen Rollen aus spezifischen sozialgeschichtlichen Faktoren, die einen selbständigen Wirkungsbereich der Frau außerhalb des Familienkreises verhindert haben. Barbara Becker-Cantarino hat das auf eine kurze Formel zu bringen versucht:

> Es ist die *Gesichts-* und *Geschichtslosigkeit* der Frau in der Öffentlichkeit und in der historischen Tradition, während von Männeren geschaffene, widersprüchliche Mythen und Typisierungen ihr Leben sowie ihre Präsentationsformen in Literatur und Geschichte weitgehend bestimmt haben.[10]

Das Nachprüfen dieses Tatbestandes und eine Erklärung jener Entwicklungen ist ohne Rückgriff auf die sozialen Verhältnisse, die sie bedingen, nicht möglich. Für den großen Zeitraum von der Reformation zur Romantik, in dem die Grundlagen der bis in die Gegenwart hineinreichenden Traditionen der Bildungsgeschichte gelegt wurden, fehlt es jedoch an umfassenden Vorarbeiten zur

8. H. de Boor: *Geschichte der deutschen Literatur*. Bd. 2: *Die höfische Literatur*. München ³1957. S. 39; H. d'Urfé: *Astrée*. III, 1621, S. 878.
9. Bärbel Becker-Cantarino: Priesterin und Lichtbringerin. Zur Ideologie des weiblichen Charakters in der Frühromantik. In: *Die Frau als Heldin und Autorin*. S. 111-124; dies., "Frau Welt" und "Femme Fatale". Die Geburt eines Frauenbildes aus dem Geiste des Mittelalters. In: James F. Poag/Gerhild Scholz (Hrsg.): *Das Weiterleben des Mittelalters in der deutschen Literatur*. Königstein/Ts. 1983. S. 61-73. Hier werden mit klarer Präzision Ansätze von S. Bovenschen weitergeführt: *Die imaginierte Weiblichkeit. Exemplarische Untersuchungen zu kulturgeschichtlichen und literarischen Präsentationsformen des Weiblichen*. Frankfurt 1979.
10. (Sozial)Geschichte der Frau in Deutschland, 1500-1800. Ein Forschungsbericht. In: *Die Frau von der Reformation zur Romantik*. S. 243-281; Zitat S. 246.

Sozialgeschichte der Frau. Erst neuerdings sind Ansätze gemacht worden, auch hinter das in mancher Hinsicht zugänglichere 18. Jahrhundert zurückzugehen und für die frühe Neuzeit die Rolle der Literatur im Prozeß der Selbstfindung der Frau wenigstens andeutungsweise zu bestimmen, nachdem die Reformation einstweilen nur den Wechsel "vom Kloster zur Küche" (Dagmar Lorenz) proklamiert hatte.[11]

Luthers Reformation hatte sich auf die Frau als Gattin und Mutter konzentriert, was aus heutiger Sicht zu wenig, aus damaliger aber sehr viel bedeutete. Luthers Traktat *Vom ehelichen Leben* (1522), in seinen Hauptzügen im *Sermon von dem ehlichen Stand* (1519) vorbereitet, richtet sich gegen die römische Lehre von der Ehe als Sakrament, bekämpft das kanonische Eherecht (2. Teil: "welche Personen man scheiden dürfe") und lobt entgegen der römischen Doktrin der Keuschheit die Ehe als von Gott gewollten Stand.[12] Mit welcher Entschiedenheit hier Neues und Revolutionäres in die Welt gesetzt wurde, macht ein Vergleich mit dem Ehebüchlein des Nürnberger Frühhumanisten Albrecht von Eyb (1472) sichtbar.[13] Allerdings läßt sich nicht verkennen, daß mit

11. Jean M. Woods: "Die Pflicht befihlet mir/ zu schreiben und zu tichten". Drei literarisch tätige Frauen aus dem Hause Baden-Durlach. In: *Die Frau von der Reformation zur Romantik*.S. 36-57; F. van Ingen: Poetik und "Deoglori" — "Auf die unverhinderliche Art der Edlen Dichtkunst" von Catharina Regina von Greiffenberg. In: Volker Meid (Hrsg.): *Gedichte und Interpretationen*, Bd. 1, *Renaissance und Barock*. Stuttgart 1982. S. 319-330.

12. Dagmar Lorenz verkennt den Stellenwert von Luthers Traktat und gelangt infolgedessen zu historisch falschen Schlüssen: "Vom Kloster zur Küche". Die Frau vor und nach der Reformation Dr. Martin Luthers. In: *Die Frau von der Reformation zur Romantik*. S. 7-35. Ähnliches gilt für den Beitrag von Jane Dempsey Douglass: "Women and the Continental Reformation", wo u.a. mit Hinweisen auf Bucer und Calvin lediglich festgestellt wird: "Wives subject to their husbands". In: Rosemary Radford Ruether (ed.): *Religion and Sexism. Images of Woman in the Jewish and Christian Traditions*. New York 1974. S. 292-318. In diesem Band wird das 17. Jh. leider ausgespart, soweit es nicht um den Pietismus geht.

13. *Ob einem manne sey zunemen ein eelichs weyb oder nicht*. Neudruck mit einer Einführung von H. Weinacht. Darmstadt 1982. Eyb hält am ehelichen Sakrament fest, vgl. S. XXVII.

Luthers Stellungnahme nur die verheiratete Frau in den Blickpunkt rückt und damit auch für die Folgezeit einseitige Fixierungen eintreten. Das Sozialgefüge des 17. Jahrhunderts mit seinem festgefügten Ordo-Sinn, das Massensterben infolge verheerender Seuchen und die Folgen des Dreißigjährigen Krieges waren ohnehin einer anderen Perspektivik nicht förderlich. Es trat ein weiterer Umstand hinzu, der sich den wenigen Emanzipierungstendenzen hindernd in den Weg stellte, und zwar die offensichtlich weitverbreitete Ansicht, daß die Frau dem Mann prinzipiell unterlegen wäre. Bis ins 18. Jahrhundert hinein fühlt man sich bemüßigt der Behauptung zu begegnen, "daß das Frauen=Volck keine Menschen wäre", und noch 1742 setzt sich Dorothea Christiane Leporin mit der Meinung auseinander, das "weibliche Geschlecht habe zwar allerdings Verstand empfangen, aber nicht in so hohem *grad*, als es die Männer, und eben darum sey dasselbe zu Erlangung der Gelehrsamkeit unfähig".[14] Die gelehrte Autorin — sie war die erste Frau, die an einer deutschen Universität die medizinische Doktorwürde erhielt — nimmt noch einmal die Argumente auf, die mehr als hundert Jahre zuvor von Johann Frawenlob ins Feld geführt worden waren, um anhand von vielen Beispielen zu beweisen, "daß die Weibspersonen eben so wol/ und offtmals viel subtilere Ingenia: als die Manspersonen haben/ daß/ wenn solche in der Jugend fleissig unterrichtet und zum Studieren angehalten würden/ manches Weibsbild wol so gelehrt/ als manche Mansperson/ werden solte".[15] Über ein Jahrhundert lang also findet man die gleichen Widerstände, die gleichen Gegenargumente und vielfach auch die gleichen Namen. Als Kronzeugin fungierte meist Anna Maria van Schurman — auch die Leporin führt sie noch an —, die in einer berühmt gewordenen Dissertation *De capacitate*

14. Georg Lehms: *Teutschlands Galante Poetinnen.* Frankfurt a.M. 1715. Reprogr. Ndr. Darmstadt 1966. Vorrede; Gründliche Untersuchung der Ursachen, die das Weibliche Geschlecht vom Studiren abhalten [...] umständlich dargeleget [...] von Dorotheen Christianen Leporinin. Berlin 1742. Reprogr. Ndr. Hildesheim/New York 1977. S. 25f.
15. *Die Lobwürdige Gesellschaft Der Gelehrten Weiber/ Das ist: Kurtze/ Historische Beschreibung/ der fürnembsten gelehrten/ verständigen und kunsterfahrnen Weibspersonen/ die in der Welt biß auff diese Zeit gelebet haben.* [...] Durch Johann. Frawenlob/ der löblichen Societet der gelehrten Weiber General Notarium. Anno DC.XXXI. Vorrede, fol Aij^v (Ex. der HAB Wolfenbüttel, Sign.: 58.1 Politica).

ingenii muliebris ad scientias ihren Standpunkt mit Verve gegen Andreas Rivet vertreten hatte (1638).[16] Im Vergleich zu Juan Luis Vives' Schrift *De Institutione foeminae Christianae* (1524) ist die Schurman aber eher konservativ zu nennen: Gelehrte Studien sind nützlich, namentlich solche, die zu einem besseren Verständnis der Bibel verhelfen. Der Nützlichkeitseffekt erweist sich in dieser Frage für die Dauer des 17. Jahrhunderts als ausschlaggebend, er wird erst in der Frühaufklärung allmählich von anderen überlagert, wie etwa bei der Leporin, die zustimmend aus Paullinis Vorrede zu seinem Kompendium *Das Hoch= und wohlgelahrte Frauenzimmer* (1705) folgenden Passus zitiert:

> Aber wie sollen wir, fragt *Dorilis*, zur Vollkommenheit gelangen, da man unsere Fähigkeit in der Blüthe ersticket, und zu Haus gleichsam gefangen setzet, und als wie in einem Zuchthaus zu schlechter Arbeit angewehnet? Man eilet mit uns zur Küche und Haushaltung, und wird manche gezwungen eine Martha zu werden, die doch etwa lieber Maria seyn möchte.[17]

Diese hochinteressanten Schriften — es erschienen im Lauf des 18. Jahrhunderts mehrere, die meisten im Lexikonformat[18] — erfuhren bisher noch keine systematische Untersuchung, obwohl sie doch ein fesselndes Kapitel aus der Sozialgeschichte der Frau bilden. Sie verfolgen alle das gleiche Ziel: der Frau den Weg zur Bildung, zu gelehrten Studien und (damals noch einheitlich damit verbunden) den Künsten freizukämpfen. Allen diesen Büchern ist gemeinsam, daß sie zuerst mit alten Vorurteilen aufräumen müssen —

16. Sie erschien in Paris; eine zweite Auflage wurde mit verändertem Titel 1641 in Leiden herausgegeben: *Dissertatio logica de ingenii muliebris ad doctrinam et meliores litteras aptitudine...* (Ex. der UB Amsterdam, Sign.: 1396 D 35). Weitverbreitet war die französische Übersetzung: *Qvestion celebre. s'Il est necessaire ov non, que les Filles soient sçavantes* (Paris 1646; Ex. der UB Amsterdam, Sign.: 2400 C 1).

17. o.c. S. 51. Urspr. Zitat aus S. von Birken: *Fürtrefflichkeit des Lieblöblichen Frauenzimmers* (1669), S. 36.

18. Neben Lehms sind die bekanntesten: Christian Franz Paullini, *Das Hoch- und Wohl-gelahrte Teutsche Frauen=Zimmer*. Erfurt 1705; Johann Caspar Eberti, *Eröffnetes Cabinet Deß Gelehrten Frauen=Zimmers*. Frankfurt/Leipzig 1706; Peter Paul Finauer, *Allgemeines historisches Verzeichnis gelehrter Frauenzimmer*. München 1761.

Ich schreibe nur noch eine Zeile:
Ach! hasset doch die Macht der blinden Vorurtheile.[19]

Anders formuliert: Von den ersten Jahrzehnten des 17. Jahrhunderts an bis weit in die Aufklärungsepoche richtet sich die ganze Energie der Emanzipationsversuche nahezu ausschließlich auf den Kampf um die geistige Würde der Frau und auf die Widerlegung bis zum Überdruß wiederholter Vorurteile gegen sie als ein dem Mann im Wortsinn ebenbürtiges Geschöpf.

Vor diesem Hintergrund darf man sich über eine ausbleibende Reflexion selbständiger öffentlicher Tätigkeit von Frauen im 17. Jahrhundert nicht wundern. Es gab durchaus berufstätige Frauen (etwa im Buchhandelsgeschäft), aber sie stellten Ausnahmen dar, auf die gesondert einzugehen man kaum Veranlassung fand. Die ledige Frau kennt die Zeit entweder nur als heiratswilliges Mädchen oder als Witwe oder auch als Hure, d.h. immer in Beziehung zum Mann oder zur Familie. Diese Blickrichtung war so stark fixiert, daß noch die für die geistige Würde der Frau eintretenden Schriften des 18. Jahrhunderts sie vorauszusetzen scheint; interessanterweise geht es auch der Leporin vorderhand lediglich um Gleichberechtigung in Fragen der Bildung und Erziehung. Wie nicht anders zu erwarten, zeigt das 17. Jahrhundert im großen und ganzen ein noch konservativeres Bild. Die Regel war die "fromme Hausfrau", und wo ein auf die Alltagssituation in ihrer häufigsten Form ausgerichtetes Idealbild der Frau entworfen wird, zielt es wie selbstverständlich auf die Gattin und Mutter ab. Was an die Öffentlichkeit drang, entsprach dem Typus einer dem Mann und den Kindern in Liebe und Gehorsam dienenden Frau. Es ist ausdrücklich lobend gemeint, wenn Sibylle Schwarz einem Witwer auf den Tod seiner "ehelichen lieben Haußfrawen" schreibt:

Sie hat ihn so geehrt/
Daß sie ein schönes Sarg von Golde billich wehrt.
In dem er etwa war nur müde von Studiren/
So war sie fort bereit/ ihn bald dahin zu führen/
Da nur Ergetzung ist/ er durffte nimmermehr
Der Küchen selbst vorstehn/ bemühte sich nicht sehr
Den Haußraht zu besehn/ so bald er war gekommen
In seiner Stuben Thür/ so hat sie ihn genommen/

19. o.c., Ende der Vorrede des Vaters der Autorin, Christian Polycarpus Leporin.

Und an den Tisch geführt/ das Essen war bereit/
Ihm da getragen auff/ und auch zu rechter Zeit.
Er hat dann sich nur bloß an seinen Ort gesetzet/
Die Fraue neben ihn/ die itzund ist verletzet
Durch Parcen scharffes Schwert/ die Kinder saßen auch
Mit Frieden umb ihn her/ als umb den Myrtenstrauch
Die WaldGöttinnen stehn/ und wenn ihn etwa hette
Ein guter Trunck erfüllt/ so war ein weiches Bette
Von ihr ihm aufgemacht: So bald der Tag anbrach/
So bald Apollo nur des morgens allgemach
Aus seinem Posen kam/ so war sie schon zu dienen
Ihm alsofort bereit/ drümb soll sie auch gewinnen
Den Krantz der Ewigkeit [...][20]

Man dachte nur in Kategorien eines patriarchalisch geführten Haushalts, dessen unbezweifeltes Haupt der Mann war. Diese Ordnung im Kleinen, in der Familie, war ein getreues Spiegelbild der Ordnung im Großen, in der Gesellschaft, im Staat. Die Autorität des *pater familias* in Frage stellen, hieße zugleich, die gesellschaftliche Ordnung gefährden. Die komplizierte und streng geregelte Gesellschaftsstruktur duldete keine Einbußen, die ihr ganzes Gebäude ins Wanken gebracht hätten. Die Familienordnung zu wahren, hatte somit auch einen politischen Aspekt.

Gerhard Oestreich hat die Grundlage des absolutistischen Staates als eine bis ins einzelne gehende Sozialdisziplinierung der Untertanen beschrieben:

Der Absolutismus hat sich zu seinen Leistungen besonderer Mittel bedient: der monarchischen Disziplin und der modern-staatlichen Autorität. Er hat sie beide geschaffen. Dem feudalistisch-konservativen Prinzip der ständischen Freiheiten setzte er eine Bändigung und Zügelung aller Betätigungen auf den Gebieten des öffentlichen, aber auch des privaten Lebens entgegen.[21]

Die politischen und gesellschaftlichen Wertvorstellungen wirkten sich in den familiären Leitbildern aus. Ebenso waren sie in Kirche und Ethik, in Wissenschaften und Künsten wirksam. Wolfram Mauser hat nachgewiesen, in wie hohem Maße das ganze Leben

20. Sybille Schwarz: *Deutsche Poëtische Gedichte*. Faksimiledruck der Ausgabe von 1650. Hrsg. und mit einem Nachwort von Helmut W. Ziefle. Bern/Frankfurt/Las Vegas 1980. S. xciij.
21. Strukturprobleme des europäischen Absolutismus. In: *Geist und Gestalt des frühmodernen Staates*. Berlin 1969. S. 187.

und deshalb auch die Literatur vom "Ordnungs- und Systemdenken" geprägt waren und wie auch das Erbauungsschrifttum von solchen Ordnungskonzeptionen getragen wird.[22] Letzteres bedarf kaum einer näheren Begründung. Ist doch alle Ordnung in Gott verankert, der die ganze Schöpfung nach Maß und Zahl als eine vollkommene Ordnung geschaffen hat, — in der Theologie gründen die Wissenschaftssysteme des 17. Jahrhunderts mindestens ebenso fest wie in gesellschaftlichen Ordo-Begriffen. Hervorzuheben sind die prinzipiell gleichgerichteten Konzeptionen im weltlichen und religiösen Bereich. So ist denn auch in beiden die Maxime des Gehorsams die unabdingbare Voraussetzung für menschliches Handeln in der Welt. Wenn es z.B. in Lohensteins politischem Drama *Epicharis* programmatisch heißt: "Ein Unterthan erwirbt nur durch Gehorsam Ruhm",[23] so erfolgt im Erbauungsbuch in deutlicher Entsprechung die Betonung, daß die Ehefrau ihrem Mann in Gehorsam untertan sei:

> Das sechste Circulhäutlein ist der Gehorsam. Die Perlen/ so vor die besten gehalten werden/ sind rund/ man lege und wende sie wie man wolle/ so lassen sie allenthalben ihre Runde sehen. Das ist die rechte HimmelsForm/ als welcher wie eine schöne Perle über uns schwebet. Dieses appliciren die Gelehrten auf den Gehorsam/ so das Weib ihrem Ehemann zu leisten schuldig ist. Sie muß sich in allen Stücken nach ihres Mannes Humor und Sinne zu richten wissen/ an allen Orten rund/ und zu allen Zeiten willig seyn/ was der Mann haben will/ das muß sie thun und ausrichten/ welches doch alles nicht weiter gehen muß als bis zum Glaubens= und Seelen=Zwang.[24]

Der Gehorsam erscheint als eine gottgewollte Tugend: Die kosmische Entsprechung, die Ordo der Schöpfung, fungiert als unverrückbarer Bezugsrahmen; die "Gelehrten" erfüllen die Funktion einer weltlichen Autorität. Wissenschaft, Staat und Kirche ergänzen sich gegenseitig, um die Ordnungen aufrechtzuerhalten bzw. zu begründen. Es sollte nicht übersehen werden, daß dieses

22. Wolfram Mauser: *Dichtung, Religion und Gesellschaft im 17. Jahrhundert. Die 'Sonette' des Andreas Gryphius.* München 1976. S. 182ff.
23. Daniel Casper von Lohenstein: *Römische Trauerspiele.* Hrsg. von K.G. Just. Stuttgart 1955. S. 175.
24. Neu=eingerichteter/vielvermehrter Geistlicher Frauenzimmer= Spiegel [...] vorgestellet durch Hieronymus Orteln. [...] Nürnberg 1689. Vorrede.

"Systemdenken" damals sehr modern war und deshalb mit Recht von weltlichen und kirchlichen Instanzen mitsamt ihren Vertretern voll in Anspruch genommen wurde. Es führte auch zum Idealbild "intakter" Hausordnungen. Das ist für die Stellung der Frau in der Gesellschaft des 17. Jahrhunderts wohl wichtiger als die reformatorischen Äußerungen über die Ehe, die nicht nur einen spezifischen Stellenwert haben, sondern vor allem auch in einem verschiedenen gesellschaftlichen Kontext stehen.

Die Eigenschaften, die im 17. Jahrhundert der Frau als besonders weiblich beigemessen werden — und ihr auch tatsächlich abverlangt wurden —, wurzeln in älteren Traditionen, aber sie erhalten teilweise neue Aktualität. Sie dienen in gleichem Maße wie die gesellschaftlichen Regeln und Vorschriften der Ruhe und Ordnung im Gemeinwesen, m.a.W. sie leisten einen eigenen Beitrag zur "Sozialdisziplinierung". In vollem Umfang gilt hier, was Mauser in bezug auf das Verhältnis von Literatur und Gesellschaft im deutschen Barock bemerkt:

> Die gesellschaftlich-sittliche Ordnung hatte ihre eigenen Gesetze. Mit ihrer Hilfe sollte die Absicht Gottes im Hinblick auf den Menschen verwirklicht werden. Da sich die Absicht Gottes in den bestehenden gesellschaftlichen Herrschaftsverhältnissen aussprach, war alle "Zucht" nicht nur ein Mittel, den göttlichen Willen zu erfüllen, sondern auch ein Akt der Herrschaftsstabilisierung. Man beschneidet die Literatur und das Schrifttum der Zeit um Dimensionen, wenn man die reale Funktion des geschriebenen Wortes nicht beachtet, d.h. die konkreten Interessen, in deren Dienst die Ordnungskonzeptionen standen.[25]

In diesem Zusammenhang gewinnt die Erbauungsliteratur, wie Mauser dargetan hat, besondere sozialgeschichtliche Bedeutung, hier speziell die für Frauen geschriebenen Andachts- und Gebetsbücher. Der stark zunehmenden Regulierung gesellschaftlicher Verhaltensnormen korrespondiert im 17. Jahrhundert eine sprunghaft ansteigende Verbreitung und Vertiefung der Tugendgesinnung, die sich nicht allein aus einer Steigerung des ethischen Verantwortungsgefühls erklären läßt. Zwar stellt sich die Betonung der menschlichen Hinfälligkeit und irdischen Vergänglichkeit in den breiten Strom des Memento-mori-Schrifttums, das sich seit dem späten Mittelalter in konsistenter Entwicklung verbreitet und sind

25. o.c., S. 192.

355

Zusammenhänge mit zeitgeschichtlichen, das menschliche Empfinden zutiefst beunruhigenden Ereignissen nicht gänzlich zu leugnen,[26] aber ebenso sind wohl auch die gesellschaftlich-politische Verunsicherung und das damit einhergehende Steuerungsbedürfnis in Anschlag zu bringen.[27] Der von Mauser nachdrücklich hervorgehobene Realitätsbezug der vorwiegend ethischen Orientierung der Literatur betrifft dann insbesondere die Tugendlehre: "Die Tugendlehre hat in jedem Fall unmittelbaren gesellschaftlichen und politischen Bezug, auch dann, wenn der Zusammenhang zwischen der ethischen Forderung und den konkreten Lebensumständen nicht ohne weiteres sichtbar ist".[28]

Diese dezidierte Äußerung steht nur in scheinbarer Opposition zur theologischen Funktion der Erbauungsliteratur. Denn auch die Frömmigkeitsgeschichte unterliegt bekanntlich den Entwicklungen der politischen und der Sozialgeschichte. Die von Merkel vorgenommene, zweifellos richtige Zuordnung der Erbauungsliteratur läßt einen solchen Schluß zu: "sie war 'Gebrauchsliteratur' in einem weiten Sinn, und ihre historische Funktion war Unterweisung des christlichen Menschen in allen Nöten seines Daseins, nicht nur in Glaubensfragen".[29] Obwohl es an Literatur fehlt, die eine umfassende Geltung ethischer Normen beschreibt, sind Mausers Überlegungen in diesem Punkt höchst bedenkenswert.

Wenn "Tugend" nicht nur eine ethisch-theologische Kategorie, sondern in gleichem Maße eine gesellschaftlich-politische ist, bleibt zu fragen, welchen Bedingungen sie gehorcht oder welche Lebensumstände sie favorisieren. Mauser argumentiert auf der Grundlage der absolutistischen Gesellschaft und erklärt die Steigerung des Tugendbewußtseins aus dem Defizit von politischer Macht: "Moralische Werthaftigkeit im Tausch für Macht fördert ohne Zweifel die Ausbildung und die verbreitete Geltung von obrigkeitsstaatlichen Tugenden, die bis ins 20. Jahrhundert in Kraft waren".[30]

26. F. van Ingen: *Vanitas und Memento mori in der deutschen Barocklyrik*. Groningen 1966.
27. Mauser, o.c., S. 238ff. ("Tugend und Gesellschaft").
28. Mauser, o.c., S. 239.
29. Gottfried Felix Merkel: Deutsche Erbauungsliteratur. Grundsätzliches und Methodisches. In: *Jb. für Internationale Germanistik*, III, H. 1, 1971, S. 31.
30. o.c., S. 268.

Von der Komplizierung abgesehen, daß die Durchsetzung des "reinen" Absolutismus gegen den Ständestaat im zersplitterten Deutschland von Fall zu Fall zu bestimmen und zu diesbezüglichen gesellschaftlich-politischen Ansichten in der jeweiligen lokal gültigen Publizistik in Beziehungen zu setzen wäre,[31] ist darauf hinzuweisen, daß die Tugendkataloge des 17. Jahrhunderts nicht aus heiterem Himmel fallen: sie fußen auf einer langen Tradition, die vereinzelt sogar auf die Kirchenväter zurückreicht. Es muß also differenziert werden; erst im größeren Zusammenhang ließe sich von Ersatzfunktionen sprechen. In dieser Hinsicht dürfte die für ein weibliches Publikum geschriebene Erbauungsliteratur zu genaueren Ergebnissen führen, denn "Gehorsam" und "Treue" — auf diese beiden hebt Mauser speziell ab — sind insofern unspezifisch, als sie auf zu viele und diverse gesellschaftliche Komplexe applizierbar sind.

Während für den männlichen Bürger immerhin verschiedene Aufstiegsmöglichkeiten und anerkannt nützliche Tätigkeiten im öffentlichen Leben bestanden, gab es für die Frau seit eh und je nur einen Wirkungskreis: den der Familie. Deshalb sind die weiblichen Tugendbegriffe, die im Erbauungsbuch des 17. Jahrhunderts vorherrschen, eher und mit größerer Wahrscheinlichkeit als Steuerungs- und Disziplinierungsmechanismen zu bestimmen. Denn die "Hausordnung" funktionierte als geschlossenes System auch unabhängig vom rigorosen Staatsabsolutismus — etwa in der holländischen Republik — und hat zudem wechselnde politische Ordnungen lange überdauert. Sie findet ihre Legitimierung denn auch nicht in der Parallele zur Staatsordnung, was andererseits nicht bedeutet, daß sie im 17. Jahrhundert nicht zusätzlich dadurch gestützt würde. Die Tugenden, die man der Frau beilegte, sind darüberhinaus nur zum Teil als solche zu betrachten, die man "typisch weibliche" zu nennen pflegte. Erst im Zusammenhang und unter einem zusammenfassenden Gesichtspunkt lassen sie sich als Tugend-*System* beschreiben, und zwar mit dem klar erkennbaren Ziel, der Frau als Gattin und Mutter ihren festen Platz am häuslichen Herd zuzuweisen. Das ist im einzelnen näher zu begründen.

31. Vgl. Klaus Reichelt: *Barockdrama und Absolutismus. Studien zum deutschen Drama zwischen 1650 und 1700.* Frankfurt/M. und Bern 1981.

Im obenerwähnten Erbauungsbuch für Frauen, aus dem der Passus über den Gehorsam angeführt wurde, werden folgende sieben Tugenden aufgezählt und metaphorisch beschrieben: der rechte Glaube, Aufrichtigkeit und Frömmigkeit, die Demut, die Liebe, der Gehorsam, die Zucht und Ehrbarkeit. Diese Tugenden kehren immer wieder, manchmal noch vermehrt um die Barmherzigkeit u.ä. Man findet sie in der Erbauungsliteratur als "christliche Tugenden", die im Hinblick auf besondere Anlässe auch näher spezifiziert oder akzentuiert werden. Keineswegs stehen sie jedoch für einen ausschließlich weiblichen Tugendkatalog. Ebenso wie Gehorsam und Treue nicht nur die Frau im Verhältnis zum Ehemann auszeichnende Tugenden sind, werden die Tugenden der Demut, der Geduld und der Keuschheit als jedem Christen wohlanstehende Eigenschaften gerühmt. In einem bekannten Gebetbuch des 17. Jahrhunderts heißt es in einem Morgengebet: "stärke mich in dem wahren Glauben/ vermehre mir meine Gedult/ bewahre mir mein Herz und Gemüt vor allen bösen lüsten und begirden".[32] Ein Gebet der Obrigkeit akzentuiert nach der Bitte um Weisheit insbesondere die Demut:

> Daß ich verstehe Gerechtigkeit und Recht/ Frommigkeit/ und allen guten Weg/ und dich mit ernst fürchte. Beschirme mich für hoffart/ daß ich sie weder in meinen Worten noch in meinem Herzen lasse herrschen/ dieweil sie ein anfang ist alles verderbens: dann du wilt/ daß auch ein König sein herz nicht erheben sol/ über seine Brüder.[33]

Als Gebrauchsliteratur erweist sich das Gebetbuch namentlich dort, wo ein besonderer Anlaß eine Konkretisierung allgemeiner Tugenden verlangt. Einer Witwe wird diese Bitte in den Mund gelegt:

> Ach! HErr/ sej mir gnädig/ und gib/ ja verschaffe/ daß ich in deiner forcht einsam lebe/ meine hoffnung allezeit auff dich stelle/ und am gebätt und flehen tag und nacht bleibe/ daß ich mich in keine fleischliche lüste vertieffe/ und der welt ganz absage/ damit ich versorget wie die witwe zu Zarfat/ mit barmherzigkeit angesehen wie Ruht/ und kräfftiglich getröstet wie die witwe zu Nain/ dir dienen und danken möge so lange ich lebe.[34]

32. *Filips von Zesen Neües Buß- und Gebätt-buch.* Schaffhausen 1660. S. 79.
33. o.c., S. 87.
34. o.c., S. 121.

Hier wird schon deutlich, daß der Bezugsrahmen die Bibel und die biblischen Gestalten sind. Daß die Frau sich auf biblische Frauenfiguren bezieht, liegt in diesem Kontext auf der Hand. Aber der Mann tut ein gleiches ("Tägliches Gebätt/ Wann man an die arbeit gehet"):

> Gib aber auch/ das ich so arbeite/ daß es zu deinen ehren und meines nächsten nuze gereicht: daß ich nicht allzu viel in der welt arbeit geschäfftig sej/ wie Marta/ und dardurch der heiligen arbeit deß Geistes in deinem dienst vergesse: sondern daß ich meiner hand-arbeit wahrnehme/ mir und meinem nächsten zum unterhalt/ wie Tabea: und darbej dir diene tag und nacht/ wie Hanna...[35]

Damit werden die Wurzeln des "Tugendspiegels" bloßgelegt: Die Bibel ist als Richtschnur in allen Lebenssituationen präsent, ihre Menschen, ihre Sprache und ihr Bildmaterial prägen die Vorstellung eines christlich-tugendhaften Lebens, wie sie eine jahrhundertelange Tradition begründet hat. Nur so wird folgende Stelle aus dem Morgengebet einer "Jungfrauen/ die sich zu verehligen gedenket" verständlich:

> Ziere mein haupt mit dem Jungfräulichen kranze der ehren/ bekränze es mit dem krönlein der Christlichen Tugenden: Gib/ daß darinnen gefunden werde die Lilien der keuschen liebe: die Rose der verträglichen liebe: die Viole der demütigen liebe: die Purpur-nelke der gedächtnus deß Purpurfärbigen Blutes deines lieben Sohnes/ daß er/ aus liebe für meine sünde vergossen: die goldblüme deß auffrichtigen beständigen glaubens: ja die Sonnen-blüme der wahren gelassenheit und übergabe meines willens in deinen willen.

Von der erhabenen Blumenmetaphorik hebt sich dann die anschließende Bitte in fast unfreiwilliger Komik ab:

> Wann es auch dir/ mein Vater/ belieben wolte/ daß ich mich in den heiligen Ehstand begeben solte: so gib/ daß ich mir nicht einen Bräutigam erlese nach meiner fleischlichen begirde: sondern daß ich warte/ bis du mir einen solchen zusendest/ der mit himmelischen schönheiten begaabet/ mit über-irrdischen gaaben gezieret/ und in deiner forcht auffrichtig wandelt...[36]

Was auf der einen Seite sich als "Frauentugend" in die Form einer religiös verschlüsselten Bildlichkeit kleidet, wird dort, wo die

35. o.c., S. 101.
36. o.c., S. 144/45.

Tugendideale sich einer Belohnung in der weltlichen Realität ent-
gegensehnen, als Erfüllung von frommen Jungmädchenträumen
konkretisiert, aber zugleich auch wieder durch den weiteren Gedan-
kenverlauf ins Religiöse eingebunden — "damit unsere liebe ein-
trächtig/ unser leben beglüket/ unsere Ehe geseegnet/ und unser
ganzer wandel untadelhafftig vor deinen augen erfunden werde". So
wie man sich die keusche, demütige Liebe in der Ehe nur in Bezug zur
Gottesliebe denken kann, so werden auch die übrigen Tugenden
zur Glaubenswelt in Beziehung gesetzt. Die weltlichen Ordnungen
und das in ihnen erfolgende menschliche Handeln erhalten ihre
Gültigkeit und Würde erst aus der Spiegelung des Himmels bzw.
des Glaubens. Das Morgengebet einer "Dienst-magd" drückt das
exemplarisch aus:

> Ach! Herr verleihe gnädiglich/ daß ich in diesem stande meiner
> leiblichen Dienstbarkeit/ darein du mich in dieser zeitligkeit/ nach
> deinem willen und wolgefallen gesetzt hast/ unverdrossen und mit
> gedult verharre/ wider deine heilige Ordnung nicht murre/ sondern
> deinen heiligen willen in einfalt deß herzens willig thüe/ meinem
> Herren und meiner Frauen/ so wol den wunderlichen/ alß den gütigen
> und gelinden/ mit forcht und zittern/ in allem/ das nicht wider dich
> ist/ gehorsam und treulich diene: ja nichts anders gedenke/ als dienete
> ich dir/ O Gott/ im Himmel/ in dem ich/ nach deinem Befehl und
> Willen/ meinen Obern allhier auf Erden meinen schuldigen dienst
> leiste.[37]

An solchen Stellen tritt die soziale Konsequenz dieser Tugend
hervor. Mit Geduld auszuharren, ist gewiß eine Tugend, die einer
Frau im Wochenbett zu wünschen war oder auch "Einer Eh-
frauen/ so mit keinen Leibes-erben gesegnet" und sich ein Kind
wünscht, aber auf ein Dienstverhältnis übertragen, liest es sich
schon anders. Die christliche Demut ziert die Obrigkeit und lehrt
sie, den Untertanen gemäß dem göttlichen Gebot der Gerechtigkeit zu dienen, aber sie verbietet andererseits dem sozial Niedrig-
gestellten, gegen die "heilige Ordnung" zu "murren". In dieser
Weise soll die soziale Ordnung als unabänderliches Geschick und
als von Gott stammende Ordnung erfahren und als solche respek-
tiert werden. So können die aus der Bibel bzw. aus der *Imitatio
Christi* gewonnenen Tugendvorstellungen, unkritisch auf die weltliche Praxis der Herrschaftsstrukturen angewandt, tatsächlich zum

37. o.c., S. 126.

Mittel einer "Sozialdisziplinierung" umfunktioniert werden.

Bei alledem darf nicht vergessen werden, daß in der Glaubenspraxis des 17. Jahrhunderts die Ethik (die Lehre vom "christlichen Leben und Wandel") das Irdisch-Welthafte unter dem Aspekt der Nichtigkeit und Vergänglichkeit negativ bewertete. Das Leben in der Welt ist eine notwendig zu durchlaufende Durchgangsstufe, die Welt ein Ort der Prüfung, das rechte Christenleben eine Kreuzesschule. Erbauungsbuch und Gesangbuch drängen deshalb auf Weltverleugnung und Selbstverleugnung, zu der die Tugenden der Demut und der Geduld als Werkzeuge der Heiligung und Rechtfertigung den Menschen führen sollen: "O Herr Jesu, meine Liebe,/ zeige mir der Demut Pfad,/ gib, daß ich mich hier betrübe/ und erlange deine Gnad..."[38] Die mit dieser erwünschten Seelenhaltung einhergehende Schicksalsergebenheit ebnet den Weg für die Hinnahme allen Leidens und Unglücks und für die Preisgabe des menschlichen Selbst. In diesem Sinn begegnet der Gedanke der "Imitatio Christi" im 17. Jahrhundert namentlich in Form einer vollendeten Demutshaltung, die als generelle Vorbedingung der Kreuzes-Nachfolge des Christen keine Spezifizierung erhält und somit auf alle Dinge des Lebens und auf alle Lebenslagen applizierbar ist. Das Tugendstreben steht im 17. Jahrhundert mit der ausdrücklichen Betonung der Demut, der Geduld, des Gehorsams und der Liebe im Zeichen des Imitatio-Gedankens: "Ich bin das Licht, ich leucht euch für/ Mit heilgem Tugendleben" (Angelus Silesius).[39] Das "Tugendleben", das Ideal des christlichen Lebens in der Welt, wird belohnt, — die dann erlangte Tugendkrone wird — wie es das Lied des Angelus Silesius am Schluß formuliert — dermaleinst mit der Krone der Ewigkeit verwechselt werden: "Wer nicht gekämpft, trägt auch die Kron/ Des ewgen Lebens nicht davon". Die Jenseitseschatologie der Zeit lehrt Kreuz und Ungemach geduldig ertragen, in der Sicherheit der himmlischen Freude am Ende des Erdenweges. So sind es gerade diese Tugenden, die im Licht der damaligen Heiligungsfrömmigkeit besondere Bedeutung haben. Da sie aber häufig nicht explizite

38. Zit. nach Ingeborg Röbbelen: *Theologie und Frömmigkeit im deutschen evangelisch-lutherischen Gesangbuch des 17. und frühen 18. Jahrhunderts.* Göttingen 1957, S. 365.

39. Angelus Silesius: *Heilige Seelenlust.* V. Buch, CLXXI. Ed. Held, S. 310f.

361

HIERONYMVS ORTɛL : AVGVSTA:
ÆTATIS SVÆ.LXX.

Abb. 1. Porträtkupfer zur *Ungarischen Chronologie*, 1615.

als *Glaubens*-Tugenden, sondern allgemein gefaßt erscheinen, können sie leicht zu hausbackenen bürgerlichen Moralregeln verwässert werden.

Obwohl die Glaubensliteratur nicht unterscheidet und nur allgemein von christlichen Tugenden spricht, deren sich alle Gläubigen befleißigen sollen, scheint man die Frau eher als den Mann zu diesem Tugendweg als geeignet betrachtet zu haben. In seinem *Ehren-Preiß des Hochloblichen Frauenzimmers* (1673) setzt Wilhelm Ignatius Schütze eine unterschiedliche Neigung zur Tugend voraus, wenn er sagt, daß "allein der natürlichen ungleichförmigen Capacität zwischen Mann und Weib/ nicht aber auch einer ebenmäsigen Inclination zu allen Tugenden gedacht werde/ daß obwolln Gott und die Natur der Qualification nach kein Unterschied/ hierin doch eine schöne differentz gemacht und zwar denen Männern/ zu diesen/ den Weibern aber zu andren Tugenden eine absonderliche Lieb/ und Neigung gegeben habe". Und dann zählt Schütz die schon bekannte Tugendreihe auf.[40] Was lobend als Exklusivität des weiblichen Geschlechts herausgestellt wird, verweist die Frau jedoch zugleich auf ihre spezielle Rolle in der menschlichen Gemeinschaft: Sie soll aufgrund ihrer von Gott so verfügten "Inclination" anderen zum Vorbild dienen und in ihr soll das rechte Christenleben Gestalt annehmen, damit man ihr nachlebe. Das erklärt das Überwiegen der für Frauen geschriebenen Gebete und Lieder bzw. der eigens für die Frau verfaßten Erbauungsschriften.

2.

Vor diesem Hintergrund ist ein von Hieronymus Ortelius verfaßter "Bestseller" zu betrachten: *Geistlicher Frauenzimmer-Spiegel*. Das Buch erlebte im 17. Jahrhundert zahlreiche Auflagen,[41] Inhalt und Aufmachung wurden verschiedentlich geändert und

40. Zit. nach Jean Woods (s. Anm. 11), S. 46 (dort auch weitere Belege).

41. Eine Bibliotheksumfrage ergab folgendes Bild: *Geistlicher Weiber-Spiegel*, Leipzig 1636 (Zentralbibl. Zürich; Gotha); *Geistlicher Frauen=Zimmer=Spiegel*, Lüneburg/Goslar 1654 (HAB); Frankfurt 1657 (HAB; LB Stuttgart); Frankfurt 1665 (UB Basel); *Neueingerichteter/ Vielvermehrter Geistlicher Frauen=Zimmer=Spiegel*, Nürnberg 1666 (Nürnberg: GNM; Stadtbibl.); Amsterdam 1667 (Stadtarchiv und Stadtbibl. Hildesheim); Amsterdam 1669 (Staats- und UB Hamburg); Amsterdam 1671

erweitert, bis sich im 18. Jahrhundert das Interesse an ihm allmählich verliert. Hieronymus Ortelius (Ortel/Oertel) wurde am 24. Dezember 1543 aus vornehmem Geschlecht in Augsburg geboren. Mit 15 Jahren kam er an den kaiserlichen Hof und rückte zum kaiserlichen Hofprokurator und Notar auf. Als er 1578 im Namen der Evangelischen bei Rudolf II. um die Religionsfreiheit einkam, wurde er gefangengesetzt und dann des Landes verwiesen. Er fand in Nürnberg eine neue Heimat, wo er am 14. Mai 1614 starb.[42] Er wird von Will (*Nürnbergisches Gelehrten=Lexicon*,

(Staats- und UB Hamburg); Nürnberg 1674 (UB Freiburg/Br.); *Ganz Neuvermehrter Geistlicher Frauen=Zimmer=Spiegel*, Zürich: Hamberger (LB Bern); Zürich: Finssler 1681 (Zentralbibl. Zürich); Hannover 1685 (LB Kiel); Nürnberg 1689 (Privatbesitz); Zürich: Schaufelberger und Hardmeyer 1700 (Zentralbibl. Zürich; Bibl. des Zentralinstituts für Kunstgesch., München); Wolfenbüttel 1723 (HAB; Stadtbibl. Braunschweig); Wolfenbüttel 1740 (HAB; Stadtbibl. Braunschweig; Staats- und UB Hamburg); Zürich 1755 (Zentralbibl. Zürich). Diese Auflistung ist unvollständig, sie mußte auch in bibliographischer Hinsicht skizzenhaft bleiben. — Eine holländische Ausgabe ist im Besitz der UB Amsterdam (Sign.: 1281 G 32): *De geestryke, historische vrouwen-spiegel. Waar in te zien is XL Historiën van Godvreezende vrouwen. Dienende tot kundigheid der Geschiedenissen, en ter Oeffening der Godzaligheid. Met gebeden. Eertyds van Godzalige Geleerde Heeren 't zamen gesteld*, in 't Hoogduits uitgegeven Door Georg Fehlauens. En in 't Nederduits in 't Licht gebracht door Jan Franken. Met Koopere Plaaten. Amsterdam 1749. Die Ausgabe bringt die Gedichte Zesens in (leidlicher) holländischer Übersetzung; Zesens Name erscheint in der Widmung: "de Heer Philip van Zeesen [...] de Berymer der Beeltenissen". Eine Unterzeichnung der Gedichte fehlt. — Zitiert wird nach folgenden Ausgaben: Lüneburg/ Goslar 1654 — HAB Wolfenbüttel (Sign.: Th 1937); Frankfurt 1657 — ibid. (Sign.: 1222. 74 Th.); Frankfurt 1665 — UB Basel (Sign.: Frey-Gryn. F. VI. 51); Nürnberg 1666 — Stadtbibliothek Nürnberg (Sign.: Theol. 68. 12°); Nürnberg 1689 — Privatbesitz. Wolfenbüttel 1723/1740 — HAB (Sign. Th 1938 bzw. Th 1939). Von Anfang an scheint der Nürnberger Kupferstecher Joh. Si(e)bmacher an Ortelius' Schriften mitgearbeitet zu haben; über ihn s. Thieme-Becker, *Künstler-Lexikon*, 30. Band.

42. Diese Angaben stützen sich auf Georg Andreas Will: *Nürnbergisches Gelehrten-Lexicon*, 3. Theil, Nürnberg 1757, und auf die *Allgemeine Deutsche Biographie*, 24. Bd. (1887), S. 445/46. — Zu Georg Fehlau (gest. 1672 in Danzig), der immer wieder auf den Titelblättern erwähnt wird, vgl. den Art. in Jöchers *Gelehrten-Lexicon*, 3. Bd. (1750), Sp. 543; der *Frauenzimmer-Spiegel* wird hier allerdings nicht genannt.

Abb. 5. *Frauenzimmer-Spiegel*, 1740.

Abb. 4. *Frauenzimmer-Spiegel*, 1689.

Abb. 2. *Frauenzimmer-Spiegel*, 1654.

Abb. 3. *Frauenzimmer-Spiegel*, 1657.

1757) als ein "guter Historicus" gerühmt. Will führt sechs Buchtitel unter seinem Namen auf (wovon drei ohne Ort und Jahr: *Von
erleuchteten Weibern A. und N.T. mit Kupfern, Historie von Erschaffung der Welt, Ein Buch von den Engeln*), der erste ist sein
Hauptwerk: die *Ungarische Chronologie*.[43] Außer dem *Frauenzimmer-Spiegel*, von dem Will lediglich die Ausgaben Nürnberg
1680 und Hannover 1685 nennt, wird noch eine *Vita Christi*
angeführt (Nürnberg 1614), und zwar mit dem Zusatz: "Wurde
auch hernach vermehrt herausgegeben von Joh. Eph. Beeren"; es
handelt sich dabei wohl um den 1615 in Hamburg erschienenen
Druck.[44]

Ortelius war also ein in historischen und religiösen Fragen
erfahrener Autor. Sein *Frauenzimmer-Spiegel* wurde später von
Jacob Behme, "Pfarrer zu Zweinitz", erweitert und "verbessert",
dann auch von Georg Fehlau, Prediger an St. Marien in Danzig,
mit vierzig Kupferstichen geschmückt. Die Arbeit Behmes läßt
sich von dem ersten mir erreichbaren Druck von 1636 an nachweisen (die Ausgabe Nürnberg 1610, die in der *ADB* genannt wird,
konnte bisher nicht ermittelt werden); Fehlau hatte schon für die
Amsterdamer Ausgabe von 1667 eine Vorrede verfaßt. Die
Schweizer Ausgaben verzeichnen die Mitarbeit von Johann Ulrich
Bakofen und neue Kupferstiche von Konrad Meyer. Es muß
anderen überlassen werden, anhand der verschiedenen Bearbeitungen und Erweiterungen des Textes wie der Illustrationen die
Wirkungsgeschichte dieses beliebten Erbauungsbuchs zu schreiben. Hier müssen einige wenige Angaben genügen, die aber doch

43. Will nennt eine 1. Auflage von 1603, eine Fortsetzung von 1604,
schließlich den vierten Teil 1613; eine übersehene und vermehrte Ausgabe
(mit Kupfern von Oertels Schwager Joh. Sibmacher) Nürnberg 1665. Mir
lag folgende Ausgabe vor: *Chronologia Oder Historische beschreibung
aller Kriegsempörungen* [...] *so in Ober vnd Vnder Vngern auch Sibenbürgen
mit dem Turcken von A⁰. 1395. biß auff gegenwertige Zeit denckhwürtig
geschehen.* [...] Durch Hieronymum Ortelium Augustanum. Itzund aber
von Newem mit Fleiß Corrigirt... . Nürnberg Bey deß Authoris see:
Erben. M.DC.XV. Exemplar der HAB Wolfenbüttel, Sign.: Go 235.

44. *Vita Christi Das ist: DAs Leben/ vnschuldige Leyden/ heilige
Blutvergiessen/ vnd heilwürdiger Todt Jesu Christi* [...] Itzo auffs new
zusammen getragen vnd in Druck verfertiget. Hamburgk In Vorlegung
Michael Herings. Im Jahr 1615. Exemplar der HAB Wolfenbüttel, Sign.:
Ys 3 Helmst 8⁰.

schon die Richtung zeigen, in die sich die Ausgaben von der Jahrhundertmitte an bewegen. — Die Kupfer der Frauengestalten, auf die man offenbar viel Gewicht legte, sind jedesmals anders gestaltet, und auch die Titelkupfer sind jeweils nach anderen Entwürfen gearbeitet: In den Ausgaben von 1654, 1657 und 1689 z.B. sind sie ganz verschieden. Von den Widmungen abgesehen, unterliegt der Textteil (Betrachtung, Gebete, Lieder) häufig bemerkenswerten Änderungen. Obwohl etwa in den Ausgaben von 1689, 1723 und 1740 die Einleitungsverse zu den Frauenporträts identisch sind, werden die in den Text eingestreuten Lieder z.T. ersetzt. So bringt das Eva-Kapitel in der Ausgabe 1689 ein "Hertzbrünstiges Verlangen nach der Freude des ewigen Lebens" (S. 35), mit dem charakteristischen Anfang: "Ade du süsse Welt// Ich schwing ins Himmels Zelt", wofür 1723 "Reim=Seuffzer nach der Freude des ewigen Lebens" eintreten (S. 38): "O Freud! O Lust! O Wonne!//Wir sollen GOtes Antlitz sehn". Die Mentalitätsänderung hinsichtlich der Jenseitsfrömmigkeit läßt sich also auch (oder gerade) an diesem Erbauungsbuch belegen. Damit ist zweifellos auch der Wegfall der im Anhang der Ausgabe von 1689 enthaltenen "Geistlichen Lieder" in den Ausgaben von 1723 und 1740 zu erklären. Für das "Gespräch der Seelen/ als einer verlobten Braut/ mit ihrem himmlischen Bräutigam Christo. Aus dem Hohenlied Salomonis. In Bekanter Melodey" hatte das 18. Jahrhundert wohl keine Verwendungsmöglichkeit.

Seit der Jahrhundertmitte ist die Tendenz zu beobachten, die einfachen Reimzeilen durch eigene, umfangreichere Lieder zu ersetzen. Noch 1654 und 1657 begnügt man sich mit vierzeiligen Versen zu den Porträtstichen. Aber dann ändert sich das Bild. Zu dem Kupfer "Susanna die Keusche" heißt es 1657 (S. 387; mit einigen orthographischen Änderungen schon 1654, S. 334):

Susanna fälschlichen verklagt von zweien Alten/
Muß einen harten Stand schier bis zum Tode halten/
Wird aber wunderlich durch Daniel errett/
Und beide Huren=hengst' aus GottesRach getödt.

Die Ausgabe von 1689 bringt dagegen folgendes Lied:

Diß keusche Röselein Susanne/
War ihrent hertzgeliebten Manne
So treu/ daß sie viel eher wählt
Durch Menschen Hand zu seyn gequält/
Als sich in geile Lust zu sencken/

Und ihrer Keuschheit Ruhm zu kräncken.
Wie flehentlich der Alten Brunst
Sich je bewarb um ihre Gunst/
Wie sehr sie bat/ wie hart sie pochte;
So blieb ihr Hertz doch unverrückt/
Das Drohung nichts bewegen mochte/
Noch durch die Seufftzer ward verstrickt.

Es wird mit leichten orthographischen Abweichungen in die Ausgaben von 1723 und 1740 übernommen.

Die Verleger bemühen sich zusehends, für die poetischen Texte Beiträge von namhaften Dichtern zu benutzen. Georg Philipp Harsdörffer ist z.B. in der Ausgabe von 1723 vertreten mit "Reim=Seufftzer über den tröstlichen Nahmen JEsu" ("Lieblicher JEsu, hertzliche Wonne", S. 454) und mit einem "Rätzel vom Nahmen JEsu" (S. 455). Weit größer ist der Anteil Johann Rists. Man hat namentlich aus seiner Sammlung *Neüer Himlischer Lieder Sonderbahres Buch* (1651) geschöpft, wie folgende Beispiele zeigen: "Das Triumphlied der Heldinnen Debora" — 1723, S. 187, Rist, 1. Teil, S. 78; "Ein Danklied der Gottesfürchtigen Hanna" — 1723, S. 229, Rist, 1. Teil, S. 82; "Das Triumphlied der Heldinnen Judith" — 1723, S. 379, Rist, 1. Teil, S. 100; "Abmahnungs= Reime wider die Sicherheit" — 1723, S. 502 (nur die erste Strophe), Rist, 1. Teil, S. 168; "O Ewigkeit/ Du Donner Wohrt" — 1723, S. 503, Rist, 1. Teil, S. 202; "Hertzinnigliches Lob= und Dancklied nach Empfahung des hochwürdigen Heil. Abendmahls" — 1723, S. 551, Rist, 1. Teil, S. 78; "Seuffzer eines mit Todes=Aengsten hefftig bedruckten Menschen" — 1723, S. 523, Rist, 1. Teil, S. 230. Die Lieder werden ohne Quellenangabe übernommen, aber das Titelblatt erwähnt den Namen des Dichters ausdrücklich: "... Anietzt mit des Sel. Hrn. Johann Ristens, und anderer berühmter Poeten, Seelenerquickender Verse hin und wieder verbessert...". Rists Name war in Norddeutschland offenbar noch zugkräftig genug, um dem alten Buch neuen Glanz zu verleihen.

In den 50er Jahren des 17. Jahrhunderts hatte es für den Frauenzimmer-Spiegel keiner eigenen Empfehlung bedurft. Der Verleger der Ausgabe Frankfurt 1657, Georg Müller, zieht gegen den 1654 von Lamprecht in Lüneburg/Goslar herausgebrachten Raubdruck vom Leder:

Es ist bekant/ daß dieses Werklein gleichsam unter der Bank herfür gesuchet/ und durch und durch nicht ohn merkliche meine Unkosten ich verbessern lassen/ also/ daß es vielen tausent frommen Seelen sehr beliebet hat. Alle Christliche Liebe (Tob. 4/16. Matt. 7/12. Luc. 6/31) hindansetzend/ haben zween Buchbinder Zacharias Dose in Hamburg/ und Martin Lamprecht in Lüneberg neben andern/ auch meinen Frauen=zimmer=spiegel mit nachdruken lassen/ denselben in grosser Menge verkauft/ nicht genug; es hat auch zum Uberfluß und dem löbl. Buchhandel zum Schimpf Martin Lamprecht seine *Edition* in Ländern von Dorfe zu Dorfe auf seinem Fuhrkarren hausiren geschleppet.

Für derselben falschen *Edition*, lassen sich ja fromme Christinnen warnen/ weil viele (wider die gesunde/ rein: Lutherisch: Evangelische Religion lauffende) Drukfehler darin vertuschet steken.

Ihn Herren Buchhändeler achtet gnug sein/ daß iziges mein *Exemplar* (so viel die Enge und Zeit zugelassen) vermehret ist: Möchte jemand seine Klauen ferner an mich setzen/ dem kan gleiches begegnen/ daß seine *Exemplaria* wo nicht gänzlich/ doch meistens verschlagen werden. [fo.)(iij]

Das hindert Müller im übrigen nicht daran, in der Zuschrift an sechs vornehme Damen zartere Saiten aufzuziehen. Er erinnert daran, daß Gott die Frauen zum Nutzen erschaffen habe, er erwähnt die "Vortrefflikeit Weiblichen Geschlechtes", die darin bestehe, daß die Frauen bedeutende Männer hervorbringen, "die hochnötig und nützlich sein/ zu allen Ständen/ in Kirchen/ in Schulen/ in Häußlichen und Weltlichen Regimenten/ damit Gott erkennet und jhm gedienet werde" [fo.)(vj]. Der Ehestand wird "die rechte Stütze und Seule auf Erden" genannt,

weßwegen dan das Weib ein groß=hoch=nüzliches Geschöpf/ wieder die Hurerei/ Unreinigkeit und Unzucht/ dazu unser verderbetes sündliches Fleisch geneiget ist; durch dieses von Gott zugelassene Mittel/ (des Weibes Beiwonung) wird allem Ubel und Sünde verweret/ so daß/ wan ein Eheman sich seines Weibes helt/ bleiben die schröklichen/ schweren Strafen und Plagen Gottes/ (welche sonst über die Hurerei ergehen/) vermitten [fo.)(vj^v].

Die Frau ist ferner ein Trost im Unglück, — "sonderlich das Weib mit jhrer Schönheit/ Freundligkeit/ Liebligkeit/ holdseligen/ süssen Reden und Worten/ dem Manne in seiner Beschwerung nechst Gottes Wort/ die beste Erquikung gibt" (fo.)(vij). Daran knüpft sich der Satz, der dann zu der eigentlichen Darstellung überleitet: "Wie nun des höchsten Gottes Lust und Wolgefallen ist/ bei den Menschen=kindern/ also hat Er auch in dem Weiblichen Geschlecht gespielet/ seines H. Geistes Gabe und Kraft an und durch viel Gottselige Frauens=Personen bewiesen...".

Interessant ist Müllers Begründung für die Aufnahme von Gedichttexten und Illustrationen:

> Es ist auch dieses Werkgen mit Häuptreimen versorget/ und von dieses Orts Poeten von aller Verdunkelung behellet/ daß es Weiblichem Geschlecht/ Frauen und Jungfern/ Witwen und Waisen/ zum Schaz des Christenthums füglich dienen kan/ über dieses ist es mit künstlichen Kupferstüken bezieret/ üm dadurch die Augen und Gemüter/ (gleich dem Feuer/) anzuhalten und zubelustigen/ keineswegs aber durch sothane Bildnüssen die ware Andacht der Seelen zuverstören. [fo.)(vij^v]

So war es von jeher gewesen: Der *Frauenzimmer-Spiegel* war gerade durch die Verbindung von frommer Betrachtung und Auge wie Ohr erfreuenden Künsten zu einem Erfolgsbuch geworden.

Der rührige Nürnberger Verleger Wolf Eberhard Felßecker hat sich für seine Ausgabe 1666 in dieser Hinsicht besondere Mühe gegeben, wie aus dem Titelblatt hervorgeht: "... Anjetzo aber Nicht allein mit einem kurtzen Aus-zug aller in diesem Frauen-ZimmerSpiegel ordentlich-nacheinander folgenden-Frauen/ sondern auch mit einem Vortrab und Anhang etlicher dem Frauen-Zimmer annemlicher neuer Lieder vermehret und ausgerüstet". Die hier gemeinten neuen Lieder stammen von Philipp von Zesen und sind Originalbeiträge. Während in der Ausgabe Frankfurt 1665 (G. Müller) Zesens Anteil recht bescheiden ist im Vergleich zu dem Rists (Vorrede fo. Av: "und teils von dieses Orts poeten/ teils Ph. Zesen/ meistens aber aus des hochberühmten und fast unvergleichlichen Johan Ristens himlischen Liedern/ etc. ausgezogen..."), ist ein Jahr später Zesen der alleinige Autor der poetischen Beiträge. Die insgesamt 40 Gedichte werden in Karl Ottos umfangreicher Bibliographie (1972) nicht erwähnt; sie fanden lediglich Aufnahme bei Faber du Faur, Bd. 2 (1969), Nr. 828a, mit der Bemerkung versehen: "Zesen's poems [...] appear to be a bread-and-butter job of the poet who was constantly in financial distress". Das zielt an ihrer historischen Einschätzung vorbei; aber der nachfolgende Satz ist ernstzunehmen: "The fact that he signed each poem seems to show that he prized them nevertheless". Ihr literarischer Wert ist nach heutigen Maßstäben gering, aber das Erbauungsbuch stellte eigene Kriterien, die hier, mit Bezug auf die Tugenden der Frau, der Literatur nur die bescheidene Funktion zugestehen, die Andacht der Leserinnen verschiedener Stände und Altersgruppen zurückhaltend zu begleiten.

Im Erbauungsschrifttum nimmt der *Frauenzimmer-Spiegel* des Ortelius einen hervorragenden Platz ein. Deshalb kann darauf geschlossen werden, daß sich in der so charakteristischen Begründung jener Tugenden, die explizite die christliche Hausfrau ("sonderlich Tugendreiche Ehefrauen") zieren sollen, das allgemeine Zeitempfinden ausdrückt.[45] — Daß der Glaube an erster Stelle steht, ist selbstverständlich. Aber daß "Aufrichtig- und Frömmigkeit" als eine Einheit gefaßt werden, verrät schon die Tendenz der Verbürgerlichung. Die weiße Farbe der Perlen erleichtert mit ihrer symbolischen Bedeutung der Reinheit die Gleichsetzung beider Tugenden: "Also wil eine Weibsperson den Perlen gleich seyn/ so muß sie an der Seelen/ und in allem ihrem Thun/ weiß/ schlecht und recht/ fromm/ redlich und aufrichtig seyn". Dazu muß angemerkt werden, daß die Zeit die "weiße Seelenfarbe" tatsächlich nicht nur im Sinne von Frömmigkeit verstand, sondern sie auch auf Verwandtes bezog. Zesens Gedichtzyklus *Die Reinweisse Hertzogin* (1668) besingt nach der "Leibesfarbe" die "hochklahre Seelenfarbe" und nennt in einem Atem Frömmigkeit, Güte, Redlichkeit, Treue, keusche Liebe, Barmherzigkeit; alles zusammen verweist auf die seelische Auserlesenheit der adligen Dame, die dadurch erst recht "hochgebohrn" ist, "ja zur Himmelsbraut geadelt" —

> Diese Tugend/ die Dich ziert/
> die aus deiner Seele rührt/
> legt ihr an zum stähten kleide
> lauter reine weisse seide.
> Hier in dieser Seelentracht
> blinket deines Sinnes wesen
> unverfälscht und auserlesen;
> das Dich durchaus edel macht.[46]

Zesens Lied ist ein Echo der Zusammenstellung im 2. Kap. der Sprüche ("Er läßt's den Aufrichtigen gelingen, und beschirmet die Frommen, und behütet die, so recht tun, und bewahret den Weg

---

45. Die Zitate im Folgenden stammen aus der "Vorrede An das Hochlöbliche Frauenzimmer" der Ausgabe Nürnberg 1689.
46. 5. Strophe des Liedes. Exemplar der Staats- und Universitätsbibliothek Hamburg, Signatur: Scrin. A /374.

seiner Heiligen"), denn der Zielpunkt ist eine auf Gott gerichtete Lebensführung. Hält man diese lyrische Ausdeutung gegen die Argumentation im *Frauenzimmer-Spiegel*, so zeigt sich sofort der Abstand und wird die Gefahr sichtbar, daß die Tugendlehre in biedere Bürgerlichkeit abgleitet: "Eben so wenig [sc. wie von falschen Perlen] hält man auch von einer falschen Weibsperson/ welche von aussen nichts/ denn liebliche Gebärden sehen/ und holdselige Reden hören lässet/ aber im Hertzen voller Heucheley und Falschheit/ voller Neid und Bosheit ist".

Die Erörterung der Demut ist insofern interessant, als auch hier wieder die sozialen Unterschiede von hoch und niedrig angesprochen werden. Eine Frau, heißt es, wenn sie "schon reich ist und eines vortrefflichen Adelichen Geschlechtes", soll sich nicht "hochmütig erheben" und "auf ihren hohen Stamm/ Geschlecht und Herkommen pochen", sondern "klein und demütig bleiben". Während bei der Besprechung dieser Tugend zumindest der äußeren Form nach etwas von der Gleichheit aller Menschen vor Gott aufscheint, ist bei der Liebe die Dominanz des Mannes evident. Eine "liebreiche Ehefrau" soll mit einer "unverfälschten Liebe" ihrem Mann dienen: "Sie vertreibet solcher Gestalt aus ihme das Gifft der bösen Lustseuche/ giebt ihme neue Kräfften/ wann er sich ermüdet und gantz abgemattet hat; Sie erfreuet ihn/ so bald er ihre liebreiche Augen und freundliche Gebärden mercket und spühret".

So wie die Liebe unter diesem Aspekt nichts mehr von der Liebesbotschaft des Evangeliums erkennen läßt und die Frau nur dem Mann unterordnet, so wird die Tugend der Geduld gänzlich säkularisiert und wird darauf verwiesen, wie die Frau als Mutter, "indeme sie bey schwerem Leib/ durch Kindergebähren und derselben Auferziehen/ viel Sorg und Angst ausstehen" müsse. Dazu ist "Gedult vonnöhten", die sich an der Festigkeit und Härte der Perlen spiegeln soll: "Eben also sollen Christliche Ehefrauen auch beschaffen seyn/ sie sollen durch keinen Creutzfall zerbrochen noch versehret werden/ sondern in allem Zustand fest an der Gedult halten". — Vom Gehorsam, "so das Weib ihrem Ehemann zu leisten schuldig ist", war weiter oben schon die Rede. Sein metaphorisches Vergleichsobjekt sind die Perlen, die vollkommen rund sind — "man lege und wende sie/ wie man wolle/ so lassen sie allenthalben ihre Runde sehen".

Die siebente Tugend, die "Zucht und Erbarkeit", drängt nicht auf Treue in der ehelichen Liebe, sondern darauf, "daß das Frauenzimmer still und eingezogen seye". Die Perlen bleiben ja auch im Schutz der Muschel und behalten so ihren schönen Glanz — "wann sie wenig an der Sonnen Glantz und Hitze kommen". In gewohnter Manier wird nun das Verhalten der Ehefrauen kurzgeschlossen:

> Also sollen sich auch keusche und Tugendsame Frauenzimmer= Perlen mehrentheils zu Hause finden lassen/ oder/ doch/ wann sie ausgehen/ des Hauses und der Haushaltung wie die Meerschnecken ihre Muscheln/ nicht vergessen; sonsten können sie an dem Schein der Sonnen die Farbe ihrer Zucht und Ehre gar leichtlich verlieren...

Es ist deutlich das Bemühen zu erkennen, mit Hilfe von zurechtgeschnittenen "christlichen Tugenden" die Ehefrau in den Kreis der Familie zu zwängen, sie in eigentlichem Sinn zu "domestizieren". Ihre Rolle als Gattin und Mutter wird durch die Kostbarkeitsmetaphorik der Perle aufgeschönt.

Der Vergleichsbereich hat schon einen biblischen Grund — "Wem ein tugendsam Weib bescheret ist, die ist viel edler denn die köstlichsten Perlen", heißt es im "Lob des tugendsamen Weibes" (Sprüche, 31. Kap.) —, aber die bestechende Stringenz der Argumentation übertrifft den Einsatz solcher Schmucktopoi in der Bibel um ein vielfaches: die schmückende Metapher wird zur verpflichtenden ethischen Norm. Von daher ist es nur ein kleiner Schritt zu dem Exempel der biblischen Frauen:

> Dessen können sich Ehr=Tugendliebende Frauen und Jungfrauen zu ihrem unbeschreiblichen Nutzen bedienen/ und daraus lernen/ wie sie sich die gantze Zeit ihres Lebens Christlöblich verhalten sollen/ wann sie ihren Seelen=Bräutigam JEsu gefallen/ und bey der himmlischen Hochzeit des Lamms/ in der seligen Ewigkeit/ als würdige Gäste angenommen und bewirthet werden wollen.

Urplötzlich wird aus der Verkürzung christlicher Tugenden zu bürgerlichen Verhaltensregeln der Ehefrau wieder eine Verlängerung der "Christlöblichen" Gattin zur Himmelsbraut. Eine direkte Bezugnahme auf die Hochzeit des Lamms erfolgt — ebenso falsch — mit Hilfe der damals weitverbreiteten Brautmystik. Auch hier hat die metaphorische Einkleidung Methode. Die Tugenden führen — wie nachgewiesen wurde — die Ehefrau auf den Weg der Unterordnung, des Dienens und der geduldigen Hinnahme der ihr auferlegten Last. Der offenbar defizitäre Charakter des bürgerlichen Ehelebens, sofern es die Frau als eigenständiges Individuum betrifft, wird mit einer frommen, jenseitseschatologischen Vorstellung beschönigt, — die so verstandene Ehe erscheint gleichsam als enthaltsame Probe- und Wartezeit der Verlobten, die im Himmel endlich ihrem Seelenbräutigam Jesus entgegengehen wird.

Die einzelnen Betrachtungen mit den anschließenden Gebeten und Liedern folgen dem so vorgezeichneten Programm. Es muß allerdings Zesen hoch angerechnet werden, daß er in den meisten Fällen von einer erbaulichen Schlußwendung absieht und sich damit begnügt, mit wenigen Strichen ein poetisches Porträt zu zeichnen, das dem jeweils beigegebenen Kupfer zur Erklärung dient. Die Verse sind betont einfach, wie es zum Stil der Erbauungsliteratur paßt.[47] Zesen hat sich der Auffassung angeschlossen, daß bei "Geistlichen Sachen" die "pracht der worte" mit Zurückhaltung angewendet werden sollte (im Nachwort zur Hohe-Lied-Bearbeitung im *Helicon* von 1641), und in der Vorrede zum *Gekreutzigter Liebsflammen oder Geistlicher Gedichte Vorschmak* bereitet er seinen Leser folgendermaßen darauf vor: "Du wirst hier wenig dichterische bluhmen und verzukkerungen/ sondern nur einfältige reden finden...". So halten sich die kunstlosen Verse völlig frei von Metaphern und weisen auch nirgends eine komplizierte Syntax auf.

Das Material ist breit gestreut; nicht immer geht aus den Porträts hervor, daß es sich um ein Tugendexempel handelt. Häufig stehen nämlich die Weisheit Gottes und die Vergebung Christi im Zentrum, das Frauenporträt ist dann lediglich ein illustratives Beispiel. Diesem Zweck dient etwa das Lied auf "Die frei=gekennte Ehbrecherin" (S. 584):

> Wo ist ein Mensch/ der gutes thut?
> Wie schwerlich kan doch Fleisch und Blut/
> das *von der Erden* komt/ sich wehren/
> als Fleisches=lüste sie betöhren.
> Drüm bückt sich nach *der Erden* hin
> *der Heiland/* da man Urtheil fraget
> hier über diese *Sünderin*
> üm frischen ehbruch angeklaget.
> Ja darüm spricht er diesen Spruch:
> Wer Sünden=frey/ und ohne Bruch/

47. Vgl. Manfred Windfuhr: *Die barocke Bildlichkeit und ihre Kritiker.* Stuttgart 1966. S. 136ff. und 363ff.

und sich befindet rein zu seyn/
der werf auf sie den ersten Stein.
Hierauf hies Er sie loß gekennet/
im Friede wandeln/ und hinfort
vom Sünden=wesen abgetrennet/
schlechts trauen auf sein Gnaden=Wort.

Weitere Beispiele bringen "Hagar. Die Verstossene" (S. 82), "Thamar. Die Verlassene" (S. 153), "Die Getröstete Blutflüssige" (S. 599), "Die Anhaltende Kananiterin" (S. 611), "Das krumme Weib" (S. 656), "Tabea die Versorgende" (S. 691). Beispiele für unrichtiges Verhalten fehlen keineswegs: "Loths Weib. Die Gestraffte" (S. 60), "Maria Jacobs. die unbedachtsame Bitterin" (S. 661). Andererseits wird die Kraft des richtigen Gebets aufgezeigt, wie in dem Lied auf "Hanna die Gott= und Bitt=seelige" (S. 260/61):

Komt/ ihr Menschen/ komt und seht
was ein eifriges Gebet/
was ein Seufzer/ ausgelassen
vor dem höchsten Gott/ vermag.

Die anekdotische Geschichte von der Frau, der man nacheinander sieben Männer beilegte, die ein böser Geist namens Asmodes tötete, nach flehentlichem Gebet aber den achten, Tobias, erhalten durfte (Buch Tobias 6ff.), läßt man sich nur ungern entgehen. Die Naivität der Geschichte bleibt in Zesens Versen ("Sara Raguels/ die Flehende", S. 412/13) voll erhalten:

Sara war so Unglücks=vol/
das ihr in der ersten Nacht/
sieben Männer/ durch den Geist
Asmod/ waren ümgebracht.
Aber als sie eifrig bat/
mit Tobias/ auf den Knien/
der der acht/ und erste war
der in Keuschheit sie gefriehen;
da ward ihr Gebet erhört/
und der Mord=geist selbe Nacht/
durch den Engel *Raphael/*
in der Wüste fest gemacht.
Seht so viel vermag das beten/
wann vor Gott wir eifrig treten.

Selbstverständlich werden jene Frauen mit einer eigenen Betrach-

tung und infolgedessen mit einem Lied bedacht, die entgegen der
herrschenden Auffassung besondere Weisheit oder erstaunlichen
Mut zeigt: "Abigail. die Vernünftige" (S. 326), "Die weise Frau zu
Abel" (S. 338) bzw. "Debora. Die Helden=müthige" (S. 209),
"Judith. die Heldin=listige" (S. 427/28), "Die Makkabeerin. die
Beständige" (S. 400).

Aus den angeführten Beispielen geht bereits hervor, daß der
speculum-Charakter nicht streng durchgeführt wird. Der *Frauen-
zimmer-Spiegel* ist zugleich ein Lob der Frauen, die in den heiligen
Büchern eine bedeutende Rolle spielen. Folgende Porträts haben
in eigentlichem Sinn keine Spiegel-Funktion: "Die Königin von
Arabien" (S. 348), "Die Sulamitin. aus Salomons Hohem Liede"
(S. 459), "Simsons Mutter. die Begnadigte" (S. 239), "Anna die
Gottseelige Großmutter unsers HErrn und Heilandes" (S. 496/
97), "Maria, die Hochbeseeligte Mutter=Jungfrau" (S. 507/08),
"Elisabeth. die Untadelhafte" (S. 536). Und hier hat Zesen sich
mehr Freiheiten genommen und hat er seine Verse reicher ausge-
staltet, wie der Anfang des Liedes auf die Gottesmutter zeigt:

Was ist dis vor ein güldner Blitz/
der selbst die Sonne macht zu nichte?
Was flinckert so in mein Gesichte/
daß mir entschießt Vernunft und Witz?
Es ist das grosse Frauen=wunder/
des Liechts der Welt/ und Heides zunder.

Solche Lieder lassen der poetischen Freiheit mehr Raum. Wenn
Zesen sich bei den Exempel-Gedichten im engeren Sinn auf den
Kern der Geschichte beschränkt und diesen in einfache Reimverse
bindet, so läßt er die dichterische Phantasie dort weiter aus-
schweifen, wo es gilt, eine prägnante Schilderung bewegter Szenen
zu bringen. Das deutlichste Beispiel ist wohl das Lied auf "Mirjam.
Die Lob=spielende" (S. 181):

Mich deucht/ ich höre *Mirjam* tummeln/
und noch auf ihrer Paucken rummeln
den frohen Danck und Sieges=thon.
Mich deucht/ ich seh die Wellen tragen
des *Pharaons* gestürzte Wagen/
Da schwimmet/ deucht mich/ auch sein Thron
da zaplen tausend/ tausend Heyden/
mit ihrem Fürsten/ in der Fluth.

Ich seh die Fische noch sich weiden
in der Vertruncknen Fleisch und Blut.
Das *Israelsche Frauen=Zimmer*
zieht *Mirjam* nach/ und sie vorhin.
Man zieht; und *Mirjam* führt sie immer/
samt ihrem Bruder/ bis in *Zin*:
da sie der Welt gab gute Nacht/
von Heiden selbsten so geacht/
daß sie zur *Göttin* ward erhöhet/
ja selbst nach ihr der Stern genannt;
der dort am Himmels=*Hunde* stehet/
im Namen *Isis* auch bekant.

Wo auf die bekannten Frauentugenden Bezug genommen wird,
findet man die entsprechenden Beispiele aus der Bibel. Für die
treue und geläuterte Liebe steht "Rahab. Die Getreue" (S. 197),
für die Demut "Rebekka, Die Willige" (S. 97) und "Esther. Die
Demüthige" (S. 396/97). Für die Geduld ist neben Ruth ("Ruth
die Zuthätige", S. 297) natürlich "Lea. Die Gedultige" (S. 115) die
Exempelfigur. An ihr läßt sich zeigen, daß Geduld und Demut
benachbarte Tugenden sind:

Lea Jacobs Ehgemahl/
blöd und dunckel vom Gesichte/
doch ein heller Spiegel=strahl/
da Gedult im klaren Liechte
blonck gleich als ein Morgenstern/
durch die Dömrung/ her von fern:
Lea ist es/ die veracht/
dannoch/ durch Gedult und Leiden/
die Verachtung unterbracht/
und in Freude sich gieng weiden;
da sie endlich Mutter hies
von vier nachmals grossen Söhnen/
und man die *Verachte* ließ/
vor die *Liebste* herrlich krönen.

Die Keuschheit wird durch "Susanna. die Keusche" repräsentiert
(S. 446/47), aber wird auch im Lied auf Maria Magdalena
thematisiert (S. 620). Nur eine Tugend, und zwar der Gehorsam
gegen den Ehemann, wird nirgends eigens vorgestellt. Sie wird nur
nebenbei erwähnt im Lied auf "Sara Die Leib=geseegnete" (S. 46),
— "Unterthan des Manns befehlen//Dem sie so das Hertz gieng
stehlen". Dagegen nimmt die Barmherzigkeit einen breiten Raum

ein. Sie wird mehrmals genannt, ist aber auch das Hauptmotiv im Lied auf "Die Frau von Sunem die üm Wolthat Gesegnete" (S. 385); ihrer "Milde" zum Lohn erweckte Elisa ihren gestorbenen Sohn zum Leben.

Zesen war der geeignete Mann für solche Schriften. Er war ein berühmter Schriftsteller, dem auch ethische Fragen am Herzen lagen. Er hat sich vor allem als Verfasser von Erbauungsbüchern für Frauen für diese Arbeit qualifiziert. Dann war er als Förderer weiblicher Autoren aktiv. Eines der ersten Zeugnisse seiner Wirkung ist die schmale Sammlung, die Dorothea Eleonora von Rosenthal ihm widmete: *Poetische Gedancken an einen der Deutschen Poesie sonderbahren Beförderern* (Breslau (1641).[48] Sein Rosemund-Kult in und um seinen Roman *Adriatische Rosemund* (1645) machte ihn weithin bekannt; schließlich ernannte er zwei Frauen, Catharina Regina von Greiffenberg und Ursula Hedwig von Veltheim, zu Präsidentinnen zweier Unterabteilungen seiner Sprachgesellschaft. Daß Zesen zu dem weitverbreiteten *Frauenzimmer-Spiegel* des Ortelius beizutragen bereit war, bedarf daher keiner näheren Begründung. Die Annahme, es handle sich um eine reine Brotarbeit, entbehrt jeder Grundlage.

3.

Die Gattung des Frauenzimmer-Spiegels muß sich einer großen Beliebtheit erfreut haben. Das Phänomen wird nur noch interessanter, wenn man ihre nahezu ungebrochene Tradition bis in unsere Zeit mit einbezieht. Es wäre eine eigene Forschungsaufgabe, die in Frage kommenden Schriften systematisch zu erfassen und zu analysieren, nicht zuletzt unter dem Aspekt der Erziehung. Im Rahmen dieses Aufsatzes können nur einige Streiflichter auf das Material geworfen werden, das mir in amerikanischen Bibliotheken zugänglich war.[49] — Es ist bemerkenswert, daß gerade in der anglo-amerikanischen Welt ein so starkes Interesse an dieser

48. Jean M. Woods: Dorothea von Rosenthal, Maria von Hohendorff and Martin Opitz. In: *Martin Opitz. Studien zu Werk und Person.* Hrsg. von B. Becker-Cantarino. Amsterdam 1982 (= Daphnis Bd. 11, H. 3). S. 177-191.

49. Zu danken habe ich dem Bibliothekspersonal folgender Institutionen: University of Illinois at Chicago, Northwestern University/Evanston, University of Austin/Texas, State University of New York at

Art von erbaulicher Literatur zu verzeichnen ist und daß auch dort erste Ansätze zur Bibliographie gemacht wurden: Die über 400 Seiten umfassende Darstellung von Edith Deen, *All of the Women of the Bible* (1955) bringt eine ausführliche, aber keineswegs völlständige Bibliographie.[50] In Amerika erschien auch die Sammlung, die die heiligen Frauen in der Kunst dokumentiert: Clara Erskine Clement Waters, *Heroines of the Bible* (Boston: L.C. Page and Company, 1900).

Schon im 19. Jahrhundert ist die Gattung zahlreich vertreten. Die Bücher weisen zwar einen wechselnden Umfang auf, aber kennzeichnen sich durch eine jeweils gleiche Anlage: Prosabeschreibung, manchmal ein Gedicht und in der Regel Illustrationen zu den Porträts, die bald einfach, bald künstlerisch anspruchsvoll sind. Hastings Weld, *The Women of the Old and New Testament* (Philadelphia: Lindsay and Blakiston, 1848) ist "quaintly illustrated", William B. Sprague, *Women of the Old and New Testament* (New York: D. Appleton and Company, 1849) enthält 18 Porträts mit Stahlstichen, ebenfalls (im gleichen Jahr, im gleichen Verlag) J.M. Wainwright, *Women of the Bible*. Isaac Williams, *Female Characters of Scripture* (London: Rivingston's, 1862) bringt es schon auf 30 Stück, Mrs. S.T. Martyn kommt in *Women of the Bible* (Philadelphia: Cowperthwait & Co., Publishers, 1868) auf 27 Stück (mit bescheidenen Illustrationen), Bernard O'Reilly behandelt in *Illustrious Women* (New York: P.J. Kennedy, 1896) 28 biblische Frauen. Unbezweifelbarer Höhepunkt ist die große, von Harriet Beecher Stowe herausgegebene Sammlung *Women in Sacred History, A Series of Sketches drawn from scriptural, historical, and legendary Sources*. Die 1. Ausgabe (1870) hat 19 Porträts, die Prachtausgabe vom Jahr 1873 wurde um einige erweitert und hat farbige Lithographien nach Gemälden von Raphael, Paul Delaroche, Devereux, Horace Vernet u.a. Sieht man von diesem Buch ab (die Prosaporträts hat Beecher Stowe selber verfaßt, die

Albany, Rice University at Houston/Texas, Calvin College/Grand Rapids, Michigan. Sehr hilfreich war auch die "Women's Collection" der Northwestern University Library.

50. New York: Harper & Brothers Publishers, 1955. Der Band enthält drei Abteilungen: Searching Studies of Women in the Foreground, Alphabetical Listing of named Women, Chronological Listing of nameless Women in the Background.

Gedichte stammen von anderen Autoren), sind diese Produkte gutgemeinter Frömmigkeit von ergreifender Naivität.[51] Eine einsame Höhe erreichte Grace Aguilar: *Women of Israel* (London: George Routledge and Sons, [1]1840).

Das 20. Jahrhundert setzt die Linie zunächst einfach fort. Viel benutzt wurden etwa Georg Matheson, *The Representative Women of the Bible* (New York: G. Doran Company, 1907; 11 Porträts), Annie Russel Marble, *Women of the Bible* (New York: The Century Company, 1923; umfangreiche Sammlung), W.B. Riley, *Wives of the Bible, A Cross-Section on Femininity* (Grand Rapids/Michigan: Zondervan Publishing House, 1938) und H.V. Morton, *Women of the Bible* (New York: Dodd, Mead & Co., 1941; 23 Porträts). Unverändert folgen diese Bücher der chronologischen Anlage, die man im 17. Jahrhundert schon bei Ortelius findet: Eva, Sara, Hagar, Rebekka, Hanna, Ruth, Abigial etc. bis zu Dorcas, Lydia und Priscilla. Die Sammlungen zeigen trotz ihrer Ähnlichkeit im Aufbau selbstverständlich individuelle Unterschiede. Während z.B. Isabelle Reid Buchanan sich weitgehend mit Auflistungen begnügt (*The Women of the Bible*. New York: Appleton and Company, 1924), herrschen thematische Aspekte vor bei Mrs. S.G. Ashton: *The Mothers of the Bible* (Boston: J.E. Tilton & Company, 1859) und Theron Brown: *Nameless Women of the Bible* (Boston: The American Tract Society, 1905). Häufig erscheinen die Porträts unter einem Titel, der den Akzent der Darstellung festlegt: "A Surpassing Beautiful Woman: Sarah"; "The Woman Who Tempted a King: Bathseba" (W.B. Riley) — "The Frozen Face — Lot's Wife, The Desperate Face — Hagar, the Scheming Face — Rebekah, The Brilliant Face — Miriam, The Sensual Face — Delilah" (Cloris G. Chapell: *Feminine Faces*. Grand Rapids/ Michigan: Baker Book House 1974; urspr. 1942 Whitmore &

51. Wie sehr das Charakterporträt von vornherein als Tugendexempel angelegt ist, zeigt in aller Deutlichkeit: *Female Scripture Characters; exemplifying Female Virtues. By the Author of The 'Beneficial Effects of the Christian Temper on Domestick Happiness'* [Mrs. King]. From the third London Edition: Boston, Wells & Lilly, 1816. Behandelt werden: Eve, Sarah, Rebekah, Thermusis (Pharaoh's Daughter), Ruth, Hannah, Queen of Sheba, Jezebel, Esther, Judith, Susannah, The Mother and her seven Sons ["An extraordinary Instance of Female Heroism"], The Virgin Mary, Elizabeth and Anna, Martha and Mary, Dorcas.

Stone) — "Rachel — The Miracle of Love", "Delilah — Deception", "Abigail — A Quiet Strength" (Edith Deen: *Wisdom from Women in the Bible*. San Francisco: Harper & Row, Publishers, 1978).

Die Spiegelfunktion wird in allen diesen Büchern beibehalten, auch wenn sie sich als Charakterstudien präsentieren wie Frances Vander Velde: *She shall be called Woman. A Gallery of Character Sketches* (Illustrationen von D. Gringhuis. Grand Rapids/ Michigan: Kregel Publications, 1957, ⁵1965). In der Annahme, daß alle Geschichten und alle Gestalten der Bibel in irgendeiner Form eine überzeitliche Bedeutung haben, deutet man die Frauengestalten als (positive oder negative) Vorbilder für die Frau im allgemeinen. Gegenüber dem 19. Jahrhundert scheint sich, neben dem Frömmigkeitsaspekt, immer mehr die Orientierung an der Psychologie der Frau durchgesetzt zu haben, die dann freilich einer nicht ganz unbedenklichen Aktualisierung Vorschub leistet. In Deens *All of the Women of the Bible* liest man etwa über Evas Rolle beim Sündenfall: "In this act we have an excellent example of woman's impulsiveness and man's inclination to follow woman wherever she leads, even into sin" (S. 5). Jephthas Tochter ist ein "Example of noble Submission", Delilah "typifies the terrible energy of evil in a woman", und Ruth ist exemplarisch in ihrer Liebe:

> Love had worked the miracle in Ruth's life. She was beloved by all because she was so lovable. She had proved that love can lift one out of poverty and obscurity, love can bring forth a wonderful child, love can shed its rays, like sunlight, on all whom it touches, even a forlorn and weary mother-in-law. Ruth's love had even penetrated the barriers of race (S. 87).

Diese Grundhaltung, die im Verweilen bei Ruths anschmiegsamer und am Ende wunderbar belohnter Liebe den Blick auf eine vorbildhafte Frauentugend lenken will, ist in der Tendenz nicht von der Zesens unterschieden:

> Wie üm den Ulmbaum sich zur ruh
> der Weinstok fügt mit seinen Blättern;
> so thut die Witwe *Ruth* sich zu
> bey *Boas* ihres Mannes Vettern.
> Ihr ähren=samlen thut ihr gut:
> ihr schmügen rührt sein Hertz und Blut.
> Sie wird sein Weib/ und er ihr Mann;

so daß sie *Obed* ihm gewan:
aus dessen Sohn man sah erzielet
Israels grosse *Majestät/*
die in den Augen *Davids* spielet/
wan sie zu Feld/ und Throne geht. (S. 297)

Die Gattung verbindet über die Jahrhunderte hinweg das
gleichgerichtete Anliegen ihrer Autoren: *Nil novi sub sole,* — mit
allen Implikationen.

ANHANG

In den Ausgaben des *Frauenzimmer-Spiegels* findet sich ein für den Geist des
Buches charakteristisches dreiteiliges Gedicht, das hier nach der Ausgabe von
1654 wiedergegeben wird; in den späteren Drucken fehlt meist die Autor-
angabe.

Dreyfaches Kling-Gedichte/ Sonst Sonnette genant.
An statt einer Lob=Rede/ an den Herrn Erfinder Hieronymus Orteln/
wie auch an das Hoch=Löbliche Frauen=Zimmer.

Man findt von Männern zwar/ manch schönes Lob geschrieben/
Durch der Gelährten Hand/ wie der und jener hat
Sein Namen außgebreit/ durch manche Heldenthat/
Durch Kunst und andre Werck/ die nach Ihm sind verblieben
Zum Zeugen in der Welt/ die man nicht denn nur lieben
Und zugleich loben kan. Diß ist der schöne Pfad
Den uns der tieffe Sinn/ der kluggefaßte Raht/
Pflegt jmmer auffzuthun: Auff deme sich stets üben/
Die nach der Ehre dürst/ der Ehre die nicht stirbt/
Und die nach unserm Tod/ das Leben erst erwirbt/
Fragstu/ was dieses sey? Es ist ein guter Name/
Der über alles geht/ der ewiglich besteht/
Wenn wir/ und wenn mit uns/ Haab/ Geld und Gut vergeht.
Wol dem/ der von GOTT ist/ ein so begabter Same.

So pflegt man nu das Volck der Männer außzustreichen
Wenn sie sich wolverdient durch eine That gemacht/
Die sie biß an den Sitz der Ewigkeit gebracht/
Da man gibt Ehr für Lohn. So thut man auch desgleichen
Der schwachen Weiber Schaar/ die vielmals auch nicht weichen/
Dem starcken MannsGeschlecht/ das man offt höher acht
Als dessen Thaten werth: Das würdiger der Nacht/
Als es des Tages ist. Es pfleget auch zu reichen
Hin an der Ehren Spitz das Volck der edlen Damen
Und was mehr sonsten trägt den zarten WeiberNamen:
Herr Ortel weisst es uns/ der hochbesinnte Mann/
Der Kosten/ Kunst und Müh hat willig angewendet/
Biß er dergleichen Werck als dieses hat vollendet/
Ein Werck. Das jederman lobwürdig nennen kan.

Der ich nu dieses schreib/schreib solches ihm zu Ehren
Dem wolbenamten Mann/ der rühmens würdig bleibt:
Drüm was vor dieses mal dir meine Feder schreibt
Das sol zu Lob und Ehr (wer ist/ der mag verwehren/
Wenn man aus reiner Gunst lässt seine Musa hören?)
Der keuschen Damen Volck/ des Name stetigs bleibt
Weil Sonn und Monde stehn/ so lang man sich beweibt.
Ja was auch sonst in mir kan ihren Ruhm vermehren/
Das wend ich willigst an: und nicht nur der allein
Davon die Bibel meldt. Ich rühme ins gemein/
Die rühmens würdig seynd/ sie seyen wie sie wollen/
Schön/ heßlich/ reich und arm. Die fromm und züchtig lebt/
Ist lobens billig wehrt/ die wird mit Recht erhebt
Die sind es/ die mit Ruhm wir stets bezieren sollen.

       Auß schuldigem Ehrendienste
       setzte dieses wenige
       Johan Georg Schleder/
        von Regensburg.

Jörg-Ulrich Fechner

WITZ UND *WAHRHEIT* AN EINEM LITERARHISTORISCHEN WENDEPUNKT: JOHANN CHRISTIAN GÜNTHERS LOBGEDICHT AUF ERNST RUDOLPH VON NICKISCH UND ROSENECK (1721)

Nach dem Durchgang durch eine sozial- und ideologiekritische Methodenphase zeichnet sich für die neuere deutsche Literaturwissenschaft in jüngerer Vergangenheit eine Rückbesinnung auf die Geschichtlichkeit der Literatur ab. Die vielerorts in Angriff genommenen Versuche, neue und auch neu definierte Literaturgeschichten zumeist in einer Gemeinschaft von wissenschaftlichen Mitarbeitern zu erstellen, zeugen von dem wiederkehrenden Bestreben, die einzelnen Verfasser und ihre Texte in einem literarisch epochalen Zusammenhang zu sehen und zu vergegenwärtigen. In dieses Umfeld stellen sich auch die folgenden Bemerkungen, die sich Johann Christian Günther zuwenden, einem Autor also, der traditionell an einem Übergangspunkt der literarischen Geschichte im Wechselspiel einer Zuordnung hie zum Barock, da zur Aufklärung angesiedelt wurde und wird. Bei den gleichzeitigen Leipziger Dichtern als Barockautor eingestuft, wird Günther im Umkreis etwa Johann Christoph Gottscheds auf seine aufklärerisch fortschrittlichen Tendenzen gelesen, während Nikolaus Graf Zinzendorf bald danach, 1736, Günther als das bestimmende Vorbild seiner herrnhuterischen Lied- und Gelegenheitsdichtung ansetzt. Vorläufige Erhebungen zum Stammbuch des achtzehnten Jahrhunderts zeigen, daß Günther bis etwa 1770 der am häufigsten zitierte deutschprachige Autor ist und dann in der nächsten Generation durch Matthias Claudius abgelöst wird. Und in *Dichtung und Wahrheit* wird mit dem von Goethe inzwischen überwundenen und gewandelten Selbstverständnis Günther sogar als ein Dichter unter der Erfahrung des Sturm und Drang, also nach den Unmittelbarkeitsforderungen, gemessen und bewertet.[1]

Diese Vielfalt der Deutungen hält bis in unsere Gegenwart an. Die Ansätze einer positivistischen Erarbeitung des Werks und der Gestalt Johann Christian Günthers liegen mit den Arbeiten Berthold Litzmanns und besonders von Carl Enders seit der Jahrhundertwende vor, doch wurden sie im anschließenden Methodenwandel der Forschung kaum genutzt. Wilhelm Krämers historisch-kritische Werkausgabe wie die anschließende monographische Zusammenfassung Krämers blieben letztlich Torsi.[2] Für die Zeit nach dem Zweiten Weltkrieg zeichnen sich erneut divergierende Deutungen ab, deren gemeinsamer Nenner allenfalls darin besteht, für Günther einen durchgängigen und umfassenden Erklärungsschlüssel anzustreben. Newald faßt in seiner Literaturgeschichte den entsprechenden Abschnitt so zusammen, daß Günther als Dichter in keiner Weise von Aufklärung oder Pietismus tangiert sei. 1959 und 1960 erschienen dann fast gleichzeitig die beiden bisher jüngsten Monographien über diesen Autor.[3] Für den DDR-Germanisten Hans Dahlke steht die dichterische Entwicklung Günthers unter dem Aspekt einer antifeudalen und frühbürgerlichen Gestaltung der gesellschaftlichen Umwelt und ihrer Bedingungen für eine sich

1. Die hier verkürzt angegebenen Rezeptionshaltungen sind stellvertretend; eine erschöpfende Darstellung der Günther-Rezeption fehlt bislang. Sie böte paradigmatisch Aufschluß darüber, wie sich die damals herausbildende öffentliche wie private Kritik mit einer bedeutenden Gestalt der Literatur an der Übergangsstelle zweier Epochen auseinandersetzte.

2. Vgl. vor allem Berthold Litzmann, *Zur Textkritik und Biographie Johann Christian Günthers.* Frankfurt a.M. 1880; Carl Enders, *Zeitfolge der Gedichte und Briefe Johann Christian Günthers. Zur Biographie des Dichters.* Dortmund 1904; Johann Christian Günther, *Sämtliche Werke.* Hrsg. v. Wilhelm Krämer. Leipzig 1930 – 1937, 6 Bde. (Reprint: Darmstadt 1964); Wilhelm Krämer, *Das Leben des schlesischen Dichters Johann Christian Günther 1695 – 1723.* Stuttgart [2]1980. – Die Textkollationen, die Carl Enders für seine geplante Günther-Edition anlegte, sind als Depositum im Germanistischen Seminar der Universität Bonn greifbar; das Handexemplar von Enders' o.a. Buch befindet sich in meinem Besitz. –

3. Francesco Delbono, *Umanità e poesia di Christian Günther.* Turin 1959 (= Pubblicazioni dell'Istituto di Lingue e Letterature Straniere dell'Università di Genova, Bd. 1); Hans Dahlke, *Johann Christian Günther. Seine dichterische Entwicklung.* Berlin 1960 (= Neue Beiträge zur Literaturwissenschaft, hrsg. v. W. Krauss u. H. Mayer, Bd. 10).

aus den früheren Zwängen emanzipierende Dichtung in Deutschland. Sind damit der Aufklärung verwandte, sozial-progressive Züge Günthers herausgestellt, so lautet die Grundthese von Francesco Delbono, daß Günther als traditionalistischer "poeta doctus et christianus" eben die ihm eigene Verknüpfung von "umanità e poesia" leiste, die als Einbettung seiner Dichtung in die christlich-abendländische Bildungs- und Tugendtradition gedeutet wird.

Angesichts solch divergierender und sich letztlich wechselseitig ausschließender Deutungsansätze scheint es müßig, mittels eines weiteren allgemeinen Aperçu die Einordnung Günthers an dem kulturhistorischen Wendepunkt seiner literarischen Situation zu erproben. Statt dessen sollen damit verbundene Fragen dadurch beantwortet werden, daß ein einzelner literarischer Text in den Mittelpunkt gerückt und auf seine Voraussetzungen wie auf seine Implikationen untersucht wird. Es lag nahe, hierfür ein Gedicht der letzten Schaffensphase Günthers heranzuziehen. Die weitere Wahl des Lobgedichts auf Nickisch von 1721 wurde nicht zuletzt auch dadurch bestimmt, daß eben dieser Text wiederholt von der bisherigen Güntherforschung als Beleg für den jeweiligen Deutungsansatz herangezogen wurde, seinerseits also bereits widersprüchliche Deutungen erfuhr.

AUF DIE DEN 15. AUG. A. 1721. IN SCHLESIEN
GLÜCKLICH GESCHEHENE WIEDERKUNFT
DES HERRN
ERNST RUDOLPH VON NICKISCH UND ROSENECK

Msr. de la Motte
Tome 3. od. 7.

Je trouve dans cette maxime
Tous les preceptes reünis:
Tout ce que je sens, je l'exprime,
Ne sens-je plus rien, je finis.

WILLKOMMEN wiederum, gelehrter Mäcenat!
So schallt es am Parnaß, so ruft mein stummes Blat
Und alles, was mit mir den wahren Adel ehret
Und was von Leipzig her auch deinen Ruhm gehöret,

5 Von dort, von Leipzig aus, wo Kunst und Linden blühn
   Und Wiz und Höfligkeit die Länder an sich ziehn
   Und wo mein Geist vor dem bey allen Unglückspoßen
   Nach Menckens kluger Hand nichts Freudigers genoßen,
   Als wenn ich früh und spät, nachdem es etwan kam,
10 In deiner Gegenwart die deutsche Laute nahm,
   Dein zärtliches Gehör und deßen Geist probierte
   Und deßen Fähigkeit in jedem Urtheil spürte.
   Da sah ich, wie dein Fleiß in frische Blüthen schlug
   Und wie ein welscher Baum zugleich schon Früchte trug;
15 Da prophezeit ich gleich aus so viel schönen Sachen,
   Es würde dein Verdienst sich zeitig kennbar machen.
   Da wüntscht ich dir nur bald, das Vaterland zu sehn;
   Jezt heist es höchst vergnügt: Gehoft, gewüntscht, geschehn!
   Du kommst mit Ehren heim und wie die Schaar zurücke,
20 Die um die Frühlingszeit auf manchem Blumenstücke
   Mit vieler Sorgfalt fliegt, sich da- und dorthin schlägt
   Und denn den süßen Raub in ihre Zellen trägt.
   Kein Kluger leugnet wohl: Den Degen hurtig führen,
   In Spielen weiter sehn, den Fuß mit Wohlstand rühren
25 Ist wie ein guter Wind und wohlgebautes Pferd
   Des Adels Zier und Lust und aller Ehren werth.
   Doch muß nicht nur allein der Hut die Feder tragen,
   Die Hände sind so gut zum Schreiben als zum Schlagen,
   Und ein durch Kunst und Müh geläuterter Verstand
30 Schmückt Edle von Geburth so wie die Frucht das Land,
   Da gegentheils ein Kopf, der Spreu vor Grüze führet,
   Den durch der Eltern Blut erhaltnen Kranz verlieret.
   Wer auf sein altes Haus ohn eignes Vorrecht pocht,
   Durch truncknen Müßiggang sein Vatertheil verkocht
35 Und, wenn das Dorf entlauft, (wer kennt nicht unsre Zeiten?)
   Auf Krippen sich bemüht, den Bauren nachzureiten,
   Ist dies ein Edelmann, heist dieses tapfer seyn?
   O löscht die Wappen aus! Ha, wirft ein Klügling ein,
   Der etwan in der Welt so weit herumgezogen,
40 Als unserm Bader nechst die graue Gans entflogen,
   Was, spricht er, schiert mich wohl die Grillenfängerey,
   Was nüzt der ganze Kram gelehrter Hudeley?
   Es riecht so bürgerlich, um den Donat zu faßen,
   Sich vom Orbilius das Leder wezen laßen.
45 Ich bleibe, wer ich bin. Denn zur Galanterie
   Ist jezo schon genug das *Mal di Napoli*,
   Zwo Dosen von Paries nebst einer Uhr aus London,

Damit gefall ich schon den Schwarzen wie den Blonden.
Es kennt ja jedermann die Moden neuer Welt,
50 Die Künste gehn nach Brodt, und hab ich nur mein Geld,
Den Raufer auch dabey zusamt dem lieben Adel,
So bin und heis ich groß und höre keinen Tadel.
Dies weis wohl Maximin, den, obgleich mit Verdruß,
Ein jeder, wer er ist, gebückt verehren muß.
55 Warum? Er lebt von sich, und ob er Leute plaget,
ja, ob ihn das Fallit schon zweymahl weggejaget,
So sieht man doch, wie schön sein Mund, der trozig lacht,
Noch bey des Himmels Zorn sich gute Tage macht.
Darum, wer mich verdenckt, den soll der Hencker holen!
60 Ich bin ein Cavallier, hier liegen die Pistolen!
So schwazt der Juncker fort und macht sich thöricht groß.
Kommts aber zu der That und steht er einmahl blos,
So zittert er vor Furcht und hat so viel Courage
Als jener gute Freund, den Herr, Knecht, Magd und Page
65 Aus Haus und Zimmer schlug; er blieb beym Nachbar stehn
Und sprach: Es thut mir nichts, ich wollte so gleich gehn.
Du siehst, gelehrter Nicksch, die Bilder deiner Ahnen,
Den ehrenvollen Rest der alten Ritterfahnen,
Die Zeichen ihres Ruhms, den Zunder deiner Kraft,
70 Und crönest sie nunmehr mit deiner Wißenschaft
Und zeigest, hätten sie dir gleich kein Schild gegeben,
So stünd es doch bey dir, sie in der Gruft zu heben.
Carl, dem des Höchsten Macht, die Thronen stürzt und baut,
Sein hohes Vateramt auf Erden anvertraut,
75 Carl, unser Held und Herr und Schuzgott deutscher Gränzen,
Muß, weil ein Stern noch brennt, am Fürstenhimmel glänzen.
Er kan das, was er will, und will doch nichts als Recht,
Und da er Unschuld hört so wie die Feinde schwächt,
So zweifelt man schon längst von seinen Heldenarmen,
80 Ob tapfrer in der Schlacht, ob stärcker im Erbarmen.
Bewirb dich, suchstu Lob, um deßen Gnadenschein
Durch Wercke treuer Pflicht, dies wird dein Nachruhm seyn,
Dies, sag ich, wenn du lehrst, daß Habspurgs Stamm und Gaben
Auch noch in Schlesien getreue Diener haben.
85 Du liebst den Zeitvertreib der rechten Poesie,
Du kennest ihren Zug und hast geringe Müh,
Den Lorbeer ihrer Hand nach Würden zu empfangen,
Nachdem des Bruders Geist schon glücklich vorgegangen.
O bleib den Musen hold und lis, was Caniz singt
90 Und was noch aus der Gruft von unserm Abschaz klingt!

Der Saz ist einmahl wahr, daß die den Phoebus haßen,
Die er nicht würdig schäzt, in Versen sehn zu laßen.
Erinnre dich dabey, so schlecht ich auch gelehrt,
Was eigentlich vor Schmuck in unsre Kunst gehört;
95 Nicht rauschend Flittergold noch schwülstige Gedancken,
Nicht Schlüße, die mit Gott und guten Sitten zancken,
Noch andres Puppenwerck, das schlechte Seelen fängt.
Vor diesem hab ich zwar auch mich damit gekränckt
Und mancher Magdalis mit ausstudirten Grifen
100 Aus Amors Contrapunct ein Ständchen vorgepfifen.
Da drechselt ich mit Fleiß auf einer hohen Spur
Wort, Silben und Verstand auch wieder die Natur;
Denn wollt ich dazumahl ein schönes Kind beschreiben,
So lies ich ihren Mund mit Scharlachbeeren reiben.
105 Erhob ich einen Kerl zuweilen um das Geld,
So fing ich prächtig an: Orackel unsrer Welt!
Ich flocht, wie jezt noch viel, die Nahmen vor die Lieder
Und gieng oft um ein A. drey Stunden auf und nieder.
Auch schift ich oftermahl auf Dielen über Meer
110 Und holt ein Gleichnüßwort aus Misisippi her,
Bestahl den Lohenstein wie andre Schulmonarchen,
Und war kein Reim darauf, so flickt ich ihn von Parchen,
So schlimm das Wort auch klang; Marocco, Bengala,
Fez, Bantam, Mexico, Berkeley, Florida,
115 Die alle musten mir Baum, Steine, Thiere, Linsen,
Und was nur kostbar lies in Dichterkasten zinsen.
Da klappte mir kein Vers, der nicht auf Stelzen gieng,
Und wenn ich ohngefehr ein Maul voll Götter fing,
So rast ich voller Lust und zog bey solchem Glücke
120 Auf zwey Quart Milius zwölf Groschen aus der Ficke.
Dies thät ich, als mein Wiz noch gar zu unreif hies
Und wie ein siedend Fett den Schaum voran verstieß.
Jezt lernt ich nach und nach mich und die Warheit kennen
Und lache, wenn mich viel noch einen Dichter nennen.
125 Doch du, gelehrter Nicksch, verstehst dies Werck vorhin,
Und da ich dir vorlängst zu tief verbunden bin,
Verschon ich dich auch hier mit viel verdientem Lobe;
Es hieße sonst vielleicht des Eigennuzes Probe.
Ich, deßen Geist und Muth in Niedrigkeit erstickt,
130 Will, wo ein beßrer Stern mich aus dem Staube rückt,
Das angebohrne Pfund, den schlechten Trieb zum Dichten,
Auch dir zur Danckbarkeit und nach der Weißheit richten
Und, weil mein Vaterland mir wohl kein Brodt mehr giebt,

Dort, wo manch Lindenblat die fahle Pleiße trübt,
135 Die Lieder meiner Kunst, so sehr sie Spötter tadeln,
Die, sag ich, will ich noch durch dein Gedächtnüß adeln.
Davor begehr ich nur mit redlicher Gedult
Den ewigen Besiz von deiner Güt und Huld
Und wüntsche dir zulezt zur Wirthschaft auf dem Lande:
140 Die Kleine komme bald der Großen nach zum Stande!

Johann Christian Günthers Sämtliche Werke. Historisch-Kritische Gesamtausgabe, hrsg. v. Wilhelm Krämer. Vierter Band: Lob- und Strafschriften in zeitlicher Folge. Leipzig 1935 (Reprint: Darmstadt 1964), S. 235-239 (=Bibliothek des Literarischen Vereins, Band CCLXXXIII).

Günthers Lobgedicht auf Nickisch ist ein Gelegenheitsgedicht. Dabei sind die Rubrizierungen als Lob einer höhergestellten Persönlichkeit wie auch als durch eine Gelegenheit veranlaßtes Gedicht keine Anhaltspunkte für eine Zuordnung zum Barock einerseits oder zur Aufklärung andererseits, da Gelegenheitsgedichte wie Lobgedichte epochen-unabhängig eine funktionale Form von Lyrik ausmachen. Als solche begleiten sie die Entwicklung von Lyrik in der frühen Neuzeit und bestehen unter gewandelten Voraussetzungen teils noch bis in unsere Tage fort, so beispielsweise in der Einrichtung des 'poet laureate' in Verbindung mit der Institution des englischen Königtums. Nähere Aufschlüsse müssen also auf einer eingehenden Beobachtung des Einzeltextes und besonders seines Argumentationsschemas begründet werden.

Der Anlaß für Günthers Gedicht ist im Titel genau umrissen: "Auf die den 15. Aug. A. 1721 in Schlesien glücklich geschehene Wiederkunft des Herrn Ernst Rudolph von Nickisch und Roseneck". Ein solches Ereignis mit seinen regionalen Beschränkungen gehört zu den ausreichenden Anlässen, die die Gesellschaft des frühen achtzehnten Jahrhunderts als ein die privaten Grenzen übergreifendes und damit soziales Fest begeht. Ein diesem Festcharakter schmückend zugeordnetes Attribut stellt das Gelegenheitsgedicht dar, das, zudem häufig im Auftrag eines anderen verfaßt, als Einzeldruck an die Festgäste, Freunde und Verwandten, ausgehändigt oder auch versandt wird. In diesem Fall verfaßt Günther sein Gedicht aus eigenem Antrieb; ein Gelegenheitsdruck ist nicht nachweisbar.

Hingegen ist dieser Text in allen Sammlungen der Gedichte seit der Erstausgabe enthalten und findet sich dort in der umfänglichen ersten Abteilung innerhalb der "Vermischten Gedichte". Weder die inhaltlichen Sparten, nach denen Krämer die einzelnen Texte in seiner Edition anordnet, noch der gesellschaftliche Rang der Gedichtempfänger geben hier das Ordnungsprinzip ab, vielmehr die schlichte chronologische Abfolge der Anlässe und Gelegenheiten. So steht das Lobgedicht auf Nickisch zwischen einem Glückwunschgedicht auf einen gewissen Christian Gottlieb Buder, der eben Bibliothekar der Universität Jena geworden war, und einem poetischen Entwurf für Anton Graf von Sporck und dessen auch gartengeschichtlich interessante Einrichtung des Kuckusbades in Böhmen.[4]

Da die Heimkehr von den akademischen Studien den Anlaß des Gedichts ausmacht, ergeben sich weitere Vergleichsmöglichkeiten thematischer Natur im lyrischen Gelegenheitswerk Johann Christian Günthers. Da ist einmal in zeitlicher Nähe "Als Herr Johann George Löbin Nach vollendeten Studiis Academicis Anno 1721. in sein Vaterland zurück reisete".[5] Der Vergleich schon der Überschriften führt zu der auffälligen Beobachtung, daß Günther für Nickisch die akademischen Studien und den Studienabschluß nicht anführt. Die Leipziger Matrikel belegt unmißverständlich:

Nickisch et Roseneck de
Ern[estus] Rudolph[us] eq[ues] Siles[ianus] d[e]p[ositus] et prom[otus] i[m] W[intersemester] 1718 P[agina] 2.[6]

Nun wäre es vorschnell, wollte man aus der nicht erwähnten Promotion auf ein Indiz für eine vertraute, Konventionen überschreitende Freundschaft zwischen dem Gedichtempfänger und dem Verfasser schließen. Die Überschriften sind aus dem zeitlichen Moment der Gelegenheit zu verstehen. Das Gedicht für J.G. Löbin nimmt den Studienabschluß zum Anlaß; so werden die vollendeten

4. Vgl. C. Enders, a.a.O., S. 72 zu dem Gedicht auf Buder, S. 56 zu dem Lobgedicht auf Nickisch und S. 68 zu dem Gedicht auf Sporck.
5. In der von mir benutzten zeitgenössischen Ausgabe, Frankfurt/Leipzig: Michael Hubert [4]1730, S. 284 − 287; vgl. C. Enders, a.a.O., S. 56. − Vgl. ferner Georg Erler, Hrsg., *Die jüngere Matrikel der Universität Leipzig 1559 − 1809 als Personen- und Ortsregister bearbeitet und durch Nachträge aus den Promotionslisten ergänzt.* Bd. III: *Die Immatrikulationen vom Wintersemester 1709 bis zum Sommersemester 1809.* Leipzig 1909, S. 243: "Loebin, Joh. Geo. Lignitio Siles. dp. et prom. i. S. 1717 P. 31."
6. G. Erler, a.a.O., Bd. III, S. 284.

Studien erwähnt. Das Gedicht auf Nickisch ist durch die Rückkehr in die Heimat veranlaßt; die Nennung des Studienabschlusses unterbleibt hier ebenso wie die der Kavaliersreise, die mutmaßlich die Zwischenzeit ausgefüllt hat. Das Gedicht auf J.G. Löbin ist weiterhin aufgebaut auf einem Vergleich mit dem biblischen Freundespaar von David und Jonathan. Ist eine solche noch im Rückgriff auf das biblische Paradigma nivellierende Gleicheinstufung im Fall des an Nickisch als potentiellen Mäzen gerichteten Gedichts nicht statthaft, so verdient eine andere Vergleichsmöglichkeit Erwähnung: Aus gleichem Anlaß hatte Günther drei Jahre zuvor ein ähnliches Gelegenheitsgedicht auf den älteren Bruder Nickischs verfaßt.[7] Beide Gedichte, die ohnehin in einem kontextuellen Anspielungsverhältnis zueinander stehen, sind durch Welten stilistisch voneinander getrennt, wie schon ein Vergleich nur der Überschriften zeigt. Die des Gedichts von 1718 lautet:

Den glücklichen Abzug des Wohlgebohrnen Ritter und Herrn, Herrn Daniel Gottlob von Nicksch und Roseneck, Erbherrn auf Ober- und Nieder-Adelsdorf etc., Welcher den 11. April. des 1718. Jahres nach rühmlichst vollführtem academischen Fleiße aus dem edlen Leipzig in sein werthes Schlesien wieder zurückekehrte, begleitete mit betrübter Feder seines hochadelichen Mäcenaten ergebenster Diener Johann Christian Günther von Striegau aus Schlesien, Kayserl. gecrönter Poete.

Kurialer Floskelstil, der syntaktische Aufbau und die Verwendung von Schmuckattributen, Titeln und Titulaturen ergeben ein sprachliches Dokument, an dem gemessen die knappere Überschrift des Gedichts von 1721 jene Entwicklung zu einer neuartigen deutschen Literatursprache bezeugt, wie sie von Eric A. Blackall in seinem bahnbrechenden Buch für einen anderen Zusammenhang beschrieben worden ist. Für den hier anstehenden Sachverhalt ergibt sich die hypothetische Erwägung: Bezeichnet der Zeitraum zwischen 1718 und 1721 den Wendepunkt Günthers von einer spätbarocken Prunkrede zu einer Dichtung unter den Leitbildern von *Witz* und *Wahrheit*?

Die Familie derer von Nickisch und Roseneck stammte aus ursprünglich böhmischem Adel und war seit Generationen in Schle-

7. Krämers Ausgabe, Bd. IV, S. 94 – 99; C. Enders, a.a.O., S. 31 f.; G. Erler, a.a.O., Bd. III, S. 284: "Nickisch, Nicksch, Nikisch von (de), Dan. Gottlob eq. Siles. dp. et prom. i. S. 1716 P. 20."

sien ansässig, wo die Familienoberhäupter und Söhne als Beamte im Verwaltungsdienst vornehmlich des Breslauer Bischofs tätig waren. Das erklärt Günthers Einstellung zu den Brüdern als möglichen Förderern. 1712 war ihr Vater Balthasar auf Nieder- und Ober-Adelsdorf gestorben. Nach vollendeten Studien konnten die männlichen Erben mit einer einträglichen Karriere rechnen, aus der heraus sie gewiß imstande sein würden, einen Freund und Bittsteller zu unterstützen, wie es Günther ihnen gegenüber seit der gemeinsamen Zeit war.[8] Vertrautheit und Freundschaft beruhten in Leipzig auf studentischer Gemeinsamkeit, auf der Zugehörigkeit zur selben heimatlich-schlesischen Landsmannschaft und möglicherweise auf einer Gemeinschaft als 'commensales'. Diese Züge und Faktoren gilt es, sich bewußt zu machen und im Blick zu behalten, um Johann Christian Günthers Gedicht mit seinen Zitaten wie Variationen dieser Umstände zu erkennen, liegt doch in diesem Verfahren ein erster Grund für die Einschätzung von *Witz* und *Wahrheit* in einem solchen Textbeispiel der damaligen deutschen Literatur.

Günthers Gedicht wird nach der Überschrift durch ein Zitat aus den Werken des gleichzeitigen französischen Autors Houdar de la Motte eingeleitet. Ich werde später auf die mit diesem Motto funktional verbundenen Deutungshinweise des Autors zurückkommen. Das eigentliche Willkommgedicht umfaßt dann 140 Zeilen und gehört damit zum mittleren Umfang, den Günther regelmäßig für solche episierenden Anlaß- und Gelegenheitsgedichte veranschlagt. Schon das ganze deutsche siebzehnte Jahrhundert hatte sich ja neben der Vorliebe für kurze und formal streng definierte Formen – von daher die Beliebtheit etwa von Sonett und Epigramm! – dem langen Gedicht eröffnet, das sich für jedes Thema eignete, im Bereich des Lobes beispielsweise dem einer höhergestellten Persönlichkeit, aber in parodistischer Umkehrung auch dem Esel, dem Ungeziefer, dem Käse oder gar – im Rückgriff auf das Vorbild eines neulateinisch dichtenden, italienischen

<hr>

8. Zu dieser Adelsfamilie vgl. *Zedler*, Bd. 24, 1740, Sp. 523 f. – Dem dort gegebenen Verweis auf Sinapius, *Schlesische Curiositäten*, Bd. 1, S. 663; Bd. 2, S. 836, konnte ich mit den mir zur Verfügung stehenden Bibliotheken nicht nachgehen. – Über die sozialen Hilfeleistungen der Familie von Nikkisch und Roseneck gegenüber Bedürftigen vgl. schon B. Litzmann, a.a.O., S. 129.

Geistlichen — der Geschlechtskrankheit. Formal wie inhaltlich steht Günthers Willkomm- und Lobgedicht auf den jüngeren Nickisch also in einer festen Tradition, der auch die Verwendung des gleichschenklig ausladenden, episierenden Alexandriners entspricht, wie ihn Günther hier in Anlehnung an schon bei Opitz zu findende Modelle als Paarreimer mit regelmäßigem Wechsel des Reimgeschlechts benutzt.

Erst diese offene Form und der damit ebenso offene Stil ermöglicht es, Günthers Gedicht auf den Einsatz argumentationsstützender Mittel zu befragen und aus der Antwort darauf den Kunstcharakter und Epochenbezug unter dem von diesem Gedichttext selbst postulierten Gegensatz von *Witz* und *Wahrheit* zu bestimmen. Wie bei dem Vergleich der Titel wird auch hier die Frage der sprachlichen Vermittlung zu gelten haben, denn gerade an ihr läßt sich die Strategie funktionaler Rhetorik intersubjektiv überprüfen und damit auch einer Positionsbestimmung an der Grenzscheide von Barock und Aufklärung begegnen. Die 140 Zeilen von Günthers Gedicht werden aus 82 Hauptsätzen und 88 Nebensätzen gebildet, die nur dreimal ein Satzgebilde hypotaktischer Natur bis zum zweiten Grad ausmachen. Kurz: Der syntaktische Befund ist die vorherrschende Parataxe mit parallel angeordneten Nebensätzen erster Ordnung. Das hat zur Folge, daß die Sätze natürlich, leicht und wägend verknüpft sind. Das Gedicht weist 282 Substantive auf, davon 77 — also mehr als ein Viertel — mit Attribut, das stets aus einem einfachen, vernunftgemäßen Wort besteht, zumeist aus Possessivpronomina oder unbestimmten Zahlwörtern. 46 Attribute bestehen aus einem einfachen Adjektiv. Ebenso eingeschränkt ist der Gebrauch von stilistischen Redefiguren: Das lange Gedicht kommt mit vier Vergleichen, zwei Metaphern bzw. Genitivmetaphern und einem Oxymoron aus.

Wie verhält sich nun dieser stilistisch-sprachliche Mantel zu dem Inhalt des Gedichts? Schon eine erste Lektüre erweist nachdrücklich den gedanklichen Aufbau und die Gliederung der Aussage. Der Anlaß des Gedichts wird in der einleitenden Zeile hingestellt; das ist die 'These' oder die 'Hypothese' in der Begrifflichkeit der Rhetorik. Die anschließende 'Demonstratio' (Zeile 2-22) bezieht sich begründend auf gemeinsame Lebensumstände. Der schon einleitend als "gelehrter Mäcenat" angesprochene Nickisch ist adlig und gebildet; er hat in Leipzig mit Eifer und Erfolg studiert; der Dichter hat dort in enger Vertrautheit mit ihm gelebt und einge-

hend die guten Anlagen Nickischs erfahren, daß dieser sich nämlich für die Künste interessiert und besonders in der schönen Literatur kritische und sachverständige Urteile abzugeben imstande ist.
Dieser Ruhm berechtigt zugleich zu der einleitenden Aussage, daß
der Parnaß — gemeint ist wohl der Helikon in Schlesien — von den
Willkommrufen für Nickisch widerschallt. Und noch ein unauffäl-
lig eingebrachtes, aber nicht absichtsloses Attribut erhält von hier-
aus seine Erklärung. Zeile 3 hatte Günther darauf verwiesen, daß
mit ihm alle diejenigen in den Willkommensruf einstimmen, die
"den wahren Adel" ehren. Das aber heißt im Umkreis dieser
Stelle, daß Günther als Nichtadliger über Adel, ja: über wahren
Adel urteilt und auch urteilen darf. Um dies ohne Anmaßung
einem Nichtadligen zu ermöglichen, ist eine Hierarchie des Adels
bis hin zum wahren Adel vonnöten, welch letzterer durch seinen
Bildungsbesitz und Bildungseinsatz gekennzeichnet ist, der hier
auf Fähigkeiten in den nicht-pragmatischen Bereichen, in den
Humaniora und Künsten, festgelegt wird. Diese Hervorhebung als
unterscheidendes Wertmerkmal gibt auch einem Dichter den Rang,
umgekehrt nun über Adlige wertend zu befinden, ja: mehr noch,
sich mittels dieser Bildungsgrundlage mit einem Adligen auf ein
und dieselbe elitäre Ebene stellen zu können. (Es wird sich zeigen,
daß in dieser gedanklich wie strategisch geschickt eingefügten
Passage der 'Demonstratio' der Grund für die eingehende Ausführung im quantitativen Hauptteil des Gedichts liegt.) Die Pro-
phezeiungen des jungen Dichters über die Verdienste dieses Adligen in seinem Vaterland haben sich erfüllt; die rhetorische
Trippelformel in Zeile 18 "Gehofft, gewüntscht, geschehn!", die
die drei parallelen "da"-Sätze zusammenfaßt, erinnert an ähnliche
rhetorische Schlußmarkierungen. Aber auch damit endet dieser
Abschnitt für Günther noch nicht; hier und nur hier genehmigt
sich der Dichter einen ausgeführten Vergleich, der zwischen der
Heimkehr Nickischs von den Studien und der der blütenschweren
Honigbienen eine Entsprechung zieht. Das ist ein alter poetischer,
rhetorischer und später auch emblematischer Vergleich, dessen
Tradition seit der *Anthologia Graeca* für die deutsche Literatur
in einer bedeutenden Arbeit von Max Rubensohn behandelt
ist.[9] Ebenso traditionell ist der rhetorische Kniff, einen Abschnitt

9. Max Rubensohn, *Griechische Epigramme und andere kleinere Dichtungen in deutschen Übersetzungen des XVI. und XVII. Jahrhunderts.* Weimar

doppelt durch rhetorische Mittel zu markieren. (Vielleicht darf ich hier beiläufig einfügen, daß in einem Bochumer Exemplar der Günther-Ausgabe von 1730, in einem Exemplar ohne sonstige Adversarien und mit nur wenigen Leserspuren, eben der ganze Bienenvergleich über vier Zeilen mit roter Tinte von alter Hand angestrichen ist.[10])

Der nächste Abschnitt im gedanklichen Aufbau dieses Gedichts umfaßt die Zeilen 23-66. Doppelt so lang wie 'These' und 'Demonstratio' des Gedichtanlasses zeigt er die manierierte Disproportionalität des Verfahrens Günthers, der das Gelegenheitsgedicht aus den Grenzen dieser Gattung umfunktioniert, um einen ihm wichtigen Inhalt argumentativ zu demonstrieren, und zwar dergestalt, daß der äußere Anlaß ihm nur den Einstieg zu dessen Behandlung liefert. Rhetorisch gesehen, gehört dies in die Rubrik einer 'amplificatio per distributionem', aber die kontrollierende Überlegung zeigt schnell, mit welchen rhetorischen Künsten Günther zu seiner Gestaltungsidee gelangt. Schon einleitend hatte er als Reizbegriff den "wahren Adel" vorgestellt, der natürlich von Nickisch vertreten wird und den "alles [...] ehret". Parallel dazu führt Zeile 23 die Wendung "Kein Kluger leugnet wohl" zur Bestimmung des wahren Adels ein. Rationale Klugheit — ein Zentralbegriff der eben damals in Deutschland und besonders in Sachsen zu wirken beginnenden Lehre des spanischen Jesuiten Baltasar Gracián — wird Voraussetzung und Kriterium für die Erkenntnis und Bewertung des wahren Adels. Günthers ungewöhnliche Proportionierung leistet es, in den Zeilen 23-26, also in nur vier Zeilen, die positiven Eigenschaften dieses Adels in einer Aufzählung zu reihen, soweit sie auf körperlichen Fähigkeiten beruhen, hingegen den weitaus umfänglicheren Abschnitt der Zeilen 27-66, also vierzig Zeilen, dazu zu verwenden, die ebenfalls für Günthers Definition vom wahren Adel geforderten geistigen Tüchtigkeiten vorzuführen. Das geschieht im Sinne unterstreichender Hervorhebung mittels der rhetorischen Technik 'e contrario': Das Gegenbild des falschen Adels wird in einer amplifizierenden Reihe geschildert und dadurch warnend angeprangert. Die Abfolge der

1897 (= Bibliothek älterer deutscher Übersetzungen, hrsg. v. A. Sauer, Bd. 2-5).

10. Das Exemplar der in Anm. 5 genannten Ausgabe — vgl. dort S. 14-20 — hat in der Universitätsbibliothek Bochum die Signatur: ER 2509.

inhaltlichen Kriterien dieses junkerhaften Adels ist ein Sich-Begnügen mit der adligen Herkunft, die Hohlheit der Nicht-Bildung, der für das Gemeinwesen unverantwortliche Müßiggang, die äußerliche und modische Galanterie, die Beanspruchung von Verehrung auf Grund des Geburtsadels, schließlich die Feigheit. In seiner rhetorischen Disposition, für die ich beiläufig nur auf die Entgegenstellung von Zeile 23 "Kein Kluger leugnet wohl" und Zeile 38 "Ha, wirft ein Klügling ein" verweise, radikalisiert dieses Argument eine Adelsvorstellung, die schon im sechzehnten Jahrhundert gern und häufig durch die positive Formel "Marte cum arte" verbunden wurde, nie jedoch sich wie hier bei Günther eine solch ungleichgewichtete Umkehrung dafür einräumt.

Zwar enthält die 'e contrario'-Darstellung eine Huldigung für den Adressaten Nickisch, aber eben nur 'e contrario'; und so sieht Günther sich genötigt, in den Zeilen 67-84 einen gedanklichen Abschnitt einzufügen, der den direkten Bezug auf Nickisch wieder herstellt. Nickisch wird in Zeile 67 namentlich erneut genannt und mittels der Wiederkehr des Attributs "gelehrt" aus der ersten Anrede in der Eingangszeile zugleich auch wiederum als Mäzen angesprochen. Günther bedient sich hier der Technik, die für Nickisch im vorhergehenden Teil 'e contrario' unterstellten positiven Eigenschaften, Fähigkeiten und Tugenden als Unterpfand für die zukünftige Rolle und Wirksamkeit im Gemeinwesen zu veranschlagen. Das ermöglicht es Günther, die Rolle von Kaiser Karl VI. angesichts der Kämpfe mit den Türken, die im Frieden von Passarowitz 1718 eine vertragliche Zwischenlösung gefunden hatten, anspielend einzuführen und auf Nickischs pflichtschuldige Ausübung solcher Funktionen in der Provinz Schlesien im voraus zu verweisen, wie sie zu den angestammten Pflichten der Familie Nickisch einerseits gehören und wie sie andererseits für diesen Nickisch "durch Wercke treuer Pflicht" einen neuen, individuellen "Nachruhm" zur Folge haben müssen. Das aber ist eine Leistung, die nicht allein von Titeln der Geburt abhängt, ja, durch die Nickisch sich Adel erwerben würde, wäre er auch in einem anderen Stand geboren.

Erst die argumentative Gewichtung von selbst erworbener Bildung und Gelehrsamkeit innerhalb der hier vorgelegten Definition des Adels ermöglicht Günther den vierten gedanklichen Abschnitt seines Lobgedichts (Zeile 85-124). Es ist die Einstellung zur

Kunst, die zu der Verwendung des gemeinsamen Possessivs "unser" mehrfach führt und die zugleich Günther hier, an expositorisch hervorgehobener Stelle, eine Selbstdarstellung und Identitätsaussage erlaubt. Nickisch "liebt" den "rechten Zeitvertreib der Poesie", ihre nützliche Ausfüllung der Nebenstunden, wie es Untertitel der Gedichtsammlungen seit der Wende des siebzehnten zum achtzehnten Jahrhundert regelmäßig betonen. Das bedeutet nicht, daß der hier angesprochene Nickisch sich selbst als Dichter betätigen muß; Günther beschränkt sich im folgenden auf die Forderung nach einer passiv-rezeptiven Anteilnahme an dem literarischen Leben und Geschehen. Günther leistet in diesen Zeilen so ein bei ihm auch sonst häufiger wiederkehrendes Dokument für die Herausbildung eines literarischen Publikums. Nicht die Anleitung zum eigenen Dichten, sondern die Lust und Befähigung, Dichtungen kritisch zu bewerten, ist also der Grund dieser neuen Adelstugend. Damit aber ist auch Johann Christian Günther in seinen Werken ein Gegenstand dieses adligen und privaten Kunstrichters. Eben diesen Umstand nimmt Günther zum Anlaß einer Aussage über sein Selbstverständnis als Dichter, über seinen dichterischen Anspruch und über seine Absicht.

Die zweiteilige Darstellung seiner Entwicklung als Dichter entspricht kompositorisch der zweiteiligen Behandlung des Adels in dem früheren Abschnitt des Gedichts. War es dort die Bezüglichkeit auf einen Stand, so steht hier die zeitliche Veränderung eines einzelnen an. Dem Nebeneinander von wahrem und falschem Adel dort schließt sich hier ein Nacheinander des falschen und wahren Dichters an. Die Abfolge der Argumente über den Gegensatz von 'wahr' und 'falsch' ist in beiden Abschnitten chiastisch einander zugeordnet. Wie sieht nun Günthers Selbstkritik aus, wenn man sie auf seine und die damals allgemein gültige Kunstauffassung bezieht?

Diese "unsre Kunst", wie Günther sagt, um die gemeinsame Ranghöhe mit Nickisch zu betonen, diese Kunst ist nicht kunstlos, sondern kennt einen "eigentlichen Schmuck". Aber nicht diesen Aspekt, der der Kunst wesensmäßig eignet, führt Günther näher aus, sondern er bedient sich wiederum einer rhetorischen Technik, um die falsche Kunst und dadurch ihren uneigentlichen Schmuck zu bezeichnen: "rauschend Flittergold", "schwülstige Gedanken", kurz: unvernünftige syllogistische Schlüsse. Das ist zugleich eine Kritik an der eigenen Produktion wie an der Barockliteratur überhaupt und vor allem an deren epigonalen Nachläufern noch nach der Jahrhundertwende. Freilich meint diese Kritik auch keine pauschale Abwertung, werden doch Lohenstein und andere Schulmonarchen neben Abschatz und Canitz gleichermaßen positiv angeführt. Es wird also nur die epigonale Ausbeutung des Barockmodells angeprangert. Gerade diese Epigonalität aber verbiete sich in dem Umkreis eines kennerhaften, gelehrten und kritisch würdigenden literarischen Lebens, zu dem Günther sich als kreativ, Nickisch als passiv Beteiligten zählt.

Den Einschnitt und Wendepunkt des rhetorischen Aufbaus bietet dann Vers 121 ff. In vier Versen zieht Günther das Fazit: Früher war sein "Witz" "zu unreif"; 'jetzt lernte er nach und nach sich und die Wahrheit kennen'. Damit fallen erneut die Wertvokabeln, denen nun die Aufmerksamkeit gelten muß. Die Doppelformel von *Witz* und *Wahrheit* spielt rückwirkend an auf das Lob der Leipziger Universität, für die schon in der sechsten Zeile das Attribut "Witz und Höflichkeit" benannt wurde.

Der knappe Vierzeiler leitet über zu der rhetorisch notwendigen Schlußrückwendung zum Lob des Gedichtempfängers. Während andere Günthers Unmut hervorrufen, wenn sie ihn noch einen Dichter nennen, ist er im Fall des Kenners Nickisch sogar bestrebt, von ihm weiterhin als Dichter eingeschätzt und anerkannt zu werden. Die Dankbarkeit gegenüber Nickisch und die Verantwortlichkeit gegenüber der Weisheit sollen sein künftiges Dichten bestimmen. Nicht der jetzige Anlaß des Willkomms soll dichterisch ausgeführt werden, denn das könnte eine Probe von Eigennutz sein; vielmehr will Günther das Lob seines Gönners in der Folge durch dichterische Behandlung dem ewigen Gedächtnis einreihen und damit, wie er in durchsichtiger Wortwahl hervorhebend sagt, seine Kunst "adeln". So wie der adlige Mäzen seinen Schützling fördert oder doch fördern kann, so gilt dies ähnlich für den nichtadligen Dichter, der seinen Gönner mittels der Kunst erhebt. Beiläufig hatte Günther um berufliche Förderung durch den Höherstehenden gebeten, wenn er Zeile 133 davon sprach, daß das schlesische "Vaterland [ihm] wohl kein Brodt mehr giebt"; der Schluß des Lobgedichts "begehrt" mit redlicher Geduld 'nur' Tugendwerte der Freundschaftshaltung, "den ewigen Besitz von deiner Güt und Huld" (Zeile 138). Darauf folgt der für diese Zweckgattung ebenso obligate wie rhetorische Wunsch: Mögen zu den neuen Aufgaben der öffentlichen Landwirtschaft, also zu dem Amt, auch die Pflichten und Freuden eines Haus- und Familienvaters kommen! So war es auch für den älteren Nickisch der Fall gewesen, der ein Jahr nach der Rückkehr von der Universität sich verehelicht hatte. Unausgesprochen bleibt hingegen das Fazit: Die Tugendeinstellung Nickischs zu Günther, seine öffentlichen Ämter wie auch die häuslichen Pflichten sind die Voraussetzung dafür, daß Nickisch den von ihm bisher geschätzten Dichter Günther auch weiterhin fördern soll, also sein faktischer Mäzen bleibt.

Die Bewußtmachung der rhetorischen Struktur neben dem gedanklichen Aufbau hat gezeigt, daß Günther sich der Rhetorik nicht nur als Hohlform bedient, die er auffüllt, sondern daß er gerade in diesem Gedicht auffällige Gewichtungen vornimmt, mit denen er die regelhafte Erwartung von einem solchen Gelegenheitsgedicht unterläuft, ohne deshalb die Tradition und Funktionalität dieser Gattung preiszugeben. Besonders im umfänglichsten Textteil, der 'amplificatio per distributionem', gelingt es Günther, durch Vermeidung der Schulchrie eben solche Themenkomplexe aufzugreifen, deren Ungewöhnlichkeit gerade die angestrebte Absicht des Gedichts unterstreicht. Und in diesem Zusammenhang stellt sich nochmals die Frage, was denn *Witz* und *Wahrheit* im Kontext dieses Gedichts von 1721 als inhaltliche Forderung und als Anspruch bedeuten.

Man tut gut daran, in diesem Zusammenhang auf das Zedlersche *Universal-Lexicon* zurückzugreifen, das seit 1733 das spätbarocke Wissen enzyklopädisch sammelt. Verfasser der stets ungezeichneten Artikel sind die jungen Gelehrten der sächsischen Universitäten; sie gehören etwa zur selben Generation wie Günther und haben auf denselben Universitäten bei denselben Lehrern studiert wie er. *Witz* nun ist zufolge dieses Lexikons[11] die Beschaffenheit des Verstandes, das Verhalten einer Sache gegen eine andere zu erkennen, und damit der Grund zu einem vernünftigen Urteil und Schluß. Eben in dieser Beziehung auf die *Wahrheit* unterscheidet sich der *Witz* vom *Sinnreichen* oder *Ingeniösen*, das nur nach den Möglichkeiten eine "Zusammenreimungskraft" bietet. Das Lexikon fährt fort:

Wer bloß an Sinnen und Imagination hänget, der gehet auch auf keine

11. *Zedler*, Bd. 57, 1748, Sp. 1988.

weitere Aehnlichkeit, als die sich in denen Dingen findet, in so weit sie darinnen vorgestellet werden. Und dergleichen findet sich bey Poeten, Rednern und Pickelheringen [. . .]. Hingegen wo eine Scharffsinnigkeit und Tieffsinnigkeit darzu kommen, da siehet man die innere Aehnlichkeit der Dinge, und dadurch wird man im Erfinden gefördert.

In wünschenswerter Deutlichkeit, die man durch Hinzuziehung des Artikels 'Ingenium'[12] noch bestätigen kann, liefert das Zedlersche Lexikon so den zeitgenössischen wie zeitgemäßen Kommentar zu Günthers Begriff des *Witzes* und seiner Selbstkritik an dem von ihm nun überwundenen, früheren Zustand eines "unreifen Witzes". Günthers Begriff des reifen Witzes deckt sich mit der Verwendung bei Wolff als "facilitas observandi similitudines", und zwar als eine Leichtigkeit, vernünftige Ähnlichkeiten zu erkennen. Und weiter noch berührt sich Günthers Begriff mit Descartes' Definition im *Discours de la méthode*, nach der die *raison* wesentlich "la faculté de distinguer le vrai d'avec le faux" bedeutet.

Das leitet über zu dem Begriff der *Wahrheit*, die Günther wie die frühe Aufklärung allgemein neben den *Witz* stellt und mit der Selbsterkenntnis verbindet. War das Ingeniöse vom Witz dadurch geschieden, daß es im Fiktivbereich der Dichtung nur sinnliche und mögliche Entsprechungen ansetzt, nicht aber die Unterscheidung von Ursache und Zweck zu leisten vermag, so daß die ingeniösen Einfälle nützlich sein können, ohne deshalb zugleich auch wahr sein zu müssen, so ergänzt der Wahrheitsbegriff des Zedlerschen Lexikons nun den Witz in entscheidender Weise.[13] Dabei werden drei Arten der Wahrheit unterschieden: 1. die metaphysicalische oder Transcendental-Wahrheit, 2. die logicalische Wahrheit und 3. die ethische oder moralische Wahrheit. Diese letztere Sparte

ist eine Tugend, nach welcher der Mensch äusserlich redet und thut, wie er es innerlich und in dem Hertzen gedencket und meynet. Oder kürtzer: Sie ist eine Uebereinstimmung der Rede mit sich selbst. Sie äussert sich in Worten, Wercken, Geberden, Verheissungen und andern Zeichen, wodurch wir unsere Gedancken zu erkennen geben. Sie ist die Richtschnur und Meisterin aller unserer Handlungen, und begreifft die Wahrhafftigkeit des Mundes, die Einfalt und Lauterkeit des Hertzens, und die Ehrlichkeit und Redlichkeit des Thuns und Wandels unter sich. Ihre unzertrennliche Ge-

12. *Zedler*, Bd. 14, 1735, Sp. 694 f.
13. *Zedler*, Bd. 52, 1747, Sp. 896 ff.

fährten sind die Aufrichtigkeit und die Treue. Sie wird von der Gerechtigkeit begleitet, insofern sie auf den Nächsten siehet, und eine Gleichheit zwischen der Rede und den Gedancken, den Worten und den Wercken beobachtet. Ihre Verbindlichkeit beruhet nicht auf einem vorgeschriebenen Gesetze, sondern auf der Ueberzeugung der Vernunfft und des Gewissens, die der Grund aller Tugenden ist.[14]

Das umfängliche Zitat des Lexikons zeigt, daß Günther sich bis in Wörter und Begriffe mit den dort später kodifizierten Vorstellungen trifft. Das erklärt nun auch, daß die Selbstrechtfertigung des Dichters Johann Christian Günther auf jenem Weg erfolgt, den angesprochenen Adressaten als Kenner von Literatur und als deren Kritiker zugleich auf eine gemeinsame Tugendebene von Witz und Wahrheit zu rücken, von der aus nicht nur Nickischs Einschätzung des Dichters, sondern auch seine mäzenatische Hinwendung zu dem Menschen Johann Christian Günther möglich, ja: letztlich ethisch zwingend wird. Denn das Zedlersche Lexikon betont für die Wahrheit wie für den mit dem Kriterium der Wahrheit operierenden Witz diejenige Wirkungsdimension, die die gesellschaftliche Glückseligkeit befördert. (Nicht zufällig steht in diesem epochalen Zusammenhang die Gründung der Alethophili in Berlin im Jahre 1736, einer zwar noch hofabhängigen, vorrangig jedoch dem Gemeinwesen verpflichteten Gesellschaft von Liebhabern der Wahrheit.) Günthers dichterische Konstruktion in diesem Gelegenheitsgedicht ist früher und auch anders: In dem Aufkommen eines Kunstpublikums, das kritisch, aber zugleich mit Bildung, Gelehrsamkeit, Witz und Wahrheit sich auf Literatur oder Kunst überhaupt einläßt, sieht er soziale Pflichten als solche Folgeleistungen verbürgt, daß das bisherige Mäzenatentum mit seinen unwürdigen Bittgesuchen sich radikal verändern muß. Es bedarf kaum der Bemerkung, daß Günthers optimistischer Entwurf eine Illusion und Utopie bleiben sollte.

Bei dem Versuch, Günthers Gelegenheitsgedicht aus seinen damals gegebenen Voraussetzungen zu verstehen, steht noch die Aufgabe aus, die Verknüpfung des von Günther gewählten Mottos mit dem umrissenen Argumentationsweg aufzuzeigen. Schon das Zitat aus dem Wahrheit-Artikel des Zedlerschen Lexikons zeigte eine verblüffende Nähe zu der wörtlichen Aussage des Mottos, wenn die

14. Ebd., Sp. 897.

Wahrheit als Übereinstimmung der Rede mit sich selbst, als Gleichheit zwischen der Rede und den Gedanken, den Worten und Werken definiert wurde. Darin erfüllt sich ein nicht unwesentlicher Anspielungsbereich dieses Mottos. Was leistet es sonst noch? Grundsätzlich muß darauf hingewiesen werden, daß das reizvolle Thema des Mottos in der Lyrik für die deutsche Literatur unbehandelt ist.[15]

Johann Christian Günther verwendet ein fremdsprachliches Motto, dessen Inhalt er in seinem Gedicht nicht direkt wiederholt, sondern vielmehr anspielend aufgreift. Die Wahl eines fremdsprachlichen Zitats appelliert an die Gelehrsamkeit des Adressaten. Ein ähnlich der Bildung huldigender Zug verbirgt sich in dem weiteren Umstand, daß Günther das Zitat aus einem aktuellen, erst jüngst erschienenen Werk eines noch lebenden, aber schon international anerkannten französischen Verfassers wählt. So, wie Günther diesen de la Motte kennt und schätzt, hofft er, von Nickisch geschätzt und anerkannt zu werden.

Antoine Houdar de la Motte ist ein bedeutender französischer Autor, der auf den Leistungen der Literatur des "grand siècle" aufbaut und diese Leistungen in die Literaturdiskussion des beginnenden achtzehnten Jahrhunderts hinüberträgt. So begleitet er die berühmte "querelle des anciens et des modernes". Gerade in diesen Zusammenhang gehört auch das von Günther entlehnte Zitat. Dabei ist verwunderlich, daß die eifrige Günther-Philologie es bisher offenbar verschmäht hat, das Zitat an seinem ursprünglichen Textzusammenhang zu überprüfen, obwohl die Leistung eines Redemittels wie Zitat oder Motto eben darin besteht, über den zitierten Textabschnitt hinaus auch den näheren und weiteren

---

15. Für die deutsche Lyrik steht noch eine Behandlung aus, wie sie aus romanistischer Sicht vorliegt. Vgl. Krista Segermann, *Das Motto in der Lyrik. Funktion und Form des 'épigraphe' vor Gedichten der französischen Romantik sowie der nachromantischen Zeit.* München 1977 (= Bochumer Arbeiten zur Sprach- und Literaturwissenschaft, Bd. 12). – Zu anderen Aspekten des literarischen Mottos vgl. die grundlegenden Ausführungen von Walther Rehm, *Mottostudien.* In: W.R., *Späte Studien.* Bern/München 1964, S. 215-248, und den behutsam wägenden Aufsatz von Hendrik Birus, *Introite, nam et heic Dii sunt! Einiges über Lessings Mottoverwendung und das Motto zum Nathan.* In: *Euphorion* 75, 1981, S. 379-410.

Kontext in den Bezirk der Anspielung zu stellen.[16] Geht man dieser Fragestellung nach, so ergibt sich unschwer, daß innerhalb der "querelle" eben Houdar de la Motte der Erneuerer der französischen Ode ist. Das geschah im Rückgriff auf die griechischen und lateinischen Vorbilder, besonders des Pindar, Anakreon und Horaz. Im Falle Anakreons, um den es hier im besonderen geht, übernimmt Houdar de la Motte die Vorwürfe, die man gegenüber diesem antiken Autor erhob, vorab wegen seiner Lust am Vergnügen, seiner diesseitig orientierten Sinnlichkeit, seiner Faulheit und seiner Liebeslust. Nur wegen seiner unleugbaren sprachlichen Eleganz, seines Stils und seiner Naivetät unternimmt Houdar de la Motte eine Anakreon-Nachahmung, und auch das nur unter der Fiktion, in fremdem Namen zu dichten, da Houdar de la Motte die Moral und Leidenschaftlichkeit seines Modells ablehnt, weil er ihn um seine sprachlichen Wendungen und Ausdrücke eher beneidet als um seine Gefühle.[17] Günthers Wahl des Mottos enthält indirekt so eine Auseinandersetzung mit den ihm wiederholt gemachten Vorwürfen über seinen Lebenswandel.

Houdar de la Mottes Sammlung der *Odes Anacréontiques* umfaßt fünfzehn Stücke. Günther wählt sein Motto aus der zwölften Ode *Le Nouvel Anacréon*, in der der Dichter Cupidos sich den Poeten Apollos entgegenstellt und gegenüber deren kunstfertigem, mühevoll erarbeitetem Dichten er seine Leier setzt, die natürlich und frei wie die Natur singt und eben darin ihren Vorzug und Preis hat. Die abschließende sechste Strophe, der Pointenschluß der Ode, bildet das Motto Günthers[18], der sich so mit dem alten wie mit

16. Zur literarischen Anspielung vgl. vor allem Ziva Ben-Porat, *The Poetics of Literary Allusion.* In: *PTL − a journal for descriptive poetics and theory of literature* 1, 1976, S. 105-128.

17. *Œuvres de Monsieur Houdar de la Motte* [. . .]. Tome premier, première partie. A Paris, Chez Prault l'aîné [. . .] M.DCC.LIV, S. 40-44 (Slatkine reprint, Genf 1970, S. 33 f.): *Discours Sur la Poésie en général, & sur l'Ode en particulier.*

18. Ebd., S. 461 f. (Reprint, S. 139 f.):
Le Nouvel Anacréon. Ode XII.

JE cueille mes tendres fleurettes
Sans aller au sacré Vallon;
Le Dieu d'amour a ses Poetes,
Qui vallent bien ceux d'Apollon.

dem neuen Anakreon vergleicht, in seinem eigenen Text freilich eine andere Kunstfertigkeit fordert als Houdar de la Motte. Und schließlich ist, da das Zitat einer Sammlung von Liebesdichtungen entstammt, die weitere Anspielung damit verbunden, daß Günther den höherstehenden Adressaten seines Gedichts zumindest so auch in einen erotischen Bezug stellt, der rein sprachlich die weitere Freundschaftsdichtung des deutschen achtzehnten Jahrhunderts auszeichnen wird. Günthers Gedicht hat sich hierzu nur einmal die Verwendung des Attributs "zärtlich" (Zeile 11) gestattet. Faßt man diese Beobachtungen zusammen, so enthüllt sich das Zitat im Motto als ein komplexes, vielschichtiges und in mehrfachem Sinne angemessenes, aber zugleich auch anspruchsvolles und kryptisch vorgetragenes Signal.

Diese aufgezeigte Leistung des von Günther gewählten Mottos gilt es auch für die abschließende Bewertung von Günthers Gelegenheitsgedicht einzubeziehen. Die Vorrede der zeitgenössischen Sammlungen hatte bemerkt:[19]

Je chante tout ce qu'il m'inspire;
Et lui-même accorde à mon chant
Les plus tendres sons de ma Lyre;
Mon plus grand maître est mon penchant.

Des vers façonnés au Parnasse
Souvent la plus grande beauté
Conserve d'autant moins de grace
Qu'on sent tout ce qu'elle a coûté.

Rarement la libre Nature
S'accorde aux contraintes de l'Art;
Et jamais elle n'est plus pure
Qu'où le travail a moins de part.

Moi qui lui veux être fidéle,
Je fuis un soin trop concerté,
Et mes vers aussi libres qu'elle
N'ont de prix que leur liberté.

Je trouve dans cette maxime
Tous les préceptes réunis,
Tout ce que je sens, je l'exprime,
Ne sens-je plus rien; je finis.

19. In der in Anm. 5 genannten zeitgenössischen Ausgabe vgl. Blatt ( ):(4ʳ).

Solte aber mancher meynen, ich hätte allzumilde von Günthern gespro-
chen, der wisse, daß er die meisten von seinen Poetischen Gebuhrten
sonder einige Wehen, d.i. ohne vieles Nachsinnen an das Tages-Licht gebracht, und gleichsam andern nur spielende in die Feder dictiret.

Kein Zweifel, daß diese Beschreibung auf das hier behandelte
Textbeispiel aus Günthers reifster Schaffenszeit nicht zutrifft.
Oder wenn man es spielerisch und natürlich nennen möchte, so
beträfe dies das Erscheinungsbild, nicht aber das nachgewiesene
Verfahren seiner Verfertigung. Die leichte Natürlichkeit, als die
man diesen Eindruck bezeichnen könnte, wird als Stilforderung
übrigens erst 1751 von Christian Fürchtegott Gellert in seiner
Brieflehre erhoben. Günthers Gelegenheitsgedicht nimmt dieses
Postulat gleichsam vorweg.

Wie die eingangs angeführten Beobachtungen zu Sprache und
Stil zeigten, weist Günthers Parlando auf die weitere Entwicklung
der deutschen Literatur im achtzehnten Jahrhundert voraus. Andererseits ist sein Gedicht nach Anlaß, Form, Vers, Gattung und besonders der manieristisch umgeformten, gegengewichtend dispro-
portionierten Rhetorik noch der barocken Tradition verhaftet.
Dem entspricht auch, daß im Inhalt die neuen Philosopheme von
Witz und Wahrheit zwar eine tragende Rolle erhalten, Günther zugleich aber noch vor dem diesseitigen Eudämonismus der Aufklärung zurückscheut, wenn er gegenüber der Unergründbarkeit der
Fortuna die rettende Haltung der Constantia einnimmt und traditionell vorgegebene Normen von Stand, Autorität und Institution uneingeschränkt beibehält. Barock ist die Auffassung vom
Mäzen, barock die Anlehnung an literarische Bildung und traditionelle Autorität. Zwar aktualisiert die literarische Bildung sich im
fremdsprachlichen und zeitgenössischen Motto, zwar wird die her-
kömmliche Auffassung von Autorität durch eine überständische
inhaltliche Neuforderung selbsterworbener Bildung umstruktu-
riert, aufs Ganze gesehen, muß für dieses Gedicht eine Veranke-
rung eben im Übergang, am literatur- wie kulturgeschichtlichen
Wendepunkt vom Barock zur Aufklärung veranschlagt werden.
Günthers Stellung ist nicht rittlings auf diesen beiden Epochen-
kategorien; und daher können die Allgemeingültigkeit beanspru-
chenden Deutungsansätze sei es Newalds, sei es Dahlkes oder Del-
bonos nicht widerspruchslos bleiben. Es wird eine Aufgabe zukünf-
tiger Günther-Forschung sein müssen, die Bezüge seiner Texte zu
den Vorstellungen hie des Barock (Fortuna; Constantia u.s.w.), da

der Aufklärung (Witz; Wahrheit u.s.w.) einläßlich zu untersuchen, um den Zeitpunkt noch näher zu bestimmen, von dem ab der Verfasser Johann Christian Günther zu seiner reifsten Schaffensphase gelangt und diesen seinen eigenen und zukunftweisenden Ton erzielt. Das hier behandelte Gedicht bildet nur ein Beispiel dafür mit seiner vielschichtigen Komplexität von Gelegenheit, Form, Vers, Gattung, Sprache, Stil, Rhetorik, Motto, Inhalt und Gehalt. Das ist eine Komplexität, der — wie es scheint — erst die neuere Barockphilologie gerecht zu werden beginnt.

Hinrich C. Seeba

OVERDRAGT DER NEDERLANDEN IN 'T JAAR 1555: DAS HISTORISCHE FAKTUM UND DAS LOCH IM BILD DER GESCHICHTE BEI KLEIST

In der Hoffnung, daß sich die Splitter und Scherben zu einem barocken Lustspiegel vereinen, in dem der Jubilar einige seiner wissenschaftlichen und persönlichen Interessen wiedererkennen kann, sollen hier Fakten, die zum großen Teil schon andere herausgefunden haben, zusammengetragen und so aufeinander bezogen werden, daß sich ein neues — neues Verständnis erschließendes — Bild ergibt. Wenn sich dabei erweisen sollte, daß sich positivistische Materialsuche und hermeneutische Deutungssucht nicht nur vertragen, sondern auch ergänzen und sogar einander bedingen können, dann hat die folgende Untersuchung auch ihr methodologisches Ziel erreicht; denn die Rekonstruktion von Quellenverhältnissen, um die es zunächst geht, entspricht durchaus — das hat uns schon die Kontroverse zwischen Wilhelm Scherer und Dilthey gelehrt — jenem Prozeß historischer Wahrheitsfindung, der ein vergangenes, scheinbar an die Vergangenheit verlorenes Geschehen aus der Perspektive seiner jeweils gegenwärtigen Interpreten wiederzugewinnen und zu analysieren versucht. Sie ist ein auf Verständnis angewiesener, in der Verstehenstheorie reflektierter Vermittlungsprozeß, auf den die Kritiker der letzten Jahre, unabhängig von ihrer theoretischen Provenienz, immer aufmerksamer geworden sind.

Dieser Vermittlungsprozeß wird in der Literatur selbst thematisch, wo ihm die Form der analytischen Prozeßstruktur entgegenkommt. Daß dafür der sophokleische Ödipus das Urbild abgab, ist ein Gemeinplatz der Literaturkritik, seitdem Schiller, in dem bekannten Brief vom 2. Oktober 1797, Goethe die dramaturgischen Vorteile dieser antiken Form auseinandergesetzt hat:

> Diese Vorteile sind unermeßlich, wenn ich auch nur des einzigen erwähne, daß man die zusammengesetzteste Handlung, welche der

tragischen Form ganz widerstrebt, dabei zum Grunde legen kann, indem diese Handlung ja schon geschehen ist und mithin ganz jenseits der Tragödie fällt. Dazu kommt, daß das Geschehene, als unabänderlich, seiner Natur nach viel fürchterlicher ist, und die Furcht, daß etwas geschehen sein möchte, das Gemüt ganz anders affiziert, als die Furcht daß etwas geschehen möchte. Der Ödipus ist gleichsam nur eine tragische Analysis. Alles ist schon da, und es wird nur herausgewickelt.[1]

Was "schon geschehen" und als furchterregende Vergangenheit einfach "da" ist, bedarf als "unabänderlich" vorliegende Geschichte also einer interpretierenden, von Sophokles in der Tragödie und, wie wir gleich hinzufügen wollen, von Kleist in der Komödie dramatisierten "Analysis," durch die "die zusammengesetzteste Handlung" wie ein verwickelter Knoten aufgedröselt: "herausgewickelt" wird.

So paraphrasiert, verweist die Rede von der dramatischen, in der Dramaturgie des Geschehenen eigentlich 'historischen' Analyse auf das Bild vom "Faden der Entwicklung" (Herder)[2], dem natürlich der Schicksalsfaden der Moiren und der Faden Ariadnes zugrundeliegen.[3] Wenn er durch das Labyrinth der Geschichte gelegt wird, erschließt der mythische Faden einen Zugang zum historischen Verständnis, weil er, was an sich verschlungen und komplex ist, am Erzählfaden zeitlicher Folge aufreiht und damit den verwickelten Geschehenskomplex in einem einfachen Darstellungszusammenhang verständlich 'ent-wickelt'. Als Analyse rätselhafter Vergangenheit bezeichnet die so verstandene Entwicklung vor allem also ein Darstellungsproblem, das an der Grenze von Geschichte und Ästhetik sowohl das juridische Verfahren als auch die historiographische Methode betrifft: die Rekonstruktion des Geschehenen in einer narrativen Zeitfolge, die vergangene Motivationszusammenhänge aufdeckt, damit über sie

1. Friedrich Schiller, Brief vom 2. Oktober 1797 an Goethe, in: Goethe-Schiller: *Briefwechsel*. Mit einem Nachwort von Emil Staiger, Frankfurt am Main 1961 (Exempla Classica 41), S. 247.
2. Johann Gottfried Herder, *Auch eine Philosophie der Geschichte zur Bildung der Menschheit*. Nachwort von Hans-Georg Gadamer. Frankfurt am Main: Suhrkamp 1967, S. 18.
3. Vgl. Alexander Demandt, *Metaphern für Geschichte: Sprachbilder und Gleichnisse im historisch-politischen Denken*, München: C.H. Beck 1978, bes. S. 311-319 ("Faden, Kette und Geflecht").

ein Urteil gefällt werden kann. Deshalb konnte die literarische Gerichtsform die Geltung eines analytischen Strukturmodells gewinnen, in dem der Prozeß historischer Wahrheitsfindung selbst problematisiert wird.

Es ist nicht erst seit Wolfgang Schadewaldt bekannt, daß die merkwürdige Gerichtsverhandlung in Kleists Komödie *Der zerbrochne Krug* (1806), der sogar Goethe bescheinigte, Kleist habe sein Talent "in dieser stationären Prozeßform auf das wunderbarste manifestiert",[4] "ein gleichsam negatives Spiegelbild des sophokleischen Ödipusgeschehens"[5] und entsprechend der Dorfrichter Adam "die genaue Umkehrung des Ödipus, sein Gegenbild wie im Zerrspiegel" ist.[6] Es gibt natürlich gute Gründe, diesen bauernschlauen, hintertrieben lüsternen Dorfrichter von Huisum bei Utrecht — auch er ist ja mit einem Schwell- oder Klumpfuß belastet, an dem er erkannt wird — für einen niederländischen Ödipus des 17. Jahrhunderts zu halten. Kleist selbst hat bekanntlich in der *Vorrede*, die in der Buchausgabe von 1811 fehlt, festgehalten, auf seiner Bildvorlage, dem nicht näher bezeichneten Kupferstich einer Gerichtsszene, den er 1803 in der Berner Wohnung seines Freundes Heinrich Zschokke gesehen hatte, habe der Gerichtsdiener den Richter mißtrauisch zur Seite angesehen "wie Kreon, bei einer ähnlichen Gelegenheit, den Ödip".[7] Aber Kleist hat auch schon selbst von der theoretischen Relevanz des analytischen Strukturmodells abgelenkt, als er abschließend hinzufüg-

4. Johann Wolfgang von Goethe, Brief vom 28.8.1807 an Adam Müller, in: *Heinrich von Kleists Lebensspuren. Dokumente und Berichte der Zeitgenossen.* Hrsg. v. Helmut Sembdner, München: dtv 1969, S. 134 (Nr. 185).

5. Wolfgang Schadewaldt, "Der 'Zerbrochene Krug' von Heinrich von Kleist und Sophokles' 'König Ödipus' ", in: W.Sch., *Hellas und Hesperien. Gesammelte Schriften zur Antike und zur neueren Literatur.* Unter Mitarbeit von Klaus Bartels hrsg. v. Ernst Zinn, Zürich und Stuttgart: Artemis 1960, S. 843-850, S. 844. Vgl. vorher schon Wolff von Gordon, *Die dramatische Handlung in Sophokles' "König Oidipus" und Kleists "Der zerbrochene Krug",* Diss. Erlangen, Halle (Saale) 1926.

6. Schadewaldt, S. 845.

7. Kleists Texte werden zitiert nach: Heinrich von Kleist, *Sämtliche Werke und Briefe.* Hrsg. v. Helmut Sembdner, 2 Bde., München: Carl Hanser [3]1964 (im folgenden zitiert als SW), hier SW I, 176.

te: "Das Original war, wenn ich nicht irre, von einem niederländischen Meister".[8]

Dieser Quellenhinweis, wenn wir ihn denn so nennen wollen, ist
indes falsch. Als die von Oskar Blumenthal herausgegebene Zeitschrift *Deutsche Dichterhalle* im Jahr 1873 nach der Identität des
von Kleist in Anspruch genommenen "Originals" gefragt hatte,
weil auch von Zschokke nicht mehr herauszufinden war, als daß in
seinem Zimmer "ein französischer Kupferstich, 'la cruche cassée'",
hing,[9] ist Theophil Zolling mit der bald auch von der Familie
Zschokkes bestätigten Identifizierung der Bildvorlage hervorgetre-
ten:[10] Es handelte sich, wie inzwischen in jedem Kleist-Kommentar
nachzulesen ist, um einen Kupferstich von Jean Jacques Le Veau
aus dem Jahr 1782, aber durchaus nicht um ein Original. Le Veau
hat sogar den Titel seiner Bildvorlage, eines im 'Salon' von 1781
ausgestellten und inzwischen verschollenen Gemäldes von Louis-
Philibert Debucourt (1755-1832), beibehalten: *Le juge, ou la cruche
cassée*. Die Frage, ob nun auch Debucourts Gerichtsszene, in der
eine zentrale Figur, das bescholtene Mädchen, offensichtlich dem
berühmten Gemälde von Jean-Baptiste Greuze, *La cruche cassée*
(1777), nachgebildet ist,[11] insgesamt einer weiteren, noch unbe-
kannten Vorlage folgt, braucht wohl selbst von den gewissen-
haftesten Spürhunden der Kleist-Forschung nicht mehr beantwortet zu werden — trotz der verblüffenden Gewißheit, mit der sie
in einer neueren kunsthistorischen Arbeit gestellt worden ist:
"Debucourts Bild folgt zweifellos selbst einer literarischen oder
historischen Vorlage, ist vielleicht sogar aktuelle Bildreportage

8. Ebd.

9. Heinrich Zschokke, *Eine Selbstschau*. Erster Theil, Aarau: Heinrich
Remigius Sauerländer ²1842, S. 204.

10. Theophil Zolling, *Heinrich von Kleist in der Schweiz*, Stuttgart: W.
Spemann 1882, S. 36.

11. Le Veaus Kupferstich und Greuzes Gemälde sind abgebildet in:
Heinrich von Kleist, Der zerbrochne Krug. Erläuterungen und Dokumente.
Hrsg. v. Helmut Sembdner, Stuttgart: Philipp Reclam jun. 1973, S. 5 und
69; in deutlicherer Abbildung findet sich der erste auch bei: J.O. Kehrli,
"Wie "Der zerbrochene Krug" von Heinrich von Kleist entstanden ist",
in: *Schweizerisches Gutenbergmuseum* 43 (1957), S. 3-18, S. 8/9, und das
zweite in: Anita Brookner, *Greuze*, London: Elek 1972, plate 49.

eines zeitgenössischen Rechtsfalles, in das Gewand des holländischen 17. Jahrhunderts gekleidet".[12]

Weil Kleist ausdrücklich als Zeuge dieser zweifelsfreien Annahme herhalten mußte, als hätte er nicht nur Debucourt als Vorlage Le Veaus, sondern auch noch die Quelle Debucourts gekannt, sollte der am Anfang der *Vorrede* gefundene Beleg noch einmal überprüft werden: "Diesem Lustspiel liegt wahrscheinlich ein historisches Faktum, worüber ich jedoch keine nähere Auskunft habe auffinden können, zum Grunde. Ich nahm die Veranlassung dazu aus einem Kupferstich, den ich vor mehreren Jahren in der Schweiz sah".[13] Die Sprache des fragwürdigen Quellenhinweises ist, wie die Sprache des Lustspiels selbst, verräterisch; der Substitutionsprozeß, den sie anzeigt, verweist von der (unauffindbaren) Geschichte zum (anschaulichen) Bild und von diesem zum Gerichtsspiel, das im Bild des zerbrochenen Kruges Auskunft über ein historisches Faktum geben soll. Der 'Anlaß', ein nur ungenau erinnerter Kupferstich, ist an die Stelle des 'Grundes' getreten und hat so das trotz angeblich eifriger Nachforschung nicht zu erschließende historische Faktum ersetzt, als wäre das Ausweichen in die Bildvorlage bedingt durch die — zugegebene — Aporie historischer Quellenforschung. Weil die vergebliche Suche nach dem 'Urbild' mit dem Abbild vorliebnehmen muß, gewinnt das Bild den Charakter eines historischen Originals: "Das Original war, wenn ich nicht irre, von einem niederländischen Meister."

Hier irrte Kleist. Er hat das Sujet, wie er es verstand, mit dessen bildlicher Darstellung, die ihm als Anlaß diente, verwechselt und, wenn wir seinem Irrtum die positive Bedeutung eines hermeneutischen Prinzips geben wollen, das Bild der Geschichte für die Geschichte selbst nehmen müssen, weil dieser nie anders beizukommen ist als durch die Analyse der Bilder, die sich ihre Interpreten von ihr machen. Solche Substitution gehört zu jeder historischen Legitimation des eigenen Standpunkts und wäre nur dann fragwürdig, wenn sie nicht in Frage gestellt würde. Tatsächlich hat Kleist ihre Fragwürdigkeit hier angedeutet und in der Gerichtsform des *Zerbrochnen Krugs* dramatisch gestaltet: Der für möglich gehaltene Irrtum bezeichnet schon im Rückblick auf die

---

12. Gisela Zick, "Der zerbrochene Krug als Bildmotiv des 18. Jahrhunderts" in: *Wallraf-Richartz-Jahrbuch* 31 (1969), S. 149-204, S. 164.

Entstehungsgeschichte jene Problematik historischer Wahrheitsfindung, die in der Form einer "tragischen Analyse" eine wesentliche Dimension dieses Lustspiels ausmacht.

Um dem in der Geschichte vermuteten "Original" auf die Spur
zu kommen, wollen wir in einem ersten Schritt den niederländischen Bildbereich festhalten, der offenbar an die Stelle des historischen Faktums getreten ist, und erst im zweiten Schritt das im
Historienbild präsentierte Problem, die Bildlichkeit historischen
Verstehens, diskutieren.

Als Kleist meinte, er habe sein Gerichtsspiel "nach dem Teniers
gearbeitet",[14] also im Stil jenes flämischen Genremalers David
Teniers (1610-1690), der schon im Aufsatz *Über das Marionetten-
theater* (1810) wegen seiner Bauernszenen gerühmt wurde,[15] konnte er nicht wissen, daß Debucourt, der über Le Veaus Kupferstich
indirekt für den zwischen Kleist, Zschokke, Heinrich Gessner und
Ludwig Wieland ausgetragenen Dichterwettbewerb zum Thema
'Zerbrochener Krug' verantwortlich war, 1781 wirklich als "Gen-
remaler im flämischen Stil" in die Akademie aufgenommen worden war.[16] Obwohl die zeitgenössische Kunstkritik in der französischen Galanterie des späten 18. Jahrhunderts Spuren niederländischer Sinnlichkeit aus dem 17. Jahrhundert suchen mochte,
ist Kleists Hollandisierung des gesuchten "Originals", wie schon
seine von der Bildvorlage abweichende Erinnerung an die dargestellte Gerichtsszene zeigt,[17] doch seiner eigenen Phantasie zuzuschreiben — und umso auffallender, als Zschokke seine Erzählung
Der zerbrochene Krug, in Übereinstimmung mit der französischen
Bildvorlage, in der Provence angesiedelt hat.[18] Als Kleist sein
französischen Rokoko verpflichtetes Vorbild in ein Bild des niederländischen Barock verwandelte, hat er sich, wie Friedrich

13. SW I 176.
14. Kleists Brief vom 25. April 1811 an Fouqué, in: SW II 862.
15. SW II 339.
16. Vgl. Zick, S. 165.
17. Vgl. Sembdner in *Erläuterungen und Dokumente*, S. 3: "nicht die
alte Frau, sondern das Mädchen hält den zerbrochenen Krug, der Richter
donnert nicht, der Schreiber sieht nicht zur Seite auf den Richter (...)".
18. Vgl. Heinrich Zschokke, *Der zerbrochene Krug*, in: H.Z., *Hans
Dampf in allen Gassen. Humoristische Erzählungen, Novellen und Fabeln.*
Ausgewählt und mit einem Nachwort von Volker Michels, Frankfurt am
Main: Insel 1980, S. 49-73.

Gundolf in seiner sonst wenig verständnisvollen Interpretation anmerkt, "mit der Phantasie in die Teniers- und Jan Steen-Stuben hineingebohrt".[19] Gundolfs Vermutung, Kleist habe dabei nur "die alte Forderung aus Opitzens deutscher Poeterey, daß zur Komödie niedrige Sitten gehören", erfüllen wollen,[20] ist über die gattungstypologische Konvention hinaus hier nur insofern wichtig, als sie die forcierte Stilverschiebung zum Barock unterstreicht.

Die Interpreten sind der hollandisierenden Phantasie allerdings nur zögernd gefolgt. Der offensichtliche Gegensatz zwischen dem barocken Ödipus, dem der Lustspiegel als Zerrspiegel seiner gebeutelten Existenz vorgehalten wird,[21] und dem aufgeklärten Gerichtsherrn Walter, der Gnade vor Recht ergehen läßt, scheint auch den Positivisten unter den Kleist-Forschern die Datierung des Geschehens erschwert zu haben. Da sowohl die französischen Bildvorlagen als auch die auf moralische Aufklärung eines weltgeschichtlichen Sündenfalls drängende Gerichtsform des *Zerbrochnen Krugs* eher auf das 18. Jahrhundert schließen lassen, hat es lange gedauert, bis sich die Datierung auf das späte 17. Jahrhundert durchgesetzt hat.[22]

Für die schließlich erfolgreiche Rückdatierung hat Kleist selbst den entscheidenden Hinweis gegeben, als er Adam sagen ließ: "Die

19. Friedrich Gundolf, *Heinrich von Kleist*, Berlin: Georg Bondi [2]1924, Kap. "Der zerbrochene Krug", S. 61-72, S. 71.

20. Gundolf, S. 67.

21. In Adolph Menzels Illustration zur ersten Szene sehen wir Adams ramponiertes Gesicht nur in dem barock gerahmten Spiegel, den der eilfertige Aufklärer Licht seinem Dienstherrn vor die Nase hält. Vgl. Heinrich von Kleist *Der zerbrochene Krug*. Eingeleitet von Wolf Stubbe. Mit 30 Holzschnitten und 4 Gouache-Grisaillen von Adolph Menzel, Hamburg: Broschek 1964 (Unveränderter Neudruck nach der Erstausgabe von 1877), S. 19; auch in *Erläuterungen und Dokumente*, S. 7.

22. Wie schon bei Otto Brahm (*Das Leben Heinrich von Kleists*, Neue Ausgabe, Berlin: Egon Fleischel & Co. 1911, S. 212) ist der Gerichtsherr Walter immer wieder als "der gerechte Obere im Stile des achtzehnten Jahrhunderts" gedeutet worden, weil er — so auch Hermann Schneider (*Studien zu Heinrich von Kleist*, Berlin: Weidmannsche Buchhandlung 1915, Kap. "Zum Zerbrochenen Krug", S. 81-97, S. 93) — als "ein ebenso typischer Vertreter des Aufklärungs- wie des Humanitätszeitalters" trotz früherer Datierung des Geschehens "tatsächlich ins ausgehende 18. Jahrhundert" gehört.

Welt, sagt unser Sprichwort, wird stets klüger,/ Und alles liest, ich
weiß, den Puffendorf" (V. 311f).[23] Nachdem schon 1877 Karl
Siegen beiläufig bemerkt hatte, der Hinweis auf den berühmten
Rechtsgelehrten und Historiker Samuel von Pufendorf (1632-1694)
sei "ein Fingerzeig dafür, in welcher Zeit ungefähr das Stück
spielt",[24] begründete damit 1915 auch Hermann Schneider seine
gegen Erich Schmidt gerichtete Vordatierung auf das 17. Jahrhundert: "Nebenbei gesagt, dürfte auch die Lektüre Pufendorfs
(...) in dieser Epoche mit mehr Recht als zeitgemäß gerühmt
werden denn hundert Jahre später".[25] Merkwürdigerweise hat
dieser wichtige Historiker, der im Anschluß an die von Justus
Lipsius (1547-1606) und Hugo Grotius (1583-1645) vertretene
niederländische Rechtsschule der deutsche Begründer des Naturrechts und damit Vorläufer des für Kleist so wichtigen Rousseau
wurde,[26] in der Kleist-Forschung keine andere Beachtung gefunden als zum Zweck der Datierung des Prozeßgeschehens: "Dieser
Zeitansatz", nämlich für das Dorfgericht von Huisum "im späteren oder ausgehenden 17. Jahrhundert", wie auch 1953 noch die
einschlägige Studie von Eugen Wohlhäupter zum "Dichterjuristen" Kleist nur in einer Anmerkung festhält, "ergibt sich daraus,
daß Richter Adam in der 4. Szene den Pufendorf (1632-1694)
erwähnt, dessen Hauptwerke, die "Elementa iurisprudentiae universalis" und "De iure naturae et gentium", in den Jahren 1660
und 1672 erstmalig erschienen waren",[27] so daß die vielberedete
"Feuersbrunst von Sechsundsechzig" (V. 706), aus der Frau

23. *Der zerbrochne Krug* findet sich in SW I 175-244.

24. Karl Siegen in: Heinrich von Kleist, *Ausgewählte Dramen*. Mit
Einleitung und Anmerkungen hrsg. v. Karl Siegen. Zweiter Theil,
Leipzig: F.A. Brockhaus 1877, S. 217 (= Anm. zu S. 141).

25. H. Schneider, S. 89.

26. Vgl. Iring Fetscher, "Der gesellschaftliche "Naturzustand" und
das Menschenbild bei Hobbes, Pufendorf, Cumberland und Rousseau.
Ein Beitrag zur Standortbestimmung der politischen Theorie Rous-
seaus", in: *Schmollers Jahrbuch für Gesetzgebung, Verwaltung und Volks-
wirtschaft* 80 (1960), H. 6, S. 1-45. Das einschlägige Werk von Oskar
Ritter von Xylander, *Heinrich von Kleist und J.J. Rousseau*, Berlin: Dr.
Emil Ebering 1937, gibt über Pufendof keine und über Rousseaus
Nachklang im *Zerbrochnen Krug* (S. 286-289) so gut wie keine Auskunft.

27. Eugen Wohlhäupter, *Dichterjuristen*. Hrsg. v. H.G. Seifert. Tübingen: J.C.B. Mohr 1953 (Kap. "Heinrich von Kleist" S. 467-563), S. 550.

Marthe den Krug unbeschädigt gerettet hat, nur im Jahr 1666 stattgefunden haben kann. Mehr als diesen zeitlichen Aufschluß über Pufendorfs Bedeutung für Kleist gibt auch Helmut Sembdners Kommentar nicht.[28] Weil Kleist an keiner anderen Stelle seiner Werke und Briefe auf Pufendorf direkt oder indirekt zu sprechen kommt, lag es wohl nahe, diesem auffallenden Hinweis keine weitere Beachtung zu schenken.

Aber der Name Pufendorf signalisiert für den Dorfrichter Adam einen mit spürbarem Unbehagen registrierten Wandel im Rechts- und Geschichtsdenken, eine neue 'Weltklugheit', die vermutlich eher philosophisch als nur chronologisch gemeint ist. Deshalb sollte für eine bessere Begründung seiner historiographischen Bedeutung daran erinnert werden, daß Pufendorf, der 1661 als erster deutscher Professor für Natur- und Völkerrecht an die Universität Heidelberg berufen worden war, ab 1688 im Dienst des Großen Kurfürsten den Grund für den aufgeklärten Absolutismus in Brandenburg gelegt hat und daß Kleist von ihm spätestens während seines dreisemestrigen Jura-Studiums (1799/1800) an der preußischen Universität Frankfurt an der Oder gehört haben muß, als er die von Ludwig Gottfried Madihn (1748-1834) gehaltenen Vorlesungen über Naturrecht besuchte.[29] Weil Pufendorfs naturrechtliche Schriften "seit den achtziger Jahren [des 17. Jahrhunderts] Standardwerke in den Universitäten, Akademien und Schulen" waren[30] und die Neuauflagen seiner Werke — *De officio hominis et civis juxta legem naturalem* (Lund 1673) hat über 110 und *De iure naturae et gentium* (Lund 1672) fast 40 Auflagen

28. Vgl. Sembdner in *Erläuterungen und Dokumente*, S. 12.

29. Der erste Hinweis auf Madihn (der übrigens 1817 der erste gewählte Rektor der 1811 von Frankfurt/Oder nach Breslau verlegten Universität wurde) findet sich bei Hans M. Wolff, *Heinrich von Kleist. Die Geschichte seines Schaffens*, Bern: Francke 1954, S. 59, ausführlicher bei Wohlhäupter, S. 473 und Peter Michelsen, "Die Lügen Adams und Evas Fall. Heinrich von Kleists Der zerbrochne Krug", in: *Geist und Zeichen. Festschrift für Arthur Henkel*. Hrsg. v. Herbert Anton u.a., Heidelberg: Carl Winter 1977, S. 268-304, S. 291f.

30. Horst Denzer, "Pufendorfs Naturrechtslehre und der brandenburgische Staat", in: *Humanismus und Naturrecht in Berlin-Brandenburg-Preussen. Ein Tagungsbericht*. Hrsg. v. Hans Thieme, Berlin-New York: Walter de Gruyter 1979, S. 62-75, S. 70.

erreicht[31] — erst in der zweiten Hälfte des 18. Jahrhunderts spärlicher wurden, entspricht Adams Anspielung auf die beispiellose Popularität wirklich den Tatsachen. Hinzu kommt, daß Pufendorfs Rezeption tatsächlich zum größten Teil über die Niederlande erfolgte, weil dort die meisten seiner Werke gedruckt und, vor allem von nach Holland emigrierten Hugenotten, auch kommentiert wurden. Jean Barbeyrac (1674-1744), der von 1693 bis 1710 in Berlin lebte und ab 1718 als Professor für öffentliches Recht und Privatrecht in Groningen lehrte, hat den Ruhm Pufendorfs durch kommentierte Übersetzungen (*Le droit de la nature et des gens*, Amsterdam 1706, und *Les devoirs de l'homme et du citoyen*, Amsterdam 1707) am weitesten verbreitet.[32] Für die Durchsetzung des aufgeklärten Absolutismus auf naturrechtlicher Basis und ihr Echo in den Niederlanden ist ein Ausspruch des ab 1684 in Amsterdam lebenden Religionsphilosophen Jean Le Clerc (1657-1736), eines anderen von der Aufhebung des Religionsedikts von Nantes betroffenen Hugenotten, hier auch deshalb wichtig, weil es den Eindruck des von den neuen Gedanken irritierten ("Was läßt sich in Gedanken nicht erfinden"? V. 310) Dorfrichters Adam bestätigt: "D'ailleurs il n' y a rien, dont on parle plus aujourd'hui, que de la *Tolerance* et des principes de la *Societé Civile*".[33] Adam hat ganz Recht: Weil am Ende des 17. Jahrhunderts "alle Welt" den Pufendorf liest, ist seine naturrechtlich begründete Lehre vom Gesellschaftsvertrag, der die Beziehung von Volk und Herrscher in der *societas civilis* regelt, in aller Munde.[34]

31. Vgl. Denzer, S. 72 und die ausführliche Bibliographie zu Pufendorfs Publikationsgeschichte in: Horst Denzer, *Moralphilosophie und Naturrecht bei Samuel Pufendorf. Eine geistes- und wissenschaftsgeschichtliche Untersuchung zur Geburt des Naturrechts aus der Praktischen Philosophie*, München: C.H. Beck 1972, S. 359-373.

32. Vgl. Sieglinde C. Othmer, *Berlin und die Verbreitung des Naturrechts in Europa. Kultur- und sozialgeschichtliche Studien zu Jean Barbeyracs Pufendorf-Übersetzungen und eine Analyse seiner Leserschaft*. Mit einem Vorwort von Gerhard Oestreich, Berlin: Walter de Gruyter 1970 (Veröffentlichungen der Historischen Kommission zu Berlin 30); s. bes. Tabellen zur niederländischen Buchproduktion von 1630 bis 1739 (S. 161ff).

33. *Avertissement* in der von Le Clerc hrsg. *Bibliothèque universelle et historique de l'année 1690*, Bd. 19, Amsterdam: Abraham Wolfgang 1690.

34. Laut Denzer ("Pufendorfs Naturrechtslehre ...", S. 66) besteht

Warum nun Kleist, der gut dokumentierten Rezeptionsgeschichte Pufendorfs entsprechend, gerade den Niederländern ein besonderes Interesse an der neuen Lehre nachsagen läßt, wird erst später, im Zusammenhang mit Kleists Abbildung der niederländischen Geschichte, beantwortet werden können; vorerst gilt es festzuhalten, daß der chronologischen Rückdatierung vom französischen Rokoko zum niederländischen Barock auch ein geschichtsphilosophischer Rückgriff hinter Rousseaus *contrat social* auf Pufendorfs Gesellschaftsvertrag entspricht.

Auch das im Titel des Lustspiels versteckte Sprichwort "Der Krug geht so lange zu Wasser, bis er bricht" weist — wie der zum Beweis eines anderen Sprichworts erwähnte Pufendorf — eher auf das 17. als auf das 18. Jahrhundert, eher nach Holland als nach Frankreich. Zwar ist das berühmte Bild von Jean-Baptiste Greuze, *La cruche cassée* (1777), das über Debucourt und Le Veau auch Kleists Porträt der Eve beeinflußt hat, in Beaumarchais' *La folle journée, ou le mariage de Figaro* (1783) auf den anzüglichen Vers gebracht worden: "Tant va la cruche à l'eau, que à la fin elle s'emplit" (I, 11); aber der Bedeutungswandel des zerbrochenen Kruges "vom Symbol menschlichen Lebens, seiner Bedrohtheit und Endgerichtetheit, hier zum Symbol verlorener Unschuld",[35] d.h. in psychoanalytischer Reduktion: zum eindeutigen "symbol of the perforated hymen",[36] hat in der langen Geschichte dieses schon von Hans Sachs und in Kaiser Maximilians *Teuerdank* (1517) als bekannt vorausgesetzten Sprichworts[37] im 17. Jahrhundert in den Niederlanden stattgefunden.

Pufendorfs Lehre vom Gesellschaftsvertrag darin, "daß sich das Volk im Gesellschaftsvertrag als Rechtssubjekt konstituiert, das dem Herrscher unter vertraglich ausgehandelten Bedingungen nur die Rechte abtritt, die zur Erfüllung der Staatszwecke notwendig sind". Vgl. auch Leonard Krieger, *The Politics of Discretion: Pufendorf and the Acceptance of Natural Law*, Chicago and London: The University of Chicago Press 1965.

35. Zick, S. 154.

36. P.J. Vinken, "Some Observations on the Symbolism of The Broken Pot in art and literature", in: *American Imago* 15 (1958), S. 149-174, S. 152.

37. Vgl. Karl Friedrich Wilhelm Wander, *Deutsches Sprichwörter-Lexikon*, 5 Bde., Leipzig 1867-1880, Bd. 2, Sp. 1642-1643, und Samuel Singer, *Sprichwörter des Mittelalters*, Bd. 2, Bern: H. Lang 1946, S. 57f.

Nachdem in der Mitte des 16. Jahrhunderts in den Niederlanden Sprichwörter- und Redensartenbilder aufkamen, deren bekanntestes Pieter Bruegels Gemälde (in Berlin) *Die niederländischen Sprichwörter* (1559) ist, hat der Schriftsteller und Rechtsgelehrte Jacob Cats (1577-1660), der als Mitglied der *Grote Vergadering* auch in der Politik des statthalterlosen Interregnums (1650-1672) eine wichtige Rolle spielte, in seinem bis ins 18. Jahrhundert immer wieder nachgedruckten *Spiegel van den Ouden en den Nieuwen Tijdt* (Den Haag 1632) dem Sprichwort "De kanne gaet soo lange te water, tot datse eens breeckt" eine erotische Wendung gegeben; sie ergibt sich aus der Erläuterung des begleitenden Kupferstichs — nach einem Gemälde von Adriaen van de Venne (1589-1662) — durch ein längeres Rollengedicht eines Mädchens, das in der erwarteten Schelte über den zerbrochenen Krug schon die Bescholtenheit seiner Ehre fürchten muß.[38] Vermutlich hat sich davon auch Jacob Jordaens (1593-1678) zu seiner Zeichnung (im Antwerpener Museum Plantijn Moretus) *De Kruyc gaet soo lange te waeter, tot datsy breeckt* (1638) anregen lassen. Die — damit auf das Gemälde von Greuze zulaufende und später im Gefolge von Freud kanonisierte[39] — Erotisierung des zerbrochenen Kruges hat jedenfalls dort begonnen, wo Kleist das niederländische "Original" seiner Bildvorlage vermutete. Deshalb ist es so wichtig festzuhalten, daß diesem Bedeutungswandel nicht nur die barocke *vanitas mundi*-Dimension zum Opfer fiel, in der sich schon Kleists (unerlöster) Schrecken über "die gebrechliche Einrichtung der Welt" ankündigt,[40] sondern auch deren säkulare Entsprechung in dem Rechts-

38. Hier zitiert nach [Jacob Cats], *Spiegel van den ouden en nieuwen tyd. Bestaende uyt Spreeckwoorden, ontleent van de voorigen jegenwoordige Eeuwe, verlustiget door menighte van Sinne-beelden, met Gedichten en Prenten daer op passende.* (...) Door J. Cats. t'Amsterdam: Gysbert de Groot 1722, S. 98f.
39. Vgl. Robert Mühlher, "Die Mythe vom zerbrochenen Krug", in: R.M., *Dichtung der Krise: Mythos und Psychologie des 19. und 20. Jahrhunderts*, Wien: Herold 1951, S. 13-39, und Vinken (zu Cats S. 156).
40. SW II 143; vgl. dazu Oskar Seidlin, "What the Bell Tolls in Kleist's *Der zerbrochne Krug*", in: *DVjs* 51 (1977), S. 78-97, S. 88f; Albert M. Reh, "Der komische Konflikt in dem Lustspiel "Der zerbrochene Krug"", in: *Kleists Dramen. Neue Interpretationen.* Hrsg. v. Walter Hinderer, Stuttgart: Reclam 1981, S. 93-113, S. 103; aber auch schon Helmut Arntzen, *Die ernste Komödie*, München: Nymphenburger 1968, S. 188f.

grundsatz "jedes Unrecht wird schließlich doch einmal bestraft", den Lutz Röhrich mit diesem Sprichwort vor allem verbunden hat.[41]

In diesem juridischen Sinne, der den Blick von Eve auf Adam zurücklenkt, könnte man Kleists Gerichtsspiel — wie ein ähnlich gebautes, an der zeitgemäßen Erotisierung des Themas nicht beteiligtes Dramolett von Christian Felix Weiße, *Der Krug geht so lange zu Wasser, bis er zerbricht; oder der Amtmann* (1786), in dem ebenfalls ein Richter als der Schuldige überführt wird[42] — ein emblematisches Drama nennen. Als Dramatisierung eines Sinnbildes, wie es in den Sprichwort- und Emblemsammlungen des 16. und 17. Jahrhunderts vorlag, scheint Kleists bildkräftiges Lustspiel, gerade weil es seine im Titel verkürzte Spruchweisheit an "Adam" und "Eve" exemplifiziert, eine heilsgeschichtliche Bedeutung zu beanspruchen, hinter der jede realgeschichtliche Grundierung in einem "historischen Faktum" verblassen müßte. Auch noch in der komischen Umkehrung des Ödipus-Modells hat sich das Bild vom Sündenfall,[43] zumal da ihm der französische Geschmack des 18. Jahrhunderts Züge moralisierender Galanterie

41. Lutz Röhrich, *Lexikon der sprichwörtlichen Redensarten*, Freiburg-Basel-Wien: Herder ²1979, Bd. 2, S. 547. Vgl. auch Wolfgang Mieder, "Der Krieg um den Krug: Ein Sprichwortgefecht", in: *Muttersprache* 87 (1977), S. 178-192, S. 184: "Das abgewandelte Sprichwort will ausdrücken, daß Eve ihr angebliches treuloses Spiel mit dem Flickschuster zu weit getrieben hat, denn eine Sünde oder ein Unrecht wird so lange begangen, bis endlich die Strafe folgt". Insgesamt allerdings zielt das dramatische Programm des *Zerbrochnen Krugs* eindeutig darauf, daß nicht Eve, sondern Adam mit seinem Unrecht zu Fall gebracht wird.
42. Vgl. Richard F. Wilkie, "A New Source for Kleist's *Der zerbrochne Krug*", in: *Germanic Review* 23 (1948), S. 239-248.
43. Vgl. Hansgerd Delbrück, "Zur dramentypologischen Funktion von Sündenfall und Rechtfertigung in Kleists 'zerbrochenem Krug' ", in: *DVjs* 45 (1971), S. 706-756; und die Ausführung der These in Hansgerd Delbrück, *Kleists Weg zur Komödie. Untersuchungen zur Stellung des "zerbrochenen Krugs" in einer Typologie des Lustspiels*, Tübingen: Max Niemeyer 1974. Vgl. zur Analyse des Sündenfalls in Kleists erstem Drama Hinrich C. Seeba, "Der Sündenfall des Verdachts: Identitätskrise und Sprachskepsis in Kleists 'Familie Schroffenstein' ", in: *DVjs* 44 (1970), S. 64-100, wiederholt in; *Die Aktualität Heinrich von Kleists. Neue Aufsätze und Essays 1966-1978*. Hrsg. v. Walter Müller-Seidel, Darmstadt: Wissenschaftliche Buchgesellschaft 1981, S. 104-150.

verlieh, auch bei seinen Interpreten besser behauptet als die ihm, nach Kleists eigener Aussage, "zum Grunde" liegende Geschichte.

Aber schon der Dorfrichter, der von Amts wegen berufen ist, wie ein Historiker zu ergründen, "wie es eigentlich gewesen" (Ranke), riskiert nicht wie der Marchese im *Bettelweib von Locarno* (1810), "um der Sache auf den Grund zu kommen",[44] den Wahnsinn, in dem der Versuch vollständiger Ergründung enden muß. Im Gegensatz zum Gerichtsrat Walter, der als Unbetroffener "große Lust" verspürt, "der Sache völlig auf den Grund zu kommen" (V. 1250f), hat Adam gute Gründe, "das historische Faktum" zu verschleiern und von der 'Geschichte' abzulenken, weil sie ihn als *seine* Geschichte — als Geschehen vom vorigen Abend — kriminell impliziert und als *die* Geschichte — als Geschehen vom vorigen Jahrhundert — nicht zur "Sache", der zu verhandelnden Gerichtssache, zu gehören scheint. Es ist ein zunehmend verzweifelter Versuch in Überlebenskunst, wenn Adam die Geschichte, die ihn letzten Endes doch einholt, abzuschütteln versucht. Das gilt ebenso für die 'öffentliche' wie für die 'private' Geschichte, die schon immer die Neugier der Interpreten gereizt hat.

Als Frau Marthe das mit dem Krug zerbrochene Historienbild von der Übergabe der niederländischen Provinzen beschwört, verweist ihr der Dorfrichter die vermeintliche Abschweifung:

Frau Marth! Erlaßt uns das zerscherbte Paktum,
Wenn es zur Sache nicht gehört.
Uns geht das Loch — nichts die Provinzen an,
Die darauf übergeben worden sind. (V. 675ff)

Adams Versuch, die umständliche Geschichtserzählung abzubrechen, macht auf den problematischen Zusammenhang von Bild und Geschichte überhaupt erst aufmerksam. Das "zerscherbte Paktum", das hier als nicht zur Gerichtssache, dem zerbrochenen Krug, gehörend von der Anklage ausgeklammert werden soll, verweist auf ein geschichtliches Ereignis, das — wie das "historische Faktum" in Kleists Rückblick auf die Entstehungsgeschichte — nicht anders als in einem aus der Phantasie nachgezeichneten Bild besteht. Auch hier ist das einem niederländischen Maler zuzuschreibende "Original", weil es mit dem Krug zerbrach, verloren gegangen. Dort wie hier wird das dem Bild zugrunde-

44. SW I 197.

liegende "historische Faktum" nur durch eine Nachbildung ver-
gegenwärtigt, wobei Frau Marthe für ihre (doppelt vermittelte)
Erzählung den gleichen Anspruch auf historische Wahrheit erhebt
wie Kleist für den Kupferstich von Le Veau.

Dabei ist der Vertrag von Brüssel, in dem Kaiser Karl V. am 25.
Oktober 1555 die Niederlande an seinen Sohn Philipp abgetreten
hat, so sehr mit seiner Darstellung eins geworden, daß er, weil der
Krug zerbrochen wurde, ebenfalls "zerscherbt" ist: Das Loch im
Krug, um das es vordergründig geht, ist — vor aller Erotisierung
des 'privaten' Vordergrundgeschehens — zwar nur ein Loch im
Bild der Geschichte; es scheint aber für Frau Marthe in die
Geschichte selbst eine Lücke gerissen zu haben. Der Krug symbolisiert — jedenfalls für eine so schlichte Person wie die Bäuerin
Marthe Rull, die Jacob Cats nicht gelesen, Greuze nicht betrachtet
und Freud nicht studiert hat — die Geschichte, sowohl die mit
dem Gründungsakt der Niederlande beginnende Geschichte, die
auf ihm dargestellt war (V. 648-674), als auch die ihm folgende
Geschichte der Niederlande, an der er seinen wunderbaren Anteil
hatte (V. 680-729): Der Krug, der bald nach 1555 entstanden sein
muß, wurde im Jahre 1572, als die Wassergeusen den Spaniern die
südholländische Stadt Briel entrissen, von dem Kesselflicker
Childrich erbeutet, der ihn an den Totengräber Fürchtegott ver-
erbte; er wurde im Jahre 1635, als die siegreichen Franzosen die
Stadt Tienen (franz. Tirlemont) in der Provinz Brabant plünder-
ten, von dem Schneider Zachäus durch einen halsbrecherischen
Fenstersturz gerettet und überstand, nun schon im Besitz des
inzwischen verstorbenen Bauern Rull, unbeschädigt die Feuersbrunst von 1666. Ausgerechnet dieser Krug, der alle Feuerproben
der bewegten niederländischen Geschichte von 1555 an rühmlich
bestanden hatte und sich durch den lückenlosen Stammbaum
seiner Besitzer historisch ausweisen konnte, mußte am 31. Januar
1685[45] durch einen unrühmlichen Fehltritt, der in der Geschichte
der Niederlande keine Erwähnung finden würde, in die Brüche
gehen. Weil damit eine Traditionskette, in der private Familien-
geschichte und politische Geschichte eng miteinander verflochten
waren, abgebrochen ist, muß es Frau Marthe so scheinen, als wäre

45. H. Schneider (S. 90) hat das Geschehen auf das Jahr 1685 datiert,
weil in diesem Jahr die ostindische Handelskompanie Truppenhilfe aus
Holland im Bantamischen Krieg anforderte.

die Geschichte selbst an ihr Ende gekommen, als bestände das
"krugzertrümmernde Gesindel" (V. 414), das sie mit dem ersten
Satz ihres Auftritts vor Gericht stellen möchte, aus geschichts-
feindlichen Bilderstürmern, die nicht nur für das Loch im Krug,
sondern, weil auf ihm die niederländische Geschichte abgebildet
war, auch für das Loch in der Geschichte zur Verantwortung
gezogen werden müssen.

Von der Erzählung *Die heilige Cäcilie oder Die Gewalt der Musik*
(1810) wissen wir, daß "um das Ende des sechzehnten Jahrhunderts, als die Bilderstürmerei in den Niederlanden wütete",[46]
viele religiöse Bilder zerbrochen wurden, weil sie im naiven
Glauben das Heilige nicht nur ästhetisch abzubilden, sondern
substantiell zu enthalten und dadurch zu materialisieren schienen.
Deshalb kommt Frau Marthes Identifizierung von Bild und
Geschichte die Bedeutung einer säkularen Variante der für heid-
nisch gehaltenen Naivität zu. Anders als die calvinistischen Bilder-
stürmer, die dem Bild die geglaubte Wirklichkeit, dem Zeichen das
Bezeichnete und der Ästhetik die Religion gewaltsam zu entreißen
suchten, um "das Original" von aller Verfälschung reinzuhalten,
sieht Frau Marthe in dem — erzählend erinnerten, also zum
zweitenmal ästhetisch fiktionalisierten — Historienbild des Kruges
die abgebildete Geschichte selbst vollzogen:

Hier grade auf dem Loch, wo jetzo nichts,
Sind die gesamten niederländischen Provinzen
Dem span'schen Philipp übergeben worden.
Hier im Ornat stand Kaiser Karl der fünfte:
Von dem seht ihr nur noch die Beine stehn.
Hier kniete Philipp, und empfing die Krone:
Der liegt im Topf, bis auf den Hinterteil,
Und auch noch der hat einen Stoß empfangen.
Dort wischten seine beiden Muhmen sich,
Der Franzen und der Ungarn Königinnen,
Gerührt die Augen aus; wenn man die eine
Die Hand noch mit dem Tuch empor sieht heben,
So ists, als weinete sie über sich.
Hier im Gefolge stützt sich Philibert,
Für den den Stoß der Kaiser aufgefangen,
Noch auf das Schwert; doch jetzo muß er fallen,
So gut wie Maximilian: der Schlingel!

46. SW II 216.

Die Schwerter unten jetzt sind weggeschlagen.
Hier in der Mitte, mit der heilgen Mütze,
Sah man den Erzbischof von Arras stehn;
Den hat der Teufel ganz und gar geholt,
Sein Schatten nur fällt lang noch übers Pflaster.
Hier standen rings, im Grunde, Leibtrabanten,
Mit Hellebarden, dicht gedrängt, und Spießen,
Hier Häuser, seht, vom großen Markt zu Brüssel,
Hier guckt noch ein Neugieriger aus dem Fenster:
Doch was er jetzo sieht, das weiß ich nicht. (V. 648-674)

Der Neugierige in der dargestellten Szene kann ebenso wenig sehen wie der neugierige Betrachter der zerbrochenen Darstellung, weil zwischen Fiktion und Wirklichkeit nicht unerschieden wird und Bild und Geschichte identisch sind. Das achtmalige "Hier" signalisiert nur noch eine räumliche, nur dem inneren Auge sichtbare, aber keine zeitliche Vergangenheit; wo für den äußeren Augenschein nur ein "Loch, wo jetzo nichts" klafft, ist die Vergangenheit in der Gegenwart des erinnerten Bildes aufgegangen. Das Loch im Bild der Geschichte hat die Geschichte selbst verschlungen.

Wenn von Kaiser Karl nur noch die Beine stehen, Philipp bis auf sein Hinterteil in den Topf gefallen ist, die Hand von einer der beiden Königinnen die Augen wischen will, weil die Tränen nicht mehr über die rührende Szene, sondern darüber geweint werden, daß ihre Darstellung in die Brüche ging, und wenn der Teufel ausgerechnet vom Erzbischof von Arras nur den Schatten hat stehen lassen, so scheint die natürliche Zeitfolge auf den Kopf gestellt: Die demontierte Geschichte kommentiert das Geschick ihres Bildes, weil sie, obwohl ihm zeitlich vorausliegend, von ihm erst geprägt wird. Im Gegensatz zu den niederländischen Bilderstürmern, deren radikale Aktionen ihren Höhepunkt im Jahre 1566 erreichten, zu einer Zeit also, als die Ereignisse von 1555 auf dem ab 1572 bezeugten Krug festgehalten wurden, gibt es für Frau Marthe keine von ihrer Abbildung unabhängige Wahrheit, der man hinter den Bildern auf den Grund kommen könnte.

Im Hinblick auf die Bedeutung, die der im Gerichtsspiel in Frage gestellte Prozeß historischer Wahrheitsfindung sowohl für die positivistische Rekonstruktion der Quellenlage als auch für eine hermeneutische Deutung ihrer Problematisierung hat, verweist Frau Marthes Opposition gegen die ikonoklastische Scheidung von Zeichen und Bezeichnetem auf das historiographische

Prinzip bildlicher, d.h. auf den Blickpunkt des "Neugierigen" am Brüsseler Marktfenster bezogen: perspektivischer Erkenntnis.

Wo die Geschichte selbst für die unmittelbaren Zeugen nur im gerahmten Bild ansichtig wird, sind erst recht die Nachgeborenen so sehr auf den mittelbaren Augenschein, d.h. auf die 'Einsicht' der Interpreten angewiesen, daß sie ohne Bilder der Vergangenheit blind wären. Solcher historischen Blindheit, die den Historiker wie den Richter trifft, wenn er sich der bildlichen Vermitteltheit des zu analysierenden Vorgangs nicht bewußt wird, beschuldigt Frau Marthe den Gerichtshof:

Frau Marthe	Seht ihr den Krug, ihr wertgeschätzten Herren? Seht ihr den Krug?
Adam	O ja, wir sehen ihn.
Frau Marthe	Nichts seht ihr, mit Verlaub, die Scherben seht ihr; Der Krüge schönster ist entzwei geschlagen. Hier grade auf dem Loch, wo jetzo nichts, Sind die gesamten niederländischen Provinzen Dem span'schen Philipp übergeben worden. (V. 643-ff)

Erst Frau Marthes lebendige Erzählung läßt das unsichtbare, im Loch des zerbrochenen Kruges unwiederholbar verschwundene Geschehen vor unseren Augen — für die Zuschauer wie für den Gerichtshof zum erstenmal — erstehen. Mit mehr hintergründiger Weisheit, als ihr Ilse Graham, die als erste die Krugerzählung auf ihren semiotischen Gehalt geprüft hat,[47] zubilligen wollte, führt Frau Marthe den nur in der Form der Anrede "wertgeschätzten" Gerichtshof in ihre Falle. Sie verleitet den Dorfrichter mit ihrer ungeduldigen Doppelfrage, die "den Krug" als unzerbrochenen Gegenstand des Sehens scheinbar voraussetzt, zu einem ganzheitlichen, die Scherben zu einem heilen Ganzen zusammenfügenden Anblick, nur um solchen synthetischen Blick als Sinnestäuschung

47. Ilse Graham, "Der zerbrochene Krug — Titelheld von Kleists Komödie", in: *Heinrich von Kleist*. Hrsg. v. Walter Müller-Seidel, Darmstadt: Wissenschaftliche Buchgesellschaft 1973, S. 272-295. Vgl. zur Wiederaufwertung Frau Marthes bes. Lilian Hoverland, "Adam und Frau Marthe: polare Verfahrensweisen in Kleists *Der zerbrochne Krug*", in: *Heinrich von Kleist Studies*. Hrsg. v. Alexej Ugrinski u.a., New York: AMS Press 1980 (=Hofstra University Cultural and Intellectual Studies 3), S. 59-67.

bloßstellen zu können: "Nichts seht ihr, mit Verlaub, die Scherben seht ihr"; "schlechterdings unsinnig" ist nicht Frau Marthes Bilderglauben, wie Ilse Graham meint,[48] sondern die Annahme eines vor-bildlichen, 'originalen' Gegenstandes, der, als wäre er nicht zerbrochen, heil aus dem Scherbenhaufen der Geschichte in die Gegenwart des Betrachters ragt.

Wenn wir Frau Marthes listige Volte zu einem Prinzip historischer Wahrheitsfindung verallgemeinern, so sind es eben immer nur "Scherben", Bruchstücke der Geschichte, die wir — im naiven Glauben, ein wahres Spiegelbild des Geschehenen vor uns zu haben — zu einem Bild der Geschichte zusammensetzen. Dabei handelt es sich, in der Bildsprache des emblematischen Lustspiels, immer schon um 'den zerbrochenen Krug', wenn wir darüber zu Gericht sitzen wollen, "was diesem Krug geschehen" (V. 642). Die Wahrheit der Geschichte ist ihre Zerbrochenheit, auch wenn sich die aus der Phantasie ergänzten Bruchstücke zu einem perspektivischen Bild vereinen, das den täuschenden Eindruck eines unzerbrochenen Ganzen macht. So gesehen, gewinnt die umständliche Krugerzählung die Bedeutung eines historiographischen Exempels, das im Bild die Bildlichkeit jeder Analyse, der historischen wie der komischen oder "tragischen Analysis", vor Augen stellt. Wer immer über vergangenes Geschehen zu Gericht sitzt, wird daran erinnert, daß das Loch im Bild der Geschichte aus der Phantasie gefüllt wird, daß Geschichte ästhetisch vermittelt und historische Wahrheit stets nur eine perspektivische Wahrheit ist.

Erst als Beispiel ästhetischer Perspektivierung der Geschichte ist das mit dem Krug zerbrochene Historienbild, wie wiederholt bemerkt wurde, im Zusammenhang mit der homerischen Schildbeschreibung (Ilias 18, 478-607) zu sehen. Wenn nun Heinrich Meyer-Benfey, der wohl als erster in Frau Marthes Krugbeschreibung das "Vorbild der antiken Schildbeschreibung" entdeckt hat,[49] es für "eine starke Zumutung an unsere Phantasie" hielt, daß auf der kleinen Krugwölbung so viele Personen dargestellt gewesen

48. Graham, S. 278.
49. Heinrich Meyer-Benfey, *Das Drama Heinrich von Kleists*, Göttingen: Otto Hapke 1911, Bd. 1, S. 485. Manfred Schunicht ("Heinrich von Kleist: 'Der zerbrochne Krug' ", in: *ZfdPh* 84 (1967), S. 550-562, S. 552) hat in der Krugbeschreibung hingegen eine "Parodie der homerischen Beschreibung von Junos Wagen und Agamemnons Szepter"gesehen.

sein sollen,[50] dann hat er übersehen, daß gerade diese "Zumutung" im Zentrum der am Schild des Achill exemplifizierten 'querelle des anciens et des modernes' stand. Es ging in diesem 1688 von Charles Perrault ausgelösten Streit, an dem auf der Seite der Klassizisten Jean Boivin (*Apologie d'Homère et du bouclier d'Achille*) und Alexander Pope (*Observations on the Shield of Achilles*) und auf der Seite der Modernisten Antoine Houdar de la Motte (*Discours sur Homère*, 1714) und Jean Terasson (*Dissertations critiques sur l'Iliade d'Homère*, 1715) teilnahmen, bekanntlich auch um die Frage, ob den Griechen schon die perspektivische Bilddarstellung bekannt gewesen sei. Dabei wurde die homerische Schildbeschreibung, d.h. die "Zumutung" eines kosmologisch-weltgeschichtlichen Überblicks auf kleiner Bildfläche, von den Klassizisten wie Pope als Beweis für die perspektivische Lösung eines quantitativen Darstellungsproblems angesehen: "that he [Homer] was not a stranger to aereal *perspective*, appears in his expressly marking the distance of object from object (...)".[51] Aus der Zurückweisung dieser Verwechslung von Luft- und Linienperspektive hat Lessing, der die genannte Stelle von Pope zitiert, ein wichtiges Argument seines *Laokoon*-Ausatzes (1766)[52] für die Modernität der — dann im 9. *Brief antiquarischen Inhalts* (1768/69) als "Einheit des Gesichtspunkts" definierten[53] — Perspektive gewonnen, um das Prinzip perspektivischer Darstellung von den Bildstrukturen, dem räumlichen Nebeneinander von Körpern, auf Erzählstrukturen, dem zeitlichen Nacheinander von Handlungen, übertragen zu können.

50. Meyer-Benfey, Bd. 1, S. 483. Ilse Graham hat für "die Wirkung einer unmöglichen Überfülle" (S. 278, Anm.) nur Frau Marthes verzerrte Perspektive und nicht die grundsätzliche Perspektivierung der Darstellung verantwortlich gemacht.

51. Alexander Pope, *Observations on the Shield of Achilles*, in: *The Iliad of Homer*. Translated by Alexander Pope, London: Henry Lintot 1750, Bd. 5, S. 104-125, S. 116.

52. Gotthold Ephraim Lessing, *Werke*. Hrsg. v. Herbert A. Göpfert, Bd. 6, München: Carl Hanser 1974, S. 127 Anm. Vgl. hierzu Hinrich C. Seeba, " 'Der wahre Standort einer jeden Person': Lessings Beitrag zum historischen Perspektivismus", in: *Lessing im europäischen Kontext*. Hrsg. v. Wilfried Barner und Albert M. Reh (=Beiheft zum Lessing Yearbook 1984, im Druck).

53. Lessing, Bd. 6, S. 216.

Weil erst die neuzeitliche Individualität mit ihrer von den Renaissance-Malern, in Nordeuropa von dem Niederländer Jan van Eyck (1390-1441) entwickelten Bildperspektive eine perspektivische Darstellung auch zeitlicher Vorgänge erlaubt, berührt das Laokoon-Problem, als von der Antike abgehobenes Darstellungsproblem der Neuzeit, so sehr auch Fragen der Geschichtsschreibung, daß Frau Marthes erzählende Erinnerung an das zerbrochene Historienbild nicht nur "eine komische Parodie auf den Schild des Achilles" sein kann, wie zuerst Philipp Witkop im Anschluß an Meyer-Benfey behauptete.[54] Wenn die in *Laokoon* XVIII gepriesene Schildbeschreibung wirklich, wie zuletzt Karl Ludwig Schneider wiederholt hat, das Vorbild war für Kleists an Lessings Theorie geschultes "Verfahren, Koexistierendes in der Beschreibung als Konsekutives darzustellen",[55] dann muß Schneiders These, das parodistisch Lustspielhafte bestehe gerade darin, "daß hier die feierliche, sonst für pathetische Heldenvergegenwärtigungen gebrauchte Technik auf einen Gegenstand angewendet wird, der nur in der Vorstellung eines einfachen Menschen derartige Weltbedeutung gewinnen kann",[56] die historiographischen Implikationen verfehlen. Schneider irrt, wenn er meint, daß die von Homer geübte und von Lessing auf den Begriff gebrachte "Veranschaulichungstechnik"[57] bei Kleist nur einen unwürdigen Gegenstand hätte. Nicht die Lächerlichkeit eines zerbrochenen Kruges, dem zu viel Beachtung geschenkt wird und schließlich doch kein Recht geschieht, steht zur Diskussion, sondern die in seiner Zerbrochenheit symbolisierte Tatsache, daß die auf ihm dargestellte Geschichte in der Vorstellung einzelner Menschen nicht eine "derartige", sondern überhaupt erst eine Bedeutung gewinnen kann.

Weil die 'zerbrochene' Geschichte überhaupt erst in perspektivischen Bildern, die sie als 'ganze' Geschichte vorstellen, bedeutsam und verständlich wird, ist die perspektivierende "Veranschaulichungstechnik" viel mehr als nur eine poetische Technik;

54. Philipp Witkop, *Heinrich von Kleist*, Leipzig: H. Haessel 1922, S. 116.
55. Karl Ludwig Schneider, "Heinrich von Kleists Lustspiel 'Der zerbrochne Krug' ", in: *Das deutsche Lustspiel I*. Hrsg. v. Hans Steffen, Göttingen: Vandenhoeck & Ruprecht 1968, S. 166-180, S. 177.
56. K.L. Schneider, S. 178.
57. K.L. Schneider, S. 176.

sie ist eine grundsätzliche Erkenntnisweise, die auf drei verschiedenen Fiktionsebenen des *Zerbrochnen Krugs* zur Anschauung
gebracht wird:
1. innerhalb des Historienbildes als Perspektive eines Neugierigen,
   der aus einem Brüsseler Fenster auf das dargestellte, aber
   inzwischen im Loch des Kruges verschwundene Geschehen, die
   Übergabe der Niederlande, blickt und jetzt vermutlich ("Doch
   was er jetzo sieht, das weiß ich nicht") ebenso wie der Gerichtshof "nichts" als Scherben sieht;
2. in der Krugbeschreibung als Perspektive der empörten Kläge-
   rin, die das zerbrochene Historienbild aus der Erinnerung zu
   rekonstruieren versucht, damit für alle, die das Bild nie gesehen
   haben, "auf dem Loch, wo jetzo nichts" dennoch eine anschauliche Szene aus der niederländischen Geschichte ersteht;
3. in der analytischen Struktur des *Zerbrochnen Krugs* als Perspektive des unbestechlichen Zuschauers, der — gleichsam in
   einem transzendentalen Gerichtshof — den von einem selbst
   implizierten Richter geführten und deshalb auf Verdrehung der
   Tatsachen angelegten Prozeß durchschauen muß, um der historischen Wahrheit trotz ihrer berufenen Anwälte auf den Grund
   zu kommen.

Wo Anschauung in anschauliche Erzählung und diese in dramatische Analyse überführt wird, also an der im *Laokoon* reflek-
tierten Grenze zwischen räumlich gegenwärtigen Bild- und zeitlich
vergangenen Handlungsstrukturen, unterstreicht die dreifache Perspektivierung des neugierig angeschauten, empört veranschaulich-
ten und von einem schuldigen Richter verschleierten, also immer
weniger interesselos vergegenwärtigten Geschehens die Schwierigkeiten im Prozeß historischer Wahrheitsfindung.

Das Laokoon-Problem gilt aber ebenso für die positivistische
Rekonstruktion der Quellenlage, von der der vorliegende Versuch
ausging, wie für eine hermeneutische Deutung ihrer Problematisierung, die sich als ein — bisher kaum gewürdigtes — geschichts-
methodologisches Thema des *Zerbrochnen Krugs* erwiesen hat.[58]

58. Die Ansätze zu einer geschichtstheoretischen Deutung der Krugbeschreibung (die Meyer-Benfey, Bd. I, S. 483, noch "nicht nur entbehr-
lich, sondern auch ein wenig störend" finden konnte) sind tatsächlich
eher spärlich: Nach dem Hinweis Helmut Arntzens, daß der zerbrochene
Krug "auf das Zerbrechen der Geschichte deutet, die er im Bilde

Unter der Voraussetzung des bisher Gesagten kann die in Kleists *Vorrede* suggerierte und hier zunächst bildgeschichtlich angestrebte Rückführung des Bildes auf das "historische Faktum", das dem Lustspiel "zum Grunde" gelegen haben soll, zu keinem eindeutigen Ergebnis führen. Wo schon Kleist selbst über die historische Grundlegung seines Sujets "keine nähere Auskunft [hat] auffinden können", sollten auch die Quellenforscher, sofern sie die historiographische 'Wahrheit' dieses Lustspiels annehmen können, seiner Entstehungsgeschichte keinen 'unzerbrochenen Krug', d.h. kein von deutenden Bildern unverstelltes, aller bildlichen Deutung vor-gegebenes Faktum abtrotzen wollen.

Das einzige realgeschichtliche Faktum, das hinter den Bildern des Quellenbereichs versteckt ist und als versteckter Bezugspunkt in Frau Marthes Bilderinnerung angedeutet wird, ist die Übergabe der Niederlande durch Kaiser Karl V. an seinen Sohn Philipp II. Tatsächlich hat der von schwerer Gicht und politischen Niederlagen, vor allem im Kampf gegen Frankreich und den vordringenden Protestantismus, geschlagene 55-jährige Kaiser in einem spektakulären Festakt, der am 25. Oktober 1555 im großen Saal des Brüsseler Palasts stattfand, an Philipp die Herrschaft über Burgund und alle 17 niederländische Provinzen abgetreten, nachdem er seinen Entschluß zur Abdankung am 21. Oktober den elf in Brüssel versammelten Ordensrittern vom Goldenen Vließ mitgeteilt hatte.

Das ist zwar ein unbestreitbares, in seiner Bedeutung aber von der unterschiedlichen Perspektive der Chronisten abhängiges und darum in der Geschichtsschreibung auch umstrittenes Faktum der Geschichte. Welche Perspektive nun Kleist für seine bildliche Darstellung dieses für die Geschichte der Niederlande so entscheidenden Augenblicks gewählt und wie er sie genutzt hat, scheint die Kleist-Forschung allerdings nur wenig beschäftigt zu haben. Nachdem Oskar Walzel 1904 zunächst die (auch für

darstellte und die er selbst repräsentierte" (S. 189), ist der vorliegenden Fragestellung als einziger Peter Michelsen nahegekommen, als er betonte, Frau Marthe berühre "die Problematik alles Historischen überhaupt: Geschichte ist durch nichts anderes in das Begreifen (mehr als in den 'Begriff') zu heben als durch Erzählen dessen, was war, durch Reproduzieren eines nicht mehr Gegenwärtigen mittels sprachlicher Zeichen". (S. 272).

Goethes *Egmont* herangezogene) Geschichte des Abfalls der Niederlande, *De bello Belgico* (Rom 1632/1647) von Famianus Strada
(1572-1649), als mögliche Quelle für die Schilderung des Brüsseler
Festakts vorgebracht hatte,[59] hat sich der Gegenvorschlag von
Hermann Schneider, der 1915 "mit mehr Wahrscheinlichkeit die
Niederländische Geschichte von Waagenaer als Kleists Quelle in
Anspruch nehmen" wollte,[60] ohne weitere Diskussion so sehr
durchgesetzt, daß seine Richtigkeit auch in Helmut Sembdners
Kommentar nicht mehr zur Rede steht: "Für Frau Marthens
Schilderung verwendete Kleist eine Quelle, die schon Schiller in
seiner "Geschichte des Abfalls der Vereinigten Niederlande" als
"eine ausführliche, mit Fleiß und Kritik und mit seltener Billigkeit
und Treue verfaßte Kompilation" gerühmt hatte, nämlich die aus
dem Holländischen übersetzte "Allgemeine Geschichte der Vereinigten Niederlande", 8 Bde., Leipzig 1756-66".[61] Es schien schon
Hermann Schneider wahrscheinlicher, daß sich Kleist über das
"historische Faktum", das der Bildbeschreibung zugrundeliegt,
eher aus der deutschen Übersetzung eines niederländischen Werks,
einer Passage im fünften Band der *Vaderlandsche Historie, vervattende de Geschiedenissen de nu Vereenigde Nederlanden, inzonderheit die von Holland, van de vroegste Tyden af, mit de
geloofwaardigste Schryvers en egte Gedenkstukken samen gesteld*
(Amsterdam 1751) von Jan Wagenaar, informiert hat als aus dem
lateinischen Werk eines römischen Jesuiten, der den Abfall der
Niederlande aus spanischer Perspektive dargestellt hat.

Das von Kleist übernommene monarchische Personal, das auf
der Brüsseler Weltbühne von 1555 auftritt, findet sich auch bei
Wagenaar: der in Gent geborene Habsburger Karl V., der 1519 als
Nachfolger seines Großvaters Maximilian I. zum deutschen Kaiser

59. Oskar Walzel in: Heinrich von Kleist, *Der zerbrochene Krug*. Hrsg.
v. Oskar Walzel, Leipzig: Max Hesse 1904 (=*Meisterwerke der deutschen
Bühne*. Hrsg. v. Georg Witkowski, Bd. 32), S. X.

60. H. Schneider, S. 86. Vgl. auch H.H.J. de Leeuwe, "Heinrich von
Kleist und die Niederlande", in: *Duitse Kroniek* 13 (1961), S. 123-145; und
E. Theodor Voss, "Kleists 'Zerbrochener Krug' im Lichte alter und neuer
Quellen", in: *Wissen aus Erfahrung: Werkbegriff und Interpretation heute:
Festschrift für Hermann Meyer*. Hrsg. v. Alexander von Bormann,
Tübingen: Max Niemeyer 1976, S. 338-370.

61. Sembdner in *Erläuterungen und Dokumente*, S. 20.

gewählt worden war und nun, zermürbt von Krankheit, Kriegen und Mißerfolgen, vorzeitig von der Bühne abtritt; sein Sohn Philipp II., der durch Ehe (von 1554 bis 1558) mit Maria der Katholischen ("bloody Mary") bereits König von England war und 1556 (der in Schillers *Don Carlos* als Feind der "Gedankenfreiheit" verewigte) König von Spanien werden sollte; die beiden Schwestern Karls V.: Eleonore, die durch Ehe mit dem Hauptgegner des Kaisers, Franz I. (König 1515-1547), verwitwete Königin von Frankreich war, und die niederländische Oberstatthalterin Maria, die durch Ehe mit dem im Kampf gegen die Türken gefallenen Ludwig II. (König 1516-1526) verwitwete Königin von Ungarn war; der Herzog von Savoyen, Emanuel Philibert, der im 1557 wieder aufgeflammten Krieg mit Frankreich die vereinigten englisch-spanischen und niederländischen Armeen führen sollte (nicht zu verwechseln mit dem Staatsrat Philibert de Bruxelles, der im Brüsseler Festakt die Abdankungsrede des gebrechlichen Kaisers verlesen mußte); der leichtlebige "Schlingel" (V. 664) Maximilian, der nach seinem Vater Ferdinand, dem Bruder und Nachfolger Karls V. (1556-1564), selber deutscher Kaiser (1564-1576) werden sollte; schließlich der später als Berater der Generalstatthalterin der Niederlande (1559-1567), Margarethe von Parma, im Volk verhaßte Erzbischof von Arras, Antoine Perrenot de Granvelle (1517-1586), der in diesem Festakt, weil "dem span'schen Philipp" (V. 650) das Französische nicht so geläufig war, dessen Dankrede verlesen mußte.

Anwesend waren neben den niederländischen Ständen, die aus ihrer Treuepflicht zum Kaiser entlassen wurden, auch folgende von Kleist ebenfalls nicht genannte Personen: die Herzogin von Lothringen Christine, Tochter des mit einer Schwester Karls V. verheirateten Königs (1513-1523) Christian II. von Dänemark; die mit Maximilian verheiratete Tochter Karls V., Maria; die bald gegen Herzog Albas spanische Militärmacht rebellierenden und deshalb 1568 hingerichteten Grafen Egmont (1522-1568) und Hoorn sowie der 1584 ermordete Prinz Wilhelm von Oranien, auf den sich der hinfällige Kaiser stützen mußte, um sich — für alle überraschend — zu erheben und selber einige Worte persönlicher Rechenschaft (und Mahnung für den Sohn) zu sprechen: "Als der Kaiser ausgeredet hatte", so beschreibt Wagenaar den rührenden historischen Augenblick, den der zerbrochene Krug nur in Bildscherben überliefert hat, "fiel Philipp auf das eine Knie, und bat seinen Vater, dessen Hand er herzlich drückte, um seinen Segen. Er empfing denselben mit heißen Thränen, und die Anwesenden wurden dadurch auch zum Weinen gezwungen".[62]

Die rührende Szene des historischen Machtwechsels, der am Anfang der niederländischen Unabhängigkeitsbewegung steht, zeigt ganz Europa, symbolisiert durch Vertreter des römisch-deutschen Reichs, Englands, Spaniens, Frankreichs, Ungarns, Italiens und Dänemarks, zu einem eindrucksvoll inszenierten Schauspiel vereint, das den bedeutendsten Historiker dieser Epoche, John L. Motley (1814-1877), zu folgender Darstellung des histrionischen Charakters veranlaßte: "The theater was filled, the audience was eager with expectation, the actors were yet to arrive. As the clock struck three, the hero of the scene appeared. Caesar, as he was always designated in the classic language of the day, entered leaning on the shoulder of William of Orange. [...] Many individuals of existing or future historic celebrity in the Netherlands, whose names are so familiar to the student of the epoch, seemed to have been grouped, as if by premeditated design, upon this imposing platform, where the curtain was to fall forever upon the mightiest emperor since Charlemagne, and where the opening scene of the long and tremendous tragedy of Philip's reign was to be simultaneously enacted."[63] Gestützt auf reichhaltiges Quellenmaterial, zu dem neben Wilhelm Godelaevus und Emanuel van Meteren auch Jan Wagenaar gehörte, hat Motley das historische Ereignis nicht nur im Bild einer Theaterszene dargestellt, sondern er hat es schon in Hinblick auf seine Rezeption als Theaterszene inszeniert gesehen. Weil die dramatische Fiktionalisierung des Geschehens im Bild seiner möglichen Interpreten nicht erst ein Problem seiner Darstellung, sondern — "as if by premeditated design" — schon die Form des Geschehens selbst war, scheint es ganz unmöglich, ein vor-bildliches, noch nicht interpretiertes und

62. [Jan Wagenaar], *Allgemeine Geschichte der Vereinigten Niederlande, von den ältesten bis auf gegenwärtige Zeiten, aus den glaubwürdigsten Schriftstellern und bewährten Urkunden verfasset* (7 Bde. 1756-1765), Bd. 2, Leipzig: in der Weidmannschen, und zu Göttingen in Elias Luzac Handlung 1757, S. 559.
63. John L. Motley, *The Rise of the Dutch Republic: A History* (1856), in: *The Complete Works of John L. Motley*, Bd. 1, New York: Society of English and French Literature (²1900), S. 124 und 125.

auch nicht auf seine Interpretation angelegtes historisches Faktum so zu isolieren, daß es eine eindeutige und endgültige Beantwortung der Frage, "wie es eigentlich gewesen", legitimieren könnte. Man kommt an dem grundsätzlich ästhetischen Charakter des Geschichte nicht vorbei, wie ihn der niederländische Historiker J.C.H. de Pater, ebenfalls in Hinblick auf den Brüsseler Festakt, an der problematischen Entgegensetzung des als Lichtgestalt verklärten Kaisers und seines als Schattenfigur verteufelten Sohnes bemerkt hat: "Het is dichterlijke fantasie, geen historische werkelijkheid".[64] Der Versuch, eine ungedeutete, von dichterischer Phantasie nicht ergänzte und nicht mit den Mitteln der Dichtung dargestellte historische Wirklichkeit zu erstellen, scheint von vornherein zum Scheitern verurteilt.

Selbst ein der Methodenstrenge der historischen Schule verpflichteter Historiker wie Motley sieht die Übergabe der Niederlande als ein wirkungsvolles, auf Wirkung berechnetes Schauspiel, das seinen Höhepunkt in der Rührung der Zuschauer, also in der von Kleist dargestellten Szene, erreicht, nachdem der kranke Kaiser seine spontane Ansprache beendet hat:

> Such brave words as these, so many vigorous asseverations of attempted performance of duty, such fervent hopes expressed of a benign administration in behalf of the son, could not but affect the sensibilities of the audience, already excited and softened by the impressive character of the whole display. Sobs were heard throughout every portion of the hall, and tears poured profusely from every eye. The Fleece Knights on the platform and the burghers in the background were all melted with the same emotion. As for the emperor himself, he sank almost fainting upon his chair as he concluded his address. An ashy paleness overspread his countenance, and he wept like a child. Even the icy Philipp was almost softened, as he rose to perform his part in the ceremony. Dropping upon his knees before his father's feet, he reverently kissed his hand.[65]

In dieser Szene, die eher die rührende Wirkung des historischen Faktums als dieses selbst zeigt, ist das dramatische Geschehen schon zu jenem Bild erstarrt, das auch im übertragenen, wir-

---

64. J.C.H. de Pater, *De Tachtigjarige Oorlog* (in: *Geschiedenis van Nederland*. Uitgegeven onder leiding van Prof. Dr. H. Brugmans), Amsterdam: Uitgeversmaatschappij "Joost van den Vondel" 1936, S. 21.
65. Motley, S. 135f.

kungsästhetischen Sinn jedem wirklichkeitsgetreuen Rekonstruktionsversuch stets im Wege steht.

So kann es nicht überraschen, daß wir bei dem Versuch, hinter die in der Krugbeschreibung beschworene Bildphantasie auf eine 'wirkliche', d.h. unverstellte und 'unzerbrochene' Quelle zurückzugreifen, wieder nur auf ein Bild — und zwar nun auch im eigentlichen Wortsinn — stoßen: "Was von seiten der Germanistik bisher anscheinend nicht gesehen wurde, ist", wie die Kunsthistorikerin Gisela Zick mit Recht erstaunt bemerkt, "daß Kleist auch bei seiner Krugschilderung ein Bild, eine Illustration, ins Wort umsetzt."[66] Aber anstatt der von Zick angebotenen Illustration, *L'Abdication de Charles V.* von dem Flamen Lamberecht Causé, die sich in einer französischen Ausgabe von Famianus Stradas *De bello Belgico, Histoire de la guerre de Flandre* (Brüssel 1712), fand,[67] kann ein anderer Kupferstich, der dieselbe Szene in Wagenaars Geschichtswerk etwas anders illustriert, mit besseren Gründen als Kleists Bildquelle reklamiert werden: *Overdragt der Nederlanden door Keizer Karel den V. aan zynen zoon Filips, in't jaar 1555* von Simon Fokke (1712-1784).[68]

In Causés Kupferstich fehlt nicht nur der "in der Mitte, mit der heilgen Mütze" (V. 666) abgebildete Erzbischof von Arras mitsamt dem "hinter ihm" prangenden Klerus, auf den ein unterdrückter Kleist-Vers verweist,[69] sondern, ganz abgesehen von den beiden Königinnen, die mit unter dem Baldachin sitzen sollten, auch die für die Ikonographie der Chronisten wesentliche,[70] allerdings auch von Kleist ausgelassene Tatsache, daß sich der Kaiser mit

66. Zick, S. 167.
67. Causés Kupferstich ist abgebildet bei Zick, S. 168.
68. Fokkes Kupferstich ist — ohne Hinweis auf seine mögliche Bedeutung als Bildvorlage — abgebildet in *Erläuterungen und Dokumente*, S. 23.
69. Vgl. Sembdner in SW I 927: "Hinter 667 hatte Kleist ursprünglich eingefügt: "Den Hirtenstab hielt er, und hinter ihm / Sah man geschmückt den ganzen Klerus prangen": / doch wollte er offenbar nicht den ganzen Klerus vom Teufel holen lassen".
70. Vgl. den von Motley, S. 134 Anm. 2, zitierten Beleg aus Pontus Heuterus, *Rerum Austriacarum Historia* (Leuven 1643, S. 338): "Surgens igitur, et in pede stans, dextra ob imbecillitatem scipioni, sinistra humero Gulielmi Nassauvii, Aurantii principis". Entsprechend Wagenaar, S. 558: "sich auf die Schultern des Prinzen Wilhelm von Oranien lehnend".

dem linken Arm auf die Schulter Wilhelms von Oranien stützen mußte. Mit dieser rührenden Geste, die im Bild die Tränen ersetzen muß, wird der spätere Freiheitsheld geehrt, der in Fokkes Kupferstich schon jetzt, während Philipp sich gerade zum Kniefall vor dem Kaiser anschickt, in herausfordernder Haltung, aber gedeckt vom Kaiser, der sich auf ihn lehnt, auf den die Bildmitte beherrsschenden Erzbischof hinunterschaut. Aus niederländischer Perspektive interpretiert der Kupferstich Fokkes den Brüsseler Festakt als dramatischen Augenblick der Entscheidung, des schon antizipierten Umschlags von der Kaisertreue zur Rebellion, und damit als Geburtsstunde der schließlich im Westfälischen Frieden von 1648 bestätigten Unabhängigkeit der Niederlande. Hingegen verzichtet der andere, eher aus französischer Sicht entstandene Kupferstich auf die kaiserliche Legitimation des Oraniers sowie auf den Gegensatz zum Erzbischof Granvelle und damit auf die eigentliche Pointe des niederländischen Historienbildes. Das Sinnbild der vom abtretenden Kaiser gerade noch gedeckten, aber schon zum offenen Konflikt drängenden holländischen Herausforderung ist auf den stolz in der Bildmitte postierten, als französisches Sprachrohr Philipps auch politischen Respekt heischenden Erzbischof angewiesen, weil ihn — aus dem triumphierenden Rückblick seiner nationalbewußten Überwinder — "der Teufel ganz und gar geholt" (V. 668) haben muß, wenn sich die Oranier im folgenden Jahrhundert erblich gewordener Statthalterschaft als legitime Garanten der niederländischen Freiheit erweisen sollen.

Die schon in der Bildvorlage angelegte Überwindung des Erzbischofs ist also, als prophetische Deutung ex post, ein Problem historischer Rechtfertigung, das nicht auf eine — ohnehin falsch gestellte — Quellenfrage reduziert werden kann; denn weil Gisela Zick den so viel sinnbildlicheren Kupferstich von Simon Fokke nicht gekannt hat, mußte ihre Annahme, Kleist habe den Erzbischof nur deshalb "ganz und gar" im Loch des Kruges verschwinden lassen müssen, weil er schon in Causés Kupferstich fehlte, ebenso falsch sein wie ihre Behauptung, daß der Kaiser der Abdankungsszene nur bei Causé stehend erscheint, "während er in allen übrigen bekannten Darstellungen vor dem 19. Jahrhundert thronend dargestellt ist",[71] und daß er sich erst in Darstellungen des 19. Jahrhunderts auf Wilhelm von Oranien stützt. Die historische

71. Zick, S. 168.

Symbolisierung der schon von zeitgenössischen Chronisten bezeugten Geste, durch die der Oranier dem Kaiser eine Stütze und
dieser jenem Schutz gewährt, während sich die Gegenseite, selbst-
herrlich der Erzbischof und mit gebeugtem Knie sein Schützling
Philipp, zur Übernahme der Macht anschickt, war also schon im
18. Jahrhundert ein bekanntes Bild. Sie verweist in der bildlichen
Deutung dieser Szene bei Wagenaar auf ein geschichtsbewußtes
Ethos, dem der symbolische Bilderstolz Frau Marthes in nichts
nachsteht.

Wenn 130 Jahre nach dem Gründungsakt der Niederlande,
hundert Jahre nach der Ermordung des ersten Oraniers, einige
Jahrzehnte nach der europäischen Garantie für die Unabhangig-
keit der nördlichen sieben (von ursprünglich 17) niederländischen
Provinzen und zu einer Zeit, als der vorerst letzte *Erfstadhouder*
(1672-1702), Wilhelm III. von Oranien, sich anschickt, seine
ansehnliche Macht auf England auszudehnen, wenn also vor
solchem historischen Hintergrund, der als erlebte Geschichte ganz
gegenwärtig ist, einer schlichten Bäuerin aus dem Umkreis von
Utrecht das über Generationen hin heilig gehaltene, durch alle
Fährnisse der bewegten niederländischen Geschichte gerettete
Historienbild zerbrochen wird, dann verdient ihre Empörung über
den Verlust des Sinnbildes, das für die abgebildete Geschichte
selbst stand, mehr Beachtung, als ihr zuteil wird. Es wäre ihr und
Kleist gegenüber ungerecht, wollte man die weitschweifige Krugbeschreibung, nur weil ihre undramatische Länge für den Mißer-
folg der Weimarer Aufführung am 2. März 1808 mitverantwortlich
sein könnte und Kleist sie im Phöbus-Druck von 1808 weggelassen
hat, als entbehrliche Parodie der homerischen Schildbeschreibung
einfach streichen.

Nur wer die im Bild *Overdragt der Nederlanden in't jaar 1555*
symbolisierte Bedeutung des historischen Faktums versteht, kann
auch ermessen, was der Krug als symbolisches Gefäß dieses Bildes
für Frau Marthe und was das Loch im Bild der Geschichte für
jemanden bedeutet, der in der Bildlichkeit der Geschichte die
notwendige Voraussetzung ihrer immer nur bruchstückhaften
Deutung sieht.

Nachdem Frau Marthe einleitend ausdrücklich darum gebeten
hat, "daß ich, bevor ich melde / Was diesem Krug geschehen, auch
beschreibe / Was er vorher mir war" (V. 641ff), weil sie die
Geschichte nicht vor ihrer Bedeutung und das historische Faktum

nicht von seiner Deutung trennen kann, ist sie mit Recht indigniert, wenn Adam die ihr zugestandene Bedingung ihrer Aussage verletzt und, noch während sie spricht, die historische Bedeutung, die der Krug für sie hat, zu unterdrücken und die Gerichtssache von solcher vermeintlich sachfremden Perspektivierung reinzuhalten versucht. Solange Adam weder die politische Bedeutung der auf dem Krug dargestellten Geschichte ("Erlaßt uns das zerscherbte Paktum, / Wenn es zur Sache nicht gehört". V. 675f) noch die persönliche Bedeutung der vom Krug durchgestandenen Geschichte versteht ("Zur Sache, wenns beliebt, Frau Marthe Rull! Zur Sache!" V. 705), solange er also den unreflektierten, von seinem eigenen amtswidrigen und durchaus nicht interesselosen Verhalten längst widerlegten Anspruch auf Sachgerechtigkeit aufrecht erhält, kann er, wie Frau Marthe am Ende resümiert, "dem Kruge nicht sein Recht geschehn" (V. 1971) lassen.[72] Es kann weder ihm noch den höheren Instanzen, die Frau Marthe in Utrecht anrufen wird, gelingen, dem historischen Faktum "völlig auf den Grund zu kommen" und über das Ergründete ein endgültiges Urteil zu fällen, weil das historische Faktum immer schon ein gedeutetes, in der Geschichte der Deutungen wechselndes, von den Interessen der Deuter geprägtes Bild des Geschehenen ist, das den Glauben an die 'unzerbrochene' Faktizität der Geschichte als ein fragwürdiges Deutungsmodell unter anderen erweist. Als schuldiger Richter ist der holländische Ödipus des 17. Jahrhunderts das Sinnbild der von ihm geleugneten grundsätzlichen Befangenheit historischer Urteile.

Das ist allerdings ein historiographischer Standpunkt, der sich erst zu Kleists Zeiten so weit durchgesetzt hat, daß ihm die Methodenstrenge des Historismus mit dem Anspruch auf restlose Rekonstruierbarkeit des Geschehenen entgegentreten mußte. Vor

72. Der Kuriosität halber sei hier angemerkt, daß dem Krug unter bestimmten ideologischen Bedingungen doch schon sein Recht widerfahren ist; so jedenfalls meinte der in der DDR schaffende Komponist Fritz Geißler aus Anlaß seiner Kammeroper *Der zerbrocheneKrug* (1969): "Unser historisch-gesellschaftlicher Standpunkt zur 'Krug'-Problematik, unser 'Dem Kruge ist sein Recht geschehn', mußte die Grundlage für die Konzeption der Oper sein". (zitiert nach: Frank Schneider, "Fritz Geißler *Der Zerbrochene Krug*", in: *Werke Kleists auf dem modernen Musiktheater*. Hrsg. v. Klaus Kanzog und Hans Joachim Kreutzer, Berlin: E. Schmidt 1977, S. 163-171, S. 166).

dem Hintergrund dieses Schulgegensatzes werden auch die geschichtsmethodologischen Implikation der Quellenanalyse verständlicher. Schon Kleists vermutlicher Kronzeuge für die Analyse des holländischen Geschichtsbildes, Jan Wagenaar, war um eine neue Methodenstrenge bemüht, die allen Intentionen der Krugbeschreibung zuwiderläuft. Obwohl seine von Simon Fokke illustrierte Darstellung der Abdankungsszene die Verbildlichung der Geschichte so anschaulich gemacht hat, wollte Wagenaar in keiner Weise einer bildlichen Perspektivierung des Geschehenen verdächtigt werden. Zwar ging es auch ihm um "eine Historie der bedrängten, unterdrückten, wiederhergestellten und triumphierenden Freyheit des Vaterlandes",[73] also um eine sinnbildliche Darstellung der vaterländischen Geschichte, wie sie für Frau Marthe der Krug bedeutete; aber gleichwohl hat er "die Unparteylichkeit" sachlicher Darstellung zum Hauptgesetz der Geschichtsschreibung erklärt und "eine der Glaubwürdigkeit der Erzählung sehr nachtheilige Sache" darin gesehen, wenn jemand "Muthmaßungen für historische Wahrheiten auszugeben" versucht[74] und damit die neuerdings gestiegenen Anforderungen des Lesepublikums an die Geschichtsschreibung verletzt: "Die Menschen sind nunmehr so weise geworden, daß sie keinem Geschichtschreiber glauben, welcher Sachen erzählet, die sich vor seiner Zeit zugetragen haben, wofern sie nicht sehen, daß die erzählten Sachen auf glaubwürdigen Zeugnissen gegründet seyn. (...) Damit wir auch die Unparteylichkeit desto besser beobachten, und den Leser mit keinen vorgefaßten Meynungen einnehmen mögen; so enthalten wir uns durchgehends, Betrachtungen über die Begebenheiten anzustellen".[75] Der von den neuen Historikern gepredigte und auch von den Richtern zu praktizierende Verzicht auf vorgefaßte Meinungen würde jene Sachlichkeit der auf Fakten beschränkten historischen Analyse gewährleisten, die nach Ansicht der weiser gewordenen Menschen die Pflicht des unparteiischen Geschichtsschreibers ist.

Theoretisch teilt der Dorfrichter Adam diesen neuen — in der Praxis des Betroffenen so überaus lästigen — Anspruch auf Unbefangenheit des sachlichen Urteils nur insofern, als er dem Gerichtsrat Walter aus der Provinzhauptstadt zu gefallen und der

73. Wagenaar, S. 12 der unpaginierten Vorrede.
74. Wagenaar, S. 13 der unpaginierten Vorrede.
75. Ebd.

erwarteten Kritik an den auf dem Lande praktizierten Bräuchen
vorzubeugen sucht:

> Euer Gnaden werden hie und da, nicht zweifl' ich,
> Den alten Brauch im Recht zu tadeln wissen;
> Und wenn er in den Niederlanden gleich
> Seit Kaiser Karl dem fünften schon besteht:
> Was läßt sich in Gedanken nicht erfinden?
> Die Welt, sagt unser Sprichwort, wird stets klüger,
> Und alles liest, ich weiß, den Puffendorf. (V. 306-312)

Mit dem Seufzer eines hinter seiner Zeit herlaufenden Richters
scheint Adam in einem Sprichwort zu beklagen, was Wagenaar als
Zeichen des wissenschaftlichen Fortschritts begrüßt hat: Die Welt
ist "nunmehr so weise geworden", daß sie sich mit Mutmaßungen
nicht mehr zufrieden gibt, sondern historische Wahrheit verlangt,
wo sie bisher mit dichterischer Phantasie getäuscht wurde. Wenn
auch die von Kaiser Karl V. 1532 zu Regensburg erlassene
Peinliche Gerichtsordnung, die *Constitutio Criminalis Carolina*, als
Grundlage des deutschen Strafrechts immer noch gilt — und zwar,
wie man vermuten darf, in oft willkürlicher Auslegung, die in den
auf dem Lande tradierten Rechtsbräuchen nachwirkt, so hat die
mit dem Namen Pufendorf assoziierte neue Rechts- und Geschichtswissenschaft verbindliche neue Auslegungssysteme ausge-
dacht ('in Gedanken erfunden'), die sich der Dorfrichter von
Huisum, obwohl er von ihnen gehört hat, noch nicht zueigen
machen konnte. Selbst wenn er in dem besonderen Fall, der zur
Verhandlung ansteht, nichts zu verbergen hätte, müßte die stren-
gere, auf Sachlichkeit und Unparteilichkeit gegründete Verfahrensweise seiner barocken Spielernatur, seiner selbstbezogenen Vitali-
tät und sprachgewaltigen Kreativität, wesentlich zuwider sein.

Damit können wir eine frühere Spur wieder aufnehmen, die
vermuten ließ, daß der Hinweis auf Pufendorf, den Begründer der
deutschen Geschichtswissenschaft und wichtigsten deutschen Vertreter des Naturrechts vor Rousseau, nicht nur der indirekten
Datierung des Geschehens dient. Über "das zerscherbte Paktum"
(V. 675) hinaus, den für die Gründung der freien Niederlande
geschlossenen Gesellschaftsvertrag,[76] wie ihn Pufendorf und seine

---

76. Vgl. zur geschichtsphilosophischen Symbolik der im Gesellschafts-
vertrag vereinbarten Staatsgründung Dirk Grathoff, "Der Fall des
Krugs. Zum geschichtlichen Gehalt von Kleists Lustspiel", in: *Kleist-
Jahrbuch* 1981/82, S. 290-313, bes. S. 296.

Nachfolger naturrechtlich begründen und gegen die neuerliche Aufhebung der niederländischen Freiheit durch Napoleon verteidigen würden,[77] steht Pufendorfs Name nicht nur für die naturrechtliche Deutung und Rechtfertigung des historischen Faktums, sondern auch für die Problematik der historischen Methode; denn vor Wagenaar, der sich immer wieder auf ihn beruft, hat schon Pufendorf beteuert, seine Geschichte sei "nicht etwa aus ungewissen Reden und Muthmaßungen / oder aus solchen Erzehlungen / die man nach seinen Gefallen verdrehet / oder verändert / sondern aus glaubwürdigen Documenten mit höchster Treue zusammengesetzt worden".[78] Auch Pufendorfs Beteuerung, er habe "nicht hinzu gesetzet / was meine Gedancken dabey gewesen weil ich beschlossen fremde Verrichtungen zu erzehlen / nicht darüber zu censiren",[79] nimmt Wagenaars Anspruch auf "Unparteylichkeit" vorweg; wie Wagenaar hoffte auch Pufendorf schon auf nur an der Sache interessierte Leser, "welche den Grund der Sachen und nicht zierliche Redens-Arten / oder spitzfündige Sentenzen in solchen Schrifften suchen".[80]

Der Gegensatz dieser methodischen Prinzipien, die Kleist bei Wagenaar fand und Adam bei Pufendorf hätte finden können, wenn er ihn wie "alle Welt" gelesen hätte, zu Adams auf Mutmaßungen, vorgefaßten Meinungen und spitzfindigen Redensarten beruhender Verfahrensweise ist offensichtlich. Deshalb kann sich der in der neuen Rechtslehre offenbar versierte Gerichtsrat Walter, der Adam noch vor Prozeßbeginn ganz energisch ermahnen muß,

77. Jürgen Zenke ("Kleist: Der zerbrochene Krug", in: *Die deutsche Komödie*. Hrg. v. Walter Hinck, Düsseldorf: August Bagel 1977, S. 89-108) hat darauf hingewiesen, daß "in dem Stichwort "Batavia" eine versteckte aktuelle Wendung Kleists gegen den gehaßten französischen Feind vermutet werden" kann (S. 107), weil die nördlichen Provinzen der Niederlande, die seit dem Sieg des Revolutionsheers von Frankreich abhängige "Batavische Republik", 1806 in ein Königreich unter Napoleons Bruder Louis Bonaparte verwandelt wurde.

78. *Herrn Samuel von Pufendorfs Sechs und Zwantzig Bücher der Schwedisch- und Deutschen Kriegs-Geschichte von König Gustav Adolfs Feldzuge in Deutschland an / Biß zur Abdanckung der Königin Christiana...*, Franckfurt am Mayn und Leipzig: Verlegts Johann Friedrich Gleditsch/Buchhändler 1688, S. 2 der unpaginierten Vorrede.

79. Pufendorf, S. 7 der unpaginierten Vorrede.

80. Ebd.

"daß Ihr nicht heimlich vor der Sitzung sollt / Mit den Partein zweideutge Sprache führen" (V. 541), zum Anwalt prinzipieller Unparteilichkeit aufschwingen. Aber wie Pufendorf und Wagenaar mit ihrer frühaufklärerischen Methodenstrenge Recht zu geben ist gegenüber der von Adam praktizierten Willkür, so wird auch Frau Marthe mit der Bildlichkeit historischen Verstehens — nicht in Huisum, wahrscheinlich auch nicht in Utrecht, vielleicht aber in den Theorien unserer Zeit zum grundsätzlich ästhetischen Charakter der Geschichtsschreibung — Recht behalten gegenüber dem von Adam nur theoretisch übernommenen (und gleichzeitig listig hintertriebenen) Anspruch auf die Faktizität der Geschichte. Insofern ist Kleists Lustspiel *Der zerbrochne Krug*, als 'komische Analysis' historischer Wahrheitsfindung, ein aktuelles Lehrbeispiel für die hermeneutische Infragestellung positivistischer Verfahrensweise, auf die sie gleichwohl angewiesen bleibt, solange es theoretische Fragen historisch, d.h. der grundsätzlichen Ästhetizität der Geschichte entsprechend auch mit Bildern aus der Geschichte der Literatur zu begründen gilt.

Elaine C. Tennant

PUBLICATIONS OF BLAKE LEE SPAHR

"Dorus aus Istrien: A Question of Identity." *PMLA* 68 (1953): 1056-67. Rpt. in *Problems and Perspectives*, 17-31.

"A Note on *Herbert Engelmann*." *Monatshefte* 46 (1954): 339-45.

"Dogs and Doggerel in the German Baroque." *JEGP* 54 (1955): 380-86. Rpt. in *Problems and Perspectives*, 41-49.

"Dorus aus Istrien: A Question Answered." *MLN* 72 (1957): 591-96. Rpt. in *Problems and Perspectives*, 33-39.

"Quirin Kuhlmann: The Jena Years." *MLN* 72 (1957): 605-10. Rpt. in *Problems and Perspectives*, 51-57.

"The Comet of 1680: A Personal Letter of Philipp Jacob Spener." *MLN* 74 (1959): 721-29. Rpt. in *Problems and Perspectives*, 59-68.

The Archives of the Pegnesischer Blumenorden: A Survey and Reference Guide. University of California Publications in Modern Philology, vol. 57. Berkeley: University of California Press, 1960.

"Kafka's 'Auf der Galerie': A Stylistic Analysis." *GQ* 33 (1960): 211-15.

"Franz Kafka: The Bridge and the Abyss." *MFS* 8 (1962): 3-15.

Comment on "Wolfram von Eschenbach und die blutende Lanze" (*Euphorion* 53 [1959]: 369-79), by Werner Richter. *Euphorion* 56 (1962): 206-7.

"Protean Stability in the Baroque Novel." *GR* 40 (1965): 253-60. Rpt. in *Problems and Perspectives*, 195-204.

Anton Ulrich and "Aramena": The Genesis and Development of a Baroque Novel. University of California Publications in Modern Philology, vol. 76. Berkeley: University of California Press, 1966.

"Baroque and Mannerism: Epoch and Style." *ColG*, 1967, no. 1: 78-100. Rpt. in *Problems and Perspectives*, 243-69.

"Der Barockroman als Wirklichkeit und Illusion." In *Deutsche Romantheorien: Beiträge zu einer historischen Poetik des Romans in Deutschland,* ed. Reinhold Grimm, 17-28. Frankfurt am Main: Athenäum, 1968. Rpt. in *Problems and Perspectives,* 205-21.

"Tristan Versus Morolt: Allegory Against Reality?" In *Helen Adolf Festschrift,* ed. Sheema Z. Buehne et al., 72-85. New York: Ungar, 1968.

"Gryphius and the Crisis of Identity." GL&L 22 (1969): 358-64. Rpt. in *Problems and Perspectives,* 123-30.

Ed. with intro. *"Himlische Lieder" und "Christfürstliches Davids-Harpfen-Spiel,"* by Anton Ulrich, Herzog von Braunschweig und Lüneburg. New York: Johnson Reprint Corp., 1969.

"Opitz an Salmasius: Ein unbekannter Brief." *JDSG* 15 (1971): 24-35. Rpt. in *Problems and Perspectives,* 69-83.

"Ferguut, Fergus, and *Chrétien de Troyes." In Traditions and Transitions: Studies in Honor of Harold Jantz,* ed. Lieselotte E. Kurth et al., 29-36. Munich: Delp; Baltimore: Johns Hopkins University, 1972.

"The Mirror and Its Image in Seventeenth-Century German Literature." In *The German Baroque: Literature, Music, Art,* ed. George Schulz-Behrend, 65-86. Austin: University of Texas Press, 1972. Rpt. in *Problems and Perspectives,* 223-42.

With Gerd Hillen and Herbert Penzl. "Eine Jahrestagung der Modern Language Association of America (Chicago, 27-30 December 1971.)" *JIG* 4 (1972): 215-17.

"Franz Kafka: Die Brücke und der Abgrund." In *Franz Kafka,* ed. Heinz Politzer, 307-27. Wege der Forschung, vol. 322. Darmstadt: Wissenschaftliche Buchgesellschaft, 1973. Trans. of "Franz Kafka: The Bridge and the Abyss."

"Gryphius and the Holy Ghost." In *Deutsche Barocklyrik: Gedichtinterpretationen von Spee bis Haller,* ed. Martin Bircher and Alois M. Haas, 175-84. Bern: Francke, 1973. Rpt. in *Problems and Perspectives,* 111-22.

Ed. *Die durchleuchtige Syrerinn Aramena,* by Anton Ulrich, Herzog von Braunschweig-Lüneburg. 5 vols. Nachdrucke deutscher Literatur des 17. Jahrhunderts, vol. 4, nos. 1-5. Bern: P. Lang, 1975-83.

"Nürnbergs Stellung im literarischen Leben des 17. Jahrhunderts." In: *Stadt-Schule-Universität-Buchwesen und die deutsche Literatur im 17. Jahrhundert,* ed. Albrecht Schöne, 73-83. Munich: Beck, 1976. Rpt. in *Problems and Perspectives,* 271-84.

"Should the Canon be Canonized?" In *The Future of German*

Graduate Studies in the United States: Assessment and Outlook, ed. Walter F.W. Lohnes and Valters Nollendorfs, 137-54. Madison: University of Wisconsin Press, 1976. Rpt. in *MLJ* 61 (1977): 167-79.

"Grimmelshausen's *Simplicissimus*: Astrological Structure?" *Argenis* 1 (1977): 7-29. Rpt. in *Problems and Perspectives*, 161-82.

"Sigmund von Birken." In *Deutsche Schriftsteller im Porträt: Das Zeitalter des Barock*, ed. Martin Bircher, 38-39. Munich: Beck, 1979.

"Anton Ulrich von Braunschweig." In *Deutsche Schriftsteller im Porträt*, 44-45.

"Catharina Regina von Greiffenberg." In *Deutsche Schriftsteller im Porträt*, 74-75.

"Sibylle Schwarz." In *Deutsche Schriftsteller im Porträt*, 160-61.

"Albert Camus und Peter Handke: Stille Sprache und verlautbartes Schweigen." In *Literaturwissenschaft und Geistesgeschichte: Festschrift für Richard Brinkmann*, ed. Jürgen Brummack et al., 796-812. Tübingen: Niemeyer, 1981.

With August Buck, Georg Kauffmann and Conrad Wiedemann, eds. *Europäische Hofkultur im 16. und 17. Jahrhundert.* 3 vols. Wolfenbütteler Arbeiten zur Barockforschung, vols. 8-10. Hamburg: Hauswedell, 1981.

"Ar(t)amene: Anton Ulrich und Fräulein von Scudéry." In *Europäische Hofkultur*, vol. 1, *Vorträge*, 93-104.

Problems and Perspectives: A Collection of Essays on German Baroque Literature. Europäische Hochschulschriften, Reihe 1, Deutsche Sprache und Literatur, vol. 423. Frankfurt am Main: P. Lang, 1981. Also vol. 9 of Arbeiten zur mittleren deutschen Literatur und Sprache. Frankfurt am Main: P. Lang, 1981.

"Cardenio und Celinde." In *Problems and Perspectives*, 131-50.

"Herod and Christ: Gryphius' Latin Epics." In *Problems and Perspectives*, 151-60.

"Sibylla Ursula and Her Books." In *Problems and Perspectives*, 85-110.

"Weiteres zu Weydt." In *Problems and Perspectives*, 183-92.

Ed. *Bühnendichtungen.* Vol. 1, nos. 1-2 of *Anton Ulrich, Herzog zu Braunschweig und Lüneburg. Werke: Historisch-kritische Ausgabe*, ed. Rolf Tarot. Bibliothek des literarischen Vereins in Stuttgart, vols. 303-4. Stuttgart: Hiersemann, 1982.

With Richard Brinkmann, Karl-Heinz Habersetzer, Paul Raabe

and Karl-Ludwig Selig, eds. *Theatrum Europaeum: Festschrift für Elida Maria Szarota.* Munich: Fink, 1982.

"Madeleine de Scudéry and Sibylla Ursula, Herzogin von Braunschweig-Lüneburg: The Correspondence of Two Femmes Savantes." In *Theatrum Europaeum*, 343-62.

"Anton Ulrich Herzog von Braunschweig-Lüneburg." In *Deutsche Dichter des 17. Jahrhunderts: Ihr Leben und Werk*, ed. Harald Steinhagen and Benno von Wiese. Berlin: Erich Schmidt (in the press).

BOOK REVIEWS

Wolfram von Eschenbachs Parzival im Wandel der Zeiten, by Ralph Lowet. *Monatshefte* 48 (1956): 337-39.

Neumond, by Herbert Cysarz. *Books Abroad*, 1957, no. 3: 281.

Die Frau des Fremden, by Jovita Epp. *Books Abroad*, 1957, no. 4: 397.

Wohin die Wege führen, by Ludwig Kent. *Books Abroad*, 1957, no. 4: 398.

Gedichte, by Alfons Paquet. *Books Abroad*, 1958, no. 1: 61-62.

Rebellische Herzen, by Max Brod. *Books Abroad*, 1958, no. 3: 293.

Das magische Jahr, by Joachim Maaß. *Books Abroad*, 1958, no. 3: 295.

Quirinus Kuhlmann als Dichter, by Claus Victor Bock. *MLN* 75 (1960): 184-87.

Das große Welttheater, by Richard Alewyn und Karl Sälzle. *MLN* 76 (1961): 951-52.

Das Lied vom Hürnen Seyfrid, ed. K.C. King. *JEGP* 60 (1961): 368-69.

El Teatro del Barocco Aleman: Antología Bilingüe, ed. Gerardo Moldenhauer and Raul Echauri. *MLN* 76 (1961): 88-90.

Cardenio und Celinde, by Andreas Gryphius; ed. Hugh Powell. *JEGP* 62 (1963): 442-43.

Der Narr bei Grimmelshausen, by Paul Gutzwiller. *MLN* 78 (1963): 325-27.

Visio Pacis, Holy City and Grail: An Attempt at an Inner History of the Grail Legend, by Helen Adolf. *MP* 60 (1963): 213-14.

Albert W. Thompson Festschrift (RS 32 [1964]). *RPh* 18 (1965): 381-83.

Andreas Gryphius. Gesamtausgabe der deutschsprachigen Werke, vol. 4, *Trauerspiele I*, ed. Hugh Powell. *JEGP* 64 (1965): 770-71.

Emblematik und Drama im Zeitalter des Barock, by Albrecht Schöne. *GR* 42 (1967): 65-67.

Johann Klaj und seine Redeoratorien: Untersuchungen zur Dichtung eines deutschen Barockmanieristen, by Conrad Wiedemann. *CollG*, 1967, no. 3: 329-31.

The Krater and the Grail: Hermetic Sources of the "Parzival," by Henry and Renée Kahane. *Monatshefte* 59 (1967): 150-58.

Das Zeitalter des Barock: Texte und Zeugnisse, ed. Albrecht Schöne. *GR* 42 (1967): 67-70.

Angelus Silesius, by Jeffrey L. Sammons. *CollG*, 1968, no. 3: 335-36.

Pegnesisches Schäfergedicht: 1644-1645, by Georg Philipp Harsdörffer, Sigmund von Birken, Johann Klaj; ed. Klaus Garber. *Monatshefte* 60 (1968): 290-91.

Ticht-Kunst: Deutsche Barockpoetik und rhetorische Tradition, by Joachim Dyck. *MLQ* 30 (1969): 146-48.

Deutsche Romane der Barockzeit: Auszüge aus dem erzählenden Schrifttum des siebzehnten Jahrhunderts, by K.G. Knight. *JEGP* 69 (1970): 137-38.

Johann Wilhelm von Stubenberg (1619-1663) und sein Freundeskreis, by Martin Bircher. *CollG*, 1970, no. 1: 127-28.

Nachahmung und Schöpfung im Barock: Studien um Grimmelshausen, by Günther Weydt. *Germanistik* 11 (1970): 527. *GR* 45 (1970): 45 (1970): 303-7.

Deutsche Barock-Literatur, ed. Martin Bircher und Friedhelm Kemp, vols. 1-7. *CollG*, 1971, nos. 1/2: 196-99.

Epische Formen im höfischen Barockroman: Anton Ulrichs Romane als Modell, by Adolf Haslinger. *Sprachkunst* 2 (1971): 111-13.

Lohensteins "Arminius": Disputatorisches Verfahren und Lehrgehalt in einem Roman zwischen Barock und Aufklärung, by Dieter Kafitz. *Daphnis* 1 (1972): 109-11.

Lohensteins "Arminius" als Zeitroman: Sichtweisen des Spätbarock, by Elida Maria Szarota. *Daphnis* 1 (1972): 106-9.

The Sonnets of Andreas Gryphius: Use of the Poetic Word in the Seventeenth Century, by Marvin S. Schindler. *MLQ* 33 (1972): 453-56.

Mischformen barocker Erzählkunst: Zwischen pikareskem und höfisch-historischem Roman, by Jürgen Mayer. *GR* 48 (1973): 318-21.

Der Truchseß Keie im Artusroman: Untersuchungen zur Gesellschaftsstruktur im höfischen Roman, by Jürgen Haupt. *Seminar* 9(1973): 159-59.

Wiener Neudrucke: Neuausgaben und Erstdrucke deutscher Literaturwerke, ed. Herbert Zeman, vols. 1-2. *CollG*, 1973, no. 2: 185-87.

Gelegenheit und Geständnis: Unveröffentlichte Gelegenheitsgedichte als verschleierter Spiegel des Lebens und Wirkens der Catharina Regina von Greiffenberg, ed. Ingrid Black and Peter M. Daly. *Seminar* 10 (1974): 77-78.

Die gelehrte Welt des 17. Jahrhunderts über Polen: Zeitgenössische Texte, ed. and trans. Elida Maria Szarota. *Daphnis* 3 (1974): 115-17.

Humanismus, Barock, Aufklärung: Geschichte der deutschen Literatur vom 16. bis zum 18. Jahrhundert, by Friedrich Gaede. *RBPH* 52 (1974): 105-8.

Motive und Dramaturgie im Schauspiel Carl Zuckmayers: Versuch einer Deutung im Rahmen des zwischen 1920 und 1955 entstandenen Gesamtwerkes, by Arnold John Jacobius. *Monatshefte* 66 (1974): 75-77.

Die Tagebücher des Sigmund von Birken, vol. 1, ed. Joachim Kröll. *CollG*, 1974, nos. 1/2: 141-43.

Der Tod Neros. Suetonius, Anton Ulrich von Braunschweig, Sigmund von Birken oder: Historischer Bericht, erzählerische Fiktion und Stil der frühen Aufklärung, by Fritz Martini. *Germanistik* 18 (1977): 464.

Deß weltberuffenen Simplicissimi Pralerey und Gepräng mit seinem teutschen Michel, by Hans Jakob Christoffel von Grimmelshausen; ed. Rolf Tarot. *CollG* 11 (1978): 94-96.

The Development of Anton Ulrich's Narrative Prose on the Basis of Surviving "Octavia" Manuscripts and Prints, by Giles Reid Hoyt. *Germanistik* 20 (1979): 156.

Das Ingenium Grimmelshausens und das "Kollektiv": Studien zur Entstehungs- und Wirkungsgeschichte des Werkes, by Manfred Koschlig. *GR* 54 (1979): 78-79.

Der deutsche Roman des 17. Jahrhunderts: Eine Einführung, by Urs Herzog. *CollG* 13 (1980), 360-64.

Daniel Casper von Lohenstein: Geschichte seiner Rezeption, vol. 1. *1661-1800*, by Albert Martino; trans. Heribert Streicher. *CollG* 14 (1981): 265-66.

451

Gegenreformation und Literatur: Beiträge zur interdisziplinären Erforschung der katholischen Reformbewegung, ed. Jean-Marie Valentin. *CollG* 15 (1982): 159-60.

Carl Gustav-Wrangel och Europa: Studier i kulturförbindselser kring en 1600-talmagnat, by Arne Losman. *CollG* (ina press).

Das Leben des schlesischen Dichters J. Chr. Günter, by Wilhelm Krämer. *GQ* (in press).

DISSERTATIONS DIRECTED

Angress, Ruth Kluger. "The Development of the German Epigram in the 17th Century." 1967.

Baron, Frank E. "The Beginnings of German Humanism: The Life and Work of the Wandering Humanist Peter Luder." 1966.

Browning, Barton W. "Artifice Visible: Literary Mannerism in the Dramas of Daniel Casper von Lohenstein." 1970.

Gray, Clayton. "Motifs of Classical Minnesang: Their Origin, Content and Development." 1969.

Henson, Rand R. "Duke Anton Ulrich of Braunschweig-Lüneburg-Wolfenbüttel (1633-1714) and the Politics of Baroque Musical Theatre." 1980.

Hortenbach, Jenny Christa. "Freiheitsstreben und Destruktivität: Frauen in den Dramen August Strindbergs und Gerhart Hauptmanns." 1961.

Lackner, Regina: "Peter Rühmkorf: A question of Balance." 1983.

Lehmeyer, Frederick Robert. "The Singspiele of Anton Ulrich von Braunschweig." 1971.

Lie, Orlando Soei Han. "The Middle Dutch Prose Lancelot: A Study of the Rotterdam Fragments and Their Place in the French, German and Dutch *Lancelot en prose* Tradition." 1979.

Pimentel, Raul. "The German Historical Folksong of the Late Middle Ages." 1967.

Rickerson, Earl Martin. "The Lingua Adamica: Its Historical Development and Its Role in German Baroque Literature." 1969.

Siekhaus, Elisabeth Bartsch. "Die lyrischen Sonette der Catharina Regina von Greiffenberg." 1972.

Sullivan, John Herman. "The German Religious Sonnet of the Seventeenth Century." 1966.

Werner, Ingrid. "Zwischen Mittelalter und Neuzeit: Heinrich Julius von Braunschweig als Dramatiker der Übergangszeit." 1974.

EDITORIAL ACTIVITIES:

General Editor:
Berner Beiträge zur Barockgermanistik, P. Lang, Bern.
Berner Beiträge zur deutschen Sprache und Literatur, P. Lang, Bern.
Nachdrucke deutscher Literatur des 17. Jahrhunderts, P. Lang, Bern.

Editorial Board Member:
Argenis: Internationale Zeitschrift für Mittlere Deutsche Literatur
Colloquia Germanica: Internationale Zeitschrift für germanische Sprach- und Literaturwissenschaft
Daphnis: Zeitschrift für Mittlere Deutsche Literatur
Chloe: Beihefte zum Daphnis.
University of Pennsylvania Studies in Germanic Languages and Literatures

JOURNAL ABBREVIATIONS

CollG	*Colloquia Germanica*
GL&L	*German Life and Letters*
GQ	*German Quarterly*
GR	*Germanic Review*
JDSG	*Jahrbuch der deutschen Schillergesellschaft*
JEGP	*Journal of English and Germanic Philology*
JIG	*Jahrbuch für Internationale Germanistik*
MFS	*Modern Fiction Studies*
MLJ	*The Modern Language Journal*
MLN	*Modern Language Notes*
MLQ	*Modern Language Quarterly*
MP	*Modern Philology*
PMLA	*Publications of the Modern Language Association of America*
RBPH	*Revue Belge de Philologie et d'Histoire*
RPh	*Romance Philology*
RS	*Research Studies* (Washington State University, Pullman, WA)

TABULA GRATULATORIA

Catharina Regina von Greiffenberg†, Seyßenegg Noe
Karl S. Guthke, Harvard'University
Alois M. Haas, Zürich
Klaus Haberkamm, Münster
Karl-Heinz und Ulrike Habersetzer, Baden-Baden
James Hardin, University of South Carolina, Columbia
Eberhard Haufe, Weimar
Roland Heine, California State, Hayward
Rand Henson, Madison (Wisconsin)
Andreas Herz, Braunschweig
Clemens Heselhaus, Pohlheim-Garbenteich
Gerd Hillen, UC Berkeley
Gerhard Hoffmeister, UC Santa Barbara
William L. Hopkins, Franklin and Marshall College
Ferdinand van Ingen, Amsterdam
C. Stephen Jaeger, Bryn Mawr
Harold Jantz, Duke University, Durham
Andrew Jaszi, UC Berkeley
Sidney M. Johnson, Indiana University
Andrea Keller, Kirchlindach
Friedhelm Kemp, München
Jürgen Klatt, Bremen
Jill Kohl, Wolfenbüttel
Hans-Henrik Krummacher, Mainz
Winfried Kudszus, UC Berkeley
Rolf Max Kully, Solothurn
Regina Lackner, Oakland, California
Peter Lang, Bern
Victor Lange, Princeton University
Lawrence S. Larsen, University of Oklahoma
Joseph Leighton, Bristol
Mary Lindemann, Le Moyne, Syracuse
Egon Lorenz, Renchen
Ulrich Maché, State University of New York, Albany
Eberhard Mannack, Kiel
Walter G. Marigold, Barbourville
Alberto Martino, Wien
Etienne Mazingue, Paris
Julie Meyer, Wolfenbüttel
Joseph Mileck, UC Berkeley

Maria Munding, Wolfenbüttel
Cornelia Niekus Moore, University of Hawaii
Karl F. Otto, Jr., University of Illinois, Chicago
John Roger Paas, Carleton College, Northfield
Herbert Penzl, UC Berkeley
Hugh Powell, Indiana University, Bloomington
Paul Raabe, Wolfenbüttel
Irmengard Rauch, UC Berkeley
Hans-Gert Roloff, Berlin
Mr. and Mrs. Thomas G. Rosenmeyer, Berkeley
Peter und Sibylle Rusterholz, Bern
Jeffrey L. and Christa Sammons, Yale University
Richard Erich Schade, University of Cincinnati
Peter Schäffer, UC Davis
Marvin and Roslyn Schindler, Wayne State University
Albrecht Schöne, Göttingen
George Schulz-Behrend, University of Texas, Austin
Christoph E. Schweitzer, University of North Carolina, Chapel Hill
Hinrich C. Seeba, UC Berkeley
Karl-Ludwig Selig, Columbia University
Matthias Senger, Harvard University
Elisabeth Siekhaus, Mills College, Oakland
Franz Günter Sieveke, Konz-Niedermennig
Johan P. Snapper, UC Berkeley
Eli Sobel, UC Los Angeles
Sabine Solf, Wolfenbüttel
Herlinde Spahr, Orinda
Gerhard Spellerberg, Berlin
Marian Sperberg-McQueen, Johns Hopkins, Baltimore
Ingeborg Springer-Strand, University of Southern California
Stanford University Libraries
Stanford University, Department of German Studies
Gerhard F. Strasser, Pennsylvania State, University Park
Joseph Peter Strelka, State University of New York, Albany
Barbara Strutz, Wolfenbüttel
Elida Maria Szarota, Warszawa
Marian Szyrocki, Wrocław
Rolf Tarot, Zürich
Gary C. Thomas, University of Minnesota
Hellmut Thomke, Bern

Frederic C. Tubach, UC Berkeley
Anton Ulrich†, Braunschweig
Jean-Marie Valentin, Nancy
Kenneth D. Weisinger, UC Berkeley
Günther Weydt, Münster
W. Daniel Wilson, UC Berkeley
Jean M. Woods, University of Oregon, Eugene
Theodore and Yetta Ziolkowski, Princeton University
Zürich, Zentralbibliothek